Don McCurry

DIE HEILUNG DER ZERBROCHENEN FAMILIE ABRAHAMS

Don McCurry

Die Heilung der zerbrochenen Familie Abrahams

*Moslems und Christen –
Ein Handbuch*

ONE WAY VERLAG WUPPERTAL UND WITTENBERG

Die Deutsche Bibliothek – CIP-Einheitsaufnahme
McCurry, Don:
Die Heilung der zerbrochenen Familie Abrahams:
Moslems und Christen – Ein Handbuch / Don McCurry
[Übers. aus dem Amerikan. von JMEM,
Büro für Weltmission, Bispingen]. –
Wuppertal; Wittenberg: One-Way-Verl., 1996
(Reihe: JMEM Edition; 600037)
Einheitssacht.: Healing the broken family of Abraham <dt.>
ISBN 3-927772-96-8

Titel der Originalausgabe:
Healing the Broken Family of Abraham: **New Life for Muslims**
© 1995 by Don McCurry
All rights reserved.

© 1996 der deutschsprachigen Ausgabe:
One Way Verlag GmbH, Wuppertal und Wittenberg

Übersetzt aus dem Amerikanischen von
JMEM Büro für Weltmission, Bispingen
Umschlaggestaltung: Anja Neumann, InDeMa, Essen
Gesamtherstellung: Schönbach-Druck GmbH, Erzhausen

Die Bibelzitate wurden in der Regel der Lutherbibel 64
und der Revidierten Elberfelder Übersetzung entnommen.
Koranzitate wurden nach der Übersetzung
von Rudi Paret, 6. Aufl., Stuttgart 1993, aufgeführt.

Reihe: JMEM Edition 600037

Printed in Germany

ISBN 3-927772-96-8

*Dieses Buch
ist all denen gewidmet,
die in der Vergangenheit
ihr Leben gegeben haben,
um Moslems zu helfen,
Jesus Christus zu finden.*

DANK

Zunächst gebührt mein Dank und Lob Gott, meinem Erlöser, der mich zu sich gerufen und mich als seinen Mitarbeiter in die moslemische Welt ausgesandt hat. Er hat mich treu getragen und mich durch diese wunderbaren Jahre geführt, einschließlich der Aufgabe, dieses Buch zu schreiben.

Ohne die ständige Ermutigung meiner Ehefrau Mary Jo wäre diese Arbeit nie fertiggestellt worden. Das gleiche kann gesagt werden über Greg Roth und die restlichen Mitglieder des Verwaltungsausschusses von „Ministries to Muslims": Robert Pickett, Bryce Herndon, Rolle Entz, Gerald Swnak und Ron Kernaghan.

Ebenso wäre dieses Buch ohne die treuen Gebetskämpfer und Partner, die uns durchgetragen haben, während wir unseren Dienst versahen und gleichzeitig an diesem Buch arbeiteten, nicht möglich gewesen.

Raph Winter, mein Freund und Professor am Fuller-Institut für Weltmission, schlug mir als erster vor, Zeit in die Erforschung neuer Methoden der Evangelisation von Moslems zu investieren. Sein Vorschlag wurde von Arthur Glasser und Charles Kraft unterstützt. Peter Wagner ermutigte mich zur Glen-Eyrie-Konsultation über Evangelisation unter Moslems, aus der dann das Zwemer-Institut entstand. Ich stehe tief in der Schuld bei allen Ausschußmitgliedern des Zwemer-Instituts, die mir in den sieben Jahren, die ich dort gedient habe, sehr viel Unterstützung gewährt haben. Ein ganz besonderer Dank geht an Robert Douglas, der mit seiner Frau June geholfen hat, den Originalentwurf für das Komitee von Lausanne zu erstellen und jetzt das Zwemer-Institut leitet. Ohne die unschätzbare Hilfe von Edward Dayton von World Vision wäre die Glen-Eyrie-Konsultation nie geplant, geschweige denn durchgeführt worden. Wir haben alle sehr viel von den vierzig Studienblättern gelernt, die den Kern dieser Konsultation bildeten. Vielen Dank an alle, die trotz ihrer vielen Beschäftigungen Zeit gefunden haben, diese Studienblätter zu erstellen.

Meinen ehemaligen Studenten, sowohl am Fuller-Institut als auch am Zwemer-Institut, verdanke ich ebenfalls sehr viel, weil sie von ihren Erfahrungen auf dem Missionsfeld viele wertvolle Erkenntnisse in den Unterricht einbrachten.

Ein herzliches Wort des Dankes geht an Charles Kraft, mein immer geduldiger Chef und Mentor. Er war auch eine Quelle der Ermutigung während dieser mühsamen Arbeit. Ich bin ebenfalls dankbar für Dudley Woodbery und Dean Gilliland und ihre unschätzbaren Vorschläge, während sie mit Charles Kraft in meinem Dissertationskomitee dienten.

Abschließend ein Wort des tiefen Dankes an meine unzähligen moslemischen Freunde, von denen ich während der letzten Jahre so viel gelernt habe, und von denen etliche jetzt mit uns Teil des Leibes Christi sind.

INHALT

EINLEITUNG

Dieses Buch handelt davon, wie man Moslems für Christus gewinnt. Es ist ein Buch, das christlichen Mitarbeitern helfen soll zu lernen, mit den Söhnen und Töchtern Ismaels umzugehen, denn Mohammed und seine Nachfolger haben beschlossen, sich mit der Familie Abrahams durch den Stammbaum Hagars und Ismaels zu identifizieren. Es ist kein Buch für den Gelehrten, sondern für den Arbeiter und als eine Einführung in die Arbeit unter Moslems konzipiert worden. Für die wenigen Mitarbeiter, die das Vorrecht hatten, den Islam an der Universität zu studieren, oder für solche, die sich durch Selbststudium entsprechendes Wissen angeeignet haben, wird dieses Buch nichts Neues beinhalten. Doch für den, der weder das Privileg eines Universitätsstudiums in Missiologie und Islam besaß noch auf die neuesten Bücher über dieses Thema Zugriff hatte, wurde dieses Buch zusammengestellt, um die Lücken in der Vorbereitung für seinen Dienst zu füllen.

Die Erlösungsgeschichte beginnt und endet mit Jesus Christus, dem Alpha und Omega, dem Anfang und Ende der Handlungen Gottes mit den Menschen. Doch diese Geschichte ruht auf dem Hintergrund der Familie Abrahams. Abraham wird als derjenige bezeichnet, der Gott glaubte, und das wurde ihm zur Gerechtigkeit gerechnet (siehe 1 Mo 15:6). Am Ende der Geschichte der Menschheit werden alle Erlösten zu einem großartigen Festbankett zusammenkommen, bei dem wir Seite an Seite mit Abraham sitzen werden (siehe Mt 8:11).

Christen, Juden und Moslems rühmen sich heute alle ihrer Verbindung mit Abraham. Doch in der Auseinandersetzung mit den Juden seiner Zeit sagte Jesus: „... Wenn ihr wirklich Abrahams Kinder wäret, würdet ihr die Dinge tun, die Abraham tat" (Joh 8:39). Die menschliche Abstammung reicht als Qualifikation nicht aus, um vor Gott ein Kind Abrahams zu sein. Die ungläubigen Juden wurden von der wahren Familie Abrahams ausgeschlossen, weil sie Christus verwarfen. Ebensowenig werden Moslems am Reich Gottes teilhaben, weil sie eine Abstammungslinie zu Abraham haben. Der Schlüssel für die Zugehörigkeit zur wahren Familie Abrahams ist darin zu finden, welche Verbindung man mit Abrahams größtem Sohn, Jesus Christus, hat. Ich werde sehr detailliert davon reden, was Mohammed, und alle Moslems nach ihm, mit Christus gemacht haben. Und es werden natürlich Wege vorgeschlagen, wie man Moslems in die Familie Abrahams hineinbringen kann.

Der Ursprung dieser Geschichte liegt 4000 Jahre zurück, in einer Familientragödie in den Zelten von Abraham, dem „Freund Gottes". Es ist die Geschichte der Rivalität zweier Mütter und ihren jeweiligen Söhnen, die bei Abraham lebten. Diese Rivalität endete mit der Verstoßung von Hagar und ihrem Sohn aus der unmittelbaren Familie. Das Feuer dieser uralten Rivalität ist nie erloschen und brennt bis zum heutigen Tag in den Herzen der verbitterten Nachkommen Abrahams. Über dem sich ausbreitenden Brand im Mittleren Osten schwebt der Schatten eines mächtigen Mannes: Ismael, der Wüstenfürst, der Sohn Abrahams von der Sklavin Hagar. Als das erste Kind der Beschneidung, der Augapfel seines Vaters, war Ismael dazu ausersehen, Abrahams Erbe zu sein.

Doch es kam anders: Sara gebar Isaak, und was Ismael für selbstverständlich gehalten hatte, wurde ihm alsbald genommen. Rivalisierende Mütter, rivalisierende Söhne, ein Kind des Fleisches und ein Kind des Glaubens konnten nicht in derselben Zeltgemeinschaft zusammen leben. Hagar und Ismael mußten gehen. Der hitzige, wilde und freie, nicht zu bändigende und unversöhnliche Ismael, von Abraham und Sara enterbt, wurde von Gott selbst adoptiert und wuchs auf in der Wildnis der Wüste. Er war kein gewöhnlicher Mann; von ihm stammen Wüstenkönige ab.

Eintausend Jahre später lebten seine Nachkommen weiter fort, säuberlich aufgelistet in den Stammbäumen der Heiligen Schrift (siehe 1 Chr 1:29-31). Die Propheten erinnerten sich an den mächtigen Nebajoth und den noch größeren Kedar, die beiden Söhne Ismaels. Zusammen mit ihren Herden sollten sie an dem großen Erntetag zur Herde des Messias hinzugetan werden (siehe Jes 42:11, 60:7). Zweieinhalbtausend Jahre später sollte sich ein verwaister Araber erheben, um für die Ehre seines berühmten Vorfahren zu kämpfen. Mohammed, unabhängig von Juden und Christen, führte seinen Monotheismus auf Ismael und dessen Vater Abraham zurück.

Stark und hitzig wie er war, schien dieser semitische Krieger dazu ausersehen, Ismaels Schande zu rächen. Sowohl Juden als auch Christen bekamen das moslemische Schwert zu spüren. Er war herausfordernd, kühn, einfallsreich, ausgerüstet mit einem unbeugsamen Willen, ein Genie auf dem Gebiet der Religion, jemand, der das Gebet mit dem Schwert vereinte: Mohammed, der Gründer des Islam, war der erste Moslem. Er war der Prophetenkönig, der versuchen würde, den verlorenen Platz Ismaels in der Familie Abrahams zurückzugewinnen. Er selbst wurde vom Tod überrascht, doch seine Worte leben weiter und werden auf den Speerspitzen des arabischen Stolzes getragen. Innerhalb von einhundert Jahren nach seinem Tod schwärmten moslemische Armeen nach Samarkant und Sind, nach Jerusalem und Spanien. Die Welt erzitterte vor diesen mächtigen Zerstörern von Götzen. Ihre Moscheen, freudlos und ohne Musik, schienen für eine Zeitlang über Synagogen und Kirchen triumphiert zu haben.

Doch was Mohammed auf arabischen Stolz aufgebaut hatte, konnte den Gefahren weltlichen Erfolgs nicht widerstehen. Der Reichtum war eine zu große Versuchung für seine kämpfenden Erben. Die Religion wich den Launen des Fleisches der Kalifen und Sultane. Die „Familie der Gläubigen" hatte vielen Spaltungen die Tür geöffnet; der Islam spaltete sich ein ums andere Mal. Gesetzlichkeit, Frömmigkeit, Mystik und Materialismus hinterließen ihre Spuren, je nachdem, wie sich das Glück der arabischen, persischen, türkischen und mongolischen Könige wandelte. Die Verschiedenheit der Völker, Sprachen und Abstammungen sowie der Stolz forderten ihren Preis von den zunehmenden Reichen des Islam.

Auch der wachsende Glanz moslemischer Macht konnte Satans Griff über die ihm unterworfenen Völker nicht lockern. Der tödliche Hauch des Synkretismus wehte über dem Islam. Er fing an, viele verschiedene Masken mit den dazugehörigen Kostümen zu tragen, denn er vermischte sich mit den Religionen der ihm unterworfenen Völker sowie mit den dort herrschenden geistlichen Mächten. Heute zählt man mindestens 408 verschiedene Volksgruppen unter den mehr als eine Milliarde Moslems in der Welt (Weekes 1984:913-927). In 47 Ländern bilden sie entweder die Bevölkerungsmehrheit oder die kontrollierende Mehrzahl in der Regierung. Doch das sind nur etwa 81 Prozent der gesamten Zahl. Die anderen 19 Prozent leben als Minderheiten in einer Vielzahl von anderen Ländern. Wie können wir eine solche große Mischung von Volksgruppen, Nationen, Sprachen und Stämmen unter den moslemischen Völkern erreichen? Darauf möchte dieses Buch eine Antwort geben.

Wir werden mit einer Studie der Familie Abrahams beginnen. Eines der ersten Themen wird als Schwerpunkt den „Schrei Ismaels" beinhalten. In 1 Mo 21:37 sagt uns die Bibel: „Gott erhörte die Stimme des Knaben ..." Der Name des Knaben war „Gott hört" (Ismael). An dieser Stelle werden wir den Namen „Ismael" in einer allgemeinen Weise benutzen und über die Moslems reden, die ihn entweder in genetischer oder geistlicher Weise oder in beider Hinsicht als ihren Vorfahren beanspruchen.

Da Gott den ersten Ismael weinen hörte, glaube ich, daß er auch das Klagen der heutigen Kinder Ismaels hört, die auf der ganzen Welt verstreut leben und sich vermehren: die Moslems. Und als solche, die im Namen Gottes Versöhnung auf diese Erde bringen sollen, hören auch wir das Weinen und werden Wege finden, um zu antworten, so daß Moslems wirklich in die Familie Abrahams hineingebracht werden können. Ich werde im einzelnen Vorschläge und Ideen bringen, die entweder von der Bibel abgeleitet sind oder von verschiedenen missiologischen Erkenntnissen und Erfahrungen christlicher Arbeiter, die versucht haben, Moslems zu gewinnen.

Sowohl von der Bibel als auch aus praktischen Gründen

glauben wir, daß Gott eine große Ernte unter den Moslems einbringen will. Das führt uns zum zweiten Schwerpunkt dieses Buches. Die zerbrochene Familie Abrahams wird durch das Sühneopfer Jesu am Kreuz geheilt werden. Dort wurde die Versöhnung aller Dinge ermöglicht, auch die Versöhnung der Moslems zu dem Herrn Jesus Christus, dem Sohn Gottes (siehe Kol 1:20).

Ich gehe dabei von dem Konzept aus, daß Mohammed seine Identität mit Abraham durch die Abstammung von Ismael zu erlangen suchte. Es sei beiläufig erwähnt, daß einige Gelehrte, wie zum Beispiel Chapman, es in Frage stellen, ob Mohammed seinen Stammbaum bis zu Ismael zurückverfolgen konnte (1989:50-57). Andere, wie z. B. Hamada in seinem Buch *Understanding The Arab World,* zeigen recht gründlich den semitischen Hintergrund der Araber auf und demzufolge auch die Möglichkeit, daß Mohammed über Ismael von Abraham abstammt. Er zeigt auch, daß es aufgrund der Vermischung mit anderen Völkern und Volksgruppen durch Heirat praktisch unmöglich ist, eine reine Linie zu verfolgen (1990:58). In diesem Buch gehen wir darauf ein, daß Moslems selbst, besonders arabische Moslems, die Identität mit Ismael beanspruchen. In diesem Sinn werden wir also Ismael mit den Moslems identifizieren. Demnach gehen wir davon aus, daß die Verbindung von Mohammed zu Abraham über Ismael tatsächlich besteht.

Obwohl ich glaube, daß es ebenso viele verschiedene Moslems gibt wie Christen, werden wir nicht in der Lage sein, eine so große Bandbreite von Menschen mit ihren unterschiedlichen Überzeugungen abzudecken. Aus diesem Grund habe ich mich entschlossen, für unsere Zwecke acht theologische Hauptströmungen unter den Moslems zu behandeln.

Ich gehe davon aus, daß es eine Ernte geben wird. Wir haben schon zu sehen begonnen, wie Moslems aus allen Hauptströmungen des Islam zu Christus finden. Tatsache ist, daß die Anzahl von Moslems, die zu Jesus kommen, jetzt höher ist als alles, was man sich in den vorigen Jahrzehnten und Jahrhunderten zu erträumen wagte. Doch an vielen Orten zahlen diese moslemischen Freunde einen hohen Preis für ihre offen bekannte Treue zu Christus. Auch der Preis für den, der andere zu Jüngern macht, kann sehr hoch sein.

Haben wir die Kraft, das Herz, die Energie und die Ausdauer, die nötig sind, um Moslems aus jeder Sprache, jedem Stamm und jedem Volk in der Familie des Islam ganz für Jesus Christus zu gewinnen? Ich glaube, daß wir keine Wahl haben. Christus hat uns geboten zu gehen und gab uns die Hoffnung auf eine Ernte. Darum glaube ich, daß wir christliche Missionsteams sehen werden, die jede Volksgruppe unter den Moslems in den nächsten Jahren erreichen, und daß die Anzahl der Moslems, die auf der ganzen Welt zu Christus finden, noch ansteigen wird.

Ich glaube auch, daß der militante fundamentalistische Islam noch an Stärke zunehmen wird. Jetzt, da der Kommunismus zusammengebrochen ist, werden sich die Auseinandersetzungen in Zukunft zwischen dem Islam und dem Westen abspielen. Der Islam wird versuchen, sich selbst von dem massiven Einfluß westlicher Kultur abzugrenzen und dabei zu den fundamentalistischen Lehren zurückzukehren, in denen er seinen Ursprung hat. Die „heiligen Krieger" werden ihre Sternstunde haben. In den zukünftigen Kriegen der Moslems untereinander und mit ihren Nachbarn wird es viel Leid und Blutvergießen geben. Hierin sieht man die negative Seite der Identifizierung des Islam mit Ismael: „... und seine Hand wird wider jedermann sein" (1 Mo 16:12).

Krieg und Blutvergießen sind gekennzeichnet von Brutalität und Schmerz. Viele Kinder Ismaels werden dieses endlichen Kreislaufs zerstörerischen Verhaltens müde werden und sich wahrhaftig mit den anderen Mitgliedern der Familie Abrahams versöhnen wollen. Enttäuscht von Mohammeds Versuch im siebten Jahrhundert, die Probleme der Welt durch die Einführung einer neuen Religion zu lösen, die durch Predigt und Schwert verbreitet wurde, werden sich viele Moslems Jesus zuwenden, dem Erlöser der Welt und ihrem rechtmäßigen Herrn. Mein Wunsch und mein Gebet ist, daß dieses Buch in den Händen von christlichen Zeugen ein nützliches Werkzeug für die Arbeit auf den Erntefeldern der moslemischen Welt sein wird.

Abrahams Gebet für Ismael und Gottes Antwort dient für alle Zeit als ein Beispiel wie auch wir, wie unser Vater Abraham, für die beten sollten, die sich heute als Kinder Ismaels bezeichnen. „Ach, daß Ismael unter deinem Segen leben möchte" (1 Mo 17:18)! Und mögen wir Gottes Antwort hören, wie damals Abraham: „Ja, ... ich habe dich erhört. Siehe, ich habe ihn gesegnet ..." (1 Mo 17:20).

Teil Eins

Die Familie Abrahams

Kapitel 1

Abraham, der Freund Gottes

Denn dazu habe ich ihn auserkoren, daß er sei-
nen Kindern befehle und seinem Hause nach
ihm, daß sie des Herrn Wege halten und tun,
was recht und gut ist, auf daß der Herr auf Ab-
raham kommen lasse, was er ihm verheißen hat.
(1 Mo 18:19)

Niemand sollte die Bedeutung Abrahams für die drei großen monotheistischen Glaubensrichtungen der Welt und sogar für die Welt selbst unterschätzen. Jesus Christus wurde der „Sohn Davids", der „Sohn Abrahams" genannt (Mt 1:1). Jesus selbst sagte „... Abraham, euer Vater, war froh, daß er meinen Tag sehen sollte, und er sah ihn und freute sich" (Joh 8:56). Mohammed wird im Koran zitiert, als er sagt: „Die Menschen, die Abraham am nächsten stehen, sind diejenigen, die ihm [und sei-ner Verkündigung seinerzeit] gefolgt sind, und dieser Prophet [d.h. Mohammed] und die, die [mit ihm] gläubig sind. Gott ist der Freund der Gläubigen" (Koran 3:68). Wer ist dieser Mann, Abraham? Welche Bedeutung hatte er für Gott? Welche Be-deutung für die Menschen? Warum wollen alle zur Familie Abrahams gehören?

Abrahams Berufung

Gott erwählte diesen Mann, um durch ihn alle Völker zu segnen. Wir wollen die Berufung dieses ersten Missionars näher betrachten.

> *... Geh aus deinem Vaterland und von deiner Verwandtschaft und aus deines Vaters Hause in ein Land, das ich dir zeigen will. Und ich will dich zum großen Volk machen und will dich segnen und dir einen großen Namen machen, und du sollst ein Segen sein. Ich will segnen, die dich segnen, und verfluchen, die dich verfluchen; und in dir sollen gesegnet werden alle Geschlechter auf Erden. (1 Mo 12:1-3)*

Diese Berufung hat tiefgehende Folgen für die gesamte Menschheit. Jeder wird entweder gesegnet oder verflucht sein, je nachdem, wie seine Beziehung zu Abraham ist. Was ist es, das ihn so bedeutsam macht? Abraham sagte ja zu Gott; ja dazu, alles zu verlassen und Gott zu folgen; ja zu Gottes Plan, alle Völker der Erde durch ihn zu segnen; und ja zu der Vorstellung, für diesen Namen Schande zu erleiden.

Gott hatte einen Mann gefunden, mit dem er beginnen konnte, seinen Plan für die Wiederherstellung (Segnung) der verlorenen Menschheit in die Tat umzusetzen; einen Mann, der ihm vertrauen würde, einen Mann, der seine Kinder treu über diesen einen wahren Gott unterweisen würde, einen Mann, der im Glauben und nicht nach dem Fleisch wandeln würde, und letztlich einen Mann, durch den der Messias für alle Völker kommen sollte, Jesus von Nazareth.

Abraham, der Freund Gottes

Gott versprach, Abraham und seinen Nachkommen das Land Kanaan zu geben, doch Abraham war kinderlos. Er sprach mit

Gott darüber, und Gott sagte: „. . . der von deinem Leibe kommen wird, der soll dein Erbe sein . . ." Dann nahm Gott ihn mit ins Freie und sprach noch einmal: „. . . Sieh gen Himmel und zähle die Sterne; kannst du sie zählen? . . . So zahlreich sollen deine Nachkommen sein" (1 Mo 15:4,5).

Danach gab Gott dem Abraham die Anweisung, Tiere und Vögel für ein besonderes Opfer zuzubereiten. Gott offenbarte sich zwischen den zerteilten Stücken der Tiere und Vögel und besiegelte damit den Bund der Freundschaft mit Abraham (siehe 1 Mo 15:1-9). Diese ungewöhnliche Zeremonie gab Abraham den Namen „Freund Gottes". Er wird als solcher in der Bibel erwähnt und ist im Islam unter dem Namen Khalil Ullah bekannt („Der Freund Gottes"). Doch im Gegensatz zu Juden und Christen, beanspruchen die Moslems ihre Abstammung von Abraham durch Hagar und Ismael und nicht durch Sara und Isaak. Darin liegt die Wurzel der Entfremdung, die zwischen Christen und Moslems besteht, die beide beanspruchen, die Erben Abrahams zu sein.

Gottes Verheißung an Abraham

Wir wollen noch einmal den genauen Wortlaut der Verheißung Gottes an Abraham betrachten: „. . . der von deinem Leib kommen wird, der soll dein Erbe sein." Er hieß ihn hinausgehen und sprach: „Sieh gen Himmel und zähle die Sterne; kannst du sie zählen?" Und sprach zu ihm: „So zahlreich sollen deine Nachkommen sein!" (1 Mo 15:4-5). Die Frage stellt sich: „Ist diese Verheißung völkermäßig oder geistlich zu verstehen? Die Antwort lautet: beides. Gott gab Abraham unzählige Nachkommen und machte ihn in Wahrheit zum „Vater vieler Völker". Doch die Sache ist die, daß nicht jeder, der eine volks- und erbmäßige Abstammung von Abraham nachweisen kann, wirklich ein Erbe Abrahams im geistlichen Sinn ist. Jesus erkannte an, daß die Juden seiner Zeit herkunftsmäßig gesehen Abrahams Nachkommen waren, doch waren sie nicht wirklich seine Kinder. „Wenn ihr Abrahams Kinder wäret, so tätet ihr Abrahams Werke

... Ihr habt den Teufel zum Vater, und nach eures Vaters Gelüste wollt ihr tun ..." (Joh 8:35-44). Der Prüfstein ist der echte Glaube an den wahren einen Gott, vertreten durch seinen Sohn Jesus Christus. Die ethnische Abstammung qualifiziert nicht für eine geistliche Identifizierung mit der Familie Abrahams.

Wer ist ein wahrer Erbe Abrahams?

Als die Zeit gekommen war, wurde Jesus geboren, als der lange verheißene „Nachkomme" Abrahams (siehe Gal 3:16). Wie wir uns zu Jesus stellen ist der ausschlaggebende Faktor dafür, ob wir in Wahrheit zu Gott gehören oder nicht. Die Juden zur Zeit Jesu hatten Probleme mit diesem Anspruch. Sie sagten zu Jesus: „... Wir sind Abrahams Kinder ..." (Joh 8:33). Worauf Jesus antwortete: „Ich weiß, daß ihr Abrahams Kinder seid; aber ihr sucht mich zu töten, denn mein Wort findet bei euch keinen Raum. Ich rede, was ich von meinem Vater gesehen habe; und ihr tut, was ihr von eurem Vater gehört habt" (Joh 8:37-38). Darauf sagten sie zu Jesus: „Abraham ist unser Vater" (Joh 8:39). Jesus führte die Diskussion weiter und sagte:

> *Wenn ihr Abrahams Kinder wäret, so tätet ihr Abrahams Werke. Nun aber sucht ihr mich zu töten, einen solchen Menschen, der ich euch die Wahrheit gesagt habe, die ich von Gott gehört habe. Das hat Abraham nicht getan. Ihr tut die Werke eures Vaters. (Joh 8:39-41)*

Daraufhin bekräftigten die Juden: „Wir sind nicht unehelich geboren ... wir haben einen Vater, Gott" (Joh 8:41). In seiner Antwort sprach Jesus geradeheraus: „Ihr habt den Teufel zum Vater, und nach eures Vaters Gelüste wollt ihr tun" (Joh 8:44). In der Fortsetzung des Streitgesprächs kamen die Juden an den Punkt, wo sie fragten: „Bist du mehr als unser Vater Abraham, der gestorben ist? Und die Propheten sind gestorben. Was machst du aus dir selbst?" (Joh 8:53). Jesus beantwortete diese Fragen ganz natürlich mit einer erstaunlichen Behauptung: „Abraham, euer Vater, ward froh, daß er meinen Tag sehen sollte, und er sah ihn und freute sich" (Joh 8:56). Und Jesus sagte zu ihnen: „Wahrlich, wahrlich, ich sage euch: Ehe denn Abraham ward, bin ich!" (Joh 8:58).

Das wahre Kind Abahams glaubt an Jesus Christus

Der Apostel Paulus beantwortete diese Frage noch ausführlicher in seinem Brief an die Galater: „Nun ist die Verheißung Abraham zugesagt und ‚seinem Nachkommen‘. Es heißt nicht: und den Nachkommen, als gälte es vielen, sondern es gilt einem: ‚und deinem Nachkommen‘, welcher ist Christus" (Gal 3:16). Alle Verheißungen an Abraham sind in Jesus erfüllt. Durch Abrahams größten Sohn, Jesus, wird der Segen, von dem in der Genesis die Rede ist, zu den Völkern der Erde kommen. Paulus faßt es in dieser so entscheidenden Weise zusammen: „Ihr seid alle Gottes Kinder durch den Glauben an Christus Jesus. Denn wie viele von euch auf Christus getauft sind, die haben Christus angezogen ... Seid ihr aber Christi, so seid ihr ja Abrahams Kinder und nach der Verheißung Erben" (Gal 3:26,27,29).

Erben der Welt

Die Erwähnung des Wortes „Erbe" führt uns nun zu einer sehr viel umfassenderen Diskussion, die mit der Ewigkeit zu tun hat. Bisher haben wir die Frage behandelt, wer ein wahrer Erbe Abrahams ist. Nun werden wir die Frage aufnehmen, wie man die Erlösung empfängt. Die Juden, und wir können hinzufügen, auch die Moslems, denken irrtümlicherweise, daß sie errettet werden, indem sie das Gesetz befolgen, wogegen die Bibel unfehlbar darauf hinweist, daß die Erlösung nur durch den Glauben an Jesus Christus möglich ist. In Abrahams Fall sagt uns die Bibel: „Abraham glaubte Gott, und das rechnete er ihm zur Gerechtigkeit" (1 Mo 15:6). Paulus zeigt deutlich, daß der Glaube an Christus der Schlüssel ist, um diese Gerechtigkeit zu erlangen:

Darum „ist's ihm auch zur Gerechtigkeit ge-
rechnet". Das ist aber geschrieben nicht allein
um seinetwillen, daß es ihm zugerechnet ist, son-
dern auch um unsertwillen, welchen es soll zu-
gerechnet werden, wenn wir glauben an den, der
unsern Herrn Jesus auferweckt hat von den To-
ten, welcher ist um unserer Sünden willen da-
hingegeben und um unserer Rechtfertigung wil-
len auferweckt. (Röm 4:22-25)

Die Folgen dieser „Gerechtigkeit durch den Glauben" sind weitreichend. „Die Verheißung, daß er sollte der Welt Erbe sein, ist
Abraham oder seinen Nachkommen nicht geschehen durchs Gesetz, sondern durch die Gerechtigkeit des Glaubens" (Röm
4:13). Und der Mittelpunkt unseres „rettenden Glaubens" ist Jesus Christus. Es sind die Gläubigen an Jesus Christus, die die
wahren Kinder Abrahams sind, die die Vergebung ihrer Sünden
empfangen und Erben der Welt sind.

Abraham und die Endzeit

Als Konsequenz der vorangegangenen Erläuterungen bestimmt
die Beziehung zu Jesus Christus, ob man ein wahres Kind Abrahams ist oder nicht und ob man demzufolge ein Erbe der Verheißung ist. In seinen Reden über die Endzeit machte Jesus
eine scharfe Trennung zwischen solchen, die an Abrahams
Seite sitzen werden, und anderen, die dort nicht zu finden sein
werden.

Aber ich sage euch: Viele werden kommen vom
Osten und vom Westen und mit Abraham und
Isaak und Jakob im Himmelreich sitzen; aber
die Kinder des Reiches werden ausgestoßen in
die Finsternis hinaus; da wird sein Heulen und
Zähneklappen. (Mt 8:11,12)

28

Daraus kann man deutlich sehen, daß nicht die, die eine ethnische Abstammung von Abraham beanspruchen, eingeladen sein werden, an dem Großen Tag nach dem Gericht der Welt mit Abraham im Himmelreich zu sitzen. Das betrifft sowohl Juden, die die Erbschaft durch die Abstammung von Isaak beanspruchen, als auch Moslems, die den gleichen Anspruch durch Abstammung von Ismael geltend machen.

In seinem Brief an die Gläubigen in Rom faßt Paulus dieses in den folgenden Worten zusammen:

> *Derhalben muß die Gerechtigkeit durch den Glauben kommen, auf daß sie sei aus Gnaden und die Verheißung fest bleibe allen Nachkommen, nicht denen allein, die unter dem Gesetz sind, sondern auch denen, die des Glaubens Abrahams sind. Der ist unser aller Vater, wie geschrieben steht: „Ich habe dich gesetzt zum Vater vieler Völker." (Röm 4:16,17)*

Im Licht dieser Bibelstellen tritt Abraham als der erste Mann des Glaubens hervor. Er ist uns allen ein Beispiel. Das mindert natürlich nicht die Wichtigkeit von Abrahams „Nachkommen", Jesus Christus, ohne den unsere Erlösung und unser Erbe niemals Wirklichkeit geworden wären.

So gerne wir Judentum, Christentum und Islam als eine glückliche „Familie Abrahams" sehen möchten, es kann nicht sein. Der Stein des Anstoßes ist Jesus Christus, der „Nachkomme Abrahams". Als die Juden ihn verwarfen, verließen sie die Familie Abrahams. Die Moslems hingegen waren großzügiger in ihren Aussagen über Jesus, doch das dadurch gewonnene Gute wurde durch die felsenfeste Haltung zunichte gemacht, die der Islam gegen das Herz der Botschaft des Evangeliums hat.

Der Streit zwischen dem Islam und dem Christentum hat damit zu tun, daß die Moslems von der Heiligen Schrift abgewichen sind und Christus verleugnet haben. Tatsächlich sind sie weit über Unterschiede in der Lehre hinausgegangen und haben eine rivalisierende Religion gegründet, die das Christentum ersetzen soll. Mohammed wollte den Islam rechtfertigen, indem er sich mit Abraham und seinem anderen Sohn, Ismael, identifizierte. Er versuchte, die Gesetze Mose durch seine eigenen Gesetze zu ersetzen und schließlich, ob bewußt oder unbewußt sei dahingestellt, Jesus Christus als Gottes Weg der Erlösung durch ein falsches Gesetz auszutauschen, das letztlich nur zu Gebundenheit und ewigem Tod führt.

Wir wollen die Umstände, die am Ursprung dieser Entwicklung liegen, näher betrachten. Abraham war, wie wir alle, ein Mensch mit Fehlern, der sich irrte und falsch urteilte. Einerseits wurde er durch seinen Glauben ein Vorbild für alle Gläubigen, doch andererseits vergaß er Gottes Wege, indem er im Fleisch handelte.

Kapitel 2

Der Freund Gottes gerät ins Wanken

Da nahm Sarai, Abrams Frau, ihre ägyptische Magd Hagar und gab sie Abram, ihrem Mann, zur Frau, nachdem sie zehn Jahre im Lande Kanaan gewohnt hatten. Und er ging zu Hagar, die ward schwanger. (1 Mo 6:3,4)

Ich sollte einmal in einer großen wohlhabenden Gemeinde in Kalifornien predigen. Während ich in der Reihe mit anderen Predigern saß, fragte mich mein Nachbar, nur fünf Minuten bevor ich meine Predigt halten sollte: „Don, wußtest du, daß zwei Drittel der Menschen in dieser Versammlung alleinstehend sind, und die meisten von ihnen geschieden?"

Diese Information traf mich wie ein Donnerschlag, und ich dachte bei mir: „Meine Güte, was machen all diese schrecklich verkorksten Leute in diesem wunderschönen Haus Gottes?" Das war natürlich keine gute Reaktion. Ich wandte mich an den Herrn und fragte: „Wie siehst du das, Herr?" Er sagte: „Du solltest mich preisen, denn ich habe sie endlich dort hingebracht, wo sie hingehören." Danach betete ich: „Herr, bitte gib mir eine angemessene Einleitung für diese ungewöhnliche Versammlung."

Ich sagte dann als Einleitung: „Wie viele von Ihnen glauben, daß Gott sich um jede Person kümmert, die in eine Familientragödie verwickelt ist, in der der Hausherr mit der Magd schläft?" Mit dieser ungewöhnlichen Frage hatte ich sofort die Aufmerksamkeit aller Personen. Dann sagte ich: „Genau das ist die Geschichte Ihres Vaters, Abraham."

Die sieben Phasen der Tragödie

Die Zuhörer folgten mit gespannter Aufmerksamkeit, als ich die Kettenreaktion des schwankenden Glaubens von Sarai, Abram und Hagar nachvollzog. Wir wollen diese sieben Phasen der Tragödie betrachten, nachzulesen in 1 Mo 16:1-6:

> Sarai verliert alle Hoffnung, daß die Verheißung Gottes an Abram zu ihrer Lebzeit erfüllt wird. Gott hatte zu ihrem Mann gesagt: „Von deinem Leibe soll ein Sohn kommen." Sarai hat wahrscheinlich gedacht: „Gott sprach nur zu meinem Mann; er sprach nicht mit mir. Meine Zeit ist abgelaufen, ich kann keine Kinder mehr bekommen. Was soll ich tun?" Sie rät ihrem Mann, mit ihrer ägyptischen Magd Hagar zu schlafen. „Ich werde durch sie eine Familie gründen."

Es werden keine Fragen gestellt. Der Herr wird nicht um Rat gefragt. Statt dessen: Mach es einfach wie alle anderen. „Er ging zu Hagar, und sie wurde schwanger."

„Als sie [Hagar] nun sah, daß sie schwanger war, achtete sie ihre Herrin [Sarai] gering." Die Rivalität beginnt.

Sarai gibt Abram die Schuld für diese Enwicklung: „Du bist Schuld an dem Unrecht, das mir widerfährt ... Der Herr sei Richter zwischen dir und mir."

Abram wäscht schamlos seine Hände in Unschuld über seine Verantwortung in der Angelegenheit. „Deine Magd ist unter deiner Gewalt; tu mit ihr, wie dir's gefällt."

„Dann mißhandelte Sarai Hagar." Wut, Frustration, Gewalt, entweder verbal, körperlich oder beides, werden zur Tagesordnung.

Sie (Hagar) flieht vor ihr (Sarai). Abram war auserwählt, ein Instrument des Segens für die gesamte Menschheit zu sein. Hagar floh von ihrer einzigen Quelle des Segens.

Was für eine Liste von Fehltritten:
Nimm die Dinge selbst in die Hand. (Sarai)
Bemühe dich nicht, den Herrn zu befragen. (Abram)
Sei stolz, werde zum Rivalen. (Hagar)
Schiebe die Schuld für deine Fehler auf andere. (Sarai)
Verleugne die Verantwortung für dein Kind. (Abram)
Gib dem Zorn Raum. Sei beleidigend. (Sarai)
Tu keine Buße. Laufe davon. (Hagar)

Einige mögen denken, daß die Geschichte hier hätte enden sollen. Abram hat einen Fehler gemacht. Die schwangere Magd läuft davon, das hätte das Ende der Geschichte sein sollen.

Ein Engel wird zu Hagar gesandt

Falsch. Gott handelt nicht in dieser Weise. Er hatte die ganze Entwicklung beobachtet. Er liebte Abram. Er liebte Sarai. Er liebte auch Hagar. Es gibt Aussagen in der Bibel, die uns sagen, wie Gott ist: „… Gott ist Liebe …" (1 Joh 4:16), und „Gott unser Heiland … will, daß allen Menschen geholfen werde und sie zur Erkenntnis der Wahrheit kommen" (1 Tim 2:4) und „er hat Geduld mit euch und will nicht, daß jemand verloren werde, sondern daß sich jedermann zur Buße kehre" (2 Petr 3:9).

Abram war Gottes Freund, und Gott war sein Freund. Gott würde diese Angelegenheit in einer ehrbaren Weise regeln. Er sandte einen Engel zu Hagar, um ihr zu dienen. Wie seltsam. Die Bibel sagt: „Sind sie [Engel] nicht allzumal dienstbare Geister, ausgesandt zum Dienst um derer willen, die das Heil ererben sollen?" (Hebr 1:14). Würde Gott einen Engel zu Hagar senden? Ja! Hagar empfing große Verheißungen. Ihre Nachkommen sollten so zahlreich sein, daß niemand sie zählen könnte (1 Mo 16:10). Heute identifiziert sich jeder fünfte Mensch mit Hagar.

Gott hört von Hagars Not

Gott gab ihrem ungeborenen Sohn einen Namen. In den semitischen Kulturen haben Namen eine große Bedeutung. Sein Name sollte „Gott hört" sein. Das wird aus dem Hebräischen transliteriert als „Ismael". Der Herr wählte diesen Namen, weil er von ihrer Not gehört hatte. Was für ein Zeichen des Erbarmens Gottes.

Gott bat sie, zurückzukehren und sich Sarai zu unterwerfen. Doch bevor sie das tat, gab sie dem Ort ihrer wichtigen Begegnung mit dem Herrn einen Namen. Sie nannte ihn „Brunnen des Lebendigen, der mich sieht". Sie gehorchte dem Herrn, kehrte zurück und unterwarf sich Sarai. Das Wort Moslem bedeutet „einer, der sich unterworfen hat". Es ist interessant festzuhalten, daß dieser Abschnitt auch wiedergegeben werden könnte: „Gehe zurück und werde zu einer ‚Unterworfenen', oder einer ‚Moslemin', Sarais". Gott handelte sehr menschlich, sehr barmherzig, sehr liebevoll. Er gab allen eine zweite Chance, im Einklang miteinander zu leben. Die Jahre vergingen. Abram lehrte Ismael die Wege Gottes. Er liebte ihn. Ismael war sein erstgeborener Sohn, und, soweit er wußte, der, durch den sich Gottes Verheißung erfüllen würde.

Die Überraschung

Als Abram neunundneunzig und Sarai neunundachtzig Jahre alt war, erschien ihnen Gott. Er bestätigte noch einmal seinen Bund mit Abram. Er gab die Beschneidung als das Zeichen des Bundes. Abram und Ismael wurden am gleichen Tag beschnitten. Gott änderte Abrams Namen zu Abraham, von „Erhabener Vater" zu „Vater von vielen".

Dann kam die Überraschung. Auch Sarai bekam einen neuen Namen. Sie sollte von nun an „Fürstin" (Sara) heißen. Aber noch wichtiger war, daß auch sie einen Sohn gebären sollte. Weil das so unwahrscheinlich schien, lachten sowohl Abraham als auch Sara angesichts dieser unmöglichen Entwicklung. Gott gab dem zukünftigen Wunderknaben den Namen „Lachen" (Isaak). Ein Jahr später wurde „Lachen" geboren.

Ismael hatte nun einen Rivalen. Er würde jetzt alles verlieren, weil die echte Ehefrau, der erste Frau, einen Sohn geboren hatte. Die Dinge gärten langsam vor sich hin, bis zur Entwöhnungszeremonie Isaaks. Ismael beging einen Fehler. Er machte sich über seinen kleinen Halbbruder lustig, und das war zuviel für Sara. Sie traf eine unwiderrufliche Entscheidung: „. . . Treibe diese Magd aus mit ihrem Sohn; denn der Sohn dieser Magd soll nicht erben mit meinem Sohn Isaak" (1 Mo 21:10).

Was hatte das zu bedeuten? Hieß es, daß Ismael nicht die Segnung des Heils empfangen sollte? Oder dachte Sara nur an das Vermögen, den Familienbesitz? Meiner Meinung nach, ging es um den Familienbesitz. Denn es gibt zu viele „Söhne Ismaels", die Christen geworden sind, als daß es bedeuten könnte, daß sie kein Anrecht auf das Heil hätten. Natürlich mißfiel diese Entscheidung Abraham, denn er liebte seinen Sohn Ismael. Doch in seine Verzweiflung hinein sprach Gott zu ihm.

> *. . . Laß es dir nicht mißfallen wegen des Knaben und der Magd. Alles, was Sara dir gesagt hat, dem gehorche; denn nur nach Isaak soll dein Geschlecht benannt werden. Aber auch den Sohn der Magd will ich zu einem Volk machen, weil er dein Sohn ist. (1 Mo 21:12-13)*

Am Anfang ihrer Beziehung gehorchte Abraham seiner Frau, und es stellte sich heraus, daß es ein schlechter Rat war. Jetzt sagt Gott, daß er seiner Frau gehorchen und Hagar und Ismael aus seinem Haus verstoßen soll. Wäre es nicht Gott selbst gewesen, der sprach, hätte Abraham sich wahrscheinlich taub gestellt, aber es war der Herr. Die Prinzipien des Glaubens waren

Gott wichtiger als die Entscheidungen des Fleisches. Gottes Plan funktioniert nur durch den Glauben. Schließlich war es aus diesem Grund, daß Abraham der „Freund Gottes" genannt wurde: Er glaubte Gott.

Die Verstoßung Hagars

Am nächsten Morgen entließ Abraham Hagar und ihren Sohn Ismael aus seinem Dienst. Er gab ihnen Wegzehrung und schickte sie fort. Welch ein erschütternder Tiefschlag für alle Beteiligten. Hagars Schwangerschaft war ganz und gar Saras Idee gewesen. Abraham hatte sich einverstanden erklärt. Ismael bekam seinen Namen von Gott selbst; er war das erste beschnittene Kind in der Familie Abrahams. Hagar wurde sogar Abrahams Frau genannt (1 Mo 16:3). Und nun diese herzzerreißende Verstoßung.

Doch es sollte noch schlimmer kommen. Hagar verirrte sich in der Wüste bei Beerscheba und zog ziellos umher. Die Nahrung war aufgebraucht, und Hagar und Ismael sahen dem Tod ins Auge. Hagar sorgte dafür, daß sie voneinander getrennt sterben würden; Ismael begann zu weinen und Hagar begann zu schluchzen. Wieder einmal schien es, als sollte das Problem der Fehler Abrahams und Saras mit dem tragischen Tod der beiden Opfer gelöst werden. Doch wieder einmal hatte Gott andere Pläne. Gott hörte einen Jungen im Teenageralter weinen, dem er selbst den Namen „Gott hört" gegeben hatte, und er war entschlossen, sein Wort zu halten. Er öffnete Hagars Augen, und sie sah einen Wasserbrunnen. Erneut wurde beider Leben durch Gottes persönliches Eingreifen gerettet. Diese vaterlose Familie, von Gott gesegnet und bereichert, überlebte durch die Gnade Gottes. Die Bibel sagt uns sogar: „Gott war mit dem Knaben, als er heranwuchs ..." (1 Mo 21:20).

In gewissem Sinn waren Hagar und Ismael die Opfer von Saras schlechtem Rat und Abrahams unverantwortlichem Handeln, obwohl auch sie große Fehler begangen hatten. Welche

Konsequenzen hat diese tragische Trennung für die Heilsfrage? Bedeutet es, daß der Segen nur auf Isaaks Seite des Familienstammbaums ruht und daß für die Nachkommen Ismaels nur Fluch und eine Ewigkeit in der Hölle bleibt? Wohl kaum! Abraham wurde nicht nur erwählt, Gottes Segen zu empfangen, sondern dazu ausersehen, ein Instrument des Segens für alle anderen zu sein, selbst für Hagar.

Gottes große Liebe zu Hagar

Vieles in dieser Geschichte weist auf Gottes große Liebe zu Hagar und Ismael hin. Zweimal sandte er Engel, die ihnen dienten und ihnen das Leben retteten. Er gab Ismael einen wunderbaren Namen und war mit ihm, als er aufwuchs. Es ist keine Frage, daß Gott sie segnen wollte. Doch es gibt noch einen anderen Faktor, der in der Heilung dieser zerbrochenen Familie eine Rolle spielt, und zwar die Tatsache, daß Gottes Berufung von Abraham eine missionarische Berufung war. Wir wollen es kurz betrachten.

> *Ich will dich zum großen Volk machen und will dich segnen und dir einen großen Namen machen, und du sollst ein Segen sein. Ich will segnen, die dich segnen, und verfluchen, die dich verfluchen, und in dir sollen gesegnet werden alle Geschlechter auf Erden. (1 Mo 12:2-3)*

Abraham wurde nicht auserwählt, um einen exklusiven Familienstammbaum zu gründen, sondern um ein Instrument des Segens für alle anderen Familien auf Erden zu sein. Isaak und Ismael, der eine ein Wunderkind, der andere das Resultat einer sehr menschlichen Entscheidung, hatten beide nichts mit den Umständen zu tun, unter denen sie geboren wurden, und waren nicht von vornherein dazu bestimmt, Rivalen zu sein. Isaak, der die gleiche Berufung erhielt wie sein Vater, wurde erwählt, an-

37

dere zu segnen, einschließlich Ismael und dessen Nachkommen. „... Gott ... will, daß allen Menschen geholfen werde und sie zur Erkenntnis der Wahrheit kommen" (1 Tim 2:3-4).

Die Frage der Versöhnung

Die Versöhnung steht nicht außer Frage, sie ist die Frage. Christus, der Nachkomme Abrahams, ist der Heiland aller Menschen. Er erschien, „um alles mit sich selbst zu versöhnen" (Kol 1:20), einschließlich derer, die sich selbst Moslems nennt.

Unglücklicherweise war unter den Nachkommen Ismaels ein Mann, Mohammed (570–632), der andere Pläne hatte. Zu Beginn gründete er den Islam als eine Religion für das arabische Volk. Später versuchte er, sie universal gültig zu machen und sie den Menschen aufzuzwingen. Im Islam ist Jesus lediglich ein Prophet, und indem er sich selbst mit Jesus gleichstellte und sich letztlich sogar über ihn stellte, setzte Mohammed die Rivalität fort, und nicht die Versöhnung. Die Wurzeln der heutigen Entfremdung gehen zurück auf die tragischen Vorfälle, die zum Zerbruch der Familie Abrahams führten. Der Islam wurde zum Sammelpunkt der leidenden und entfremdeten Mitglieder dieser Familie, um die Schande dieser früheren Verstoßung aus den Zelten Abahams wiedergutzumachen. Es geht sogar noch darüber hinaus, denn der Islam hat sich zum Ziel gesetzt, die ganze Welt zu beherrschen.

Obwohl sich der Islam so weit unter der Erdbevölkerung ausgebreitet hat (etwa ein fünftel in den neunziger Jahren), ist er dennoch gekennzeichnet von vielen geistlichen Unzulänglichkeiten. Aufgrund der Unfähigkeit, der tiefsten Not des menschlichen Herzens zu begegnen, sind mehr und mehr Moslems offen für Jesus Christus und die wunderbare Weise, in der er der menschlichen Not begegnet. Am Ende wird Jesus Christus siegen. Wir wissen zum Beispiel, welche Verherrlichung Christus am Ende der Zeiten gegeben wird:

Du bist würdig, zu nehmen das Buch und auf-
zutun seine Siegel; denn du bist erwürgt und
hast mit deinem Blut für Gott erkauft Menschen
aus allen Geschlechtern und Sprachen und Völ-
kern und Nationen und hast sie unserem Gott zu
Königen und Priestern gemacht, und sie werden
herrschen auf Erden. (Offb 5:9,10)

Bei diesem großartigen himmlischen Schauspiel werden auch
Nachkommen Ismaels, Moslems, dabeisein, von jedem Stamm,
jeder Sprache, jedem Volk und jeder Nation. Die zerbrochene
Familie Abrahams wird durch das sühnende Blut Jesu Christi
versöhnt werden. Dennoch hat der Islam vierzehn Jahrhunderte
lang die größten Anstrengungen der Christenheit, diese Versöhnung zu erzielen, mißachtet. Er ist zweifellos die schwie-
rigste Herausforderung für die christliche Mission und die Kirche von heute.

   In der Begegnung dieser Herauforderung wollen wir die
Personen, die in diese uralte Familientragödie in den Zelten Ab-
rahams verwickelt waren, näher betrachten. Was müssen wir
wissen über Gottes Beziehung zu Hagar und Ismael? Welche
Hinweise können wir in der geistlichen Geschichte finden, die
uns in unserer Begegnung mit Moslems beeinflussen können?
Gott, unser Vater, ist wirklich an jedem Teil dieser großen
Tragödie der zerbrochenen Familie Abrahams interessiert.

Kapitel 3

Die Tragödie mit Hagar

Hagar, Sarais Magd, wo kommst du her und wo
willst du hin? Sie sprach: Ich bin von Sarai,
meiner Herrin, geflohen ... (1 Mo 16:8)
Was ist dir, Hagar? Fürchte dich nicht; denn
Gott hat gehört die Stimme des Knaben, der dort
liegt. Steh auf, nimm den Knaben und führe ihn
an der Hand; denn ich will ihn zum großen Volk
machen. (1 Mo 21:17,18)

Eine der bemerkenswertesten Beziehungen in der gesamten Bibel ist die Beziehung zwischen Gott und Hagar. Sollte Gott an
einem ägyptischen Sklavenmädchen interessiert sein? Falls ja,
was sagt das über ihn aus? Was sagt es uns, wenn wir die Menschen betrachten, die heute entweder eine geschlechtsmäßige,
völkermäßige Abstammung oder eine geistliche Identifizierung
mit ihr beanspruchen: die Moslems?

Gottes Sorge um Hagar

Für uns ist es von außerordentlichem Interesse, wie Gott sich
um diese unglückliche Frau sorgte. Zweimal rettete er sie: Das
erste Mal schickte er sie zurück zu Sarai, ihrer Herrin, und das
zweite Mal rettete er ihr Leben und das ihres Sohnes, als sie in
der Wüste umzukommen drohten. Ich glaube, wenn Gott so be-

sorgt war, das Leben dieser ägyptischen Sklavin und ihres Sohnes zu retten, dann sollten auch wir genauso besorgt sein, die zu erreichen, die beanspruchen, ihre Kinder zu sein. Ich denke, daß die Erklärung für diese Fürsorge im ersten Kapitel der Genesis zu finden ist. Dort lesen wir, daß nicht nur der Mann, sondern auch die Frau im Bild Gottes geschaffen wurde (siehe 1 Mo 1:27). Trotz ihrer niedrigen gesellschaftlichen Stellung als ägyptische Sklavin und gezeichnet von der Neigung zur Sünde – wie wir alle auch – trug sie dennoch das edle Ebenbild Gottes, ihres Schöpfers, in sich. Er hielt sie für wertvoll. Sie war wichtig in seinen Augen. Wenn Abraham erwählt wurde, um ein Instrument des Segens für die gesamte Menschheit zu sein, so war Hagar eine Stellvertreterin derer, die diesen Segen empfangen sollten.

Gott will nicht, daß jemand verloren gehe

Es ist von der Bibel her ganz deutlich, daß Abraham und Sara wollten, daß Hagar verlorenging. Petrus sagt uns, daß Gott nicht will „... daß jemand verloren gehe, sondern daß sich jedermann zur Buße wende" (2 Petr 3:9). Von dieser Episode ihres eigenen Lebens hatten Abraham und Sara eine Menge über Gottes Liebe zu lernen. Gott wollte diesem ersten Missionsehepaar zeigen, welchen Wert er dem menschlichen Leben beimißt. Er erlaubte ihnen nicht, das Leben so gering zu achten. Später sollte Jesus Christus erscheinen und Gottes Fürsorge in den unvergeßlichen Worten zum Ausdruck bringen: „Verkauft man nicht fünf Sperlinge um zwei Pfennig? Dennoch ist vor Gott derer nicht einer vergessen. Aber auch die Haare auf eurem Haupt sind alle gezählt. Darum fürchtet euch nicht; ihr seid mehr denn viele Sperlinge" (Lk 12:6,7). Und in seinem Leben zeigte Jesus diese Fürsorge für die „Frau am Brunnen" in Samarien (siehe Joh 4:1-42). Jesus fand in seinen Tagen eine „Hagar", an der er die gleiche göttliche Fürsorge deutlich machen konnte.

Hagar und die Frau am Brunnen

Die Parallelen zwischen der Geschichte Hagars und der „Frau am Brunnen" sind so auffällig, daß sie erwähnt werden sollen. Beide Frauen waren aus der Gesellschaft ausgestoßen; die eine ein davongejagtes Sklavenmädchen, die andere eine Frau, die von Mann zu Mann ging, und schließlich mit einem lebte, mit dem sie nicht verheiratet war. Beide Begegnungen fanden an einem Brunnen statt. Hagar wurde vom Herrn mit lebenspendendem Wasser versorgt; der anderen bot Jesus „lebendiges Wasser" an. Hagar sagte: „Nun habe ich den gesehen, der mich angesehen hat" (1 Mo 16:13). Die Samaritanerin sagte: „Er hat mir alles gesagt, was ich getan habe" (Joh 4:39). Gott öffnete Hagar die Augen, und sie sah einen Wasserbrunnen, der ihr und ihrem sterbenden Sohn Ismael das Leben schenkte. Jesus öffnete der Frau am Brunnen die Augen und offenbarte sich ihr als der Messias. Von Anbeginn der Erlösungsgeschichte, die Lehren Jesu über die Liebe des Vaters vorausnehmend, zeigte Gott Abraham und Sara seine große Liebe für die Unglücklichen, in diesem Fall für Hagar und Ismael.

Hagars Geschichte in der Pilgerfahrt

Im Koran wird Hagar nicht namentlich erwähnt. Aber in der Hadith, den Traditionsschriften, ist sie als Mutter Ismaels mit Namen aufgeführt. In den Riten der Pilgerfahrt nach Mekka wiederholen alle Moslems Hagars verzweifelte Suche nach Wasser, wenn sie zwischen den Hügeln von Safa und Marwa hin und her laufen. Diese Suche findet ihren Höhepunkt, wenn sie den Brunnen von Zamzam erreichen, von dem sie im Gedenken an Gottes Barmherzigkeit mit Hagar trinken.

Für uns, die Jesus als die Quelle lebendigen Wassers kennen, scheint diese Szene der moslemischen Pilgerfahrt einerseits recht schmerzhaft, und andererseits doch auch voller Hoffnung zu sein. Der Schmerz liegt darin, die Pilger die Suche nach echtem Wasser nachvollziehen zu sehen und gleichzeitig zu wissen, daß Gott sich danach sehnt, ihnen geistliches Wasser zu geben. Jesus ist das wahre Ende dieser Suche, und der Islam verweigert den Moslems dieses Wissen. Hoffnung besteht darin, daß Gott in seiner Barmherzigkeit den tiefen Durst der menschlichen Seele stillen möchte, wenn wir sie zu Jesus Christus bringen, um das „lebendige Wasser" zu trinken.

Am Ende dieses Kapitels möchte ich einen Auszug aus einer seltenen und bewegenden Sammlung holländischer Gedichte abdrucken, und zwar Isaac da Costas (gestorben 1860) großartiges Gedicht „Hagar". Dieses Gedicht war bis zum Sommer 1990 nie ins Englische übersetzt worden, bis ich Marten Vogelaar aus Leiden damit beauftragte. Von dort wurde es ins Deutsche übertragen. Es spiegelt die leidenschaftlichen Gefühle wider, die auch wir empfinden sollten, so meine ich, wenn wir über Hagars heutige Töchter nachdenken.

Vor dem Auge des Dichters, die Erinnerung an ein Geschehen:

Eine Stunde der Unsicherheit in der öden Wüste,
Alles liegt in vollkommener Ruhe,
Unberührt von Wind oder Sturm.

Eine völlig verlassene Frau, von Trauer gezeichnet,
Von Kummer und dem Schmerz eines gebrochenen Stolzes,
Spiegelt wider die schändliche Demütigung aus innersten Tiefen,
Als sie mit unsicheren Schritten weiterstolpert.

Ein flacher Wasserschlauch, schon lange leer,
Liegt lose an ihrem schwellenden Busen.
Hungerschmerzen, noch verstärkt durch das neue Leben in ihr,
Sehnsucht nach dem zu schnell verbrauchten Brot.

Welch furchtbarer Kontrast zum Geschehen davor,
Als du in gedankenlosem Stolz Sara schmähtest.
Oh, du Hochmütige! Wo wirst du hingehen,
Die du diesen Fluch des Wehklagens geerntet hast?

Mit angemessener Züchtigung davongetrieben
Vom Segen in Abrahams Zelt,

Geh nicht zurück zum Lande Ham,
Finde Unterschlupf in Mamres Ort.

Demütige dich vor Gott zu Saras Füßen,
Dort wirst du wieder Nahrung finden
In frommer Treue mit Wasser und Brot,
Und deine Seele erhält Hilfe und Trost.

Diene willig, und dein Same wird gedeihen,
Denn in Abrahams Zelt ist mehr als nur eine Verheißung.
Was aus Abrahams Lenden entspringt,
Weist auf die Geburt eines mächtigen Königs hin.

O Mutter Ismaels, ich sehe dich noch einmal
Einsam in der Wüste umherwandern,
Ungetröstet, verzweifelt und von Schmerz ergriffen,
Mitten in einem Sturm seelischer Qual.

Auch du gabst dem Gott des Himmels die Ehre.
Der Schleier wurde zerrissen; er kam, er sprach zu dir:
„Zu Saras Füßen wirst du Buße tun
Und deinen törichten verfehlten Stolz bekennen."

Nur im Schutz von Abrahams Zelt
Empfängst du den Segen des Bundes Gottes.
Ja, dein Geist ist befreit in dem Augenblick,
in dem du ausrufst: „O Gott meines Lebens, sei mir gnädig!"

Kapitel 4

Ismael: Gott hört

Weiter sprach der Engel des Herrn zu ihr: Siehe, du bist schwanger geworden und wirst einen Sohn gebären, dessen Namen sollst du Ismael nennen; denn der Herr hat dein Elend erhört. (1 Mo 16:11)

Ismael; aus dem Hebräischen übersetzt bedeutet es „Gott hört". Das ist der Name, den Gott selbst dem ungeborenen Sohn Hagars gab, der mißhandelten, schwangeren, davongelaufenen Magd Saras, der Frau Abrahams. Das Kind, mit dem sie schwanger war, war Abrahams Kind. Es ist außerordentlich wichtig, wie Gott sich zu jedem einzelnen Beteiligten in dieser sich entwickelnden Familientragödie stellt, denn an dieser Stelle, der Art und Weise, wie er mit Abraham und seiner Familie umgeht, finden wir erste Hinweise auf Gottes universale Liebe, Gnade und Barmherzigkeit.

Ismael: Ein Mitglied der Familie des Bundes

Hagar gebar Ismael, genau wie Gott es versprochen hatte. Er wuchs an der Seite seines Vaters auf, als Mitglied der Missionarsfamilie des Bundes, und betete den einen wahren Gott an. Als Ismael dreizehn Jahre alt war, erschien Gott seinem Vater und gab ihm den Bund der männlichen Beschneidung. Als Mit-

47

glieder einer Familie wurden Ismael und sein Vater Abraham am gleichen Tag beschnitten. Es ist erstaunlich, daß Moslems heute in Anlehnung an dieses alte Familienbeispiel alle männlichen Kinder beschneiden, obwohl es im Koran nicht erwähnt wird.

„Ich habe ihn gesegnet"

Als Gott dem Abraham in dieser Begegnung erschien, war Ismael eines ihrer Gesprächsthemen. Gott hatte gesagt, daß Sarai, obwohl sie schon sehr alt war, einen Sohn gebären würde. Abrahams sofortige Antwort darauf war: „... Ach, daß Ismael unter deinem Segen leben könnte" (1 Mo 17:18)! Nachdem er lange davor einverstanden war, Hagar und ihren ungeborenen Sohn ziehen zu lassen, ist es deutlich zu sehen, daß Abraham nun ein wahres Vaterherz entwickelt hat und Gott bittet, Ismael zu segnen. Was noch mehr über Gottes Liebe aussagt, ist seine Antwort. Es ist ein eindeutiges Ja. Nachdem sie über die zukünftige Rolle Isaaks in seinem Bundesplan des Segens für die gesamte Menschheit gesprochen haben, nimmt Gott das Thema Ismael wieder auf: „Und für Ismael habe ich dich auch erhört. Siehe, ich habe ihn gesegnet und will ihn fruchtbar machen und über alle Maßen mehren. Zwölf Fürsten wird er zeugen, und ich will ihn zum großen Volke machen" (1 Mo 17:20).

Gottes bejahende Antwort auf Abrahams Gebet und die Worte „Ich habe ihn gesegnet" sind von äußerster Wichtigkeit, und zwar deshalb, weil die meisten Christen glauben, daß Gott Ismael verflucht oder zumindest übergangen hat und daß er keinerlei Bedeutung besitzt. Doch so ist Gott nicht, besonders nicht gegen Abrahams eigenen Sohn. Er soll gesegnet werden. Darüber hinaus wird er der Vater von zwölf Fürsten werden, die alle einer großen Nation angehören. Hinsichtlich dieser Prophetie ist also zu sagen, daß Ismael gesegnet werden wird und sich in einer ethnischen Familie mit zwölf Zweigen vermehrt. Die geheimnisvollen Worte Gottes, daß er seinen Bund durch Isaak weiterführen will, bleiben bestehen, doch nicht unter Ausschluß Ismaels vom Segen Gottes. Isaak soll, wie sein Vater, ebenso der Mittler für den Segen sein, wie auch sein letzter Nachkomme, Jesus, durch den und in dem wir schließlich den Charakter und das Ausmaß dieses Segens sehen.

Der Zerbruch der Familie

Nachdem bekannt gegeben wurde, daß Sara bald Isaak zur Welt bringen sollte, scheint es zunächst keine Anzeichen für Probleme in der Familie zu geben, bis zur Entwöhnungszeremonie von Isaak. Zu diesem Anlaß gibt Ismael ähnlichen Gefühlen Ausdruck, wie seine Mutter sie gegen Sara besaß. Er drückt Verachtung für seinen kleinen Bruder aus. Das führt zu einer wahren Explosion in der Familie. Sara ist tief verletzt und findet, daß es unmöglich ist, Hagar und ihren Sohn als bittere Rivalen im gleichen Haushalt zu haben. Sie setzt ihrem Mann ein Ultimatum: „Treibe diese Magd aus mit ihrem Sohn; denn der Sohn dieser Magd soll nicht erben mit meinem Sohn Isaak" (1 Mo 21:10). Diese Aussage muß mit äußerster Vorsicht interpretiert werden. Zuerst einmal heißt es nicht, daß Ismael aus Gottes Gegenwart verstoßen werden soll oder daß er seinen Segen nicht empfangen kann. Wie jeder von uns, ist er ein Anwärter auf die Erlösung. Gott will, daß alle errettet werden und die Wahrheit kennenlernen. Es bedeutet scheinbar, daß Ismael, durch seine Verachtung der Wahl Gottes, wer der Erbe sein soll, sich selbst davon disqualifiziert hat, einen Anteil am Familienleben mit Abraham und am Familienvermögen zu haben. Gott tröstet Abraham dann in dessen Verzweiflung über Ismaels Verhalten und Saras Ultimatum:

Laß es dir nicht mißfallen wegen des Knaben und der Magd. Alles, was Sara dir gesagt hat, dem gehorche; denn nur nach Isaak soll dein Geschlecht benannt werden. Aber auch den Sohn der Magd will ich zu einem Volk machen, weil er dein Sohn ist. (1 Mo 21:12-13)

Abraham ist nun zweifach getröstet. Erstens hat Gott seine Familienkrise behoben, indem er ihm befahl, Saras Rat zu befolgen, und ihm versicherte, daß er durch sie einen Erben hatte. Zweitens, indem er für Ismaels Zukunft die Verantwortung übernahm. Auf diese Weise beruhigt, entläßt Abraham Hagar und Ismael aus seinem Dienst. Sie sind frei, unabhängig von Sara und Abraham ein eigenes Leben zu gestalten.

Gott kommt noch einmal zu Hilfe

Sich selbst überlassen, beweist Hagar kein gutes Leitungsvermögen. Sie wandert ziellos in der Wüste umher, und ihr geht das Wasser aus. Sie verliert jegliche Hoffnung auf ein Überleben und bereitet sich und ihren Sohn aufs Sterben vor. Wieder einmal hätte es ein bequemes Ende ihrer Geschichte sein können. Sie trafen falsche Entscheidungen, doch da war immer noch Gott, und er ist Liebe. Er hörte den Knaben (genannt „Gott hört") weinen. Als Antwort auf dieses Weinen sandte Gott einen Engel und sprach zu Hagar: „Was ist dir, Hagar? Fürchte dich nicht; denn Gott hat gehört die Stimme des Knaben, der dort liegt. Steh auf, nimm den Knaben und führe ihn an deiner Hand; denn ich will ihn zum großen Volk machen" (1 Mo 21:17-18). Wie ihre Herrin auch, hatte Hagar die Verheißung Gottes vergessen. Der Herr erinnerte sie an seine Fürsorge für Ismael, und dann öffnete er ihr die Augen, und sie sah in der Nähe einen Wasserbrunnen. Ihr Leben war gerettet. Dieser Errettung folgt eine der bemerkenswertesten Aussagen im Alten Testament, und zwar deshalb bemerkenswert, weil wir in unserer Beschäftigung mit dem Stammbaum Isaaks nicht erwarten, daß Gott Ismael solche Liebe zeigt. Der Satz lautet: „Und Gott war mit dem Knaben, als er heranwuchs" (1 Mo 21:20). Gott wurde zum Adoptivvater Ismaels.

Ismael im Islam

Ismael wird wiederholt im Koran erwähnt, und seiner wird in den mit der Pilgerfahrt nach Mekka verbundenen Riten in eindrücklicher Weise gedacht. Er wird oft mit den anderen Patriarchen zusammen aufgelistet. Die Stelle im Koran, die sich ausführlich mit Ismael befaßt, ist es wert zitiert zu werden:

> *Und gedenke der Schrift des Ismael! Er war einer, der hält, was er verspricht, und ein Gesandter und Prophet. Er befahl seinen Angehörigen das Gebet [zu verrichten] und die Almosensteuer [zu geben]. Und er war bei seinem Herrn wohlgelitten. (Koran 19:54,55)*

An einer anderen Stelle des Korans zitiert Mohammed Abraham und Ismael, als sie die Kaaba zum Wallfahrtsort der Moslems bestimmen:

> *Und [damals] als wir das Haus [der Ka'ba] zu einer Stätte der Einkehr für die Menschen und zu einem Ort der Sicherheit machten! Und [wir sagten]: ,Macht euch aus dem [heiligen] Platz Abrahams eine Gebetsstätte!' Und wir verpflichteten Abraham und Ismael [mit den Worten]: „Reinigt mein Haus für diejenigen, die die Umgangsprozession machen und sich dem Kult hingeben, und die sich verneigen und niederwerfen!" (Koran 2:125)*

Gedenken Ismaels in der Pilgerfahrt

Das größte Fest im Islam, **Id al-Adha,** findet am Ende der Pilgerfahrt statt. Jeder Moslem muß sich an einem Opfer beteiligen, sei es ein Schaf, eine Ziege oder ein Kamel. Das Opfer dient zum Gedenken an Abrahams Bereitschaft, Gott seinen

Sohn zu opfern. (Die meisten Moslems glauben, daß es Ismael war, wogegen die Bibel ganz deutlich sagt, daß es Isaak war.) Dieses Opfer wird in der gesamten moslemischen Welt zur gleichen Zeit gefeiert, sowohl von den Pilgern in Mekka als auch von den übrigen Moslems an ihrem eigenen Wohnort. Auf diese Weise werden alle Moslems durch diese Gedenkfeier mit der Familie Abrahams vereint. Jeder, der den biblischen Bericht dieser Ereignisse kennt, weiß, daß sie nicht in Mekka geschahen, sondern an einem anderen Ort, und daß Isaak und nicht Ismael das Opfer sein sollte (1 Mo 22:2). Ismael war schon Jahre vorher aus dem Haus verstoßen worden (1 Mo 21:14).

Das Verlangen, zur Familie Abrahams zu gehören

Im Licht der Bibel erscheinen diese Rituale und Glaubensformen am falschen Platz, doch trotzdem liefern sie grundlegende Erkenntnisse. Tief in der Psyche von Mohammed und dem arabischen Volk, und folglich auch aller Moslems, ob Araber oder nicht, steckt das tiefe Verlangen, zur Familie Abrahams, dem „Freund Gottes", gezählt zu werden. In Jesus Christus ist die Tür zu einer wahren Versöhnung in der „zerbrochenen Familie Abrahams" offen.

Die Klagen der Kinder Ismaels heute

Zunächst wollen wir die Gefühle unseres himmlischen Vaters nachempfinden, der den „Gott hört" als erstes weinen hörte. Durch die Stille der unzähligen Moscheen dröhnen die Stimmen von Moslems: „Es gibt keinen Gott außer Allah, und Mohammed ist der Botschafter Gottes." Sklavengleich imitieren sie ihren arabischen „Propheten". Mit ihren Lippen sprechen sie die Worte, während sie innerlich danach schreien, daß Gott ihnen ihre endlosen Verneigungen am Jüngsten Tag anrechnen möge.

Nicht weit davon entfernt, im Schatten einer Moschee, am Grab eines toten „Heiligen", weint eine Tochter Ismaels. Glaubend fährt sie mit der Hand über das „heilige" Grab, in der Hoffnung, daß der Segen so auf sie übergeht. Dann fährt sie über ihr Gesicht und ihren Busen und schreit: „O Gott, erhöre mein Gebet für …"

Tief im Wald, im Kreise der Sufis, im Rhythmus ihres endlosen Vor- und Zurückwiegens, hört man immer und immer wieder: „Allah hua", „Gott ist!", zweihunderttausendmal, bis der Anbeter in eine psychische Ekstase fällt, was nach seiner Lehre die Einheit mit Gott bedeutet. Welch ein Verlangen! Das ist nicht erstaunlich, denn der orthodoxe Islam lehrt, daß Gott seit dem Tod Mohammeds im Jahre 632 zu keinem Menschen mehr gesprochen hat. Damit kann der Mensch nicht leben. Er muß einen lebendigen, mitteilenden Gott finden und berühren.

Vor den Toren des Dorfes im Dschungel von Java hört man einen unheimlichen, markdurchdringenden Schrei. Alle Gebetsrituale der moslemischen Mullahs (Priester), das Blut vieler Opfer samt ihren magischen Gesängen haben diese Tochter Ismaels nicht von der Qual der Dämonen befreit, von denen sie besessen ist. Es ist der hilflose Schrei der Besessenen, für deren Befreiung der Islam keine Macht besitzt. In Ramalah ist es nicht Rahel, sondern Riffat, die um ihre Kinder weint, weil sie nicht mehr sind. Die Gewehrkugeln der Israeliten machten ihrem Leben in den staubigen Straßen der West Bank ein Ende. Es ist nicht nur der Schrei für die für immer verlorenen Kinder, sondern auch für die niedergewalzten Obstbäume und zerstörten Häuser, die nicht mehr sind. Eine sinnlose Schlachterei! Es ist ein Schrei nach Gerechtigkeit und Recht. Er steht für die uralte Frage: „Wird der Gott der ganzen Erde nicht Recht schaffen?"

In den elenden Lagern der Enteigneten ist es nun der Schrei der Flüchtlinge nach der Heimat ihrer Vorfahren. Bisher wurde Ismael von seinem Land vertrieben – nicht nur in Palästina, sondern auch in Kuwait, Libanon, Afghanistan, Pakistan, Iran, Irak, Äthiopien, Eritrea, Somalia, Sudan, Tschad, und durch wirtschaftliche Katastrophen weitere Hunderttausende in Bangladesch, Indien, Ägypten, Algerien, Tunesien, Marokko. Die Schreie der Kinder Ismaels verhallen nicht.

Auf den Müllbergen der überfüllten Städte – Kairo, Kalkutta, Dakar, Karachi – wird der Schrei mehr zu einem Wimmern. Die im absoluten Elend lebenden mittellosen, im Müll und unter Ratten suchenden Menschen sind zu müde, um ihre Frage auch nur zu wimmern: „Wo bist du, Gott?" Hört Gott? Ja, Ismael! Er nannte sein ungewolltes Kind „Gott hört!" Er hört! Jawohl, er hört! Möge Gott uns helfen, daß auch wir hören!

Kapitel 5

Feindschaft gegen die Brüder

Er wird ein wilder Mensch sein: seine Hand wider jedermann und jedermanns Hand wider ihn, er wird wohnen all seinen Brüdern zum Trotz.
(1 Mo 16:12)

Diese alte Prophetie über den ungeborenen Ismael gibt viel zu denken. Heißt es etwa, daß die Voraussage über Ismaels Verhalten von Gott willkürlich vorherbestimmt war? Oder könnte es sein, daß Gott die unvermeidlichen Folgen der zerbrochenen Beziehungen in der Familie voraussah? Die Antworten auf beide Fragen sind nicht sehr unterschiedlich, denn Gott kennt die Dynamik der menschlichen Persönlichkeit; er weiß, wie die Dinge funktionieren. Doch Gott ist auch der, der uns mit der Fähigkeit geschaffen hat, auf diese Weise zu handeln und zu reagieren. Er sah deshalb die Unvermeidlichkeit dessen, was Ismael zustoßen würde, und sagte es voraus.

Ismaels verdrehte Persönlichkeit

Wir wollen noch einmal die Ereignisse in Ismaels Leben betrachten, um eine Erklärung für die Entwicklung dieser feindlichen Einstellung gegen seine Brüder zu finden. In einer Zeit der Not riet Sara ihrem Mann, mit der ägyptischen Magd ein Kind zu haben. Sobald Hagar von ihrer Schwangerschaft wußte, war der Geist der Rivalität erweckt. Hagar fing an, ihre Herrin zu verachten. In der damaligen Kultur lag die Erfüllung einer Frau darin, Kinder, insbesondere Söhne, zu gebären. Eine Frau, die keine Kinder haben konnte, wurde als Versagerin angesehen. Hagar kam darum voreilig zu dem Schluß, daß Gott sie bevorzugt und seinen Segen Sara vorenthalten hatte. Sie wurde stolz. Das Verhalten Hagars verletzte Sara natürlich tief, und sie reagierte mit Demütigung und Zorn, was wiederum Hagar dazu veranlaßte, vor ihr zu fliehen. Während Ismael also noch im Mutterleib war, erlebte seine Mutter das emotionale Trauma der verbalen Mißhandlung Saras und der Weigerung Abrahams, sie zu verteidigen, so daß sie in einem Gefühl der völligen Verlassenheit von der Familie davonlief. Furcht, Zorn und Feindschaft waren Teil dieser turbulenten emotionalen Krise, die sie innerlich erlebte, während sie Ismael in ihrem Leib trug.

Gott kam zu ihr, und er tröstete sie. Er gab ihrem ungeborenen Kind den Namen „Gott hört", denn er hatte von ihrem Elend gehört. Er sandte Hagar zurück zu Saras Zelt, wo sie Ismael gebar. An der Oberfläche schien es, als wären die Dinge ausgebügelt worden. Ismael wuchs an der Seite seines Vaters Abraham auf, in dem Glauben, daß er als der Erstgeborene der Erbe sein würde. Er wurde am gleichen Tag mit Abraham beschnitten als er dreizehn Jahre alt war und hielt sich ohne Zweifel für ein wichtiges Mitglied dieser besonderen Familie.

Später wurde die Harmonie der Familie erschüttert, als die Nachricht kam, daß Sara einen Knaben gebären würde, mit dem Namen „Lachen" (Isaak). Ismael mußte nun mit der Möglichkeit rechnen, daß er, als der Sohn einer Sklavin, seine Rolle als Erstgeborener an den Sohn der rechtmäßigen „ersten Frau" würde abtreten müssen. Zweifellos wurden Hagars alte Gefühle der Rivalität durch diese neue Bedrohung wiedererweckt, und möglicherweise erzeugte sie in ihrem Sohn Gefühle der Eifersucht und der Verachtung gegen den Sohn Saras. Als die Zeit für Isaaks Entwöhnungszeremonie gekommen war, waren Ismaels Gefühle offensichtlich. Die Bibel sagt, daß er mit Sara und ihrem Sohn Mutwillen trieb (siehe 1 Mo 21:9). Der Zorn und die Empörung entstanden in Sara erneut. Sie verlangte, daß Hagar und Ismael aus dem Dienst der Familie entlassen wurden. Dem Rat Gottes folgend, stimmte Abraham zu. Hagar und Ismael wurden mit Vorräten ausgerüstet und aus dem Dienst entlassen. Das Ausmaß der Bitterkeit und Feindschaft in den Herzen von Hagar und Ismael muß unermeßlich gewesen sein. Auf diese Ereignisse gründet sich die prophetische Aussage Gottes über das Verhalten Ismaels.

Keine unschuldigen Parteien

Wer hatte die Schuld? Hagar und Ismael konnten mit Recht Sara und Abraham die Schuld für alles geben, was diese beschämende Verstoßung heraufbeschworen hatte. Doch wie wir aus der christlichen Seelsorge wissen, sind wir alle für unsere Entscheidungen und Reaktionen auf das, was uns geschieht, selbst verantwortlich. Menschlich gesehen, hat diese Geschichte keine Helden, denn alle tragen einen Teil der Schuld. Wäre die Gnade Gottes in dieser Familientragödie nicht in jedem der Beteiligten am Werk gewesen, hätte es noch viel schlimmer kommen können, zum Beispiel zu Mord und Totschlag aus Rache. Doch Gott war da und befaßte sich mit jedem einzelnen auf seine liebevolle Art und Weise. Hagars und Ismaels Leben wurde gerettet. Ismael wurde noch einmal zugesagt, daß er in Zukunft Größe erlangen würde. Gott war mit ihm, als er aufwuchs. Und natürlich wurden Abraham und Sara, trotz ihres fortgeschrittenen Alters, mit einem eigenen Sohn und der Verheißung einer herrlichen Zukunft gesegnet.

Gibt es eine Verbindung zwischen Ismael und dem heutigen Islam?

Welche Bedeutung hat das alles für uns heute, die wir das Phänomen Islam miterleben? Mitte 1992 gab es eine Milliarde Moslems, die damit zweifellos die größte Herausforderung der christlichen Kirche von heute darstellen. Gibt es eine Verbindung zwischen den Eigenschaften Ismaels und denen des Islam, der ihn als einen ihrer Patriarchen nennt? So seltsam es auch scheinen mag, wir glauben, daß es eine Verbindung gibt. Die Geschichte scheint es zu bestätigen.

Erinnerungen an unsere eigene Geschichte

Damit wir nicht zu hart mit den Nachkommen Ismaels umgehen, wollen wir uns an unsere eigene traurige Geschichte erinnern. Die beiden Weltkriege begannen im Westen. Bis zum Zusammenbruch der Sowjetunion, waren die beiden meistgefürchtetsten und gefährlichsten Mächte der Welt die westlichen Mächte: die Sowjetunion und die Vereinigten Staaten. Wir müssen uns davor in acht nehmen, den Islam nicht für etwas anzuklagen, dessen wir selbst schuldig geworden sind.

Was hat es mit dieser Dynamik der Gewalt und der Feindschaft, die sie nährt, auf sich? Für die folgenden Erläuterungen bin ich Edward Hunter und seinem einzigartigen Buch *Brainwashing in China* (1953) äußerst dankbar. Es entstand nach dem Krieg mit Korea und der Entrüstung, die wir in den Vereinigten Staaten empfanden, als wir hörten, daß Angehörige unserer Truppen, die im Kampf gefangengenommen wurden, einer erfolgreichen Gehirnwäsche unterzogen und gegen unser Land gerichtet worden waren. Hunter macht deutlich, daß die kommunistischen Gehirnwäscher in China gelernt hatten, sich gewisser Erkenntnisse der Psychiatrie zu bedienen: Man hatte herausgefunden, daß es einen Kreislauf gibt, der von einem Gefühl der Sünde (echt oder eingegeben) zur Gewalt führt. Beiläufig sei erwähnt, daß, obwohl viele Forscher sagen, daß Moslems von einem Werteverständnis gekennzeichnet sind, das mehr auf „Schande und Ehre" beruht als auf „Sünde und Gehorsam", ich der Meinung bin, daß wahre Sünde sich gegen einen wahren Gott richtet und damit wahre Schuld mit sich bringt. In seiner

Studie über den Koran und außerkoranische Quellen bestätigt Woodberry diese Meinung (Woodberry 1989:150-159). Ich glaube deshalb, daß der folgende Abschnitt im Sinn einer Abhandlung über die Sünde bezogen auf Moslems gesehen werden kann.

Sünde, ob wirklich oder fiktiv, ruft ein Schuldempfinden hervor. Schuld, wenn sie nicht gelöst wird, bewirkt Angst. Wenn diese Angst nicht beseitigt wird, führt sie zu einem schwachen Empfinden von Feindseligkeit. Mit der Zeit wird diese Feindseligkeit entweder nach innen projiziert und erzeugt psychosomatische Krankheiten oder Selbstmordneigungen oder sie wird nach außen projiziert, gegen ein bestimmtes Haßobjekt. Schließlich, falls die Person nicht von dieser schicksalhaften Dynamik befreit wird, kann diese Feindseligkeit zu Gewalttaten führen, entweder gegen eine Person (Mord) oder ein Volk (Völkermord oder Krieg). Ismaels Feindseligkeit und Hang zur Gewalt hatte seinen Ursprung in der Sünde seiner Verachtung und seines Neids gegen seinen Bruder Isaak. Heute sind es die Moslems, in denen dieser endlose Kreislauf noch nicht gebrochen wurde. Sie haben freiwillig gewählt, sich mit Ismael zu identifizieren, und haben, bewußt oder unbewußt, die Gesinnung dieser uralten und bitteren Rivalität angenommen. Nach meiner Meinung kann die heutige Feindschaft des Islam gegen die Juden und Christen zurückverfolgt werden auf die Identifizierung des Islam mit dem Geist Ismaels. Hunters Analyse paßt auf den Islam von heute, und man kann hinzufügen, auch auf alle Menschen, die die Vergebung ihrer Sünden durch Jesus Christus noch nicht erfahren haben.

Jesus kennt die menschliche Natur

Am Rande sei erwähnt, wie erstaunlich es ist, daß Jesus Christus das wußte, und mit dem Hintergrund der zweitausendjährigen Geschichte vor seiner Menschwerdung konnte er genau die zweitausend Jahre Menschheitsgeschichte seit dieser Zeit vorhersagen. In einer seiner Endzeitreden sagt er:

Ihr werdet hören von Kriegen und Kriegsge-
schrei; sehet zu und erschrecket nicht. Denn das
muß so geschehen; aber es ist noch nicht das
Ende. Denn es wird sich empören ein Volk wi-
der das andere und ein Königreich wider das
andere. (Mt 24:6,7)

Jesus wußte noch etwas anderes, und zwar, daß jemand so lange gewalttätig gegen Menschen vorgehen wird, die Buße und Vergebung erfahren haben, bis er sie selbst erfährt. Allein die Gegenwart einer gerechten Person bringt das Gewissen einer unbußfertigen Person noch mehr zum Brennen. Deshalb warnte er: „Alsdann werden sie euch überantworten in Trübsal und werden euch töten. Und ihr werdet gehaßt werden um meines Namens willen von allen Völkern" (Mt 24:9). Moslems werden so lange auf diesem Weg weitergehen, bis sie durch Christus mit Gott versöhnt werden.

Bekehrung zu Christus – der Schlüssel zur Heilung

Es ist eine allgemeingültige Wahrheit, daß alle Menschen sich zu Jesus Christus bekehren müssen, und daß auch wir nur durch die Gnade Gottes nicht auch zu den Übeltätern gezählt werden. Die Menschen sind schon verurteilt und stehen unter dem Gericht. Sie brauchen nicht noch mehr Verurteilung von unserer Seite. Was sie brauchen ist Erlösung, und diese geschieht nur durch einen lebendigen Glauben, der auf Jesus Christus gegründet ist, den Erlöser, den Heiland der Welt. Wenn wir also die Gewaltszenen in der moslemischen Welt betrachten, sollten wir sie als Symptome einer tiefsitzenden und nicht bereinigten Feindseligkeit erkennen, die ihren Ursprung in menschlicher Sünde hat. Wir sollten diese Gewalttätigkeiten nicht als einen Vorwand sehen, uns von ihnen abzuwenden, sondern versuchen, ihren Ursachen mit dem Evangelium von dem Herrn Jesus Christus zu begegnen.

Die Prophetie vom Wildesel

Wir wollen noch einmal den Bibelvers betrachten, der Ismaels Merkmale beschreibt: „Er wird ein Mann sein wie ein Wildesel ..." (1 Mo 16:12). „Ein Mann wie ein Wildesel", was heißt das? Als Gott Hiob zurechtwies, sprach er vom Wildesel:

> *Wer hat dem Wildesel die Freiheit gegeben, wer hat die Bande des Flüchtigen gelöst, dem ich die Steppe zum Hause gegeben habe und die Salzwüste zur Wohnung? Er verlacht das Lärmen der Stadt, die Schreie des Treibers hört er nicht; er durchstreift die Berge, wo seine Weide ist, und sucht, wo es grün ist. (Hiob 39:5-8)*

Ismael sollte stark, wild und frei sein, und wir können hinzufügen, daß er auch schwierig sein, seine Brüder verachten, das Leben in der Stadt verschmähen und seine Freiheit so sehr lieben würde, daß er unfähig sein sollte, mit seiner eigenen Verwandtschaft oder irgendeinem anderen zurechtzukommen. In einem Kommentar wird es folgendermaßen ausgedrückt: „Die Ismaeliten lebten in einem unablässigen Zustand des Streites ... miteinander oder mit ihren Nachbarn", und im gleichen Abschnitt heißt es außerdem: „Ismael bestand auf einer unabhängigen Stellung vor (in der Gegenwart von) allen Nachkommen Abrahams" (Keil und Delitzsch, Nachdruck 1954, Band 1:220). Im Licht dieser Merkmale war Mohammed ein wahrer Nachkomme Ismaels. Obwohl er verzweifelt versuchte, einen Zusammenhang mit dem genetischen Stammbaum der biblischen Propheten herzustellen, bestand er zugleich mit Nachdruck auf der Unabhängigkeit als ein „arabischer Prophet" mit einem „arabischen Koran" (Koran 12:1, 20:113, 46:12).

Die „Religion Abrahams"

Darüber hinaus hielt Mohammed nachdrücklich daran fest, daß er weder in den Juden noch in den Christen seinen Ursprung hatte, sondern in der „Religion Abrahams" (Koran 2:135). Mit dieser Festlegung hatte Mohammed, in dem Versuch, seine eigene Identität als ein rechtmäßiger Prophet zu schaffen, von beiden Traditionen geborgt und sich zugleich von beiden distanziert, um auf diese Weise alle seine Vorgänger zu überragen und das „Siegel aller Propheten" zu werden, das heißt der letzte aller Propheten, und damit der letzte Vermittler der Stimme Gottes an die Menschen.

Ablehnung und Gewalt

Zuerst versuchte Mohammed, sowohl Juden als auch Christen zu umwerben. Als er damit keinen Erfolg hatte, wandte er sich nicht nur von ihnen ab, sondern, wie im Fall der Juden, verbannte zwei ihrer Stämme, nachdem er sie ausgeraubt hatte, massakrierte alle Männer eines dritten Stammes und machte die Frauen und Kinder zu Sklaven; im Fall der Christen wurden auch sie von Mohammed zu zweitklassigen Bürgern (Dhimmis) erklärt, und er versuchte, das Herz der christlichen Botschaft zu zerstören. Nachdem er den Haß der Juden und Christen auf sich gezogen hatte, unternahm Mohammed den Schritt, die Gewalt bei seinen Anhängern für immer zu verankern, indem er die Rache (Koran 42:39) und den Kampf (Koran 2:216, 4:74, 9:5, 61:4) als heilig erklärte. (Es gibt im Koran mehr als fünfzig einzelne Referenzen auf die Pflichten und Bedingungen des Heiligen Krieges (Whitehouse 1981:50-51)). Es scheint, daß die Merkmale Ismaels, wie sie in 1 Mo 16:12 beschrieben sind, auf eine geheimnisvolle Weise bis heute in denen fortleben, die sich durch das Leben von Mohammed und seine Lehren in der Religion des Islam so eng mit ihm identifizieren.

Ernte und Leid

An dieser Stelle möchte ich sagen, daß viele Moslems wunderbar tolerant, gastfreundlich und offen für das Evangelium sind. Gott sei Dank. Eine Ernte wird in der moslemischen Welt eingebracht, doch für den christlichen Arbeiter, der heute Moslems mit dem Evangelium bekannt machen will, bilden die erwähnten Beispiele von Feindseligkeit und Gewalt in vielen Orten der moslemischen Welt ein sehr ungünstiges Arbeitsfeld. Man sollte sich keine Illusionen machen, wenn man mit der Arbeit unter Moslems beginnt.

Zu Lebzeiten von Jesus Christus wurden Siege nicht billig errungen. Das ist auch heute nicht anders. Gefahr ist ein Teil unseres Lebens, und die Arbeit des Evangeliums wird auch unter Gefahr weitergehen; manchmal gerade wegen, manchmal trotz dieser Gefahr. Wer Christus als seinen Herrn liebt, trägt in seinen Händen die Botschaft, die das Herz eines Moslems ändern kann. Wer unter Ismaels Kindern nach Hilfe, Gerechtigkeit, Heilung, Befreiung, Gemeinschaft mit Gott, Leitung, Hoffnung und Erlösung schreit, für den ist eine angemessene Antwort zu finden.

„Siehe, ich habe ihn gesegnet"

Abraham betete nicht umsonst: „Ach, daß Ismael möge leben bleiben vor dir!" Und Gott antwortete: „Ja ... ich habe dich erhört. Siehe, ich habe ihn gesegnet" (1 Mo 17:18-20). Gott wartet heute darauf, daß wir ihn bitten, die Söhne Ismaels – die Moslems – durch die Predigt der Guten Botschaft von Jesus Christus zu segnen. Ismael und seine geistlichen Nachkommen, die Moslems, müssen nicht außerhalb der zerbrochenen Familie Abrahams bleiben. Am Kreuz hat Jesus durch sein vergossenes Blut die Versöhnung aller Menschen erwirkt. Ja, als Christen werden wir wie Schafe unter die Wölfe gehen, wie es Jesus Christus gesagt hat, aber wir gehen auch in der Kraft des Heiligen Geistes, mit dem Auftrag, die Gefangenen zu befreien. Im

Glauben sehen wir die Ernte unter unseren „feindlichen" Brüdern, und die zerbrochene Familie wird geheilt werden, die Familie Abrahams, der unser aller Vater ist.

Teil Zwei

Ismaels
berühmtester Sohn

Kapitel 6

Mohammed: Der erste Moslem

*Sag: Soll ich mir [etwa] jemand anders zum
Freund nehmen als Gott, den Schöpfer von Himmel und Erde, [ihn] der [seinen Geschöpfen] zu
essen gibt, während ihm [seinerseits] niemand
zu essen gibt? Sag: Mir wurde befohlen, der erste von denen zu sein, die sich [Gott] ergeben
haben, und ja keiner von den Heiden [die dem
einen Gott andere Götter beigesellen].
(Koran 6:14)*

In diesem Zitat bezeichnet sich Mohammed als der erste Moslem, oder der erste Anhänger des Islam. Das kann auf zweierlei Art verstanden werden: Entweder ist er der wichtigste Moslem aller Zeiten, oder er ist der Gründer einer neuen Religion,
genannt Islam. An anderer Stelle werden Abraham und etliche
biblische Personen, einschließlich Jesus, von Mohammed als
Moslems bezeichnet (das heißt die, die sich vor Gott verneigen), so daß er sich selbst scheinbar eine größere Bedeutung
beimißt. Historisch gesehen jedoch ist der Islam erst durch die
Lehren Mohammeds entstanden. Vor Mohammed gab es ihn als
Religion nicht. Der moslemische Kalender zum Beispiel beginnt nicht mit Abraham, sondern mit dem Jahr, in dem Mohammed die politische Gewalt und militärische Leitung über die
Moslems in Medina übernahm. Obwohl Mohammed seine
Laufbahn in Medina als Vermittler zwischen zerstrittenen Par-

teien begann, erlangte er doch bald die Herrschaft über die anderen Stammesführer dort. Moslems datieren ihren Kalender somit von dem Jahr ab, in dem Mohammed von Mekka nach Medina übersiedelte, also dem Jahr 622, als er die Herrschaft über die anderen Führer übernahm. Mohammed wurde also auf zwei Weisen zum ersten Moslem: indem er die Herrschaft übernahm und indem er den Islam gründete.

An dieser Stelle ist es angebracht, das Wort „Moslem" zu definieren. Die semantische Grundbedeutung des Wortes ist im Wörterbuch nachzulesen als „jemand, der sich unterworfen hat". In seinem islamischen Kontext bedeutet das: „Jemand, der sich Gott und Mohammed unterworfen hat." Da die Namen Gottes und Mohammeds im Koran unlösbar verbunden sind, bezeichnet es, kurz gesagt, jemand, der sich Mohammed und seinen im Koran und der Hadith aufgezeichneten Lehren unterworfen hat. Heutige Moslems würden diese Interpretation heftig bestreiten, da sie darauf bestehen, daß Mohammed in der Linie wahrer biblischer Propheten steht und daß sein Buch, der Koran, göttlich inspiriert ist. Da Mohammed als der Gründer und erster Verfechter des Islam angesehen wird, ist er in diesem Sinn der wichtigste oder erste Moslem.

Mohammeds Leben im Abriß

Damit wir den Islam so verstehen können, wie er von Mohammed empfangen wurde, ist es sehr wichtig, etwas über sein Leben zu wissen. Immer wieder werden Moslems uns fragen: „Was hältst du von Mohammed?" Vielleicht möchte man diese Frage lieber nicht beantworten, doch man sollte auf jeden Fall in der Lage sein zu sagen, daß man über ihn gelesen hat. Die folgende kurze Beschreibung von Mohammeds Leben gründet sich auf Material, das den im Anhang aufgelisteten Quellen entnommen ist.

Mohammed wurde im arabischen Mekka im Jahre 570 n. Chr. geboren. Sein Vater starb vor seiner Geburt, und seine Mutter zwei Jahre danach. Er wurde von verschiedenen Verwandten versorgt, die dem bekannten Quraysch-Stamm angehörten. Seine Kindheit verbrachte er in der Wüste, wo er die Lebensweise der Beduinen kennengelernt haben soll. Später, als junger Mann, führte er selbst Karawanen für reiche Händler und machte durch seine Ehrlichkeit und seinen Scharfsinn im Umgang mit anderen auf sich aufmerksam.

Im Jahre 595 heiratete er seine reiche Arbeitgeberin, die fünfzehn Jahre ältere Witwe Khadijah. Er war ihr absolut treu, bis zu ihrem Tod im Jahre 619. Von seiner Jugend an war Mohammed als eine stattliche Person bekannt. Seine Ehe mit der reichen Witwe erlaubte ihm, soviel Muße zu haben, wie er nur wollte. Er zog sich oft in eine Höhle am Fuß des Berges Hira, außerhalb von Mekka zurück, um zu meditieren. Im Alter von vierzig Jahren (610 n. Chr.) hatte Mohammed seine erste ekstatische Erfahrung. Viele Gelehrte sind der Meinung, daß sich die Sura mit dem Titel „Der Stern" auf diese Erfahrung bezieht:

> *Gelehrt hat [es] ihn einer, der über große Kräfte verfügt, und dem Festigkeit eigen ist. Er stand aufrecht da, [in der Ferne] ganz oben am Horizont. Hierauf näherte er sich und kam [immer weiter] nach unten und war [schließlich nur noch] zwei Bogenlängen [entfernt] oder [noch] näher [da]. Und er gab seinem Diener [d. h. Mohammed] jene Offenbarung ein. Was er [so leibhaftig] gesehen hat, hat er nicht [etwa] sich selber vorgelogen. (Koran 53:5-11)*

Zu Anfang beunruhigte diese Erfahrung Mohammed zutiefst, und er fragte sich, ob er verrückt geworden oder von einem Dschinn (bösen Geist) besessen war. Nachdem er seine Frau und deren christliche Verwandte Waraqa bin Naufal zu Rate gezogen hatte, war er überzeugt, daß er eine „Offenbarung" von Gott erhalten hatte, die durch den Engel Gabriel vermittelt worden war. Diese „Offenbarungen" kamen dann in regelmäßigen Abständen. In dieser Zeit glaubten seine Frau und einige persönliche Freunde, daß er eine Art „Apostel Gottes" sei. Nach Ablauf von drei Jahren, in denen diese Vorgänge nur einem Kreis gläubiger Freunde bekannt waren, meinte Mohammed, einen Ruf zum Predigen in der Öffentlichkeit zu erhalten. Das tat er sechs Jahre lang, ohne eine ernstzunehmende Opposition von den Führern des Quraysch-Stammes zu erfahren.

Es ist sehr schwierig nachzuvollziehen, in welcher Reihenfolge Mohammed über verschiedene Themen predigte, da seine Nachfolger seine ekstatischen Reden auf ungewöhnliche Art zusammentrugen. Mit Ausnahme des ersten Kapitels des Korans sind die restlichen 113 Kapitel ihrer Länge nach geordnet, ohne die chronologische Reihenfolge zu beachten. Das längste Kapitel ist an erster Stelle, das kürzeste an letzter Stelle angeordnet. Man ist sich allgemein darüber einig, daß die längeren Kapitel Zusammenstellungen von Reden sind, die zu sehr unterschiedlichen Zeitpunkten gehalten wurden. Die Gelehrten stimmen jedoch nur in etwa darin überein, welche Teile früher und welche später entstanden sind. Im allgemeinen werden die kraftvollen emotionalen Reden, die einen stark moralisierenden Unterton und eine hitzige Betonung auf den monotheistischen Glauben haben, zeitlich vor den mehr nüchternen Kapiteln eingeordnet, die von organisatorischen, gesetzlichen und administrativen Themen handeln. Man nimmt auch an, daß die späteren Kapitel über die Unterschiedlichkeiten zu Juden und Christen, vom Krieg sowie den Ankündigungen eines universalen Islam handeln. Im gesamten Koran findet man wiederholte Verweise auf Mohammeds Verteidigung seines Prophetenamts sowie eine ständige Verknüpfung seines Namens mit dem Namen Allahs, als demjenigen, dem gehorcht werden muß.

Die ersten Gegenstimmen gegen die stark monotheistischen und moralischen Predigten Mohammeds wurden im Jahre 619 in der einflußreichen Gruppe regierender Ältester des Quraysch-Stammes laut. Zu dieser Zeit war Mekka ein religiöses Zentrum mit einem Schrein für ganz Arabien, und der damit verbundene Handel wurde durch Mohammeds Predigten bedroht. Der Machtkampf zwischen Mohammed und den Quraysch-Führern wurde in den folgenden drei Jahren immer intensiver und gipfelte im Jahre 622 in dem Vorhaben, Mohammed zu ermorden. Von seinen Freunden gewarnt, floh Mohammed aus Mekka im Juni des gleichen Jahres und nahm die Einladung an, als Vermittler und Anführer den zerstrittenen arabischen Stämmen in der etwa zweihundert Meilen nördlich liegenden Stadt Yathrib zu dienen (Barton 1974:130).

In Yathrib gelang es Mohammed, die Stammesführer zu beeinflussen und sie darin zu vereinen, die Vorherrschaft der Mekkaner herauszufordern. Im Jahre 630 war Mohammed stark genug, um zehntausend Männer nach Mekka zu führen und es ohne Kampf in seine Hand zu bringen. 632, nur zehn Jahre nach seiner Auswanderung von Mekka nach Medina, wie Yathrib seitdem genannt wurde, erkrankte Mohammed und starb unter mysteriösen Umständen. Er wurde ungefähr zweiundsechzig Jahre alt und hatte keine Maßnahmen getroffen, wer seine Nachfolge antreten sollte oder nach welchen Regeln neue Anführer gewählt werden sollten. Dieser Mangel an Voraussicht hat dem Islam seither endlose Machtkämpfe, Morde und Unruhen eingebracht.

In den gesamten turbulenten Jahren zeigte Mohammed eine unerschütterliche Zähigkeit hinsichtlich seiner empfundenen Berufung als der Letzte aller monotheistischen Propheten. Er zeigte einen außergewöhnlichen Mut im Kampf und war sehr klug und umsichtig in seinen Verhandlungen mit Freund und Feind. Trotz seiner rapide ansteigenden Zahl von Ehefrauen (elf und zwei Konkubinen) nach dem Tod von Khadijah, war er bekannt für seine Frömmigkeit im Gebet, Almosengeben, Fasten und für seine Großzügigkeit.

Die religiösen Handlungen und Glaubensbekenntnisse, die er einführte und in seinem Leben beispielhaft demonstrierte, waren eine brillante Synthese aus Anbetungsmustern und volkstümlichen religiösen Vorstellungen, an denen er mit Eifer festhielt und die aus seinem Kontakt mit Juden, verschiedenen Christen, den Parsen und natürlich seinem eigenen Erbe als Araber stammten.

Er besaß viele Talente, das größte davon war seine Gabe, mit Worten umzugehen. Er war ein Meister der arabischen

Sprache, wahrscheinlich unübertroffen zu seiner Zeit, im Stil der halbpoetischen arabischen Redekunst. Er muß eine großartige Stimme gehabt haben sowie die Fähigkeit, seine Zuhörerschaft mit seinen Reden zu bezaubern. Er forderte seine Verleumder oft heraus, in ihren Reden der Qualität seiner Reden gleichzukommen.

Die dunkle Seite der Persönlichkeit Mohammeds

Es gab auch eine dunkle Seite in Mohammeds Persönlichkeit. Nach seinen ersten vergeblichen Versuchen, die Juden und Christen davon zu überzeugen, daß er ein wahrer Apostel Gottes war (die Juden verspotteten ihn, und die Christen lehnten ihn ab), wandte er sich gegen sie. Er befahl seinen Anhängern, niemals einen Christen zum Freund zu haben (siehe Koran 5:57), und verbannte, wie schon erwähnt, zwei der jüdischen Stämme in Medina, massakrierte alle Männer eines dritten Stammes und verkaufte ihre Frauen und Kinder in die Sklaverei (Watt 1961: 130,150,173). Die Abwendung von Juden und Christen wurde angekündigt, als er die Richtung, in die man sich im Gebet wenden mußte, von Jerusalem nach Mekka änderte (siehe Koran 2:144).

Er besaß ein sehr sinnliches Konzept vom Himmel (Paradies). Es ist besonders anstößig für Christen, die unterwiesen wurden, daß man im Himmel weder heiratet noch verheiratet wird, weil alle dort wie die Engel sein werden, denn Mohammeds Lehre lautet, daß der Himmel voll ist von wunderschönen schwarzäugigen Jungfrauen für alle Männer. Obwohl aufgezeigt wurde, daß einige syrische Christen zu Mohammeds Zeiten ein ähnliches Konzept vom Paradies predigten (Andrae 1955: 151-152), offensichtlich beeinflußt vom Parsismus, geht es mir nicht um irregegangene Christen, sondern um einen Vergleich mit der Stellung der Bibel.

Auf die Frage nach der Behandlung von Frauen versuchen Moslems die Lehren Mohammeds zu rechtfertigen, indem sie sagen, daß er ihr Los gegenüber der Zeit davor verbessert hat.

Das ist richtig, aber es kommt dennoch nicht dem biblischen Maßstab gleich, nach dem sowohl der Mann als auch die Frau im Bild Gottes geschaffen sind, und der besagt, daß Christus alle Ungleichheiten zwischen Mann und Frau bezüglich der Heilsfrage beseitigt. Im Koran steht, daß einige Ehefrauen ins Paradies kommen werden, doch in der Hadith findet man sehr viel mehr Aussagen, die in die entgegengesetzte Richtung weisen. Darüber hinaus widersprach Mohammed der Lehre Jesu über eheliche Beziehungen sowohl in seinen Lehren als auch in der Praxis. Mohammed erlaubte, daß ein Mann gleichzeitig vier Frauen haben und daß die Ehescheidung zwar von einem Mann eingeleitet werden kann, aber nicht von einer Frau.

Was das Schwert anbelangt, so stand Mohammed in starkem Gegensatz zu Jesus Christus. Beide liefen Gefahr, in der Hauptstadt ihres jeweiligen Volkes ermordet zu werden: Jesus in Jerusalem und Mohammed in Mekka. Jesus ging hinauf nach Jerusalem, um gekreuzigt zu werden und sein Leben als ein Lösegeld für viele zu geben (siehe Mk 10:45). Er weigerte sich, das Schwert zu nehmen (siehe Joh 18:36) oder eine Armee mobilzumachen; er schmeckte den Tod für alle (siehe Hebr 2:9). Als Mohammed dem Märtyrertum ins Auge sah, beschloß er zu fliehen und seine Anhänger in seiner neuen Heimatstadt Yathrib zu mobilisieren, und als er die weitverbreitete arabische Angewohnheit annahm, Karawanen zu überfallen, rechtfertigte er sich, indem er sagte, daß er im Namen Gottes gegen Gotteslästerer kämpfe. Doch es artete zu einer unleugbaren Ungeheuerlichkeit aus. Bis zum heutigen Tag ist der „Heilige Krieg" in der Ausübung des Islam verankert. Fazlur Rahman, einer der großen aktuellen Autoritäten auf dem Gebiet des Islam, schrieb folgendes in seinem Buch *Islam* (1979:211):

> *Nicht nur ist die Doktrin des Dschihad in der Hadith und den orthodoxen Lehren für immer verankert, sondern auch das Beispiel des Propheten selbst und der ersten Glaubensgemeinschaft lehrt eine positive Beteiligung im direkten Eingreifen und Ändern des aktuellen Stands der Dinge.*

Eines der Merkmale von Mohammeds Lehren war sein unnachgiebiger Nachdruck auf das Einssein oder die Einheit Gottes. Einerseits führte ihn das dazu, die christliche Doktrin von der Dreieinigkeit anzugreifen, wie auch immer er sie verstand, und andererseits dazu, jeden Aspekt des Lebens eng mit dieser Doktrin zu verbinden, einschließlich dem Dschihad. Bischof Kenneth Cragg, ein bekannter Islamforscher, schrieb, daß Mohammeds Gebrauch von Gewalt seinen Ursprung in dieser Doktrin hat:

> *Falls, wie es wiederum den Anschein hat, eine zuversichtliche Kampfbereitschaft für Gott eine der wichtigsten Lektionen in der gesamten Karriere des Propheten ist, dann ist es am Ende nur fair, zu fragen, ob der göttliche Befehl und der mohammedanische Militarismus richtig zusammengefügt sind. Wie es der Prophet begründet hat, und wie es im Islam zu finden ist, ist der Glaube an die Einheit Gottes historisch gesehen mit der Struktur einer religiösen Gemeinschaft verbunden, die politisch zum Ausdruck kommt und aufgezwungen wird (1984:14).*

Es ist beachtenswert, daß sowohl der Monotheismus als auch die Anwendung von Gewalt bei Ismael zu finden sind, jemand, mit dem Mohammed sich identifiziert hatte. In den Jahren, die er an Abrahams Seite verbrachte, lernte Ismael den Monotheismus kennen. Doch nach seiner Verstoßung aus der Familie begannen sich die feindlichen und kriegerischen Tendenzen zu entwickeln.

Der Monotheismus, also der Glaube an den einen wahren Gott, lebte in diesen „Nachkommen" Ismaels fort. Es ist von äußerster Bedeutung, daß der Name von Mohammeds Vater Abdullah, „Diener Gottes", war. Außerdem gab es in Mekka zur Zeit Mohammeds eine Gruppe von Monotheisten, die sich *Hanif* nannte. Montgomery stellt in sachlicher Abhandlung fest, daß dieses Wort im Koran mit der Bedeutung „ein Monotheist,

74

der weder Jude noch Christ ist" gebraucht wird und daß die Moslems gerne sagten, daß sie der „Religion Abrahams, des *Hanifs*, des Moslems" folgten (1964:117).

Cragg ist der Meinung, daß Mohammeds größter Beitrag zu unserer Welt folgender Beitrag war: Er „erzeugte einen weitverbreiteten menschlichen Brauch, beziehungsweise ein herrschendes Bewußtsein, von der Realität Gottes als Herr" (1984: 148). Das war eine außergewöhnliche Leistung des Islam. Und obwohl wir in Frage stellen, daß Mohammed und die Moslems Gott richtig erkannt haben, und darauf werde ich später noch näher eingehen, sind wir dennoch dankbar für diese Betonung des Glaubens an den einen und einzigen Schöpfergott.

Die negative Seite dabei ist, daß durch die Wahl, sich mit Abraham durch Ismael zu identifizieren und seine ethnische Abstammung von ihm zu betonen, Mohammed, und damit der gesamte Islam, auch den Teil der biblischen Prophetie über Ismael auf sich genommen hat, die besagte, daß seine Hand gegen jedermann sein würde und jedermanns Hand gegen ihn, und daß er in Feindschaft mit all seinen Brüdern leben würde (siehe 1 Mo 16:12). Das wird in Mohammeds Lehren über den Krieg sehr deutlich.

> *Prophet! Feuere die Gläubigen zum Kampf an!*
> *Wenn unter euch zwanzig sind, die Geduld [und*
> *Ausdauer] zeigen, werden sie über zweihundert,*
> *und wenn unter euch hundert sind, werden sie*
> *über tausend von den Ungläubigen siegen. [Das*
> *geschieht diesen] dafür, daß es Leute sind, die*
> *keinen Verstand haben. (Koran 8:65)*
> *Und wenn nun die heiligen Monate abgelaufen*
> *sind, dann tötet die Heiden, wo [immer] ihr sie*
> *findet, greift sie, umzingelt sie und lauert ihnen*
> *überall auf! Wenn sie sich aber bekehren, das*
> *Gebet verrichten und die Almosensteuer geben,*
> *dann laßt sie ihres Weges ziehen! Gott ist*
> *barmherzig und bereit zu vergeben.*
> *(Koran 9:5)*

Mit dieser Art von Lehre wurde sogar zum Krieg gegen Juden und Christen ermutigt. Ein Beispiel:

> *Kämpft gegen diejenigen, die nicht an Gott und den jüngsten Tag glauben und nicht verbieten [oder: für verboten erklären], was Gott und sein Gesandter verboten haben, und nicht der wahren Religion angehören – von denen, die die Schrift erhalten haben – [kämpft gegen sie], bis sie kleinlaut aus der Hand Tribut entrichten!* (Koran 9:29)

Dem ist wohl auch die absolute Intoleranz gegen jeden Moslem hinzuzufügen, der sich dazu entschließt, seine Religion zu ändern, sei es um Christ zu werden oder etwas anderes. „Und wenn sie sich abkehren [und eurer Aufforderung zum Glauben kein Gehör schenken], dann greift sie und tötet sie, wo [immer] ihr sie findet" (Koran 4:89). Zu Mohammeds Lebzeiten wurde dieser Vers nur auf die Neubekehrten zum Islam aus arabischen Stämmen angewandt, die vom Schlachtfeld flohen, doch später wurde es allgemein so verstanden, daß es sich gegen jeden richtete, der den Islam verläßt. Abd Allah ibn Umar Baidiawi (gest. 1291), ein anerkannter Kommentator, sagt über diesen Vers: „Wer auch immer sich von seinem Glauben [Islam] abwendet, öffentlich oder heimlich, erfaßt ihn und tötet ihn, wo auch immer ihr ihn findet, wie jeden anderen Ungläubigen!" (Zwemer 1924:33). Bis zum heutigen Tag vertritt der orthodoxe Islam diese harte Position, handelt allerdings nicht immer dementsprechend; trotzdem gibt es eine Fülle von Berichten über Moslems, die Christen und daraufhin getötet wurden.

Die wahrscheinlich sensationellste Illustration dieser moslemischen Intoleranz gegenüber denen, die sich vom Islam abkehren, ist der Fall von Salman Rushdie, dem Autor des Buches *Die satanischen Verse*. Sicher, Rushdie ging weit über ein bloßes Sich-Abkehren vom Islam hinaus, indem er seine Zweifel an der göttlichen Eingebung des Korans und der Echtheit des Prophetenamts von Mohammed äußerte. Viele meinten, daß das Todesurteil des späten Ayatollah Khomeini gegen Rushdie bei seinem Tod annulliert werden würde, doch der neue Religionsführer im Iran hat gesagt, daß Khomeinis Urteil nicht geändert oder annulliert werden kann (Los Angeles Times, 23. Juni 1989). Es handelt sich hierbei nicht um einen Irrtum, sondern steht in völliger Übereinstimmung mit der Entwicklung moslemischer Bräuche, die ihren Ursprung in Mohammed haben sowie im Koran und in der Hadith.

Es ist offensichtlich, daß ein Christ, der in einem solchen Umfeld zu arbeiten versucht, vielen außergewöhnlichen Schwierigkeiten begegnen wird, besonders, wenn es sich um Moslems handelt, die dem islamischen Gesetz streng ergeben sind. Viele von uns sind mehrere hundertmal von Moslems gefragt worden, was wir von Mohammed halten. Für Christen, die den Herrn Jesus Christus liebhaben, bietet Mohammed keinen vorteilhaften Vergleich. Das Problem ist, daß Moslems unvorteilhafte Kommentare über ihren „Propheten" nicht tolerieren werden. Es ist deshalb im Interesse des Christen, nur das über Mohammed zu sagen, was vorteilhaft ist oder überhaupt nichts. Montgomery Watt hat es vielleicht am freundlichsten von allen ausgedrückt, als er über Mohammed schrieb:

> *Zu seiner Zeit und in seiner Generation war er ein Sozialreformer, sogar ein Reformer auf dem Gebiet der Moral. Er schuf ein neues System sozialer Sicherheit und eine neue Familienstruktur, welche beide eine starke Verbesserung des davor herrschenden Zustands darstellten (Watt 1961:234).*

Der ägyptische Nobelpreisträger für Literatur war ebenso freundlich, machte jedoch eine schlaue Einfügung am Ende seiner Bewertung:

> *Er vereinte Stärke und Sanftheit, Weisheit und Einfachheit, Erhabenheit und Demut, war ein ehrlicher Vertrauter und war sowohl gefürchtet*

als auch geliebt. Darüber hinaus war er auch witzig, freundlich und anständig ... Er war ein angenehmer Geselle, und ganz abgesehen von seinem guten Geschmack und seiner Liebe für Lieder und Späße ... stimmte es, daß jedesmal, wenn man seinen Charakter bewunderte, man auch oft seine Männlichkeit und seine Liebe zu Frauen bewunderte. In unserem Fall ist die Fähigkeit, Frauen zu lieben, etwas, dessen sich Männer brüsten, und es verleiht einem Mann ein Ansehen, das genauso groß oder sogar größer ist als das eines Anführers (Mahfouz 1981:286).

Für den christlichen Leser, der den Koran und die Hadith gelesen hat und sich mit dem Leben Christi in den Evangelien auskennt, ist der Kontrast zwischen Mohammed und Christus verblüffend. In vielen Dingen sind sie völlig gegensätzlich. Ein Christ, der im Licht der Bibel lebt, findet es schwierig, wenn nicht sogar unmöglich, zuzugeben, daß Mohammed der biblischen Definition eines Propheten entspricht. (Siehe Anhang C über die Eigenschaften eines biblischen Propheten.) Wenn man das Leben Mohammeds mit dem Leben Christi vergleicht, findet man viele Eigenschaften, in denen Christus Mohammed überlegen ist.

Dem aufgeschlossenen Moslem, der dieses Buch eventuell liest, möchte ich eine vergleichende Studie über das Leben von Christus und das Leben von Mohammed empfehlen. Dabei sollten folgende Themen betrachtet werden: Sündlosigkeit, Heiligkeit, Reinheit, Vergebung, eheliche Beziehungen, Heilung, Versöhnung, Friede, Liebe und Leiden. Diese Liste ist nicht vollständig, doch sie gibt einige Vorschläge für eine vergleichende Bewertung.

Zum Schluß noch ein Wort der Warnung an den christlichen Leser. So groß die Versuchung auch sein mag, sich gegen diesen Mann und seine Lehren zu äußern, wegen des unbeschreiblichen Leids, das er den Christen im Lauf der Geschichte zugefügt hat, man sollte wissen, daß es in Ländern, in denen das Scharia-Gesetz eingeführt wurde, ein Kapitalverbrechen ist, gegen Mohammed zu sprechen. Wir können uns sehr gut die Resolution des Apostels Paulus zu eigen machen: „. . . niemand lästern . . . gelinde sein, alle Sanftmütigkeit beweisen gegen alle Menschen" (Tit 3:2). Und ebenso seine Worte an die Gläubigen in Korinth:

> *Denn ich nahm mir vor, nichts anderes unter euch zu wissen, als nur Jesus Christus, und ihn als gekreuzigt. Auch war ich bei euch in Schwachheit und mit Furcht und in vielem Zittern; und meine Rede und meine Predigt bestand nicht in überredenden Worten der Weisheit, sondern in Erweisung des Geistes und der Kraft. (1 Kor 2:2-4)*

Der verstorbene Abdul Haqq, ein glänzender Moslem, der sich als junger Mann zu Christus bekehrte und danach zum größten lebenden Redner gegen den Islam auf dem indischen Subkontinent wurde, sagte zu mir, als er in seinen Siebzigern war: „Wenn ich noch einmal leben könnte, würde ich niemals in Streitgespräche mit moslemischen Gelehrten über all diese Fragen (einschließlich des Prophetenamtes Mohammeds) einsteigen; ich würde einfach Jesus Christus als den gekreuzigten, auferstandenen und lebendigen Herrn predigen."

Kapitel 7

Mohammeds Buch: Der Koran

Voller Segen ist er, der auf seinen Diener [d. h.
Mohammed] die Rettung [Furqan, hier gleich-
bedeutend mit Koran] herabgesandt hat, damit
er den Menschen in aller Welt ein Warner sei.
Er, der die Herrschaft über Himmel und Erde
hat und [der] sich kein Kind [oder: keine Kin-
der] zugelegt hat und keinen Teilhaber an der
Herrschaft hat und [der von sich aus] alles [was
in der Welt ist] geschaffen und genau bestimmt
hat. (Koran 25:1,2)

Wenn der christliche Arbeiter wissen will, warum Moslems normalerweise der Guten Nachricht von Jesus Christus so ablehn-
nend gegenüberstehen, muß er den Koran kennenlernen. Der
durchschnittliche westliche christliche Leser wird dieses Buch
als ein großes Rätsel empfinden. Der Grund dafür ist, daß man
uns eine völlig andere Denkweise beigebracht hat als das Denk-
muster, das im Aufbau des Korans zum Ausdruck kommt. Von
unserer Kultur her sind wir Rationalisten. Wir erwarten, daß die
Geschehnisse sich in einer logischen Reihenfolge entwickeln,
und von der Bibel her sind wir so konditioniert worden, daß wir
glauben, daß die Heilsgeschichte sich chronologisch darstellt,
mit Außnahme der Unterteilung der „großen" und „kleinen" Propheten im Alten Testament und einigen Unklarheiten bezüglich
der Reihenfolge der Briefe im Neuen Testament.

Die Reihenfolge
der Geschehnisse in der Bibel

Der Christ ist es gewohnt, daß die Bibel mit der Schöpfung der Welt beginnt. Sie beschreibt den Ursprung der Völker und erklärt die Ursache der verschiedenen Sprachen. Sie zeigt, wie und warum Gott Abraham auserwählte, der erste Missionar für die ganze Welt zu sein (siehe 1 Mo 12:1-3). Anschließend folgt Mose, der Gesetzesgeber und Befreier. Die Geschichte fährt fort mit Josua und der Eroberung Kanaans. Schließlich wird das irdische Königreich Israels durch David und seine Familie etabliert. Anbetung und Loblieder erlangen Popularität. Weisheitsliteratur wird entwickelt. Dann treten Propheten auf, um dem Problem der Apostasie, des Abfalls vom Glauben, zu begegnen. Die Strafe Gottes geschieht durch eine verheerende Eroberung und das Exil. Wiederherstellung, Wiederaufbau und eine Rückkehr zum Gesetz Gottes geben für eine Weile den Ton an, um doch wieder im Abfall vom Glauben zu enden.

Während dieser ganzen Zeit gab es Prophetien über einen kommenden Messias, dann ein vierhundert Jahre dauerndes Schweigen. Das Volk Gottes wird sich selbst überlassen und erleidet erbärmliche Niederlagen. Palästina wird schließlich von den Römern besetzt und die Bühne für das Kommen des Messias vorbereitet. Johannes der Täufer bereitete den Weg für Jesus Christus, das Lamm Gottes, das erschien, um die Sünden der Welt wegzunehmen. Jesus, wahrer Mensch und wahrer Gott, zeigt die mächtigen Werke Gottes, bindet Satan, überwältigt Dämonen, heilt Kranke, weckt Tote auf, gebietet dem Wind und dem Meer, verwandelt Wasser in Wein und vermehrt Brote und Fische. Er vergibt den Menschen ihre Sünden und weckt Hoffnung in den Herzen der Menschen. Kurz gesagt, Jesus besiegt alle bekannten Feinde der Menschen vorübergehend in seiner Lebenszeit und endgültig durch seine Kreuzigung und Auferstehung von den Toten. Schließlich geht er ein in die Herrlichkeit und gießt mit dem Vater den Heiligen Geist auf die Gläubigen aus und bevollmächtigt sie auf diese Weise, „größere Werke" zu tun, als er selbst tat (siehe Joh 14:12).

Die erste Generation von Aposteln schrieb die göttlich inspirierte „Gute Nachricht". Andere Zeugen halfen, die Bedeutung Christi durch andere neutestamentliche Schriften zu deuten, und am Schluß erscheint Christus dem Johannes, dem
„Apostel der Liebe", mit einer abschließenden Botschaft an sein
Zeitalter. Alles ist in einem Fluß, hat ein Ziel und ist ausrei-
chend für den Rest der Geschichte der Menschheit.

Das Problem mit dem Koran

Wenn man den Aufbau der Bibel mit dem des Korans vergleicht, scheint der Koran eine völlig andere Art von Buch zu
sein. Die Geschehnisse sind nicht in chronologischer Reihenfolge aufgezeichnet. Für die westliche Denkweise, geschult in
dem linearen Konzept von Geschichte und an den erzähleri-
schen Charakter der Bibel gewöhnt, kann der Koran in seiner
gegenwärtigen Anordnung nicht analysiert werden. Der Koran
ist ganz einfach eine Sammlung von Mohammeds Reden. Die
erste ekstatische Rede geschah, als er vierzig Jahre alt war (610
n. Chr.), und die letzte im Jahr seines Todes, 632. Als Mohammed starb, war der Koran noch nicht richtig niedergeschrieben,
und schon gar nicht in einer bestimmten Ordnung (Burton
1977:119). Diese Arbeit blieb denen überlassen, die ihn über-
lebten. Die Anordnung des Materials ist ziemlich einzigartig.

Wie schon vorher erwähnt, sind mit Ausnahme des ersten
Kapitels, genannt die „Eröffnung", die restlichen 113 Kapitel
ihrer Länge nach angeordnet, vom längsten bis zum kürzesten.
Die Bibel hingegen ist, mit Ausnahme der großen und kleinen
Propheten, mehr oder weniger in chronologischer Reihenfolge
angeordnet. Außerdem sind viele Suren „. . . von einem zusam-
mengesetzten Charakter und beinhalten Fragmente, die an sehr
unterschiedlichen Zeitpunkten von Mohammed empfangen
wurden . . ." (Arberry 1974:25). Als dritter verkomplizierender
Faktor kommt das Konzept Mohammeds, und der Moslems,
von einer Offenbarung hinzu. Für sie gilt: „Die Sprache des
Korans ist Gottes Sprache, und seine Beredsamkeit ist wunder-

sam ... er ist eine unfehlbare Anleitung für das Verhalten ... er ist darum auf absolute und einzigartige Weise zusammenhängend ..." (Margoliouth 1911:63).

As-Suyuti (1445–1505), der große moslemische Koranforscher, wird in dem Buch *Islam from Within* wie folgt zitiert: „Es gibt keine Meinungsverschiedenheit unter den Intellektuellen darüber, daß das hochgerühmte Buch Gottes [der Koran] ein Wunder ist, das niemand imitieren kann, wenn man ihn dazu herausfordern würde" (Cragg und Speight 1980:18). Vor einigen Jahren schrieb Rahman: „Der Koran ist darum das reine Wort Gottes ... Das Wort Gottes floß durch das Herz des Propheten" (Rahman 1979:33).

Durch diese spätere Auffassung der Moslems vom Koran als ein Wunder, war es einfach, die Suren so zusammenzustellen, wie es ihrer eigenen Auffassung vom Inhalt der jeweiligen Kapitel entsprach. Sollte es sich um ein Wunder (Magie) handeln, dann spielt die chronologische Reihenfolge keine Rolle. Es funktioniert, in welcher Weise man es auch anordnet. Im Vorwort zu seinem Buch *The Koran Interpreted*, in dem dieses Problem vom rein literarischen Standpunkt angegangen wird, schreibt Arberry: „... Ich habe diese angenommene Tatsache (d. h. die Zusammenstellung von Abschnitten aus ganz verschiedenen Zeitpunkten in einem Kapitel) nicht beachtet und möchte jede Sure als ein kunstvolles Ganzes darstellen, in dem die oft widersprüchlichen Teile ein reiches und bewundernswertes Muster bilden" (Arberry 1955:25). Genau dieser mysteriöse kunstvolle Faden ist es, der jedes Konzept einer wie auch immer gearteten chronologischen Erzählung zunichte macht. Einige Koranforscher, wie zum Beispiel Richard Bell (1953), haben mutig versucht, den Koran in der Reihenfolge der Ereignisse in Mohammeds Leben neu zu arrangieren, und jeder interessierte Student kann das ebenfalls tun und großen Gewinn daraus ziehen. Denn stellt man die Worte des Korans in den Kontext des Lebens Mohammeds, werden diese Worte sehr viel verständlicher.

Eine einfache Illustration dafür, wie widersprüchliche Aussagen zusammengefügt werden könnten, wäre das Thema, wie

Moslems sich gegen Christen zu verhalten haben. Am Anfang seiner Laufbahn, als Mohammed versuchte, die Christen und Juden zu gewinnen, ihm als einem echten Propheten Gottes zu glauben, sagte er zum Beispiel:

> *Und du wirst sicher finden, daß diejenigen, die den Gläubigen in Liebe am nächsten stehen, die sind, welche sagen: „Wir sind Nasara [d. h. Christen]". Dies deshalb, weil es unter ihnen Priester und Mönche gibt, und weil sie nicht hochmütig sind. (Koran 5:83)*

Doch zu einem späteren Zeitpunkt, nachdem Mohammed die Juden und Christen nicht überzeugen konnte, daß er ein wahrer Prophet Gottes war, wandte er sich gegen sie, und das spiegelt sich in Aussagen wie der folgenden wider:

> *Ihr Gläubigen! Nehmt euch nicht die Juden und die Christen zu Freunden! Sie sind untereinander Freunde [aber nicht mit euch]. Wenn einer von euch sich ihnen anschließt, gehört er zu ihnen [und nicht mehr zu der Gemeinschaft der Gläubigen]. Gott leitet das Volk der Frevler nicht recht. (Koran 5:51)*

Diese beiden Aussagen finden sich in derselben Sure, doch in umgekehrter chronologischer Reihenfolge! Offensichtlich wurden sie Teil eines Kapitels, das sich mit den Beziehungen Mohammeds zu Juden und Christen beschäftigt und darüber hinaus noch mit vielen anderen Themen. Das heißt aber nicht, daß sich alles in diesem Kapitel findet, was Mohammed dazu zu sagen hatte.

Es ist eine faszinierende Geschichte, wie die ersten Kalifen, angefangen mit Abu Bakr, diese Aussagen zusammentrugen, indem sie sich auf das Gedächtnis der Leute, auf beschriebene Lederstücke, Steine, Palmwedel und flache Tierknochen stützten und veranlaßten, daß diese niedergeschrieben wurden. Doch weil die Vokalpunkte zu dieser Zeit nicht in den Text geschrieben wurden, entwickelten sich über die Jahre verschiedene Lesarten. Es dauerte noch einmal einhundertfünfzig Jahre, bis man sich auf eine Standardversion einigte.

Passend zu einer solchen Diskussion des Korans ist das moslemische Verständnis von „Offenbarung". Anders als die Christen, die glauben, daß der Geist Gottes den Verstand der Menschen beeinflußt, um sie zu inspirieren, in ihren eigenen Worten und ihrem eigenen Stil die Absichten Gottes niederzuschreiben, glauben die meisten Moslems, daß der Koran ewig ist und das Original wahrscheinlich auf „bewahrten Tafeln" geschrieben steht, die sich neben dem Thron Gottes befinden (Hitti 1970:26). Zu einer bestimmten Zeit wurden diese „Offenbarungen" vom höchsten Himmel zum tiefsten Himmel versetzt und mit Hilfe eines Engels, wahrscheinlich Gabriel, auf die Erde gesandt, da sie für die Leitung der sich entwickelnden Ereignisse im Leben Mohammeds notwendig waren.

Trotz der Tatsache, daß Moslems den Koran als das ewige Wort Gottes ansehen, reflektiert der Koran für den westlichen Durchschnittsmenschen lediglich die ausgezeichneten Antworten eines begabten und einfühlsamen, religiösen und politischen Genies auf das, was sich in Arabien im frühen siebten Jahrhundert ereignete. Für den Interessierten aus dem Westen wurden wertvolle Bücher geschrieben, die den Quellen des Korans nachgehen.

Ohne groß auf Einzelheiten einzugehen, ist die folgende Zusammenfassung von Blairs Werk abgeleitet:

Das „christliche" Material im Koran ist überwiegend Vorfällen zuzuschreiben, die von den christologischen Kontroversen der damaligen Zeit zwischen Monophysiten und Nestorianern herrührten, sowie Material, das entweder häretischen Evangelien entnommen ist oder diese widerlegt.

Das „jüdische" Material ist fast ausnahmslos an verschiedenen Stellen des Talmud und der Mischna zu finden. Trotzdem sind gewisse Verwirrungen offensichtlich, da Mohammed annahm, daß „Maryam", die Schwester Mose (1440 v. Chr.) dieselbe war wie „Maryam", die Mutter Jesu am Anfang der christlichen Ära, eine Vorstellung, die weder dem Talmud noch der Mischna zugeschrieben werden kann.

Mohammeds sinnliche Vorstellung vom Himmel mit seinen unzähligen schönen, dunkeläugigen Jungfrauen für jeden Mann, mag wohl das am häufigsten zitierte Material sein, das er vom Parsismus entlehnte.

Für den Christen ist die oben genannte Information wertvoll, wenn er mit den eigenartigen Ansprüchen konfrontiert wird, die Moslems bezüglich des Korans verlauten lassen. Es hilft uns auch, Mohammed gegen die Anklage zu verteidigen, daß er sonderbar war, denn wir wissen jetzt, woher er sein Material nahm, und sind zu dem Schluß gekommen, daß er sich nicht nur einfach etwas ausdachte, sondern korrekt reflektierte, was er vom Hörensagen von seinen Zeitgenossen gelernt hatte. Sein Genie lag nicht in seinen Quellen, sondern darin, daß er fähig war, dieses Material so zusammenzuflechten, daß es einen fast magnetischen Effekt auf seine arabischen Zuhörer hatte. Das Geheimnis dieses Effekts lag in der beschwörenden Wortmalerei, die die Herzen seiner arabischsprechenden Zuhörer anrührte.

Wenn Moslems sagen, daß der Koran nicht übersetzbar ist, meinen sie, daß die literarischen Feinheiten nicht in der gleichen, reichen und emotionalen Kraft durchkommen, wie es im Original der Fall ist. Das gilt für glänzende Poesie in fast jeder Sprache. Zu viel wird in der Übersetzung verloren. Nur in dieser Hinsicht haben sie recht. In jeder anderen Hinsicht ist der Koran übersetzbar und wurde schon in etwa einhundert verschiedene Sprachen übersetzt. Darüber hinaus kann das Material in eine chronologische Reihenfolge gebracht werden, und im Licht dessen, was im Leben Mohammeds zu einem bestimmten Zeitpunkt vorging, beginnt der Inhalt Sinn zu machen.

Leider sind moslemische Forscher sehr selten zu einer solchen Rekonstruktion bereit, und weil sie die ungewöhnliche Auffassung haben, daß die Worte selbst das Wort Gottes bilden, schätzen sie es nicht, wenn Außenstehende so mit ihrem Buch umgehen. Darum muß der westliche Student des Korans selber sehen, wie er den Inhalt systematisieren und analysieren kann.

Einige weitere Anmerkungen über die Einstellung der Moslems zum Koran können dem verwirrten christlichen Arbeiter wahrscheinlich helfen. Es herrscht allgemein das Verständnis vor, daß spätere „Offenbarungen" die früheren Reden im Koran aufheben können (Guillaume 1954:184). Demzufolge darf man nicht nach einer vollkommenen Übereinstimmung im Koran suchen. Die scheinbare Weigerung der Moslems, biblische Texte zu betrachten, kann man darauf zurückführen, daß Moslems den Koran für endgültig halten. Soweit wir wissen, hat Mohammed die Bibel in arabischer Sprache nie gesehen. Insofern konnte er über den Koran getrost sagen: „Und wir haben [schließlich] die Schrift [d. h. den Koran] mit der Wahrheit zu dir herabgesandt, damit sie bestätige, was von der Schrift vor ihr da war, und darüber Gewißheit gebe" (Koran 5:48). Man nehme auch folgende Aussage zur Kenntnis:

> *Dieser Koran ist doch nicht einfach aus der Luft gegriffen [wörtlich: ausgeheckt, eine freie Erfindung] ohne [daß] Gott [dahinter stünde. Er ist] vielmehr eine Bestätigung dessen, was [an Offenbarung] vor ihm da war. Er setzt die Schrift [d. h. die Bibel], an der nicht zu zweifeln ist, [im einzelnen] auseinander [und kommt] vom Herrn der Menschen in aller Welt.*
> *(Koran 10:38)*

Anders ausgedrückt, Mohammed sah den Koran als eine Fortführung von allem, was vorher war, als dessen Höhepunkt. Darüber hinaus sah er den Koran als allgenügend in sich selbst. Aufgrund dessen meinen Moslems, daß sie wirklich nichts anderes benötigen. In unserer Zeit beobachtet man eine weitverbreitete Apathie unter Moslems hinsichtlich des Bibelstudiums.

Für den christlichen Arbeiter wird die Frage, ob Bibel oder Koran, weiter verkompliziert durch die Mängel des koranischen Textes, verglichen mit den biblischen Berichten. Wie schon vorher erwähnt, war Mohammed hinsichtlich seiner Informationen völlig abhängig von außerbiblischen Quellen, und diese waren immer mündlich. Deshalb war er sich nicht bewußt, daß zwischen seinen Berichten und denen der Bibel diese große Unstimmigkeit herrschte. In der Tat erfuhren die Moslems erst zwischen neunzig und einhundertfünfzig Jahre später in Streitgesprächen mit Christen, die die Bibel in ihren Händen hatten, von den ernsten Unstimmigkeiten etlicher Geschichten und Berichte, die in beiden Religionen wohlbekannt sind. An diesem Punkt begegnete der Islam seiner größten Herausforderung. Entweder hatte sich Mohammed geirrt, oder die Bibel war falsch. Die Moslems waren zu diesem Zeitpunkt nicht gewillt, die Möglichkeit eines Irrtums von seiten Mohammeds auch nur zu erwägen. Folglich wurde die unbegründete und falsche Anklage erhoben, daß Christen und Juden ihre Schriften verfälscht hätten (Haqq 1980:38). Im Umgang mit dieser Anklage muß viel Geduld aufgebracht werden, um Moslems die Integrität der Bibel vom Anfang bis heute zu beweisen.

In dem Versuch, die Faszination des Korans auf seine arabischen Zuhörer weiter zu erklären, sind A. J. Arberrys Anmerkungen hilfreich:

> *Lassen Sie uns noch einmal den Rhythmus betrachten; denn auf den Rhythmus komme ich ständig zurück, wenn ich nach einem Hinweis auf die fesselnde, hypnotische Kraft der moslemischen Schriften suche ... eine weite Reihe rhythmischer Muster, alle mit scheinbar anstrengungsloser Bequemlichkeit angewandt, und jedes ruft eine unterschiedliche Reaktion bei dem Hörer hervor ... Der Rhythmus zieht sich unablässig durch den ganzen Koran; doch es ist ein sich ändernder, fluktuierender Rhythmus, der von einer sanften, einlullenden Musik der Erzählungen und Gesetzesordnungen über den lebendigen Kontrapunkt der Anbetungshymnen bis zu den erschütternden Trommelschlägen der apokalyptischen Motive reicht (1955, Band 2: 8, 9)*

Der westliche Durchschnittsleser, der mit den Feinheiten und reichen Komplexitäten der arabischen Verslehre nicht bekannt ist, verliert alles das in der Übersetzung. Arberrys Übersetzung des Korans (1955) sowie ausgewählte Abschnitte von Dawood (1956) und seltene, aber exquisite Übersetzungen von Cragg erfassen manchmal annähernd einen Teil dieser „hypnotischen" Kraft der Worte im Englischen, doch der christliche Arbeiter wird sich letztlich im klassischen Arabisch auskennen müssen, um zu erfahren, was ein Moslem beim Hören einer Koranlesung empfindet.

Über den Inhalt des Korans gibt es keine andere Möglichkeit, als daß man ihn von vorne bis hinten selbst liest. Jeder, der mit Moslems umgehen will, muß in der Lage sein, seinem Freund zu sagen: „Ja, ich habe den Koran gelesen." Für Hunderte von Millionen von Moslems ist Mohammed der letzte und größte aller Propheten. Der Koran vertritt vehement den Monotheismus, ein höheres ethisches Niveau als das seiner Zeitgenossen, eine verführerische Verheißung auf ein sinnliches Paradies entgegen den angsteinflößenden Bildern einer fürchterlichen Hölle, eine große Sammlung religiöser Sprüche und eine Exklusivität, die die Welt in zwei Gruppen unterteilt: Das „Haus des Islam" und das „Haus des Krieges". Durch dieses Buch, das einen Umfang von etwa zwei Dritteln des Neuen Testaments besitzt, und durch sein persönliches Beispiel hat Mohammed seinen Nachfolgern die Passion und Leidenschaft einer Welteroberung im Namen des Islam vermittelt. Wir werden später die wichtigsten Glaubenspunkte dieser energischen Religion betrachten, die heute eine solch treibende Kraft in der Welt ist.

Jesus im Koran

Am faszinierendsten ist die Art und Weise, in der Jesus im Koran dargestellt wird. Mohammed erwähnt ihn dreiundneunzigmal. Tatsächlich wird ein objektiver Leser wahrscheinlich Jesus als die attraktivste Persönlichkeit im Koran finden. Im Anschluß sollen einige relevante Einzelheiten genannt werden.

Jesus wird „Messias" genannt, doch ohne ein Verständnis darüber, was dieser Name bedeutet. Er wird als „Diener Gottes" bezeichnet, doch ohne irgendwelche Erkenntnisse, wie man sie beispielsweise in der Prophetie Jesajas findet. Er wird ein „Prophet" genannt, doch Mohammed übertrifft ihn an Wichtigkeit. Er wird „Apostel" genannt, im Sinne eines Botschafters, der den Auftrag hat zu warnen. Er wird „ein Wort von Gott" genannt, doch nicht im vollen Sinn der Evangelien, also daß er Gottes völliger Ausdruck seiner selbst an die Menschheit ist. Mohammed beschrieb ihn als „einen Geist von Gott", und es ist in keiner Weise klar, was der Koran als einen „Geist" versteht. Weiterhin wird Jesus beschrieben als „ein Zeichen", „ein Gleichnis", „ein Zeuge", „eine Gnade", „bedeutend", „ein Nahegebrachter", „einer der Aufrichtigen", und „gesegnet". Jede dieser Eigenschaften wird in allen Einzelheiten von Parrinder in seinem Buch *Jesus In The Quran* (1965:30-45) besprochen.

Negative Aussagen über Jesus im Koran

Mit allem Dank, der Mohammed für seine oben erwähnte, vorteilhafte Behandlung Jesu im Koran gebührt, müssen wir uns nun an die unangenehme Aufgabe machen, das Material im Koran zu betrachten, das das Herz des Evangeliums in Frage stellt. Was die kritischen Fragen über die Gottheit Christi, das Konzept der Inkarnation, das Sühneopfer, die Kreuzigung, die leibhaftige Auferstehung Christi nach seiner Kreuzigung und die Dreieinigkeit anbetrifft, finden wir, daß Mohammed das Wort Gottes offen verdreht und ihm widerspricht.

Mohammeds Problem begann damit, daß er das Wesen Gottes nicht richtig verstand. Er war unfähig, das Konzept von „Pluralität in Einheit" zu erfassen. Seine übertriebene Entwicklung der Vorstellung von der Einheit Gottes ließ keinen Raum dafür, daß das Wort oder der Geist in der Gottheit von Ewigkeit her koexistieren könnten. Das führte zu den nichtssagenden Doppeldeutigkeiten, die man im Koran sowohl über das Wort als auch den Geist findet.

Mohammeds Schwierigkeiten wurden noch mehr durch sein großes Mißverständnis der Bedeutung des Ausdrucks „Sohn Gottes" verstärkt. Für ihn, so seltsam das für einen christlichen Leser auch scheinen mag, hatte der Ausdruck „Sohn Gottes" sinnliche Untertöne. Er dachte etwas, das für alle treuen Christen absolut undenkbar ist, nämlich daß der Ausdruck „Sohn Gottes" bedeutete, daß Gott auf die Erde kam, eine sexuelle Beziehung mit Maria einging, und der Sohn, der aus dieser unmöglichen Beziehung geboren wurde, deshalb der „Sohn Gottes" genannt wurde.

Aus den beiden oben genannten Gründen konnte Mohammeds Verstand keine andere Bedeutung des Titels „Sohn Gottes" aufnehmen und auch nicht erlauben, daß Jesus das ganz „ausdrückliche Bild" Gottes und somit göttlicher Natur ist.

Zwei Zitate aus dem Koran sollen Mohammeds Meinung verdeutlichen: „Ungläubig sind diejenigen, die sagen: ‚Gott ist einer von dreien.' Es gibt keinen Gott außer dem einzigen Gott" (Koran 5:73), und:

... Die Christen sagen: „Christus ist der Sohn Gottes." Das sagen sie nur so obenhin. Sie tun es [mit dieser ihrer Aussage] denen gleich, die früher ungläubig waren. Diese gottverfluchten [Leute] [w. Gott bekämpfe sie]! Wie können sie nur so verschroben sein! (Koran 9:30)

Wie tragisch ist es doch, daß Mohammed alle Christen verfluchte, die glauben, daß Jesus der Sohn Gottes ist. Fast 600 Jahre vor Mohammed schrieb der Apostel Johannes: „... Wer den Sohn leugnet, der hat auch den Vater nicht; wer den Sohn bekennt, der hat auch den Vater" (1 Joh 2:23).

Zusätzlich dazu, daß Mohammed das Konzept Gottes als Vater, Sohn und Heiliger Geist nicht verstand, konnte er auch die restlichen entscheidenden Glaubenssätze wie die Inkarnation, das Sühneopfer, die Kreuzigung und die entscheidende Tatsache der Wiederauferstehung Jesu nach seiner Kreuzigung nicht erfassen.

Mohammed schließt die Möglichkeit der Inkarnation, also daß Gott die Form eines Menschen annimmt, radikal aus. „Es steht Gott nicht an, sich irgendein Kind zuzulegen. Gepriesen sei er! [Darüber ist er erhaben.] Wenn er eine Sache beschlossen hat, sagt er zu ihr nur: Sei!, dann ist sie" (Koran 19:35).

Anders ausgedrückt, im gleichen Atemzug, wie er Gott zuschreibt, daß er alles tun kann, was er will, hält Mohammed daran fest, daß es eines gibt, das Gott nicht tun kann, nämlich sich in menschlicher Form als der Sohn Gottes zu offenbaren. Da er die Möglichkeit eines solchen Besuchs in der Fleischwerdung überhaupt nicht erfaßt, kann sich Mohammed auch nicht vorstellen, welchen Zweck ein solcher Besuch haben könnte. Für seinen begrenzten Verstand mußte die Möglichkeit, daß Jesus auch noch gekreuzigt wird, einen besonderen Verweis verdienen. Man kann eine gewisse Vehemenz in seiner Ablehnung der Kreuzigung entdecken:

> ... sie [die Juden] sagen: „Wir haben Christus Jesus, den Sohn der Maria und Gesandten Gottes, getötet." Aber sie haben ihn [in Wirklichkeit] nicht getötet und [auch] nicht gekreuzigt. Vielmehr erschien ihnen [ein anderer] ähnlich [so daß sie ihn mit Jesus verwechselten und töteten]. Und diejenigen, die über ihn [oder: darüber] uneins sind, sind im Zweifel über ihn [oder: darüber]. Sie haben kein Wissen über ihn [oder: darüber], gehen vielmehr Vermutungen nach. Und sie haben ihn nicht mit Gewißheit getötet. Nein, Gott hat ihn zu sich [in den Himmel] erhoben. Gott ist mächtig und weise. Und es gibt keinen von den Leuten der Schrift [d. h. Juden und Christen], der nicht [noch] vor seinem [d. h. Jesu] Tod [der erst am Ende aller Tage eintreten wird] an ihn glauben würde. Und am Tag der Auferstehung wird er über sie Zeuge sein. (Koran 4:157-159)

Mohammed sagt, daß Christus selbst am Tag des Jüngsten Gerichts gegen alle die aussagen wird, die glaubten, daß er für ihre Sünden gekreuzigt wurde, daß er begraben wurde und am dritten Tag von den Toten auferstand. Mohammed hat damit das Kernstück des Erlösungswerkes Gottes angegriffen: die Errettung der Menschen.

Mohammed hatte auch Schwierigkeiten mit dem Gedanken des Lösegelds. Ein großer Teil der Kraft seiner Predigten stützte sich auf die Furcht vor dem kommenden Tag des Jüngsten Gerichts. Eine Bindung an das Gesetz, das sich letztlich auf die Worte Mohammeds gründet, war das Resultat. Er schloß die Möglichkeit, daß der Mensch von seiner bedauernswerten Lage freigekauft werden kann, völlig aus. Trotz der Tatsache, daß alle außer einem Kapitel im Koran mit den Worten „Im Namen Gottes, höchst gnädig, höchst barmherzig ..." beginnen, liegt das Gewicht der koranischen Lehren auf der Seite des Gesetzes, der Strafe und dem fürchterlichen „Tag des Jüngsten Gerichts". Man nehme den folgenden finsteren Vers zur Kenntnis: „Jede Seele, die gesündigt hat, wenn sie auch alles besitzen würde, was auf Erden ist, könnte es nicht als Lösegeld geben ..." (Koran 10:54).

Keine Auslösung, kein Sühneopfer, keine Kreuzigung, kein Lamm Gottes, um die Sünden der Welt hinwegzunehmen, kein Sieg über Sünde und Tod, kein siegreiches Auferstehen vom Grab, um in alle Ewigkeit zu leben. Und was Satan anbelangt, obwohl Mohammed Gottes Vollmacht über ihn erwähnt, gibt es kein Verständnis darüber, wie Jesus Christus ihn besiegte, seine Macht durch das Kreuz brach und ihn am Ende in den Feuersee werfen wird. Das Bild, das der Koran von Jesus zeichnet, ist ein Bild, das seine Sohnschaft, seine Göttlichkeit, seine wahre Rolle als Messias und leidender Gottesknecht, seine Kreuzigung und deshalb auch seine Wiederauferstehung verneint. Wissentlich oder unwissentlich hat Mohammed dem Evangelium das Herz herausgerissen. Er hat Jesus nicht als Herrn oder Heiland erkannt. Für ihre Erlösung sind Mohammed und seine Nachfolger auf sich selbst gestellt. Und dabei gründen sie sich auf die Tradition und das Gesetz.

Kapitel 8

Islam: Traditionen und Gesetz

*Im Gesandten Gottes habt ihr doch ein schönes
Beispiel – [alle haben in ihm ein schönes Bei-
spiel], die auf Gott hoffen und sich auf den
Jüngsten Tag gefaßt machen und Gottes ohne
Unterlaß [wörtlich: viel] gedenken.*
(Koran 33:21)

Während die islamischen Armeen im Jahrhundert nach dem Tod
Mohammeds alles, das sich ihnen entgegenstellte, niedermach-
ten, waren moslemische Gelehrte damit beschäftigt, eine ganze
Reihe von Material zu sammeln, zu sortieren, zu bewerten, für
echt zu befinden, zu verwerfen, und in einigen Fällen auch zu
erfinden, das „Traditionen" genannt wurde. Diese Traditionen
wurden alsbald kanonisiert und zu *den* offiziell bestätigten Traditionen erklärt. In der arabischen Sprache heißen diese „Traditionen" Hadith.

Gleichzeitig benutzten Männer mit einem Sinn für das Gesetz, die Rechtsgelehrten, diese Traditionen, um davon islamische Gesetze abzuleiten, die als die Scharia bekannt wurden.
Auf diese Weise wurden die moslemischen Armeen, während
sie erfolgreich andere besiegten, nach und nach selbst von den
Gesetzesmachern besiegt, die sie zu Gefangenen eines sehr an-
spruchsvollen Gesetzes machten.

Man kann alles zurückführen auf die zentrale Position Mohammeds im Islam. Der Islam entwickelte einen sehr engen

95

Weg, der durch das beschränkte Verständnis Mohammeds und auch durch die Beschränkung seiner Rechtsgelehrten begrenzt war, alle Lebensbereiche umfassenden Gesetze sowohl von Mohammeds Worten, wie sie im Koran und außerhalb des Korans zu finden waren, als auch von seinem Lebensbeispiel abzuleiten.

Im Arabischen gibt es einen Ausdruck für die Traditionen der Ältesten. Er lautet „Sunna" und bedeutet „Der getretene Pfad". Es gab schon eine Sunna vor dem Auftreten Mohammeds – eine Sammlung von Traditionen, die das Verhalten der Araber regelte. Die Kraft der Persönlichkeit und Lehren Mohammeds war so groß, daß er den Lebensstil seiner vorher antigöttlichen Verwandten für immer änderte. Indem er eine schon vorhandene Idolatrie durch einen arabischen Monotheismus ersetzte, eine matriarchalische Gesellschaft durch eine patriarchalische, Christentum und Judentum durch den Islam, verknüpfte er seinen eigenen Namen so eng mit dem Namen Gottes, daß in der Praxis seine Worte sowohl im Koran als auch außerhalb des Korans als Gottes Worte akzeptiert wurden und sein Verhalten als Beispiel für alle Gläubigen galt. Mohammeds Sunna (Verhaltensmodell) wurde schließlich die Norm für alle Moslems. Genauso wie man in der Sunna über die „Lebendigen Traditionen" in Mohammeds beispielhaftem Leben sprach, wurden diese Traditionen in der Hadith niedergeschrieben. Die „Wissenschaft der Tradition" hatte zu tun mit den Regeln und Prinzipien, durch die man festlegte, was eine echte „Tradition" war.

Mohammed: Der vorbildliche Moslem

Das Phänomen der moslemischen Gemeinschaft, die Mohammeds Verhalten als das Vorbild für ihr eigenes Verhalten benutzt, wurde durch Mohammed selbst begründet. In dem Zitat am Anfang dieses Kapitels liest man die Worte: „Im Gesandten Gottes habt ihr doch ein schönes Beispiel ..." (Koran 33:21). Da die Lesungen des Korans durch diesen einen Mann etabliert wurden und er sich selbst zum einzigen Ausleger dieser Worte machte, war es nur natürlich, daß die „Traditionen" sich auf die Worte und Taten Mohammeds stützten. Auf andere Weise beanspruchte Mohammed für sich selbst eine Position, durch die sein Wort in allen Dingen endgültig war. In den folgenden Koranversen kann man sehen, wie Mohammed seinen Namen mit dem Namen Gottes verbindet. Das kommt im Koran wiederholt vor. Mohammed bittet alle Menschen, ihm zu folgen.

*Ihr Menschen! Ich bin der Gesandte Gottes an euch alle, [desselben Gottes] der die Herrschaft über Himmel und Erde hat. Es gibt keinen Gott außer ihm. Er macht lebendig und läßt sterben. Darum **glaubt an Gott und seinen Gesandten**, den heidnischen Propheten, der [seinerseits] an Gott und seine Worte glaubt, **und folgt ihm!** Vielleicht werdet ihr euch [dann] recht leiten lassen. (Koran 7:158; Hervorhebung durch den Autor)*

*Sag: Wenn ihr Gott liebt, **dann folgt mir**, damit [auch] Gott euch liebt und euch eure Schuld vergibt! Gott ist barmherzig und bereit zu vergeben.*
*Sag: **Gehorchet Gott und dem Gesandten!** Wenn ihr euch abwendet [seid ihr eben ungläubig]. Gott liebt die Ungläubigen nicht. (Koran 3:31, 32; Hervorhebung durch den Autor)*

Zusätzlich zu den Ermahnungen, ihm zu folgen, verspricht Mohammed in den obigen Zitaten sogar die Vergebung der Sünden derer, die es taten. Über die, die ihn verwarfen, sagt Mohammed, daß Gott sie nicht lieben würde, weil sie den Glauben verworfen haben, und setzt demnach den wahren Glauben mit dem Gehorsam gegen ihn gleich.

Ein Christ ist erstaunt darüber, zu lesen, daß Mohammed den Anspruch erhob, seine Nachfolger würden die Vergebung ihrer Sünden erlangen. Es ist etwas, das nur Jesus Christus ver-

97

sprechen konnte, weil er auf seinen Opfertod am Kreuz als der Sohn Gottes als Sühneopfer für alle Menschen gegründet war. Mohammed versprach nicht nur die Vergebung der Sünden und verwarf gleichzeitig das biblische Verständnis dessen, worauf sich die Vergebung der Sünden gründete, sondern ging weit darüber hinaus in dem Versuch, diesen Anspruch auf seine Überlegenheit über Jesus zu stärken, indem er Jesus prophetische Worte über sein Kommen in den Mund legte.

> *Und [damals] als Jesus, der Sohn der Maria [Mohammeds beliebteste Weise, sich auf Jesus zu beziehen, nicht als Sohn Gottes], sagte: „Ihr Kinder Israels! Ich bin von Gott zu euch gesandt, um zu bestätigen, was von der Thora vor mir da war [oder: was vor mir da war, nämlich die Thora], und einen Gesandten mit einem hochlöblichen Namen [oder: mit dem Namen Ahmad, ein arabisches Wort mit der Bedeutung „Dessen Name gepriesen ist", was ähnlich der Bedeutung des Namens Mohammed ist, „Der Gepriesene"] zu verkünden, der nach mir kommen wird. (Koran 61:6)*

Man bemerke auch den Versuch, den Ausdruck „Frohe Botschaft" oder „Gute Nachricht" (Evangelium) zu verwenden und auf sich selbst zu beziehen. Was hier geschieht, ist die Bemühung Mohammeds, Jesus als den zentralen Punkt aller Schrift zu ersetzen und diesen Platz selbst einzunehmen. Diese Bemühungen werden noch verstärkt durch seine Lehre, daß er das „Siegel aller Propheten" war (Koran 33:40), also der Höhepunkt der Linie aller Propheten. An anderen Stellen im Koran, und es sind deren viele, reduziert Mohammed Jesus zu lediglich einem der Propheten, und indem er sich selbst als den letzten und das „Siegel der Propheten" erklärt, gibt er sich selbst den wichtigsten Platz. Wir sehen also, daß sich alle Gesetze und Traditionen auf die Worte und Taten dieses einzelnen Mannes gründen.

Die treibende Kraft hinter den Traditionen und dem Gesetz

Es ist faszinierend, zu verfolgen, wie die Traditionen standardisiert und die Gesetze abgeleitet wurden, eine Geschichte voller Widersprüche und Rivalitäten. Bevor die Traditionen standardisiert werden konnten, wurden vier Gesetzesschulen gegründet, die sich jede in einem anderen Studienzentrum befand. Später wurden noch sechs offiziell anerkannte Versionen von Traditionen (Hadith) produziert. Ehe wir diesen Ablauf beschreiben, wäre es gut, die Dynamik zu erkennen, die diese Männer dazu antrieb, ihr Leben dieser Aufgabe zu widmen.

Ursprünglich waren die Moslems von der Vorstellung der Führung eingenommen beziehungsweise davon, wie man „richtig geführt" wird, ein Satz, den man viele Male im Koran findet. Alles hing davon ab, den Willen Gottes zu kennen. In seinem wertvollen Buch *Islam* faßt Rahman es gut zusammen: „Der Mensch muß diesen Willen entdecken, formulieren und ausführen, auf den der Koran der letzte Hinweis und Mohammed der letzte Kommentator ist" (1979:83). In diesem Sinn wird Mohammed zum Urquell des gesamten Systems. Er war die einzige Quelle der sogenannten „Offenbarung". Er war der einzige Ausleger und das einzige Vorbild für diese Auslegung. Seine Lebensweise wurde zur Norm für alle Moslems. Alles andere mußte in der einen oder anderen Weise von den Worten und Taten dieses Arabers abgeleitet werden.

Die Notwendigkeit für einen sündlosen und unfehlbaren Führer

Mit einer solchen Betonung auf die Reden und die Lebensweise Mohammeds war es nur eine Frage der Zeit, bis die Doktrin von seiner Unfehlbarkeit und Sündlosigkeit entwickelt wurde (Rahman 1979:69). Von dort war es kein großer Schritt zu der Vorstellung, daß Mohammed göttlich war (Van der Werff 1977:237). Tatsächlich fand ich im November 1990, in einem privaten Interview mit einem prominenten Bischof der Kirche Pakistans, der ungenannt bleiben möchte, heraus, daß jetzt Bücher publiziert werden, die Mohammed Göttlichkeit zuschreiben. Ich habe selbst Urdu- und Punjabi-Anbetungsmusik gesammelt, in denen Mohammed als Herr angebetet wird. Samuel Zwemers scharfe Anklage des Islam an dieser Stelle ist immer noch genauso angebracht wie an dem Tag, als er sie zuerst schrieb:

> Die Sünde und Schuld der mohammedanischen Welt ist, daß sie die Herrlichkeit Christi einem anderen zuschreibt, und daß aus praktischen Gründen Mohammed selbst der moslemische Christus ist ... Jesus Christus wird durch Mohammed ersetzt, nicht nur in der moslemischen Tradition und in den Herzen des gemeinen Volkes ... Er wird in den Herzen aller Moslems durch Mohammed ersetzt (Zwemer 1915:157, 166).

Die Ironie des Islam besteht darin, daß, während eine kleine Minorität der moslemischen Theologen ihre Energie darauf verwenden, die Göttlichkeit Christi und seine Stellung als Heiland zu verneinen, Massen von geistlich hungrigen Moslems, die sich danach sehnen, mit Gott in Berührung zu kommen, genau diese Qualitäten, die nur in Christus zu finden sind, tragischerweise Mohammed zugeschrieben haben. Auch das wurde von den Theologen verstärkt, die, um ihre Lehren vor der Anklage der Falschheit zu schützen, unweigerlich die Doktrin von der Unfehlbarkeit Mohammeds entwickelten, wie zuvor erwähnt.

Es ist an dieser Stelle der moslemischen Voreingenommenheit hinsichtlich der Führung und damit auch des Gesetzes und der Tradition, an der dieses Muster der Entwicklung des Islam so radikal vom Christentum abweicht. Da sich alles auf das Leben Mohammeds gründen soll, wurde es für den Moslem äußerst wichtig, zu wissen, wie Mohammed die verschiedenen Situationen in seinem eigenen Leben handhabe, oder sich durch analoges Denken und Ableiten vorstellen zu können, wie er mit bestimmten Situationen umgegangen wäre. Um ihre Meinungen zu bestätigen, suchten einige Rechtsgelehrte überall, um Aufzeichnungen von Traditionen zu finden, die ihre Schlüsse unterstützten. Unglücklicherweise taten andere Rechtsgelehrte das auch. Bewußt oder unbewußt begannen sich die Traditionen (Hadith) zu vermehren. Zur Zeit Bukaris (gestorben 870 n. Chr.), des am meisten respektierten Sammlers der Hadith, gab es über eine halbe Million Traditionen, von denen er die meisten als gefälscht verwarf und nur siebentausend als echt anerkannte.

Wie man im Anhang unter D sehen kann, hatten es die Rechtsgelehrten eilig, das islamische Gesetz zu erstellen, und waren damit fertig, lange bevor die Sammler der Traditionen ihre Arbeit abgeschlossen hatten. Das Schema zeigt vier Zusammenstellungen des Gesetzes, jedes nach dem Mann benannt, der es zusammengestellt hat. Der erste, Abu Hanifa, starb 767, und der letzte der vier, Ibn Hanbal, 855. Die Arbeit der sechs offiziell anerkannten Sammler der Hadith reicht von Bukari, gestorben 870, bis Al-Nasai, gestorben 916.

Für uns, mehr als eintausend Jahre nachdem diese ganze Arbeit abgeschlossen wurde, ist es wichtig, zu wissen, daß diese beiden Bewegungen der Sammlung der Hadith und der Ableitung des Gesetzes der Scharia davon, die Tendenz haben, Moslems auf einen Lebensstil des siebten Jahrhunderts festzulegen, der die angeblichen Worte und Taten Mohammeds zum Vorbild hat, welche im Lauf der zweieinhalb Jahrhunderte nach seinem Tod legendäre Ausmaße angenommen hatten.

Hadith und Scharia im Vergleich mit den Evangelien

Im Gegensatz dazu weigerten sich die Schreiber der Evangelien, unter der Anleitung des lebendigen Heiligen Geistes, einen solchen Weg einzuschlagen. Zum Beispiel schrieb Johannes: „Es sind auch viele andere Dinge, die Jesus getan hat.

Wenn sie aber sollten eins nach dem anderen geschrieben werden, achte ich, die Welt würde die Bücher nicht fassen, die zu schreiben wären" (Joh 21:25). Davor hatte Johannes schon den Grund dafür angegeben, warum alle diese Dinge nicht niedergeschrieben wurden. Erstens war schon genug geschrieben worden, um in einem Glaubenden einen rettenden Glauben zu erzeugen.

> *Noch viele andere Zeichen tat Jesus vor den Jüngern, die nicht geschrieben sind in diesem Buch. Diese aber sind geschrieben, daß ihr glaubt, Jesus sei der Christus, der Sohn Gottes, und daß ihr durch den Glauben das Leben habt in seinem Namen. (Joh 21:30-31)*

Der zweite Grund ist meiner Meinung nach, daß Gott nicht wollte, daß das Evangelium, oder die Reaktion darauf, in einen jüdischen Traditionalismus des ersten Jahrhunderts eingeschlossen wird. Obwohl es hilfreich ist, die jüdischen Traditionen zu kennen, da sie Licht auf den Text der Bibel werfen, war es für uns nicht nötig, die Praktiken der jüdischen Kultur zu befolgen, denn sehr viele von ihnen waren eine kulturelle Besonderheit für dieses Umfeld und nicht zu imitieren.

Außerdem gab Gott seiner Kirche den lebendigen Heiligen Geist, der sie in einer dynamischen und lebendigen Weise führen und unterweisen sollte, so daß die Lehre sich an jeden kulturellen Kontext auf der ganzen Welt und durch die Geschichte hindurch anpassen konnte. Mit anderen Worten, indem Gott das Material begrenzte, setzte er das Evangelium frei, sich in einer Vielzahl von Kulturen und Sprachen auszubreiten. Diese außergewöhnliche Flexibilität, die in den zahlreichen Formen und Strukturen der christlichen Kirche zum Ausdruck kommt, erlaubte es dem Reich Gottes, sich friedlich in allen Kulturen auszubreiten.

Der Islam dagegen ist an ein relativ unbewegliches, arabisches Modell aus dem siebten Jahrhundert gebunden, das trotz des Verses, der sagt: „In der Religion gibt es keinen Zwang ..."

(Koran 2:256), dem Rest der Welt aufgezwungen werden muß, sei es durch Überzeugung oder, falls nötig, durch Gewalt (Koran 8:38,39).

Daß der Islam nicht in der Lage war, ausgeglichen mit seinen uralten Gesetzen und Traditionen zu leben, zeigt sich in den Abweichungen, Reformversuchen, Innovationen, synkretistischen Kompromissen und Anstrengungen, sich dem modernen Leben anzupassen, das zur Entstehung von vielen moslemischen Sekten und Trends auf der ganzen Welt geführt hat. Der Islam lebt in einer ständigen Spannung zwischen den eisernen, vor langer Zeit für immer von den Zusammenstellern des Gesetzes und der Traditionen etablierten Normen einerseits, und andererseits einem unbefriedigten Verlangen des menschlichen Geistes nach geistlichen Erfahrungen, die dieses Verlangen in aktueller, kulturell angemessener Weise stillen.

Christliche Arbeiter müssen sich mit dem orthodoxen Islam auskennen, nicht nur um zu verstehen, was er für die Moslems bedeutet, die sich diesem Lebensstil verpflichtet haben, sondern auch um zu verstehen, wie und warum unorthodoxe Formen des Islam von dieser Norm abweichen.

Kapitel 9

Islam: Glaubensbekenntnis und Pflichten

Und wir werden es dir leicht machen, des Heils
teilhaftig zu werden. (Koran 87:8)

Moslems folgen in ihrem Bestreben, den Willen Gottes zu
kennen, dem Vorbild Mohammeds. Die lebendigen Traditionen
(Sunna) wurden letzten Endes als die niedergeschriebenen Traditionen (Hadith) standardisiert. Von dieser Fülle von Material
ausgehend, machten sich die Rechtsgelehrten daran, daraus Gesetze (Scharia) abzuleiten, zu vervielfältigen und zu etablieren,
um allen erdenklichen Anforderungen des Lebens zu begegnen.
Aus der Fülle des Materials entwickelte sich ein Schema, das
die Moslems in ihrem täglichen Leben anleiten sollte. Es gibt
fünf Kategorien: „... anbefohlene Dinge, geratene Dinge, be-
klagte Dinge, verbotene Dinge und ein zentrales Gebiet, in dem
die Handlungen als neutral bezeichnet werden können" (Cragg
1969:53). Allmählich wurden bestimmte Handlungen und Glau-
bensausdrücke den Moslems zu eigen und unterschieden sie von
ihren Nachbarn.

Gleichzeitig mit der Entwicklung des Gesetzes und der Traditionen breitete sich der Islam durch militärische Eroberungen
in weitere Gebiete aus. Dabei überrannte er Völker mit anderen Religionen. Die Moslems erachteten es für notwendig, sich
selbst im Gegensatz zu den Anhängern dieser älteren Religio-

nen zu definieren. Außerdem wurde „diese Dringlichkeit noch verstärkt durch ... das Auftreten von andersdenkenden Gruppen im Islam selbst, denn man muß wissen, was der wahre Islam ist, um ihn klar davon zu unterscheiden, was fälschlicherweise als Islam bezeichnet wird" (Jeffery 1958:71).

Diese obligatorischen Ausdrucksweisen des Glaubens und der Praxis sind säuberlich in zwei Schlüsselworten zusammengefaßt worden: *Iman* und *Din*. *Iman* ist in seinem weitesten Sinn definiert worden als: „... die Überzeugung und Verpflichtung, Gott als den Herrn zu akzeptieren und sich seinem Willen völlig zu unterstellen, wie er im Gesetz, der Scharia, offenbart ist" (Nicholls 1979:155,156). Doch in einem engeren Sinn wurden sie auf sechs Glaubensartikel reduziert. Diese sind:

1. Glaube an Gott
2. Glaube an Engel
3. Glaube an die Heiligen Schriften
4. Glaube an Propheten
5. Glaube an den Tag des Gerichts
6. Glaube an die Verordnungen Gottes

In gleicher Weise werden die verschiedenen Pflichten des Islam (*Din*), die manchmal auch „Pfeiler des Islam" genannt werden, wie folgt aufgelistet:

1. Rezitation des Glaubensbekenntnisses (*Schahada*)
2. Ausführung der ritualen Gebete (*Salat*)
3. Almosengeben (*Zakat*)
4. Fasten (*Sawm*)
5. Pilgerreise (*Hadsch*)
6. Heiliger Krieg (*Dschihad*) –
   Überwiegend wird dieser Punkt nicht mit aufgeführt.

Auf Grund des einzigartigen Inhalts jedes dieser Konzepte im Islam wollen wir uns die Zeit nehmen, jeden Punkt kurz zu erläutern.

Iman

1. Glaube an Gott

Moslems beten in Arabisch. Das Wort für Gott ist „Allah". Mohammed lehrte, daß er keine Partner hat, daß keiner ihm gleich ist. Er ist eins. Er ist völlig anders als die Menschen. Man kann nicht sagen, daß er ein Gesicht hat oder Hände oder irgend etwas, das ihn mit einem Menschen vergleicht. Daud Rahbar sagt in seinem Buch *God of Justice*, daß die grundlegende Natur Gottes im Koran von einer strengen rächenden Gerechtigkeit gekennzeichnet ist (Rahbar 1979:8).

Moslem halten die „Namen" Gottes für sehr wichtig. Der Koran spielt auf die wunderschönen Namen Gottes an, ohne sie aufzulisten (Koran 7:180). Die moslemische Hadith sagt, daß Gott neunundneunzig wunderschöne Namen hat. Oft werden die Gebetsperlen dazu benutzt, sich an diese Namen zu erinnern. „Der moslemische Rosenkranz besteht normalerweise aus dreiundreißig Perlen mit einer Quaste und wird dreimal durch die Finger geführt, um die neunundneunzig Namen zu vervollständigen" (Jeffery 1958:93). Diese Übung soll einen großen Verdienst bringen.

Das Kapitel 112 des Korans faßt Mohammeds Konzept von Gott zusammen:

Sag: Er ist Gott, ein Einziger, Gott, durch und durch [er selbst]. Er hat weder gezeugt, noch ist er gezeugt worden. Und keiner ist ihm ebenbürtig.

2. Glaube an Engel

Engel sind Geschöpfe, die keinen freien Willen haben. Vier werden als Erzengel angesehen: Jibrail, der Engel der Offenbarung; Mikail, der Schutzengel der Juden; Israfil, der die Trompete blasen wird, die die Welt am Ende aller Zeiten zerstört; und Izrail, der Engel des Todes. Satan (Iblis) war ehemals ein Engel, doch er war ungehorsam gegen Gott und wurde zu einem Dschinn (Glasse 1989:42). Andere Klassen von Engeln existieren als Gottes Diener.

Ein Dschinn ist eine andere Art von übernatürlichem Wesen

(Dämon). Moslems glauben, sie „... wurden aus Feuer erschaffen, waren männlich und weiblich [Engel sind geschlechtslos], und sterblich ... Sie können von Menschen Besitz ergreifen. Es gibt auch Geschichten von Hochzeiten zwischen Dschinns und Menschen" (Jeffery 1958:105). Im „Volksislam", auf den wir später noch genauer eingehen werden, glauben Moslems, daß, wenn ein Mensch geboren wird, zur gleichen Zeit ein Dschinn geboren wird, aber vom anderen Geschlecht (Musk 1989:103).

3. Glaube an die Heiligen Schriften

Mohammed und seine Zeitgenossen hatten eine seltsame Vorstellung von der Eingebung der Schrift, und der Koran ist dabei ihr Hauptargument. Ethymologisch bedeutet das Wort „Koran" einfach „Rezitation". Theologisch bedeutet es das „Wort Gottes". Es ist ewig und nicht erschaffen. Der Moslem glaubt, daß „das arabische Exemplar, das [er] heute benutzt, die exakte Abschrift des himmlischen Prototyps ist, das dem Propheten Mohammed Wort für Wort diktiert wurde" (Hitti 1970:26).

Moslems glauben auch, daß es vielleicht 124 000 Propheten von Adam bis Mohammed gab, und daß jeder ein Buch auf die gleiche Weise erhielt wie Mohammed dachte, daß Gott den Koran zu ihm gesandt hatte. Alle vorigen Bücher sind verlorengegangen, außer dem *Taurat* (Gesetz), das Mose gegeben wurde, den *Zabur* (Psalmen), die David erhielt, und dem *Injil* (Gute Nachricht), das Jesus gegeben wurde.

> *Der moslemische Glaube ist, daß jede Offenbarung in ihrem Ursprung göttlich ist und in ihrer Doktrin eine bleibende Gültigkeit hat. Jede enthält Regeln und Anweisungen für die jeweilige Zeit und für die Menschen, die sie erhalten, doch spätere Gesetze und Anbetungs- und Gottesdienstformen sind Verbesserungen der früheren Systeme der Ethik und des Gehorsams. Islam wird als die beste und letzte Offenbarung angesehen und ist deshalb den Anhängern*

früherer Offenbarungen nicht nur empfohlen,
sondern befohlen (Calverley 1958:65).

4. Glaube an Propheten

Gibb schreibt: „Die Doktrin von den Aposteln (Propheten) ist,
wie die *Schahada* zeigt, nach der Einheit Gottes, die zentrale
Doktrin des Korans" (1949:39). Gott sandte Propheten zu jedem Volk und zu jeder Zeit, um ihnen Gottes Wege für ihre Zeit
zu zeigen. Selbst wenn Moslems an alle Propheten ohne Unterschied glauben müssen, so tritt Mohammed doch als der
letzte und größte hervor. Mohammed ging wie erwähnt sogar
so weit, Jesus Worte in den Mund zu legen, die sein eigenes
Kommen ankündigten.

> *Und [damals] als Jesus, der Sohn der Maria,*
> *sagte: „Ihr Kinder Israels! Ich bin von Gott zu*
> *euch gesandt, um zu bestätigen, was von der*
> *Thora vor mir da war, und einen Gesandten mit*
> *einem hochlöblichen Namen zu verkünden, der*
> *nach mir kommen wird." [Sein Name wird*
> *Ahmad sein ...] (Koran 61:6)*

5. Glaube an den Tag des Gerichts

Eines der häufigen, gewaltigen Themen in Mohammeds Predigten ist der Tag des Gerichts, manchmal auch Tag der Ver-
dammnis genannt. Dieses Thema bezieht sich auch auf Mohammeds Lehre über die Auferstehung, das Paradies und die
Hölle. Sein System gründete sich auf folgende Vorstellung:
Gott wird

> *die Taten der Menschen richten, um die Treuen*
> *zu belohnen und die Schuldigen zu bestrafen.*
> *Nicht nur die Menschheit, sondern auch der*
> *Dschinn und unnatürliche Tiere werden gerich-*
> *tet werden ... Eine Waage wird dort die Taten*
> *aller wiegen, und das Urteil wird erteilt je nach-*
> *dem, in welche Richtung sich die Waagzunge*

neigt. Der, dessen Waagschale voller guter
Werke ist, wird errettet; der, dessen Waagschale
zu leicht ist, wird verdammt (Farah 1968:114,
115).

Der Koran selbst liefert die beste Beschreibung vom Paradies.

Und diejenigen, die [den anderen im Glauben]
zuvorgekommen sind, [das] sind [eben] die, die
[ihnen zuvorgekommen sind]. Sie sind es, die
Gott nahestehen in den Gärten der Wonne ...
auf golddurchwirkten Ruhebetten liegen sie [be-
haglich] einander gegenüber, während ewig
junge Knaben unter ihnen die Runde machen mit
Humpen und Kannen [voll Wein?] und einem
Becher [voll] Quellwasser [zum Beimischen?],
[mit einem Getränk] von dem sie weder Kopf-
weh bekommen noch betrunken werden, und
[mit allerlei] Früchten, was [immer] sie wün-
schen, und Fleisch von Geflügel, wonach [im-
mer] sie Lust haben. Großäugige Huris [haben
sie zu ihrer Verfügung], [in ihrer Schönheit]
wohlverwahrten Perlen zu vergleichen. [Dies]
zum Lohn für das, was sie [in ihrem Erdenleben]
getan haben. (Koran 56:10-12,15-25)

Die Hölle wird genauso ausführlich beschrieben, mit abstoßen-
den Bildern, die in den nachstehenden beiden Koranversen zitiert werden:

Diejenigen, die nicht an unsere Zeichen glau-
ben, werden wir [dereinst] im Feuer schmoren
lassen. Sooft [dann] ihre Haut gar ist, tauschen
wir ihnen eine andere [dagegen] ein, damit sie
die Strafe [richtig] zu spüren bekommen. Gott
ist mächtig und weise. (Koran 4:57)
Hinterdrein hat er die Hölle zu erwarten. Und

er bekommt [in ihr] Wundflüssigkeit [?] zu trin-
ken, die er schluckt, aber fast nicht herunter-
bringt. Der Tod kommt von überallher auf ihn
zu, ohne daß er [wirklich] tot ist. Und hinterher
hat er eine harte Strafe zu erwarten.
(Koran 14:17,18)

Wiederum ist es besonders interessant, welche Rolle Christus in
der Endzeit zugeschrieben wird.

> *Jesus, vom Himmel gekommen, wird in der Mo-*
> *schee in Damaskus erscheinen ... Er wird Dad-*
> *schal [den Antichristen] erschlagen an den To-*
> *ren von Lydda und wird von Gott die Zerstörung*
> *von Gog und Magog erlangen. Er wird heiraten,*
> *Kinder haben und wird für vierzig Jahre auf der*
> *Erde herrschen, wo er Frieden unter Menschen*
> *und Tieren schaffen wird (Gaudefroy-Demomby-*
> *nes 1968:52,53)*

6. Glaube an die Verordnungen Gottes

Kein Glaubensgrundsatz des Islam ist wahrscheinlich so wider-
sprüchlich wie der, der uns das Wort „Kismet" oder Fatalismus
gegeben hat. Gibb faßt die Grundlage dieser Doktrin sehr gut
zusammen:

> *Seine Verordnung ist unausweichlich, und alles*
> *ist durch seine Voraussicht bestimmt und ange-*
> *ordnet, bildlich ausgedrückt durch eine „be-*
> *wahrte Tafel". Die Menschen sind seine Schöp-*
> *fung ... und müssen ihren Willen seinen Wegen*
> *unterordnen, wie mysteriös diese auch sein mö-*
> *gen (1949:38).*

Mohammeds Worte im Koran bilden die Quelle dieser Lehre:
„So führt Gott irre, wen er will, und leitet recht, wen er will.
Über die Heerscharen deines Herrn weiß nur er [selber] Be-

111

scheid" (Koran 74:31). Al-Ashari (gestorben 953 n. Chr.), einer
der berühmtesten aller islamischen Schultheologen, machte folgende Bemerkung zu diesem Thema:

> *Der Beweis, daß Gott frei ist, zu tun was auch*
> *immer er tut, liegt darin, daß er der erhabene*
> *Herr ist, niemandem untertan, ohne einen Über-*
> *geordneten, der ihm erlauben, befehlen, ihn ta-*
> *deln, ihm verbieten oder vorschreiben kann, was*
> *er zu tun hat, und ihm Grenzen setzen kann. Da*
> *das so ist, kann auf Gottes Seite nichts Böses*
> *sein ... da der Schöpfer niemandem untersteht*
> *und an keinen Befehl gebunden ist, kann bei ihm*
> *nichts Böses sein (Cragg 1969:12).*

Al-Ashari suchte das Problem zu umgehen, den „Gott" des Korans für die Erschaffung des Bösen verantwortlich zu machen,
indem er Gott über die Frage nach Gut und Böse stellte, und
Gott damit als amoralisch bezeichnete. Cragg versucht die an-
scheinende Härte dieser Lehre zu entschärfen, indem er seine
Kommentare auf andere Koranstellen gründet, die von der Verantwortung des Menschen handeln:

> *Die weiseste Art, diese Streitfrage der islami-*
> *schen Doktrin zu behandeln, ist, nicht blind auf*
> *die jahrhundertealten Traditionen des Determi-*
> *nismus zu bestehen ... Man sollte eher sehen,*
> *daß die islamische Sichtweise der Ereignisse*
> *und des Willens positiv in der Absolutheit gött-*
> *licher Herrschaft eingebettet ist. Alle Dinge*
> *müssen direkt, und sogar eifersüchtig, mit dem*
> *Willen Gottes in Verbindung gebracht werden*
> *... solch ein Eifer ... schließt nun die lebhafte*
> *Rolle der menschlichen Handlung nicht aus*
> *(Cragg 1969:13).*

Das sind also die „Glaubensgrundsätze" mit denen der Islam in seinen frühen Jahrhunderten seinen unterschiedlichen Glauben von dem seiner Nachbarn abzugrenzen versuchte, besonders von dem der Juden und Christen.

Din

Din wird oft übersetzt als „Religion", doch es bedeutet in Wirklichkeit sehr viel mehr als das. Wenn in der Scharia alle Anforderungen Gottes an die Menschen dargelegt sind, dann ist *Din* die Antwort der Menschen auf diese Anforderungen. Es ist ein kompletter Lebensstil. *Din* beinhaltet Ethik, Politik, Morallehre, Gesetz, Rechtsprechung und alle anderen Aspekte des Lebens, die mit den Gedanken und Handlungen der Menschen zu tun haben.

> *Für den westlichen Menschen, der daran gewöhnt ist, die Religion als eine private Angelegenheit des Gewissens zu betrachten, liegt hier ein fundamentaler Punkt, den er erfassen muß, wenn er versucht, den Islam zu verstehen. Es ist nicht so, daß die Religion das Leben des treuen Moslems beherrscht, sondern diese Religion, in ihrem allumfassenden Sinn, ist sein Leben (Roberts 1982:35).*

Wie beim Iman, oder Glauben, hat Din, oder Religionspraxis, obwohl sie alle Aspekte des Lebens umfaßt, gewisse unterschiedliche Kennzeichen entwickelt, die den Islam von anderen Religionen unterscheiden. Diese kann man religiöse Verpflichtungen nennen. Eine der frühesten Traditionen, die Ibn Umar (gestorben 634) zugeschrieben werden, sagt:

> *Der Islam gründet sich auf fünf Dinge: Auf das Bekenntnis, daß es keine Gottheit außer Allah*

113

gibt [Schahada], die Ausführung der Gebete
[Salat], dem Almosengeben [Zakat], der Pilger-
reise [Hadsch] zum Haus [die Kaaba in Mekka],
und dem Fasten im Monat Ramadan. So über-
lieferte es uns der Apostel Allahs, doch außer-
dem gibt es den Heiligen Krieg [Dschihad], der
etwas Ausgezeichnetes ist (zitiert in Jeffery
1958:81).

1. Das Glaubensbekenntnis (Schahada)

Schahada ist eines der kürzesten Glaubensbekenntnisse, die es
gibt. Es lautet: „Es gibt keinen Gott außer Allah, und Mohammed ist der Gesandte Gottes." Der erste Teil ähnelt dem Bekenntnis im fünften Buch Mose: „Höre, o Israel, der Herr ist
unser Gott, der Herr allein" (5 Mo 6:4). Der letzte Teil des
Schahada war Mohammeds eigene Erfindung.

Wenn man dieses Bekenntnis willentlich aufsagt, ist man
ein Moslem. Die Worte „Es gibt keinen Gott außer Allah, und
Mohammed ist der Gesandte Gottes" sind die ersten Worte, die
ein neugeborenes moslemisches Baby hört und die letzten in
den Ohren eines Sterbenden.

Es ist der am häufigsten geäußerte Satz des ein-
zelnen Gläubigen und das Lied der Derwische
[moslemische Mystiker], wenn sich ihr Orden zu-
sammenfindet, und befindet sich auf der offiziel-
len Flagge einer moslemischen Nation [Saudi
Arabien]. Der psychologische und religiöse Ein-
fluß und Wert dieses kurzen Glaubensbekennt-
nisses ist für den Islam unschätzbar gewesen
(Calverley 1958:56).

2. Die Ausübung der rituellen Gebete (Salat)

Die folgende Besprechung des Salat gründet sich auf die ausgezeichnete Forschungsarbeit von John C. Blair in seinem Buch
The Sources of Islam (1925:118-135).

Wie wir wissen, hatte Mohammed frühe und freundliche Kontakte mit Juden und Christen, besonders als er sie davon zu überzeugen versuchte, seine Anhänger zu werden. Die Juden hatten drei tägliche Gebetszeiten. Daß Mohammed sich diese von ihnen abschaute, ist aus Koran 11:114 zu sehen: „Und verrichte das Gebet an den beiden Enden des Tages [d. h. morgens und abends] und zu frühen Zeiten der Nacht."

Später, nach Mohammeds besagter nächtlicher Reise zum Himmel, hatte er den Eindruck, daß Gott ihm gebot, fünf tägliche Gebetszeiten einzuhalten. Leider findet man das nicht im Koran, doch es gibt einen Abschnitt, der das Gebet viermal am Tag erwähnt: „Gott sei nun gepriesen am Abend und am Morgen – und ihm sei Lob im Himmel und auf der Erde – und [auch spät] abends und zur Mittagszeit" (Koran 30:17,18).

Moslemische Kommentatoren sagen, daß die letztgenannte Gebetszeit in Wirklichkeit die letzten beiden der fünf verordneten Gebetszeiten beinhaltet. Diese fünf obligatorischen Gebetszeiten sind:

> Frühmorgens, vor Sonnenaufgang (*Fajr*)
> Kurz nach Mittag (*Zuhr*)
> Am Nachmittag (*Asr*)
> Kurz nach Sonnenuntergang (*Maghrib*)
> Nachdem die Abenddämmerung vergangen ist (*Ischa*)
> (Ali 1054, Fußnote 3521).

Menschlich gesehen wissen wir, daß Mohammed Teile seiner religiösen Praktiken von einer halbchristlichen Gruppe von Monotheisten entlehnt hat, die in Südarabien lebte und sich Sabianer nannten. In seinem Buch *Christianity Among the Arabs in Pre-Islamic Times* gibt Trimingham eine kurze und interessante Zusammenfassung darüber, wer diese Leute waren (1979:296-301). Die Sabianer hielten sieben tägliche Gebetszeiten ein, fünf davon stimmen mit denen überein, die Mohammed schließlich einführte. Blair geht in seinen Nachforschungen noch einen Schritt weiter und weist darauf hin, daß es das Volk des altertümlichen Persiens, die Parsen, waren, die zuerst diese Praktik einführten. Einige Islamforscher glauben, daß Mohammed die fünf bestimmten Gebetszeiten als einen Mittelweg zwischen den Juden (drei Gebetszeiten) und den Sabianern wählte (Goitein 1968:84-85).

Die Gebetszeiten sind mehr eine formale Anbetung, in der arabische Sätze und Teile des Korans aus dem Gedächtnis rezitiert werden. Es gibt die Möglichkeit, während des Rituals spontan persönliche Bitten einzufügen. Die Frage der rituellen Reinheit ist auch sehr wichtig, wenn sich ein Moslem auf das Gebet vorbereitet. Hier weist vieles darauf hin, daß Mohammed seine Ideen von den Juden bekam.

Historisch gesehen wissen wir, daß Mohammed und seine Anhänger sich zuerst gen Jerusalem wandten, wenn sie ihre Gebete sprachen. Nach den sehr unerfreulichen Konfrontationen mit den jüdischen Stämmen in Medina änderte Mohammed die Richtung, in die gebetet wird, nach Mekka (Koran 2:142-145). Man betet mit offenen Augen. Die Haltung, die vom Beter eingenommen wird, ist die peinlich genaue Imitation des Vorbilds Mohammeds. In Zeiten des Krieges, der Gefahr oder auf Reisen können die Gebete verkürzt werden.

3. Almosengeben (Zakat)

Als der Islam auf der Bildfläche erschien, war noch nicht alles voll ausgereift und gründlich durchdacht. Sogar zu Mohammeds Lebzeiten wurden viele Praktiken noch verändert. Zakat, oder das Almosengeben, ist ein Beispiel dafür.

Der Kalif Umar Ibn Adul Aziz gibt die von Mohammed gelehrten Annahmen der „Erlösung durch Werke" wieder. Er sagte: „Gebet trägt uns die halbe Strecke zu Gott, Fasten trägt uns zum Tor seines Palastes, Almosen geben uns den Eintritt" (Blair 1925:145). Hitti erklärt den Unterschied zwischen obligatorischem und freiwilligem Geben:

Das Almosengeben ... fällt in zwei Kategorien: Freiwillig, als ein Akt der Liebe und Frömmigkeit [Sadaqat], und obligatorisch oder gesetzlich vorgeschrieben [Zakat] ... Es wird nicht nur als eine soziale Verpflichtung betont, sondern auch als ein Mittel der Selbstreinigung ... der genaue Betrag der Zakat variierte, wurde jedoch später durch das kanonische Gesetz auf ein Vierzigstel des Einkommens jedes einzelnen festgelegt (1970:35).

Gibb zeigt uns das noch genauer:

Sie [Zakat] wird von allen verlangt, die entweder freiwillig oder durch Zwang in die Bruderschaft des Islam eintreten; sie ist jedoch keine Steuer. Sie wird als eine Anleihe an Gott betrachtet, die er vermehrt zurückzahlen wird. Freiwillige Opfer [Sadaqat] sind auch ein Mittel der Sühne für Vergehen und müssen Verwandten, Waisen, den Notleidenden oder Reisenden gegeben werden. Die Personen, auf die der Betrag der Zakat verwendet werden muß, sind definiert als: die Armen, die Notleidenden, die Personen, die für das Einsammeln der Zakat eingestellt sind, Personen, die gewonnen werden sollen [zum Islam gebracht oder in ihm gehalten werden], Sklaven, Gefangene, Schuldner, Reisende und der „Weg Gottes" (1949:44,45) [nach Gib, bezieht sich der „Weg Gottes" auf den Dschihad].

Heute wird die Einsammlung der Zakat nur in wenigen moslemischen Ländern von der Regierung veranlaßt, mit der bemerkenswerten Ausnahme des Irans. Es ist von Bedeutung, daß die Geistlichkeit im Iran dadurch, daß sie die Einsammlung der Zakat kontrolliert, die Kontrolle über die Regierung gewonnen hat. Dort, wo die Geistlichkeit diese Gelder nicht kontrolliert, hat sie auch keine Kontrolle über die Regierung.

4. Fasten (Sawm)

Das Fasten dauert etwa dreißig Tage und findet während des moslemischen Monats Ramadan statt. Da der moslemische Kalender sich auf den Mond und nicht auf die Sonne gründet, ist sein Jahr etwa elf Tage kürzer als das Solarjahr. Damit durchläuft dieser Monat etwa alle dreiunddreißig Jahre den gesamten Kalender des Sonnenjahrs. Das Fasten muß jeden Tag des Ramadans von Sonnenaufgang bis Sonnenuntergang eingehalten werden.

In der Fastenperiode darf der Moslem weder feste noch flüssige Nahrung zu sich nehmen; er darf auch nicht rauchen oder sexuelle Beziehungen mit dem anderen Geschlecht haben, von dem Zeitpunkt, an dem man einen weißen Faden von einem schwarzen unterscheiden kann, vor Sonnenaufgang und nach Sonnenuntergang ... Die Moscheen sind während des Ramadan gut besucht, und der Rakah [vollständiger Gebetszyklus], begleitet von Rezitationen aus dem Koran und alle vier Stunden unterbrochen von einem Mahl, kann die ganze Nacht dauern. Das Fasten wird direkt nach Sonnenuntergang mit einem leichten Mahl gebrochen ... Das Fasten endet am ersten Tag des Monats Schawwal mit einem großen Fest, genannt „Id al-Fitra" ... An diesem Tag werden die vorgeschriebenen Almosen, die das Ende der Fastenzeit markieren, gegeben, und das Oberhaupt jedes Haushalts gibt den Armen eine vorgeschriebene Menge landesüblicher Lebensmittel als ein Zeichen der Frömmigkeit. Dieses Fest dauert drei volle Tage, in denen die Moslems sich freuen, ihre neuen Kleider zur Schau tragen und sich gegenseitig umarmen (Farah 1968:144,145).

5. Die Pilgerreise (Hadsch)

Die Krönung der moslemischen Religion ist die Pilgerreise nach Mekka. Mohammed schrieb vor, daß jeder, der gesund ist und es sich leisten kann, einmal im Leben diese Reise unternehmen muß. „... die Pilgerreise ist eine Pflicht, die der Mensch Gott schuldet ..." (Koran 3:97). Davor, also ehe Mohammed Mekka zum Pilgerort für alle Moslems bestimmte, hatten die heidnischen Araber dort einen Schrein errichtet, ein würfelförmiges Haus, das die Kaaba genannt wurde. Dort hinein wurden örtliche Götzen gestellt, und vier Monate des lunaren Kalenders waren für die arabischen Stämme heilig, um nach Mekka zu reisen. Während dieser Monate durfte kein Krieg stattfinden.

Als Mohammed mit einer Streitmacht von zehntausend Moslems Mekka eroberte, machte er sich daran, die Kaaba von ihren Götzen zu reinigen und nannte sie das „Haus Gottes". Moslems sehen die Kaaba als den Nabel der Erde.

> *Sie wurde als erstes erschaffen, und von ihr aus breitete sich die Welt aus. Der Ort, wo die Kaaba steht, ist der zentrale Platz des ganzen Universums ... sie steht direkt auf einer Achse, die Himmel und Erde verbindet ... Das irdische Mekka hat ein himmlisches Gegenstück, wo sich die Engel in Millionenzahl versammeln, um anzubeten (Musk 1989:163).*

Auf Grund der Migration jüdischer Stämme vom Mittleren Osten in die Gegend von Mekka, die die Geschichten von Abraham, Ismael und Isaak mit sich brachten, verbreiteten sich auf biblische Berichte basierende Legenden in Mekka, lange vor der Zeit Mohammeds. Die Beschreibung der Pilgerrituale wird von Blair so beschrieben:

> *Die Vorhöfe der Kaaba waren geheiligt als die Bühne der Not Hagars, und der heilige Brunnen von Zamzam war die Quelle ihrer Linderung. Die Pilger hasten zwischen Safa und Marwa hin*

119

und her, als Erinnerung an ihre eiligen Schritte
in der Suche nach Wasser. Abraham und Ismael
selbst erbauten den Tempel [Kaaba], betteten in
ihn den schwarzen Stein ein und legten für ganz
Arabien die Pilgerfahrt nach Arafat fest. Zur Er-
innerung an ihn wurden Steine nach ihm ge-
worfen, als ob es Satan wäre, und Opfer in Mina
gebracht, um des stellvertretenden Opfers Abra-
hams zu gedenken (Blair 1925:169,170).

Die traditionellen Tage der „Hadsch" finden vom siebten bis
zehnten Tag des zwölften Monats des lunaren Kalenders, *Dhu'l-*
Hidscha, statt. In einem späteren Kapitel werden wir sehen, daß
es im Volksislam Bräuche gibt, die mit verschiedenen Orten
und Verhaltensweisen der Pilgerfahrt nach Mekka zu tun haben.

Bevor wir dieses Thema verlassen, möchte ich die Aufmerksamkeit darauf lenken, welche Bedeutung Abraham, Hagar und Ismael in den Zeremonien der Pilgerreise zugeschrieben wird. Hier kommt allzu deutlich zum Ausdruck, welch ein
Verlangen im Herzen der Moslems liegt, das sich so stark in
dem Bemühen widerspiegelt, sich durch Hagar und Ismael mit
Abraham zu identifizieren, dem „Freund Gottes".

6. Die Pflicht des Heiligen Krieges (Dschihad)

Es ist zweifellos der umstrittenste „Pfeiler" der islamischen
Pflichten. Nur selten schließen die Moslems ihn in ihrer Auflistung ein, und mit gutem Grund. In dem Versuch, dem Islam vor
nicht-islamischen Völkern ein angenehmes Gesicht zu geben,
wäre es zu irritierend, zu erfahren, daß Moslems sich dazu ver-
pflichten, die Welt im Namen des Islam zu erobern, sei es durch
die Predigt, durch Lockmittel oder durch das Schwert. Die einzige Ausnahme dazu sind die Christen und die Juden, also das
„Volk des Buches". Christen und Juden, die unter eine islamische Herrschaft fallen, werden erniedrigenden Steuern unterworfen, haben keinen vollen Bürgerstatus und kein Recht, sich
für die höchsten öffentlichen Ämter zu bewerben. Andere Völker werden entweder zur Bekehrung gezwungen oder getötet.

Im Westen versuchen Moslems mit aller Anstrengung, diesen Aspekt des Islam herunterzuspielen. Zum Beispiel ist die wörtliche Bedeutung des Wortes „Dschihad" „sich bemühen". Im Kontext des Islam bedeutet das, sich auf dem Weg Gottes zu bemühen. Das könnte heißen im erzieherisch, intellektuell oder moralisch verbessernden Sinn oder ein Sich-Bemühen um technischen Fortschritt oder um die Verbreitung des Islam mit Gewalt. Alles das fällt unter die Rubrik „Dschihad". Außerdem gibt es moderne Promotoren des Islam, die unsere Aufmerksamkeit auf den Vers 256 des zweiten Kapitels des Korans lenken, wo es heißt: „In der Religion gibt es keinen Zwang ..." Leider zeigt die Geschichte des Islam, daß dieser Vers kein adäquates Gleichgewicht zu den über fünfzig Referenzen im Koran an den Dschihad im militärischen Sinn bildet. Allgemein bedeutet „Dschihad" „Heiliger Krieg", militärisch ausgeführt gegen die Feinde des Islam. Saudi-Arabien zum Beispiel lebt in einem dauernden Zustand des „Heiligen Krieges" mit Israel. Der Iran erklärte seinen Krieg mit Irak als Dschihad. Der Irak bestand darauf, daß der Krieg mit Kuwait und seinen Alliierten ein Dschihad war. Muammar Gaddafi wurde vom Islamischen Nachrichtendienst im November 1989 wie folgt zitiert: „... die weltweite Ausbreitung des Islam ist in eine neue Phase eingetreten ... der islamische ‚Heilige Krieg' wird von nun an von einem ‚Internationalen Kommando Islamischer Völker' ausgeführt, das die Aufgabe hat, islamische Massenaktionen durchzuführen" (NNI, 12/13/89:18).

Woher stammt dieser Geist? Was im Islam inspiriert solche Männer, diese expansionistischen Träume zu haben? Die Wurzeln dafür findet man in Mohammeds Leben und seinen Lehren. Hierzu einige seiner Anweisungen im Koran:

> *Und wenn nun die heiligen Monate abgelaufen sind, dann tötet die Heiden, wo [immer] ihr sie findet, greift sie, umzingelt sie und lauert ihnen überall auf! Wenn sie sich aber bekehren, das Gebet verrichten und die Almosensteuer geben, dann laßt sie ihres Weges ziehen! Gott ist barmherzig und bereit zu vergeben. (Koran 9:5)*

Im folgenden Abschnitt werden wir sehen, daß Mohammed zufolge alle Nicht-Moslems, also alle, die nicht dem Glauben [Islam] angehören, auf Satans Seite stehen, auch wenn in anderen Passagen besondere Ausnahmen für Juden und Christen gemacht werden.

> *Diejenigen, die gläubig sind, kämpfen um Gottes willen, diejenigen, die ungläubig sind, um der Götzen willen. Kämpft nun gegen die Freunde Satans! Die List des Satans ist schwach. (Koran 4:76)*

Letztlich wurde die Einstellung der Moslems gegen Juden und Christen von dieser Art Geist über Hunderte von Jahren geprägt, trotz der Verse, die von einer bevorzugten Behandlung von Juden und Christen sprechen. Im folgenden Zitat wollen wir die Aufmerksamkeit auf das Wort „vorgeschrieben" lenken. „Euch ist vorgeschrieben, [gegen die Ungläubigen] zu kämpfen, obwohl es euch zuwider ist. Aber vielleicht ist euch etwas zuwider, während es gut für euch ist, und vielleicht liebt ihr etwas, während es schlecht für euch ist. Gott weiß Bescheid, ihr aber nicht" (Koran 2:216). Mit anderen Worten, Mohammed machte das Kämpfen (Heiliger Krieg) zur Pflicht für alle Moslems. Es ist ein Lebensstil. Das nächste Zitat spricht über den Traum von der Weltherrschaft, die allumfassend ist.

> *Sag zu denjenigen, die ungläubig sind: Wenn sie [mit ihrem gottlosen Treiben] aufhören, wird ihnen vergeben, was bereits geschehen ist. Aber wenn sie [es] [künftig?] wieder tun – nun, schon in der Vorzeit ist gegen die früheren [Generationen in der bekannten Weise] verfahren worden. [Auch sie wird dasselbe Los treffen.] Und kämpft gegen sie, bis niemand [mehr] versucht, [Gläubige zum Abfall vom Islam] zu verführen, und bis nur noch Gott verehrt wird! ...*
> *(Koran 8:38,39)*

Vor nicht allzulanger Zeit haben moslemische Fundamentalisten erfolgreich Unruhe gestiftet (in Pakistan, Bangladesch, Sudan, Malaysia), um das islamische Gesetz nicht-moslemischen Bürgern aufzuzwingen. An anderen Orten haben sie den Dschihad gegen Besatzungsmächte erklärt, um Moslems zu befreien (in Afghanistan gegen die Sowjetunion, gegen Israel in Palästina). Der verstorbene Maududi aus Pakistan sprach von der „Auferlegung des islamischen Gesetzes auf die gesamte Welt". Gaddafi sprach von der „weltweiten Ausbreitung des Islam".

Der Dschihad ist ein fester Bestandteil des Islam. Er gründet sich auf das Verhalten Mohammeds, und ist für alle Zeiten in seinen Lehren im Koran geheiligt. Der Dschihad kann mit Recht zu einem der Pfeiler des Islam gezählt werden.

Die allgemeinen Glaubensansichten, Praktiken und Pflichten, wie sie durch die Traditionen und das Gesetz festgelegt sind, haben einen enormen Einfluß auf die Formung der moslemischen Psyche überall auf der Welt gehabt. Und doch gibt es große Teile der moslemischen Gemeinschaft weltweit, die sich nicht streng an diese Grundlehrsätze halten.

Teil Drei

Verschiedene Formen
des Islam

Kapitel 10

Volksgruppen und Politik
im Islam

Der größte Teil der moslemischen Welt, die von der Atlantikküste Afrikas bis zu den Philippinen reicht, beinhaltet eine bunte Mischung von ethnischen Gruppen, Völkern, ethnolinguistischen Gruppen, politischen Ideologien, verschiedenen Niveaus des technischen Fortschritts, der Alphabetisierung, sozialer Bedingungen und von verschiedenen religiösen Auffassungen.

Im traditionellen Islam gibt es keinen Unterschied zwischen Religion und Politik; demnach sind politische Affären, Machtkämpfe und wirtschaftliche Unausgeglichenheit in der moslemischen Welt an der Tagesordnung, und man könnte hinzufügen, dafür verantwortlich, daß der Islam sich in einem ständigen Zustand der Unausgeglichenheit befindet.

Der christliche Arbeiter muß darauf achten, Klischeevorstellungen zu vermeiden und verstehen, welche Art von Menschen seine moslemischen Nachbarn sind. Man muß ihnen dort begegnen, wo sie sind. Wir wollen wissen, wie wir die Gute Nachricht von Jesus Christus zu ihnen bringen können, wann immer es möglich ist, und zwar dort, wo ihre größten, von ihnen empfundenen Nöte sind. Aus diesem Grund, ohne in zu viele Einzelheiten zu gehen, werde ich einige der Hauptströme des Islam darlegen.

Politische Grenzen

Theoretisch sollte es keine getrennten Länder im Islam geben, sondern nur das *Dar Al-Islam*, das „Haus des Islam", ein einheitlicher Block von Moslems, das sich gegen das *Dar Al-Harb*, das „Haus des Krieges", stellt. Im *Dar Al-Harb* ist Platz für Juden und Christen. Das arabische Wort, das sie beschreibt, ist „dhimmi". Sie werden toleriert, dürfen aber ihren Glauben nicht unter Moslems verbreiten und auch kein hohes Amt innehaben; außerdem müssen sie eine besondere Strafsteuer zahlen, weil sie keine Moslems sind.

Es gibt heute sechsundvierzig Nationen mit einer moslemischen Bevölkerungsmehrheit, eine weitere mit einer moslemischen Pluralität und viele mit bedeutenden moslemischen Minderheiten. Eine Liste aller moslemischen Bevölkerungen ist im Anhang unter A zu finden. Anhang B listet die siebenundvierzig moslemischen Nationen auf. Diese politischen Unterteilungen werden von moslemischen Idealisten als eine Abnormität angesehen, und die Schuld für die Unterteilung der moslemischen Welt wird den westlichen Nationen gegeben, als sie die Herrschaft über ihre Kolonien aufgaben.

Ein weiterer Faktor, der zu dem Mangel an politischer Einheit unter Moslems beiträgt, ist die Tatsache, daß Mohammed, als er im Alter von zweiundsechzig Jahren starb, keine Vorsorge für einen Nachfolger, einen Kalifen, getroffen hatte. Zuerst durch allgemeine Übereinstimmung, später durch gewaltsame Machtkämpfe, hatten Moslems ihre Kalifen, die über sie herrschten, manchmal zwei oder drei rivalisierende Kalifen gleichzeitig. Um ein Beispiel zu geben: Die Kalifate der Omajjaden in Cordoba (930–1030), der Fatimiden in Ägypten (969–1171) und der Abbasiden in Bagdad (750–1258) überschnitten sich in der Zeit von 969 bis 1030. Seit 1924, als Kemal Atatürk das Kalifat abschaffte, herrscht im Islam ein kopfloses Wirrwar politischer Intrige, besonders im Mittleren Osten. Was David Pryce-Jones über die Araber schrieb, kann man sehr wohl auf weite Teile der moslemischen Welt anwenden: „Scheinbar beschäftigt als Sponsoren und Kunden, beschäftigen sich die Araber in

Wirklichkeit mit Versuchen und Ambitionen und Rivalitäten, in denen sie sich gegenseitig kopieren, ausschalten und schließlich bekämpfen und damit gegenseitig in einen Zustand der Bewegungslosigkeit manövrieren" (1989:406).

Man kann davon ausgehen, daß durch diesen unablässigen Tumult der Gewalt und der Unterdrückung ein Verlangen nach Gerechtigkeit in Millionen von Herzen der Kinder Ismaels geweckt wurde. Ich glaube, daß gerade, weil der Islam unfähig ist, seinen Völkern zu Gerechtigkeit und, mit Ausnahme der Ölstaaten, zu Wohlstand zu verhelfen, es Millionen von einzelnen Moslems gibt, die ein Verlangen nach der Guten Nachricht vom Reich Gottes haben, wie es von Jesus Christus gepredigt und gelehrt wurde.

Ethnische Zugehörigkeit

Obwohl nicht so weitreichend und auch nicht so groß an Zahl wie das Christentum, hat der Islam doch Völker von Hunderten verschiedener ethnischer Gruppen in sich aufgenommen. Die Art und Weise, wie der Islam damit umzugehen versuchte, ist ein Spiegelbild davon, wie die frühe Christenheit versucht hat, eine Einheit anzustreben. In keinem der beiden Fälle ist der Versuch, Einheit durch Zwang herbeizuführen, gelungen. Die christliche Kirche spaltete sich zuerst in ihre östlichen und westlichen Machtzentren. Zur Zeit der Reformation wurden dann Trends gesetzt, die der Kirche erlaubten, sich in jeder nur denkbaren ethnischen Gruppe in der Welt auszubreiten, ohne eine einheitliche kulturelle Ausdrucksform von Christentum anzunehmen, die sich auf eine einzige ethnische Gruppe gründet. Der Islam hat es nicht so gut getroffen, und die Gründe sind nicht schwer zu finden. Mohammed sah sich zuerst als ein arabischer Prophet für das arabische Volk (siehe Koran 14:4), dann als ein Prophet für alle Völker (siehe Koran 25:1), der Welt einen deutlich arabischen Koran bringend (siehe Koran 12:2), der aus der reinsten Quelle des Himmels stammte (siehe Koran 43:3). Er sah seine Heimatstadt als die „Mutter aller Städte", in der Tat das Zentrum der Welt (siehe Koran 43:4). Außerdem verlangte Mohammed das Lernen des Korans in arabischer Sprache und absolute Loyalität gegen jedes einzelne seiner Worte und machte sich damit selbst für alle Zeiten zum Maßstab eines wahren und vollkommenen Moslems. Auf diese Weise wurde der Islam ganz in ein arabisches Buch aus dem siebten Jahrhundert eingeschlossen, mit einem arabischen Propheten, auf ewig daran gebunden, die Religion im arabischen Stil Mohammeds des siebten Jahrhunderts in arabischer Sprache zu praktizieren.

Darin liegt das Verderben des Islam. Es dauerte nicht lange, bis das moslemische Reich auseinanderbrach. Genau wie sich in der frühen Geschichte der Christenheit der Sitz des Reiches von Jerusalem nach Antiochia, nach Alexandria, nach Rom, nach Konstantinopel und schließlich zurück nach Rom verlagerte, verlagerte sich der Sitz des islamischen Reiches von Mekka nach Damaskus, dann nach Bagdad. Nach der Invasion der Mongolen entstanden arabische, persische und türkische Reiche neben eher unbedeutenden Sultanaten und Königreichen, im Strom der moslemischen Expansion.

In seinem interessanten Buch *Race and Color in Islam* nennt Bernhard Lewis einige Aspekte dieser ethnischen und volksmäßigen Rivalitäten und weist darauf hin, wie die erobernden Araber gegen diejenigen eingestellt waren, die hellhäutiger oder dunkelhäutiger aussahen als sie selbst. Er dokumentiert auch die Vorurteile, die zwischen Arabern, Persern und Türken existieren.

Anthropologen nennen dieses Problem „Ethnozentrismus", was im Grunde bedeutet, daß die eigene ethnische Gruppe als allen anderen Gruppen überlegen angesehen wird. Eine Illustration dafür sind arabische Moslems, die darauf bestehen, daß der Koran nicht übersetzbar ist und den Maßstab für alle Zeiten und alle Völker darstellt. Arabische Führer der Moslems haben dadurch in den Hunderten von nicht-arabischen moslemischen Gesellschaften weltweit eine Atmosphäre weitverbreiteter Ernüchterung erzeugt. (Vier Fünftel aller Moslems sind keine Araber.)

Eine klassische Illustration dieser weitgreifenden ethnischen Unterschiedlichkeit im Islam ist der Kontrast zwischen Marokko und Indonesien. In *Islam Observed* weist Clifford Geertz darauf hin, wie radikal unterschiedlich der Islam in diesen beiden Gesellschaften ist.

> *Beide verneigen sich gen Mekka, doch da sie an den entgegengesetzten Enden der moslemischen Welt liegen, verneigen sie sich in entgegengesetzte Richtungen. In Marokko ist der Islam gekennzeichnet durch die Verehrung von Heiligen, moralischer Strenge, magischer Kraft und agressiver Frömmigkeit ... In Indonesien jedoch hat die Landbevölkerung islamische Konzepte und Bräuche, soweit sie sie verstand, in die gleiche allgemeine südostasiatische Volksreligion aufgenommen, in die sie davor indische Konzepte und Bräuche aufgenommen hatte. Auf diese Weise wurden Geister, Götter, Dschinns und Propheten in einem auffällig beschaulichen und sogar philosophischen Animismus eingeschlossen (1968:13).*

Diese Illustration gibt lediglich ein in groben Zügen gemaltes Bild von zwei völlig verschiedenen Kulturen. Innerhalb Marokkos und Indonesiens gibt es weitere Unterteilungen von Völkern. In Marokko findet man zum Beispiel Araber und mehrere verschiedene Arten von Berbern. In Indonesien werden die Malaien unterteilt in die ethnischen Hauptgruppen der Javanesen, Sundanesen, Maduresen, Minangkabau, Batak, Sumatraner, Bugis und Balinesen sowie in Hunderte von kleineren Gruppen.

Der Islam, den man in jeder dieser Gruppen findet, unterscheidet sich merklich von Gruppe zu Gruppe. Für die christliche Arbeit lohnt es sich, diese ethnischen Realitäten anzuerkennen. In seinem Buch *Ethnic Realities And The Church: Lessons from India,* legt Donald McGavran überzeugend dar, daß, wenn der christliche Arbeiter diese „ethnischen Realitäten"

akzeptiert, es wahrscheinlich zu einem bedeutenden Gemeinde-
wachstum kommt, und wenn er sie ignoriert, indem er alle
Volksgruppen vermischt, es wahrscheinlich kein Wachstum
geben wird. In seinem großartigen Zweibändewerk *Muslim
Peoples* listet Richard Weekes 408 ethnische Gruppen unter den
Moslems auf (1983:913-926). In der christlichen Arbeit unter
Moslems, wie in jeder anderen Arbeit, ist es das Ziel, Gemeinden in jeder ethnischen Volksgruppe zu gründen. Es ist deshalb
unerläßlich, die Existenz verschiedener ethnischer Gruppen
unter den Moslems anzuerkennen.

Kapitel 11

Die große Kluft:
Sunniten und Schiiten

Wir haben erkannt, daß die Nationalität ein Mittel ist, mit dem
sich Menschen identifizieren, also in der Zugehörigkeit zu einem politischen Staat, und auch die Zugehörigkeit zu einer
Volksgrupe ist ein Mittel, durch das Menschen eine gemeinsame
Identität hinsichtlich ihrer Herkunft und in vielen Fällen auch
ihrer Sprache finden. Genauso wissen wir auch, daß sich Moslems durch ihre Zugehörigkeit zu verschiedenen theologischen
Überzeugungen voneinander unterscheiden. Einige davon gründen sich auf politische Zusammenhänge und Machtkämpfe, andere haben ihren Ursprung in der Zugehörigkeit zu verschiedenen Volksgruppen, und wieder andere sind einfach das Ergebnis
verschiedender Art und Weisen, wie Gott, der Prophet, Offenbarung und Tradition verstanden werden. Es kann sich auch um
eine Kombination dieser Gründe handeln. Wie dem auch sei, es
gibt viele gut definierte Varianten des Islam, und wir wollen
zwei davon kurz betrachten.

Die Sunniten

Es wird oft gesagt, daß der Islam das Christentum in all seinen
vielzähligen Variationen imitiert hat. Ich denke, daß es allgemein gesehen zutrifft. Zum Beispiel haben wir die große Spal-

tung in Protestanten und römische Katholiken, die beide wiederum viele Unterabteilungen haben. In gleicher Weise hat der Islam zwei Hauptströmungen: die Sunniten und die Schiiten.

Die Sunniten gleichen den Protestanten insofern, als sie als letztgültige Autorität die Schriften ansehen, an erster Stelle den Koran und dann die Sammlungen der Sunna, genannt Hadith. Von dem Wort Sunna („Der getretene Pfad") wurde der Name Sunniten abgeleitet.

Hinter diesen Schriften steht natürlich der Einfluß der Person Mohammeds. Er ist die einzige Quelle des Korans und der Sunna, die sich auf seine Reden und Taten bezieht, die nicht im Koran festgehalten wurden. Die Sunniten, und zu einem gewissen Grad auch die Schiiten, sind Moslems einer Gemeinschaft, die danach strebt, die Lehren Mohammeds im Koran und sein beispielhaftes Leben, festgehalten in der Hadith, der Aufzeichnung der Sunna, zu befolgen. Es versteht sich von selbst, daß der Koran für die Sunniten das letzte Wort über alles hat, doch die Sunna erklärt praktisch, wie Mohammed in jeder Situation handelte. Deshalb ist die Sunna sehr wichtig, wenn es darum geht, Sunniten zu lehren, wie sie ihr Leben nach dem Beispiel Mohammeds zu leben haben.

> *Die Wichtigkeit der Sunna kommt aus der Funktion des Propheten als Religionsgründer und damit aus der Inspiration seiner Handlungen und der Anweisung des Korans, sein Leben nach dem Beispiel Mohammeds zu leben: „Ihr habt an dem Propheten Allahs ein schönes Vorbild" (Koran 33:22). Das umfaßt die Dinge, die er für gut hieß, erlaubte oder verzeihte ... und von denen er sich selbst enthielt oder die er mißbilligte (Glasse 1989:381).*

Die wichtigsten Überzeugungen und Praktiken der Sunniten wurden im Kapitel über „Glaubensbekenntnis und Pflichten" beschrieben. Wie schon erwähnt, gibt es viele unterschiedliche Formen des sunnitischen Islam aufgrund von Rivalitäten, unterschiedlichen Graden von Namensgläubigkeit und Synkretismus.

Die Schiiten

In gleicher Weise wie die römisch-katholischen Christen unterscheiden sich die Schiiten von anderen dadurch, daß die Frage der apostolischen Nachfolge für sie von Wichtigkeit ist. Im Gegensatz zu den Sunniten meinen die Schiiten, daß der Leiter der weltweiten Glaubensgemeinschaft des Islam aus der Familie des Propheten stammen sollte. „Schia" bedeutet wörtlich „Abteilung" oder „Partei". Allgemein versteht man darunter diejenigen, die glauben, daß die ersten, demokratisch gewählten Nachfolger Mohammeds (Kalifen) nicht legitim waren, und daß Ali, der ein Cousin des Propheten und zugleich sein Schwiegersohn war, als wahrer Nachfolger Mohammeds zu gelten habe. Schia bedeutet also „die Partei Alis". Alle Zweige des schiitischen Islam führen ihren Ursprung auf Mohammed über Ali zurück.

Das Märtyrertum ist eines der Schlüsselthemen im schiitischen Islam und gründet sich auf die Umstände des Schicksals von Ali und seiner beiden Söhne, Hassan und Husayn. Als Ali Kalif war, wurde seine Autorität von Muawiyah, dem Gouverneur von Syrien, in Frage gestellt. Weil Ali den Krieg mit Muawiyah nicht mit genügend Nachdruck führte, wie es einige seiner Anhänger wollten, wurde er von einer Gruppe ermordet, die später als die Kharijiten bekannt wurden.

Alis Sohn Hassan wurde sein Nachfolger, doch er kapitulierte vor Muawiyah und wurde ermordet. Danach wurde Alis überlebender Sohn Husayn zum Kalifen. Im Kampf um Karbala, in dem Husayn hoffnungslos unterlegen war, starb er im Jahre 680 den Märtyrertod, ermordet durch die Streitkräfte Yasids, des Sohnes Muawiyahs. Dieser Märtyrertod ist nach Glasse:

> „... *das zentrale Ereignis des persisch inspirierten Zwölf-Imam-Schiismus, vergleichbar mit der Kreuzigung Christi in bezug auf die starken Emotionen, die darin hervorgerufen wurden. Es wird zum Mittelpunkt tiefgehender Themen wie Schuld bei Verrat, die Erwartung der Rache und*

Vergeltung, und mit messianischen Untertönen,
die dem sunnitischen Islam fremd sind, zum Tod
eines Auserwählten als ein Opfer für die Verge-
bung der Sünden anderer. Der Jahrestag dieses
Ereignisses, der zehnte Muharram, der mit ei-
nem Glücksfeiertag [besonderer Segenstag] im
sunnitischen Kalender zusammenfällt, den sie
seit der Zeit des Propheten feiern, ist für Zwölf-
Imam-Schiiten der Höhepunkt einer turbulenten,
zehntägigen Trauerzeit" (1989:365).

Die „Passion" des schiitischen Islam macht es dem schiitischen Moslem leichter, das christliche Konzept vom stellvertretenden Tod Christi am Kreuz für die Sünden der ganzen Welt zu verstehen, was im sunnitischen Islam nicht der Fall ist. Sowohl Sunniten als auch Schiiten glauben, daß Gott Christus vom Kreuz gerettet hat und ihn lebendig in den Himmel holte.

Auch für die Sunniten, die ebenfalls den zehnten Muharram feiern, hat dieser Tag eine große Bedeutung, denn er fällt mit dem jüdischen Versöhnungsfest zusammen. An diesem Tag, *Aschura*, sind die Tore der Kaaba (dem Haus Gottes) für Besucher geöffnet. Es erinnert daran, was an dem Tag geschah, als Jesus gekreuzigt wurde, der Vorhang im Tempel zerriß und damit das „Allerheiligste" für gewöhnliche Gläubige zugänglich wurde.

Im schiitischen Islam werden die Männer, die die Nachfolger von Ali und Husayn in der Führung der schiitischen Gemeinschaft waren, Imams genannt. Im sunnitischen Islam bedeutet dieses Wort lediglich jemand, der die gemeinsamen Gebete leitet. Im schiitischen Islam haben die Imams

... geistlichen und politischen Vorzug und be-
sitzen besondere Gnade, wundersame Kräfte,
geheimes Wissen und Begünstigungen, die Gott
sonst keinem schenkt. Die Imams sind Kanäle
für ein göttliches Licht und werden als sündlos
angesehen (Glasse 1989:366).

Wir stellen also fest, daß die Gelehrten im schiitischen Islam angeblich göttliche Wunderkräfte besitzen sowie göttliche Weisheit, um die verborgenen Bedeutungen der Koranverse zu entschlüsseln und daß sie von einem göttlichen Licht erfüllt sind, das sie dazu befähigt, den schiitischen Gemeinschaften vorzustehen. Es gibt ebenfalls Hierarchien qualifizierter Gelehrter, die je nach dem Grad ihrer Weisheit, Macht und Frömmigkeit eingestuft werden. Auf den höheren Rängen dieser Leiter im schiitischen Islam befinden sich die sogenannten „Ayatollahs" („Zeichen Gottes"). Üblicherweise wird einer von ihnen von den anderen zum höchsten Leiter oder höchsten Ayatollah der schiitischen Gemeinschaft gewählt. Der verstorbene Ayatollah Ruhullah Khomeini war einer dieser Männer. Der Iran ist heute weltweit das einzige moslemische Land mit einer schiitischen Regierung.

Eine der besonderen Auffassungen des schiitischen Islam besteht darin, daß die Nachfolge der Leiterschaft zuerst von einem Imam zum nächsten weitergegeben wurde. Unglücklicherweise für die Schiiten wurde diese Nachfolgelinie der Imams durch den Tod und das Verschwinden entweder des fünften, siebten oder zwölften Imams unterbrochen, je nachdem, welchem Zweig des schiitischen Glaubens man angehört. Die „Fünfer" nennen sich Zaydis, und die „Siebener" Ismailis, nach den Namen ihrer verschwundenen Imams. Die „Zwölfer" nennt man einfach „Zwölfer" oder „Imamis".

Die Zaydis bestehen nicht auf einer besonderen Heiligkeit ihrer Imams. Die Ismailis glauben an eine Art von Dualismus zwischen Gut und Böse, unverkennbar ein Konzept, das aus dem altpersischen Parsismus entlehnt wurde. Sie ähneln den frühen Gnostikern in dieser Lehre und sind ebenfalls sehr geheimnisvoll in ihren religiösen Praktiken. Die Imamis vertreten die Vorstellung, daß ihr Imam ein Vermittler zwischen Gott und den Menschen ist. Es gibt noch weitere, unbedeutendere Zweige des Schiismus, die wir an dieser Stelle nicht behandeln wollen.

Von den verschiedenen Zweigen des Schiismus glauben nur die Imamis, daß ihr Imam verborgen oder sich irgendwo zwischen Himmel und Erde lebend aufhält, daß er unsichtbar ist und am Ende aller Zeiten zurückkehren wird. Bis dahin steht der führende Ayatollah angeblich in direktem Kontakt mit diesem verborgenen Imam.

Sowohl bei den Sunniten als auch bei den Schiiten ist das Konzept bekannt, nach dem ein Mahdi, ein „Richtig Geleiteter", am Ende aller Zeiten erscheinen wird, ein Konzept, das möglicherweise aus dem Kontakt des Islam mit der christlichen Lehre von der Wiederkunft Christi entstanden ist. Die Imamis glauben, daß ihr verborgener Imam dieser Mahdi sein wird. Die anderen Richtungen des Schiismus haben ihre eigenen Vorstellungen, wer der Mahdi sein wird. Einige sunnitische Moslems glauben, daß der Mahdi am Ende der Zeiten zusammen mit Christus wiederkommen wird.

Kapitel 12

Mystizismus:
Flucht vor dem Gesetz

Sufismus ist das deutsche Wort, das von dem arabischen Wort für Mystizismus abgeleitet ist. Dieses Wort hat eine interessante Geschichte. Die meisten Forscher sind sich darüber einig, daß „Sufi" von dem arabischen Wort „suf" für Wolle kommt. Sufis waren Asketen, die einen einfachen Lebensstil als Protest gegen die Ausschweifungen ihrer gottlosen moslemischen Herrscher angenommen hatten. In gewissem Sinn sagten sie der Welt ab und gingen auf die Suche nach Gott. Sie trugen rauhe Wollkleidung, die ihnen den Spitznamen „Wollige", oder Sufis, einbrachte.

Gründe für die Entstehung der Sufis

Von ihrem Hintergrund her gab es mehrere Gründe für die Entstehung dieser Bewegung. Die moslemischen Kalifen waren keine Ausnahme von der Regel, daß „Macht verdirbt, und absolute Macht absolut verdirbt". Nach den großen Erfolgen der moslemischen Armeen in den ersten Jahrhunderten des Islam entstand eine große Kluft zwischen den Herrschern, die in Korruption verfielen, und den frommen Gelehrten, die ihnen gegenüber machtlos waren. Unter den frommen Gelehrten gab es eine Spaltung zwischen denen, die der Meinung waren, daß sie

Land besitzen und ein normales Leben führen können, und denen, die der Welt absagen, dem Weg der körperlichen Selbstverleugnung folgen und Gott suchen wollten. Zu Letzteren zählten die Sufis, die der Welt absagten und zu den „Suchenden" wurden.

Ein weiterer Anreiz für den Sufismus waren die bitteren Streitereien über Orthodoxie und Gesetz. Die endlosen Streitgespräche führten zu einer großen geistlichen Sterilität. Viele Moslems suchten daraufhin, Erfahrungen mit Gott zu haben, statt über ihn zu debattieren. Der Sufismus wurde außerdem von dem waghalsigen Gedanken ermutigt, daß, wenn Mohammed Offenbarungen von Gott empfangen konnte, andere das ebenso könnten. Ohne neue Schriften zu erzeugen, wollten sie Mohammeds Erfahrungen im direkten Kontakt mit Gott nachvollziehen.

Christliche Wurzeln des Sufismus

Nazir-Ali weist darauf hin, daß der „Sufismus sich entwickelte aufgrund eines Anreizes, den die Moslems vom christlichen Mönchstum des Mittleren Ostens erhielten" (1987:22). Da der Sufismus (islamischer Mystizismus) viele seiner ersten Inspirationen von christlichen Konzepten erhielt, die in moslemischen Gebieten in Umlauf waren, ist er auch für die sogenannte „mystische" Seite des Evangeliums sehr empfänglich. Als Ibn Al-Arabi (1165–1240) vor ein islamisches Inquisitionsgericht in Aleppo (Syrien) zitiert wurde, um sich zur Anklage des Nonkonformismus zu äußern, versicherte er zum Beispiel, daß seine Gedichte metaphorisch zu verstehen seien, „... die Grundaussage ist Gottes Vervollkommnung des Menschen durch göttliche Liebe" (Shah 1971:x). Diese Art von Lehre öffnet weit für Jesus Christus die Tür und lädt ihn ein. Jesus könnte den Sufis in der gemeinsamen Liebe begegnen.

Rabiah – ein früher sufistischer Mystiker

Der islamische Mystizismus kommt am besten in den Reden von Rabiah al-Adawiyya (713–801) von Basra zum Ausdruck:

> *Gott, sollte ich dich aus Angst vor der Hölle anbeten, dann laß mich in der Hölle brennen, und sollte ich dich in der Hoffnung auf das Paradies anbeten, dann schließe mich aus dem Paradies aus, doch sollte ich dich um deiner selbst willen anbeten, dann verweigere mir nicht deine immerwährende Schönheit (Paul 1975:7).*
>
> *Ich habe dich mit zweierlei Lieben geliebt, einer selbstsüchtigen Liebe und einer Liebe, die deiner würdig ist. In der selbstsüchtigen Liebe beschäftige ich mich damit, mich deiner unter Ausschluß aller zu erinnern. In der Liebe, die deiner würdig ist, hebst du den Schleier, damit ich dich sehen kann. Und doch ist da kein Lob für mich in dieser oder jener Sache, sondern da ist Lob für dich, sei es in diesem oder jenem (Smith 1928:102).*

Allmähliche Entwicklung des Sufismus

Der Sufismus entwickelte sich allmählich, sowohl strukturell als auch metaphysisch. Was zu Anfang eine Religionsform war, die von einzelnen angenommen und an einen kleinen Kreis von Freunden weitergegeben wurde, entwickelte sich langsam zu einem Mönchsorden, einer Schule von Heiligen, mit Regeln für Disziplin und Andacht, in dem der Novize *(Murid)* von seinem geistlichen Leiter *(Pir oder Ustad)* lernte, dem er sich völlig unterordnete (Nicholson 1907:392). Auf diese Weise wurde der Sufismus, der zu Anfang nicht viel mehr war als eine Form von Askese, innerhalb eines Jahrhunderts allmählich mystisch und theosophisch und lief sogar Gefahr, mit einer Form des Pantheismus verwechselt zu werden (Nicholson 1907:391).

Sufistischer Extremismus

Noch später entstanden im Sufismus alle möglichen Arten von ungeordneten und aberwitzigen Ritualen mit selbst zugefügten Wunden, schwankenden Sängern, die bewußtlos zu Boden fielen, oder Anhängern, die sich selbst in religiöse Ekstase drehen, um danach an ihren Füßen aufgehängt zu werden, damit sie wieder zu Sinnen kommen. Es sind Szenen, die sehr anschaulich in den Augenzeugenberichten von John A. Subhan beschrieben werden (1938:1-4).

Sufistische Stufen zur Disziplin

Nicht alle Orden des Sufismus haben dieselben Stufen zur Disziplin. Jeder setzt seine eigenen Regeln fest. Subhan (1938:68-72) beschreibt die Stufen der mystischen Reise, die dem Jünger des Sufiordens, der ihm bekannt war, vorgeschrieben wurden, folgendermaßen:

Buße: Erwachen von der Gleichgültigkeit gegenüber dem Bösen und Entwickeln eines Sinnes der Reue gegenüber der Sünde.

Liebe: Der Eingeweihte widmet sich der Erinnerung der Namen Gottes und sucht, alle Gedanken außer dem Gedanken an Gott auszuschalten.

Entsagung: Der Anwärter wird gedrungen, in Armut zu leben und allen weltlichen Gelüsten abzusagen. Schließlich sagt er allem ab, außer Gott selbst.

Erkenntnis: Der Anwärter betrachtet das Wesen, die Eigenschaften und die Werke Gottes, bis Gott sein ganzes Denken erfüllt.

Ekstase: Durch die Erinnerung und das Rezitieren der Namen und Eigenschaften Gottes wird ein Zustand geistiger Anregung und Ekstase eingeleitet.

Wirklichkeit: Das Herz soll nun erleuchtet sein mit dem wahren Wesen Gottes; an dieser Stelle soll der Anwärter danach trachten, völlig von Gott abhängig zu sein – ihm zu vertrauen.

Einheit: In diesem Zustand glaubt der Mystiker, daß er Gott von Angesicht zu Angesicht „sieht". Der Mystiker glaubt, daß sein altes Selbst vernichtet worden, er völlig mit Gott zufrieden und Gott völlig mit ihm zufrieden ist.

Die Schlüsselrolle der mystischen Leiter

Zusätzlich dazu, daß der Sufismus ein angebliches „Sehen" Gottes anbietet beziehungsweise eine Einheit mit Gott, war er auch von der Spontaneität gekennzeichnet, mit der sich örtliche Gruppen um einen Wanderprediger oder heimischen Mystiker von großer Frömmigkeit bilden konnten. Im Lauf ihrer Entwicklung haben die Leiter dieser Orden (oder ihre Anhänger) es für notwendig erachtet, das göttliche Licht, das in ihrem Leiter *(Pir oder Schaykh)* wohnt, auf Mohammed zurückzuverfolgen (siehe Parshall 1983:57). Für den Christen wirft das natürlich Probleme auf, weil für ihn Jesus das „Licht der Welt" ist (siehe Joh 8:12). Wie die anderen Islamformen auch, nimmt der Sufismus die Ehre Christi und versucht, sie einem anderen zu geben, also Mohammed oder dem jeweils lebenden Leiter, der das göttliche Licht zu haben vorgibt.

Natürliche Gruppierungen von Sufis

Sufis können sich entweder in dafür vorgesehenen Versammlungshäusern treffen oder wo immer es paßt. Natürliche Gruppen von Leuten können sich freiwillig versammeln, zum Beispiel Bauern in ländlichen Gemeinden, Männer in militärischen Einheiten, Männer mit dem gleichen Beruf und Handwerk, Frauen aus der gleichen Nachbarschaft und Gruppen von Gleichgesinnten in einer Stadt. Kurz gesagt, jede natürliche

Gruppierung von Leuten kann sich überall um einen frommen Leiter herum versammeln.

Die Rolle der Musik und der Poesie

Eine weitere Anziehungskraft der sufistischen Orden bestand darin, daß sie Raum ließen für die musikalischen und poetischen Ausdrucksweisen des Menschen. Fromme Gedichte wurden oft vertont. In bestimmten Gebieten wurde zum Tanz ermutigt. Allgemein waren Musik und Tanz selten, wenn überhaupt, in der Moschee erlaubt. Der Inhalt der Gedichte war nach Art der Liebeslieder gestaltet, die mit Hilfe lokaler musikalischer Instrumente komponiert und zu Gott gesungen wurden.

Kulturelle Flexibilität

Ein anderes Merkmal, das die Sufis eventuell für das Christentum empfänglicher macht, liegt darin, daß der Sufismus sich sehr gut an seine örtliche Umgebung anpaßte. Das führte oft zu großen Kompromissen mit dem Gesetz und dem orthodoxen Islam. Wie schon vorher erwähnt, wurden viele Sufis recht synkretistisch und verfielen in den sogenannten Volksislam (siehe Parshall 1983:18). Interessant sind jedoch nicht so sehr die Praktiken selbst, sondern vielmehr die Tendenz, die Kultur in diese Praktiken aufzunehmen, und die Schwächung der Bindung an das Gesetz der Scharia.

Theosophisches Gedankengut im Sufismus

Abschließend ist die Entwicklung des theosophischen Gedankenguts innerhalb dieser Bewegung sehr bemerkenswert.

Die frühe asketische Frömmigkeit, mit der Betonung auf die Verinnerlichung des Motivs, war

eine Reaktion auf die äußerliche Entwicklung
des Gesetzes. Im neunten und zehnten Jahrhun-
dert entwickelte der Sufismus eine Lehre der
„Gnosis" [Marifa], eines inneren experimentel-
len Wissens, die sich allmählich gegen das in-
tellektuelle Wissen [Ilm] in der Theologie stellte,
das sich zur gleichen Zeit entwickelte (Rahman
1979:141).

Diese Suche nach der innerern Erfahrung, der „Verinnerlichung
des Motivs", im Gegensatz zu der sklavengleichen Hingabe an
das Gesetz, öffnet die Tür für eine wahre christliche Erfahrung
Gottes. Sie öffnet die Tür ebenfalls, so mag man hinzufügen,
für die Möglichkeit, daß der Sufi andere Geister aufnimmt, die
in ihm leben oder sich an ihn binden.

Der Versuch der Flucht vom Selbst

Damit verbunden war ein tiefes Verlangen, vom Selbst zu ent-
fliehen oder, wie der Sufi sagen würde, das Selbst zu vernichten und damit die Aufnahme der Person in Gott zu ermöglichen. Es ist vergleichbar mit dem christlichen Gedanken, daß
man seiner selbst sterben muß, die „Kreuzigung des Fleisches
mit seinem Verlangen und seinen Wünschen". Außerdem erlaubte der Sufismus, daß die Menschen sich in natürlichen
Gruppierungen zusammenfinden. Er begegnete den sozialen
Nöten der Menschen.

Die Ausbreitung des Sufismus

Nach den bescheidenen Anfängen im achten und neunten
Jahrhundert breiteten sich die Sufi-Orden in der ganzen moslemischen Welt aus und bildeten in den darauffolgenden Jahr-

hunderten eine erfolgreiche Missionsbewegung. Man erkennt allgemein an, daß der „singende Sufi" genausoviel zur Bekehrung der Heiden zum Islam beigetragen hat wie die moslemischen Armeen. Der Sufismus konnte als ein streng organisierter Orden existieren, oder einzelne Personen konnten sich in losen, unorganisierten Gemeinschaften zusammenfinden. Ein Mitglied konnte ansässig sein oder nur als Freiwilliger teilnehmen.

Trotz der vielen Stärken und Vorteile, die diese Bewegung seinen Mitgliedern anbot, gab es auch viele Schwachpunkte darin. Dadurch, daß der Anbeter angeblich einen direkten Kontakt mit Gott erreichen kann, wurde die Wichtigkeit des Gesetzes geschwächt, also die Wichtigkeit des Korans und der Hadith, und führte zu sehr viel Namensreligiosität und in vielen Fällen zu moralischer Nachlässigkeit. Der größte Schaden wird wahrscheinlich dadurch angerichtet, daß Sufis gelehrt werden, daß ihre psychologisch eingeleiteten Ekstasen echte Erfahrungen der Einheit mit Gott sind.

Ein ungewöhnliches Merkmal des Sufismus ist seine Durchdringungskraft. Er ist in der einen oder anderen Form überall in der moslemischen Welt zu finden. Theoretisch kann man Mitglied in den meisten moslemischen Sekten sein und trotzdem zu einem Sufi-Orden gehören. Dadurch, daß dem „Suchenden" ein „direkter Zugang zu Gott" angeboten wird, ist ein Imam oder Ayatollah im schiitischen Sinn allerdings nicht mehr nötig. Das ist übrigens ein Grund für viele Schiiten, zum sunnitischen Zweig des Islam überzutreten.

Aus christlicher Sicht kann man sehen, daß der Sufismus sowohl Hoffnung als auch Hindernisse für das Evangelium bietet. Hoffnung, weil offensichtlich ein starkes Verlangen nach Gott herrscht und eine Bereitschaft vorhanden ist, strenge Disziplin zu halten, um dieses Verlangen zu stillen. Hindernisse bestehen darin, daß eine neue Bindung entsteht, und zwar zu dem menschlichen Leiter des Ordens, und auch in der Möglichkeit, daß sich der Anbeter in seiner „Suche" nach dem Zugang zu „Gott" außerhalb von Jesus Christus den Enflüssen der dämonischen Geistwelt öffnet.

Aufgrund seiner willigen Bereitschaft, örtliche religiöse Praktiken in sich aufzunehmen, ist der Sufismus für viele Arten des Synkretismus weit offen. Allgemein wird diese Entwicklung des synkretistischen Islam „Volksislam" genannt.

Kapitel 13

Volksislam:
Der Islam und die Mächte

Das Wort Volksislam ist ein weiter Begriff, der eine vermischte
Form des Islam beschreibt, bei der sich verschiedene Formen
des Islam mit den mehr primitiven Formen von animistischen
Religionen vermischen. Der Animismus ist eine Religion, in der
man glaubt, daß sich alle möglichen geistlichen Wesen oder
Mächte in allen möglichen belebten oder unbelebten Objekten
befinden, wie zum Beispiel in Menschen, Tieren, Reptilien,
Vögeln, Insekten, Fischen, Steinen, Bäumen, Seen, Bergen,
Höhlen, Himmelskörpern, Orten, Gebäuden und in verschiedenen Arten von Zubehör, der von Hexen, Zauberern, Wahrsagern
und Geisterbeschwörern benutzt wird. Natürlich bedeutet das,
daß der Anhänger dieser Religion unter anderem auch mit Praktiken zu tun hat, die der Besänftigung von Dämonen dienen
sollen.

Im sogenannten „formellen Islam" gibt es interessanterweise den Brauch, den Schwarzen Stein, der in einer der Ecken
der Kaaba eingelassen ist, zu berühren und zu küssen. Dieser
Stein war schon lange vor Mohammeds Zeit Teil des heidnischen Gebäudes. Anscheinend fühlte er sich dazu geleitet, diesen heidnischen Brauch beizubehalten. Henninger meint dazu:
„Das eigentliche Objekt wird nicht um seiner selbst willen verehrt, sondern eher als der Wohnort entweder eines persönlichen
Wesens (Gott, Geist) oder einer Kraft" (Henninger 1981:8). Be-

steht die Möglichkeit, daß, im Herzen des Islam, Moslems einen Geist verehren, der in dem Schwarzen Stein der Kaaba wohnt?

Menschen, die in der Welt des Volksislam leben, geht es darum, diese geistlichen Wesen und Kräfte zu ihrem eigenen Vorteil zu beeinflussen. Das geschieht meistens durch eine Besänftigung oder Unwirksammachung dieser Geister sowie dadurch, daß man sich ihrer bedient, um sich selbst Segen oder sogar Flüche auf andere zu bringen.

Es ist angebracht, etwas zur Realität dieser geistlichen Wesen und Kräfte zu sagen. Als ein westlicher Mensch wuchs ich mit der Vorstellung auf, daß solche Dinge nicht existieren. Sie wurden als Fiktion betrachtet, die unter die Rubrik altmodischen Aberglaubens fielen. Ich glaube, daß es das Ergebnis der sogenannten wissenschaftlichen Weltsicht war, die mir in unserem öffentlichen Schulsystem beigebracht wurde. Diese Weltsicht entspricht weder der Bibel noch dem wirklichen Leben.

Von Anfang bis Ende spricht die Bibel von dem „Bösen". Er hat viele Namen: Die „Schlange", der „Teufel", „Satan", der „Fürst dieser Welt", der „Gott dieser Welt", ein „Mörder", der „Betrüger", der „Verkläger der Brüder" und der „Vater der Lüge". Er taucht im Garten Eden auf, zusammen mit dem ersten Mann und der ersten Frau, und sein Ende wird in den letzten Kapiteln des letzten Buches der Bibel beschrieben. Die erste Erfahrung, die Jesus vor Beginn seines Dienstes machte, bestand darin, dem Teufel in den Versuchungen in der Wüste zu begegnen und erfolgreich zu widerstehen. Paulus, Petrus und Johannes weisen alle auf die Realität der Gegenwart des Bösen und das Wesen unseres Kampfes hin. Aus eigener Erfahrung und von den Zeugnissen glaubwürdiger Mitarbeiter bin ich von der Existenz übernatürlicher Wesen, sowohl guter als auch böser, überzeugt.

Der Sufismus, mit seiner Bereitschaft, vorislamische, lokale religiöse Bräuche zu akzeptieren, hat sich diesen geistlichen Wesen und Kräften geöffnet. Oberflächlich wird eine gewisse Form des Islam stillschweigend anerkannt, doch im täglichen Leben geht es um den Umgang mit Geistern und geistlichen

Kräften, die in allen Bereichen des Lebens zu finden sind. Die Anmerkungen von Paul Hiebert über die Volksreligion sind hier von großem Nutzen. Er schreibt (1989:47-49): „Der Schwerpunkt der Volksreligion liegt auf der Lösung von Problemen des täglichen Lebens." Dann gibt er eine Auflistung der Fragen, um die es sich im Volksislam normalerweise handelt:

> *Die Bedeutung des täglichen Lebens und des Todes.*
> *Das Wohlbefinden einer Person oder Gruppe und die Bedrohung durch das Unglück.*
> *Die Frage nach Erfolg oder Versagen.*
> *Die Notwendigkeit, sein Leben zu planen und das vergangene, gegenwärtige und zukünftige Unbekannte zu kennen.*
> *Menschliche Beziehungen und die Beziehungen zu den Vorfahren, Geistern, Göttern, Dämonen, Tieren und Pflanzen.*

Dem orthodoxen Islam geht es um allgemeine Realitäten, um die Frage nach dem Ursprung der Dinge, nach Bedeutungen und nach dem Schicksal. Dem Volksislam geht es um die Fragen, die sich einem Menschen in jeder Lebensphase stellen. Dem orthodoxen Islam geht es um die letztgültige Wahrheit in theologischen Fragen, dem Volksislam normalerweise um Kräfte, die sich entweder in sichtbaren oder unsichtbaren Personen oder in Dingen befinden.

Es überrascht deshalb nicht, in der Welt des Volksislam Personen zu finden, die als Heilige, heilige Männer oder Frauen, Hexen, Zauberer und Schamanen tätig sind. Diese Personen werden entweder versuchen, Exorzismus zu betreiben oder entgegengesetzt, böse Geister einladen, um in jemandem zu wohnen. Man findet heilige Orte, Gebäude, Schreine, Steine, Berge, Seen und Tiere, zu denen man gehen soll, um gesegnet zu werden. Es gibt auch Orte, in denen böse Mächte spuken, Orte, die man um jeden Preis meiden muß.

In der gesamten moslemischen Welt findet man fast überall

die Furcht vor dem „bösen Auge". Das böse Auge ist eine Art Fluch. Wer das böse Auge hat, hervorgerufen durch Neid und Eifersucht, wünscht Böses für seine Nachbarn, Familie oder anderer Leute Besitz.

Es wurden lokale Rituale und Zeremonien entwickelt, in denen man versucht, diese Wesen und Mächte zu beschwichtigen oder zu kontrollieren. Bräuche wie magische Gesänge, Amulette, Tieropfer, abzuleistende Schwüre, jährliche Pilgerreisen zu den örtlichen Schreinen, das Berühren und Küssen von Gräbern, die angeblich Segen beherbergen *(baraka)*, und das Befestigen von Gebetsanliegen in der Form von gefärbten Stoffen an Bäumen in der Nähe von Gräbern heiliger Männer finden sich in weiten Teilen der moslemischen Welt.

Der christliche Arbeiter muß sich vorsehen, diese Dinge nicht leichtfertig zu behandeln oder sie sogar zu ignorieren. Die Erfahrungen, die Charles Kraft am Anfang unter den Higi in Nigeria machte, können uns vieles zeigen. Aufgrund seiner Annahmen, die für seine westliche Weltsicht typisch sind, konnte er die geistlichen Realitäten, mit denen seine Higi-Freunde zu kämpfen hatten, nicht begreifen.

Immer und immer wieder lenkten die Nigerianer unsere Gespäche auf die Störungen in ihrem Leben, die ihrer Meinung nach von bösen Geistern verursacht wurden. Dinge wie Krankheit, Unfälle, Tod, Unfruchtbarkeit bei Personen, Tieren, Feldern, Dürre und die Störung von Beziehungen wurden alle als ein Werk dieser bösen Wesen angesehen (Kraft 1989:4).

Kraft erklärt dann, in aller Deutlichkeit und detailliert, wie er eine „Paradigma-Verlagerung" erlebte, als seine Weltsicht sich von einer westlich-säkularen zu einer biblischen Weltsicht änderte. Wo er vorher nicht wußte, was er angesichts der Phänomene böser Geister zu tun hatte, lernte er nun, gegründet auf seiner neu entdeckten biblischen Weltsicht, in der Kraft des Geistes Gottes mit ihnen umzugehen (1989:117-132).

Viele Christen haben in verschiedenen Teilen der moslemischen Welt gedient und sind zu dem Schluß gekommen, daß ungefähr fünfundachtzig Prozent aller Moslems mit dieser Geistwelt durch eine oder mehrere Formen solcher Bräuche des Volksislam zu tun haben.

Kapitel 14

Militanter Islam:
Die Rückkehr zum Ursprung

Für einen Moslem hat die Religion mit allen Lebensbereichen zu tun. Im Westen sind wir daran gewöhnt, daß Kirche und Staat getrennt sind. Im orthodoxen Islam gibt es diese Trennung nicht. Neben allem anderen ist Religion auch Politik. Anders ausgedrückt, Politik wird im Namen der Religion ausgeübt, außer in den moslemischen Ländern, die eine Form von säkularer Regierung haben. Moslems müssen sich auf den „Weg Gottes" bemühen (Dschihad), und zwar in jedem Lebensbereich, einschließlich der Politik. Für den Moslem, der sich treu an die Lehren des Korans hält, gibt es keine Ruhe, bis die ganze Welt unter der Herrschaft des Islamischen Gesetzes (Scharia) lebt.

Dieser Regel zufolge teilt sich die Welt in das „Haus des Islam" (*Dar Al-Islam*) und das „Haus der Widerständler" oder „Haus des Krieges" (*Dar Al-Harb*). Der Islam hat sich dazu verpflichtet, seine Herrschaft dem Rest der Welt aufzuzwingen.

Doch bis heute ist es noch nicht dazu gekommen. Die frühesten Bemühungen des Islam, die Welt zu beherrschen, wurden aufgehalten, und zwar in der Regel durch erfolgreichen militärischen Widerstand. Außerdem wurden die ersten moslemischen Herrscher (Kalifen und Sultane) durch das Problem der „Weltlichkeit" beeinträchtigt. Sowohl die Omajjaden (661–750) als auch die Abbasiden (750–1258) wurden durch die Dekadenz ihrer Herrscher geplagt. Letztere wurden durch die Invasion der Mongolen abgesetzt. Danach erhoben sich lokale Herrscher in der gesamten moslemischen Welt. Diese alle aufzulisten, wäre sehr mühsam und auch für unsere Zwecke unangebracht. Das bekannteste dieser Reiche war das Osmanische Reich (1342–1918). Nach der Abschaffung der Kalifate 1924 hatte der Islam keinen Kalifen mehr, der die Moslems sammeln und dazu verhelfen konnte, ihren Traum von der Weltherrschaft in die Tat umzusetzen.

Mit dem Kolonialismus der westlichen Nationen und der Unterwerfung von etwa neunzig Prozent der moslemischen Welt unter die Herrschaft der Westmächte erlitt das politische Selbstvertrauen einen schweren Schlag. Zum Schluß teilten die Westmächte das Osmanische Reich in die verschiedenen moslemischen Staaten auf, wie wir sie heute kennen.

Ein Erwachen gesamtislamischer Gefühle begann im letzten Jahrhundert mit den Predigten von Jamal ad-Din al-Afghani (1838–1898). Er war nicht der erste, der eine Erweckung des Islam predigte, aber es kann sein, daß er am Anfang des militanten islamischen Denkens steht, das sich bis in dieses Jahrhundert fortgesetzt hat. Der große indische moslemische Theologe Abul Ala Mawdudi war gegen die Gründung Pakistans, weil er der Meinung war, daß der Nationalismus eine Erfindung der Kolonialmächte war. Er bestand darauf, daß es nur einen Staat für alle Moslems der Welt geben müsse und daß kein Moslem unter einer nicht-moslemischen Regierung leben dürfe. Da es einen solchen universalen moslemischen Staat nicht gab, emigrierte er später nach Pakistan, um nicht unter der nicht-moslemischen Regierung in Indien leben zu müssen.

Der gewandteste und erfolgreichste Autor, den die moslemische Bruderschaftsbewegung in Ägypten, gegründet von Hasan al-Banna im Jahre 1927, hervorbrachte, war Sayyid Qutb. Er meint:

Der Islam repräsentiert für die Menschheit ein
perfekt integriertes, beispielhaftes System, das
die Welt weder vor dem Aufkommen des Islam

noch seitdem gekannt hat ... Es hat der Menschheit eine ganzheitliche Behandlung aller menschlichen Bereiche ermöglicht (Cragg 1985:55).

Qutb drückte seine Überzeugungen sehr mutig in politischen Unruhen gegen die Regierung von Gamal Abd al-Nasir aus. Er wurde 1966 von Nasir hingerichtet.

Noch bevor Khomeini an die Macht kam, gab es auf seiten der Schiiten Ali Shariati in Teheran, der meinte:

Das Leben besteht aus Überzeugungen und aus Kampf, nichts weiter ... Sieh dir nur die Begleiter des Propheten an: sie waren alle Männer des Schwertes, darum bemüht, ihre Gesellschaft zu verbessern, Männer der Gerechtigkeit ... Unter den Begleitern des Propheten und den Mudschahedin in den ersten Stunden des Islam, wer war der Intellektuelle, wer der Aktivist, wer der Geistliche? Es gibt überhaupt keine Klassifizierung. Jeder verbreitet den Islam, kämpft und bearbeitet gleichzeitig das Land, kultiviert Datteln oder hütet Kamele. Jede Person ist gleichzeitig ein Arbeiter, Krieger und Intellektueller (Cragg 1985:76,84).

Für diesen sehr mutigen iranischen Intellektuellen, der oft als ein „Befreiungstheologe des Islam" genannt wird und im Exil lebte, war der einzige Weg die nachdrückliche Aktion, bis der Islam die Kontrolle übernimmt und sich engagiert, die Welt zu verbessern (wie er es verstand). Wie Sayyid Qutb vor ihm, wurde Shariati zum Märtyrer für seine aktivistischen Überzeugungen und 1977 wahrscheinlich von der gefürchteten iranischen Savak-Polizei des verstorbenen Schahs getötet.

Der bekannteste schiitische Aktivist unserer Tage ist zweifellos Ayatollah Ruhollah Khomeini (gestorben am 3. Juni 1989). Er besaß eine außerordentlich starke Überzeugung, daß der

Islam von Gott und dazu bestimmt ist, die Welt zu erobern. Als er aus dem Exil in den Iran zurückkehrte, sagte er:

> *Wir müssen mit den großen Supermächten ab-*
> *rechnen und ihnen zeigen, daß wir es ideolo-*
> *gisch mit der ganzen Welt aufnehmen können,*
> *trotz der schmerzhaften Probleme, die wir haben*
> *... Wir werden unsere Revolution in die ganze*
> *Welt exportieren. Solange der Ruf „Es gibt kei-*
> *nen Gott außer Allah" nicht auf der ganzen Welt*
> *erklingt, wird es Kampf geben (Wright 1989:*
> *27,108).*

Als diese Revolution in den Libanon exportiert wurde, entstanden unzählige Gruppen und Bewegungen, von denen die bekanntesten die Hisbollah und der Islamische Dschihad sind. Heute geschieht eine Art „spontane Verbrennung" an einigen heißen Plätzen der Welt, wie zum Beispiel dem Libanon, in dem viele Gruppen entstanden sind und jede ihr eigenes Gesetz hat sowie eine militante islamische Ideologie.

Auch an anderen Orten im Mittleren Osten, in Südasien, Südostasien und in den neuen unabhängigen Staaten in Zentralasien erwacht der Islam. Bei den Kasachen, Tschetschenen, Aserbaidschanis, Kirgisen, Usbeken, Turkomenen und Tadschiken besitzen diese Befreiungsbewegungen auch ethnische Untertöne. In der Türkei ist die Frustration über den gegenwärtigen Zustand, für den der Säkularismus verantwortlich gemacht wird, die treibende Kraft. In Pakistan und Bangladesch soll die Einführung des islamischen Gesetzes die allzu offensichtlichen gesellschaftlichen Probleme lösen. Auf den Philippinen ist es der Schrei nach Unabhängigkeit von der sogenannten christlichen Regierung der Bevölkerungsmehrheit. Im Sudan ist der Bürgerkrieg wieder aufgeflammt, weil die islamische Mehrheit den christlichen und animistischen Minderheiten das Scharia-Gesetz aufzwingen will. In Nigeria und Malaysia herrschen aus dem gleichen Grund fürchterliche Spannungen.

Hier im Westen hat der Dschihad, oder das Bemühen im

Weg Gottes, eine andere Form angenommen. Doch der Geist ist derselbe: Konkurrenz und Streben nach Überlegenheit. Verlassene Kirchen in den Ghettos unserer Städte werden von Moslems aufgekauft und in Moscheen verwandelt. Wunderschöne neue Moscheen werden an bekannten Plätzen errichtet. Abteilungen von moslemischen Studentengemeinschaften bilden sich auf Hunderten von Hochschulen und Universitäten. Arabische und englische Sprachprogramme werden im Fernsehen ausgestrahlt, die den Islam anpreisen. Attraktive Literatur wird veröffentlicht, die den Islam in einem sehr günstigen Licht darstellt. Die Stimmung unter Moslems ist ohne Zweifel hoch. Vor kurzem sagte mir ein Freund, ein prominenter Politiker im Exil, am Telefon: „Jetzt, da der Kommunismus zusammengebrochen ist, fängt der wahre Kampf an, und zwar zwischen dem Islam und dem Christentum." Und ich konnte einen Hauch von Triumph in seiner Stimme entdecken.

Diese Dinge sollten uns aus zwei Gründen nicht überraschen. Einer davon ist, daß jemand, der ein beständiger Moslem ist, auch ein militanter Moslem sein wird. Das ist das Wesen des Islam. Wie Dr. Fazlur Rhamen uns in Erinnerung rief, ist es ein fester Bestandteil im Islam und gründet sich auf das Leben und die Lehren Mohammeds (1979:211).

Kapitel 15

Der Islam und der Westen

Der Säkularismus ist ein sehr weiter Begriff, den man manchmal mit dem Westen und der westlichen Kultur gleichsetzt. Er wurde unterschiedlich definiert als der wissenschaftliche Zugang zum Leben, als eine Art von Gegenbewegung gegen das Übernatürliche, durch den die Menschen versuchen, ihre Probleme ohne göttliche Hilfe zu lösen, oder als eine agnostische oder sogar atheistische Art des Materialismus, sei es in seiner kapitalistischen, sozialistischen oder kommunistischen Variation. Der Reineffekt des Säkularismus besteht darin, die Religion herunterzuspielen und die Fähigkeit der Menschheit hervorzuheben, ohne Gott zurechtzukommen. Diese Vorstellung von der Selbstgenügsamkeit beinhaltet auch die Idee, daß es „dort oben" nichts gibt, oder falls es einen Gott geben sollte, man nicht viel über ihn wissen kann. Daraus erwächst eine noch geringere Bereitschaft, an einen Teufel oder gefallene Engel oder Dämonen zu glauben.

Ohne Zweifel hat diese „wissenschaftliche Einstellung" und „Wir-kommen-schon-zurecht"-Mentalität gewaltige kreative Energien in den westlichen Kulturen freigesetzt, die noch nie dagewesene technologische Errungenschaften zur Folge hatten. Gleichzeitig wird die Weltwirtschaft fast ausnahmslos von den westlichen Nationen beherrscht, mit Ausnahme der „Ölstaaten". Aufgrund dieser erstaunlichen technologischen Errungenschaften und der wirtschaftlichen Vorherrschaft des Westens durchdringen die Annahmen, die hinter dieser säkularen Weltsicht stehen, inzwischen fast alle Lebensbereiche.

Der Islam und der Kolonialismus

Die Unterjochung von neunzig Prozent der moslemischen Welt unter die Kolonialherrschaft des Westens im ersten Teil dieses Jahrhunderts bis zur Zeit des Zweiten Weltkriegs hat ebenfalls einen unauslöschlichen Eindruck im Bewußtsein der moslemischen Völker hinterlassen. Heute hat die moslemische Welt damit zu kämpfen, wie sie sich westliche Technologie aneignen kann, ohne die dahinterliegenden philosophischen Annahmen zu akzeptieren. Genau dieser Austausch von westlichen kulturellen Werten mit islamischen Werten hat eine weite Reihe von Reaktionen auf seiten der Moslems hervorgerufen, die sich von einer extremen Anpassung bis zur völligen Ablehnung erstreckten. Mit der ablehnenden Reaktion haben wir uns schon in dem Abschnitt über den militanten Islam befaßt. Wir wollen uns nun mit den Reaktionen der Anpassung beschäftigen.

Die Probleme der Anpassung

Die Bedeutung dieses Versuchs, sich die technologischen Errungenschaften des Westens anzueignen, liegt darin, daß diese Errungenschaften eine Weltsicht beinhalten, also eine Annahme über die Wirklichkeit, die sich von denen des Islam des siebten Jahrhunderts unterscheiden. Moslems befinden sich in dem Dilemma, daß die Lehren und das Vorbild Mohammeds als Norm angesehen werden, das heißt als endgültiger Maßstab für Glauben und Leben. Da Mohammed sich selbst in seinen glänzendsten Stunden weder die technologischen Errungenschaften des Westens noch die Weltsicht, die ihnen zu Grunde liegt, vorstellen konnte, können Moslems nicht erklären, wie es außerhalb des Islam dazu kam. Denn der Islam sollte doch der endgültige Glaube sein, der auf alles eine Antwort hat.

Man mag hinzufügen, daß sich die Christen in einer glücklicheren Situation befinden, denn Jesus Christus brachte ein geistliches Reich, das sich von den Königreichen dieser Welt unterscheidet. Obwohl die Lehren Jesu über geistliche Werte als ein Treibmittel in anderen Kulturen wirkten, so daß das Christentum auch immer eine kulturelle Form besaß, wurde diese Form niemals als die absolute Form gesehen. Das Christentum konnte sich in kulturell angebrachter Weise in den vielen verschiedenen Kulturen entwickeln, in denen es Fuß faßte.

Der Islam dagegen ist gekennzeichnet von einem absolutistischen Scharia-Gesetz, das sich auf den Koran und die Hadith gründet, die einen kleinen Teil arabischer Kultur widerspiegeln, begrenzt auf die Zeitspanne eines einzigartigen arabischen Mannes und seines Verstandes aus dem siebten Jahrhundert. Durch die Verabsolutierung von Mohammeds Koran und seines Vorbilds, wie es in der Hadith festgehalten ist, sowie durch seine Vorstellungen von der Wirklichkeit, sind treue Moslems in ein System eingeschlossen, das weder ins zwanzigste Jahrhundert paßt noch erklären kann, wie man außerhalb des Islam zu so großen Errungenschaften kommen kann.

Unter diesen Umständen kann der Islam zwischen zwei Wegen wählen. Der erste ist der Versuch, in den Koran und die Hadith Bedeutungen hineinzulesen, die sie in Wirklichkeit nicht haben, um auf diese Weise zu zeigen, daß der Koran alles vorausgesehen hat, was wir heute sehen. Der andere Weg ist, zuzugeben, daß der Koran und Mohammeds Lehren und Lebensbeispiel eine ungenügende Basis für eine beständige Weltsicht waren, die die Entwicklungen der folgenden Jahrhunderte, besonders des sogenannten „Technischen Zeitalters", nicht überdauern würde.

Das hätte kein so großes Problem für die Moslems von heute werden müssen, wenn Mohammed sich selbst nicht als das definitive Vorbild für alle Zeiten bezeichnet und der Welt kein Gesetz gegeben hätte, das so sehr auf seine Zeit und seine Umstände beschränkt ist wie das Scharia-Gesetz. Jede Anstrengung, die der Islam unternimmt, aus dieser strengen Enge auszubrechen, wird dazu neigen, die Angemessenheit des Korans in Frage zu stellen oder die Glaubwürdigkeit Mohammeds zu mindern. Bis heute ist der Islam nicht bereit, diesen drastischen Schritt zu tun. Die Gefahr besteht, wenn einmal radikalen Erneuerungen Tür und Tor geöffnet ist, daß die Bewegung weg vom Koran und der Hadith so stark werden könnte, daß der Islam seine Glaubwürdigkeit verlieren und das gesamte System zusammenbrechen würde.

Frühe Anpassungsversuche im Islam

Mit großer Spannung wenden wir uns nun dem Thema der unbequemen Beziehungen des Islam mit dem Westen zu. Die vielleicht früheste und dramatischste Illustration einer radikalen Anpassung an dieses Jahrhundert ist das Beispiel der Türkei. Im Jahre 1924 wurde Kemal Atatürk, der zum heldenhaften General der Armee geworden war, Präsident seiner neugegründeten Türkischen Republik. Bald danach erklärte er die Türkei zu einem säkularen Staat, entwarf eine Konstitution, die Religionsfreiheit garantierte, änderte die Schrift von Arabisch zu Latein, schloß die islamischen Religionsschulen, befreite die Frauen vom Schleier, verbot die Versammlungen der sufistischen Bruderschaften und tat noch vieles mehr, in der Bemühung, die Religion zu einer Privatsache zu machen. In den ersten Jahrzehnten dieses Experiments gab es dagegen wenig Widerstand.

Erst vor kurzem begann eine fundamentalistische Erweckungsbewegung an Stärke zu gewinnen. Trotz dieser drastischen säkularen Gesetze, sehen die Türken ihre ethnische Zugehörigkeit als Moslems („Ein Türke zu sein bedeutet, ein Moslem zu sein"). Kenneth Craggs Bewertung der Türkei ist heute noch ebenso gültig wie damals, als er schrieb:

> Eines ist klar, und zwar, daß der Islam in der Türkei viel zu viril ist, um vom Säkularismus ignoriert zu werden, und zu unvorhersehbar, um ihm freien Lauf zu lassen. Die Tatsache von seinem Überleben wird nicht angezweifelt, sein Temperament ist weiterhin zweifelhaft. Er hat Atatürk überlebt, müht sich jedoch weiterhin mit dem, das er hinterließ (Cragg 1965:154).

Die Geschichte der arabischen Auseinandersetzung mit dem Westen spiegelt sich auch in den Entwicklungen in Ägypten wider. Muhammad Abduh (1849–1905), obwohl stark angeregt durch die Ideen seines Helden und Reformers Jamal ad-Din al-Afghani (1839–1897), übernahm diese Ideen auf geniale Weise und verwendete sie in seinem bildenden Einfluß auf die Entwicklungen in Ägypten. „Seine grundlegende These war, daß ein wahrer Islam, befreit von nicht-islamischen Zusätzen, mit einer modernen Denkweise und modernen Bedingungen durchaus vereinbar war" (Cragg 1965:36). Für Abduh lag der Schlüssel seines Denkens in dem Ausdruck „wahrer Islam". Er hielt an den fundamentalen Werten des orthodoxen Islam durch den reinen Glauben fest und erlaubte es nicht, daß man sie veränderte oder einer genauen Prüfung unterzog. Er hielt Mohammed für unfehlbar und mußte deshalb dafür eintreten, daß alle modernen Entwicklungen von Mohammed vorhergesehen worden waren und daß man sowohl im Koran als auch in der Hadith Beweise dafür finden kann. Anders gesagt, Abduh trennte in seinem Denken die Religion von der Wissenschaft. Er duldete keine rationalen Nachforschungen seiner religiösen Überzeugungen. Nachdem er seinen Glauben dadurch abgesichert hatte, indem er ihn jenseits aller Nachprüfungen setzte, und nachdem er die Rechtfertigung für wissenschaftlichen Fortschritt von Anfang an in Mohammeds Lehren integriert sah, reklamierte er wissenschaftliche Errungenschaften fröhlich als Eigentum des Islam. Seine Schüler haben bis heute die Neigung, die Dinge ebenso zu sehen.

Ägyptens Dilemma

Die aktuelle Lage in Ägypten reflektiert eine ungelöste Spannung im Austausch zwischen westlichen Wertvorstellungen und Errungenschaften und dem traditionellen Islam mit seiner nahezu Vergötterung Mohammeds und der Heiligung des Scharia-Gesetzes, das von seinen Reden und Taten abgeleitet ist. Bisher hat die gegenwärtige Regierung dem Drängen nach der

Einführung des Scharia-Gesetzes nicht nachgegeben und wird deshalb von orthodoxen Moslems als unislamisch oder säkular angesehen. Militante Moslems verübten Attentate auf jeden ägyptischen Präsidenten, von Abd al-Nasir bis zum aktuellen Amtsinhaber, Hosni Mubarak. Der Fall Ägypten kann als eine „Mittelposition" betrachtet werden.

Das Problem mit der Einführung des Scharia-Gesetzes

Extrem rechts steht Saudi-Arabien, wo der Koran die Konstitution bildet. Obwohl sie sich zu Hause den äußeren Anschein des Konformismus geben, ist das unislamische Verhalten vieler Saudis im Ausland fast schon legendär. Wie schon erwähnt, wurde den Menschen in Pakistan und Bangladesch das Scharia-Gesetz durch eine Militärdiktatur aufgezwungen. Die zu großen Teilen dagegen eingestellte Bevölkerung verhindert bisher, daß es voll angewandt wird. Im Sudan rief das Thema der Einführung des Scharia-Gesetzes für den nicht-moslemischen Teil der Bevölkerung einen langen Bürgerkrieg nach dem anderen hervor.

Gaddafis Grünes Buch

Gaddafi, der Anführer Libyens, stellt eine einzigartige Abweichung innerhalb der islamischen Erneuerungsbewegung dar, indem er weder für die traditionellen Gesetzesgelehrten des Islam, noch für die Anführer der Sanusi-Bruderschaft eintritt. Er hat das Scharia-Gesetz durch sein eigenes Konzept einer neuen Ordnung ersetzt, das er in seinem dreibändigen Werk, bekannt als „Das Grüne Buch", darlegt. Statt das Gesetz zu reformieren, ersetzte er es einfach. In einem Interview mit Oriana Fallaci von der *New York Times* am 16. Dezember 1979 sagte er: „Das Grüne Buch ist die Anleitung zur Emanzipation des Menschen ... das neue Evangelium. Das Evangelium des neuen Zeitalters, des Zeitalters der Massen."

In einem Kommentar dazu schrieb John L. Esposito:

*Das Grüne Buch hat die Herrschaft der Scharia
über die politische und soziale Ordnung ver-
drängt. Indem er gängige ideologische Phrasen
mit einer breiten Reihe von politischen, sozialen
und wirtschaftlichen Erfahrungen mischt, hat
Gaddafi nichts weniger unternommen, als seine
eigene Kulturrevolution, die sich nicht auf die
göttliche Leitung des Korans oder das Beispiel
des Propheten gründet, sondern auf die Gedanken von Gaddafi (Esposito 1984:159,160).*

Es besteht kein Zweifel daran, daß Gaddafi sich selbst als ein
Moslem und Vertreter des Islam sieht, wie man aus einem vor
kurzem gegebenen Interview mit einem Reporter von *Al-Maukif
al-Arabi* in Zypern klar ersehen kann. Er wies darauf hin, daß
es im Libanon so lange nicht zum Frieden kommen würde, bis
alle Christen überwunden und zur Bekehrung zum Islam gezwungen worden wären. Er sagte: „Der Fehler liegt in der Gegenwart von arabischen Christen. Ein Araber darf kein Christ
sein" (Abd-al-Fadi, in *Al-Nour*, 2. Jahrgang, Nr. 1, S. 2). Neben
der Gefahr, die eine solche Doktrin für die Christen bedeutet,
interessiert es uns als Christen, daß Gaddafi von Moslems nicht
als guter Moslem angesehen wird, besonders nicht von den Traditionalisten. *Das Grüne Buch* birgt eine radikale Abwendung
vom Islam, und nach meiner Meinung die Einführung einer säkularen Ideologie hinter einer islamischen Fassade. Wenn Gaddafi abtritt, wird es interessant sein zu beobachten, ob das Volk
zum traditionellen Islam zurückkehrt oder ob durch *Das Grüne
Buch* die Bindungen daran gelöst worden sind und eine eher
säkulare Regierungsweise populärer geworden ist.

Der Flirt des Islam mit dem Kommunismus

Am seltsamsten erscheint wahrscheinlich der Flirt einiger moslemischer Länder mit dem Kommunismus. Die bekanntesten darunter waren die Verbindungen der ehemaligen Sowjetunion mit Libyen, Syrien, Irak und der ehemaligen Demokratischen Republik Südjemen. Letztere wurde sogar für eine Zeitlang marxistisch als Resultat der Rivalitäten zwischen Saudi-Arabien und Ägypten über den Bürgerkrieg im Jemen. Saudi-Arabien, mit seinem großen Reichtum an Öl, hatte Nordjemen praktisch zu einem wirtschaftlichen Schützling gemacht, und es gelang ihm, die Beziehungen mit der Demokratischen Republik Südjemen wiederherzustellen (siehe Pipes 1983:313). Schließlich gab die marxistische Regierung nach, und die jeminitischen Staaten wurden wieder vereint.

Die oben genannten Beispiele sind nur einige der Kämpfe, die sich in der moslemischen Welt bei dem Versuch abspielen, die Weltsicht der säkularen technologischen Gesellschaft des zwanzigsten Jahrhunderts anzunehmen oder abzulehnen. Alle diese Beispiele geschehen auf nationaler Ebene. Wie ist es mit den einzelnen Personen und Minoritäten innerhalb moslemischer Gesellschaften? Wie reagieren sie auf den Einfluß des Westens und der säkularen Konzepte, die dahinterstehen? Bei meinen eigenen Reisen und Erlebnissen in vielen moslemischen Ländern habe ich in einzelnen Personen und kleinen Gruppen jede Art von Reaktion gegenüber diesem weltweiten Phänomen des westlichen Säkularismus beobachtet.

Kapitel 16

Ein rivalisierender Prophet:
Mirza Ghulam Ahmad

Im Islam gibt es, wie im Christentum auch, Irrlehren und eine Vielzahl von Sekten. Die Ahmadi-Sekte ist es wert erwähnt zu werden, da sie an vielen Orten gegenwärtig ist.

Mirza Ghulam Ahmad (1835–1908) war ein recht bekannter indischer Islamgelehrter, der sich sowohl mit Hindus als auch mit Christen auseinandersetzte. Er war besonders verärgert durch die Angriffe von Christen auf den Islam und Mohammed und brannte vor Empörung darüber, daß indische Moslems unter britischer Herrschaft zu leben hatten. Eine weitere Provokation war für ihn einerseits das Erstaunen über und andererseits die Feindschaft der Ulema (orthodoxe Islamgelehrte) gegen wissenschaftliche Erfindungen. Er schloß daraus, daß der Islam einen neuen Ausleger benötigte, einen reformatorischen Propheten (siehe Mujeeb 1967:543).

Der Messias

Im März 1889 behauptete Ahmad, Offenbarungen von Gott zu empfangen, der Messias zu sein und ein *Zilli*-Prophet, das heißt ein Prophet, der gesandt ist, das Gesetz auszulegen und von Korruption zu reinigen. Andererseits behauptete er, seine Gegner durch die wundersame Kraft seiner Gebete töten zu können

169

(siehe Hardy 1972:172). Sein Anspruch auf das Prophetenamt entfremdete ihn natürlich von den orthodoxen Moslems, da diese glauben, daß Mohammed das „Siegel der Propheten" war, also der letzte in dieser Reihe und daß nach ihm keine anderen Propheten mehr erscheinen könnten.

Am Anfang des orthodoxen Islam entwickelte sich, wie wir sahen, die Vorstellung, daß Christus vom Himmel wiederkehren, den Antichristen unterwerfen und durch sein Predigen das goldene Zeitalter des Islam einläuten würde. Ahmad zufolge entsprach das nicht dem Koran. Er sah den Islam ohne diese Art von Lehre. Wiederum im Gegensatz zum traditionellen islamischen Glauben lehrte Ahmad, daß Christus ans Kreuz genagelt und noch lebend heruntergenommen wurde, aus dem Grab entkam und nach Kaschmir auswanderte, wo er in hohem Alter starb. Ahmadis werden einem heute das Grab Christi dort zeigen (siehe Cragg 1956:250).

Der Mahdi

Außer seiner Behauptung, der Messias zu sein, behauptete Ahmad auch, der Mahdi zu sein, der „Richtig Geführte", der am Ende der Zeiten erscheinen würde, um die Gerechtigkeit vor dem Ende der Welt wiederherzustellen. Dieser Mahdi, und nicht Christus, wird erscheinen, die ursprüngliche Reinheit der Herrschaft Mohammeds wiederherstellen und alle Gesetzesschulen vereinen (siehe Glass 1989:246,247).

Heiliger Krieg abgeschafft

Ahmad setzte sich noch weiter von der moslemischen Glaubensgemeinschaft ab, indem er erklärte:

> ... der Dschihad, als gewaltsamer Kampf für
> die Verbreitung der Religion, wurde nicht länger
> durchgeführt und auf reine Selbstverteidigung

beschränkt ... Er erklärte, daß es falsch war, je-
manden zu einer Religion zu zwingen, und daß
die Todesstrafe für Apostasie durch Steinigung
zu verurteilen wäre ... Im Jahre 1904 erhielt er
eine Offenbarung, daß er die Inkarnation des
Hare Krischna war (Karandikar 1968:102).

Ahmadis sind keine Moslems

Nach der Gründung Pakistans verursachte die Frage, ob Ahmadis wahre Moslems seien oder nicht, zwei große Krisen. Die erste geschah im Zusammenhang mit der islamischen Identität
und Kennzeichnung des Staates. Da die Ahmadis behaupteten,
daß ihr Gründer ein Prophet war und damit die Endgültigkeit
des Prophetenamts von Mohammed leugneten, kam es im März
und April 1953 zu Krawallen und verbreiteten Ermordungen
von Ahmadis. Zur gegebenen Zeit wurde diese Frage dann
durch den Obersten Gerichtshof von Pakistan 1974 gelöst, der
erklärte, daß die Ahmadis eine nicht-moslemische Minderheit
sind (siehe Esposito 1984:113). In der Folge kam es zu Krawallen, Ermordungen und zur Niederbrennung von Eigentum
der Ahmadis.

Ahmadis sind eifrige Proselytenmacher

Um ihren Glauben zu verbreiten, haben die Ahmadis sich die
Methoden evangelikaler protestantischer Missionare zu eigen
gemacht. Sie haben neue Übersetzungen des Korans erstellt,
eine Fülle attraktiver Literatur entwickelt, praktizieren das Predigen auf der Straße und sind augezeichnet in Streitgesprächen.
Im arabischen Kernland des Islam trafen sie bisher auf harten
Widerstand, doch in den Randgebieten, besonders in Westafrika, Ostafrika, Südostasien und Europa haben sie weiterhin
Erfolg. Dank ihrer Propaganda haben sie einen Einfluß, der weit

über die Zahl ihrer Anhänger hinausgeht. Es gibt wahrscheinlich nicht mehr als 500 000 auf der ganzen Welt (siehe Glasse 1989:28).

Der Effekt der Ahmadis auf Christen

Die Beziehungen zwischen Moslems und Christen sind durch diese bösartige Sekte weiter geschädigt worden. Mit seiner Behauptung der Mahdi zu sein, erklärte Mirza Ghulam Ahmad, daß es eine der Fähigkeiten des Mahdis ist, den *Dadschal*, oder Antichristen, erkennen zu können. Er behauptete, diesen Geist im heutigen Christentum erkannt zu haben, und begründete es damit, daß das Christentum sich von seinen Ursprüngen entfernt hätte und nicht länger als eine Religion des *Ahl-i-Kitab*, des „Volkes des Buches", bezeichnet werden könnte (siehe Glasse 1989:28). Mirza Ghulam Ahmads Eifer für den Islam, wie er ihn interpretierte, äußerte sich darin, daß er den Islam von allen „. . . christlichen Dimensionen, die durch orthodox-moslemische Traditionen hineingekommen waren" reinigen wollte (Cragg 1965:161), was bedeutete, daß die Vorstellung, Christus werde als Moslem wiederkehren, um die ganze Welt zum Islam zu führen, ausgemerzt werden mußte. Ahmads Anhänger haben überall versucht, Christus dadurch in Mißkredit zu bringen, daß sie erklärten, seine Beziehung zu Maria Magdalena wäre unrein gewesen, seine Mutter hätte er bei der Hochzeit zu Kana beleidigt, und als Feigling wäre er erwiesen worden, als er am Kreuz zum Vater schrie: „Warum hast du mich verlassen?" Cragg faßt die negativen Auswirkungen säuberlich zusammen:

> *Diese verachtende Haltung gegen Jesus wird in orthodoxen moslemischen Kreisen nicht ohne weiteres übernommen, und sogar in vielen Fällen abgelehnt, da sie ihn als „einen der Propheten" betrachten. Dennoch haben die Ahmadiyya-Bewegungen auf die moslemische Einstellung gegenüber dem Christentum inso-*

weit einen Einfluß gehabt, daß sie eine größere
Entfremdung und eine unnachgiebigere Selbst-
genügsamkeit auf seiten der Moslems zur Folge
hatten (Cragg 1956:251).

Ahmadis und die Wahrheit

Die Ahmadi-Bewegung interessiert uns also in zweierlei Hinsicht. Erstens natürlich darin, daß „... ihr steht in einem Geist
und kämpft mit uns einmütig für den Glauben des Evangeliums
und euch in keinem Stück erschrecken laßt von den Widersa-
chern ..." (Phil 1:27, 28). Wir müssen „... allezeit bereit [sein]
zur Verantwortung vor jedermann, der von euch Grund fordert
der Hoffnung, die in euch ist ..." (1 Petr 3:15).

Der zweite Grund, warum die Ahmadis unsere Aufmerksamkeit auf sich ziehen sollten, ist, daß sie sich gegenüber dem
orthodoxen Islam in einer unhaltbaren Position befinden. Sie
wurden in Pakistan, ihrer Wahlheimat, offiziell als nicht-moslemisch erklärt und werden in weiten Teilen der moslemischen
Welt so gesehen. Vor ihrer moslemischen Zuhörerschaft können
sie ihre Position nicht vom Koran oder von der Hadith rechtfertigen.

Ebensowenig können sie ihre Mißkreditierung Christi von
den Heiligen Schriften her rechtfertigen, und zwar weder von
den moslemischen noch von den christlichen. Sie sind empfänglich für gut durchdachte Präsentationen des Evangeliums,
wie es die Hinwendung zu Christus und das Leben des bekannten ehemaligen Ahmadi und christlichen Evangelisten
Chowdhry Ihayatullah Mujahid von Pakistan zeigt. Selbst diese
irregeführten und verachteten „Söhne Ismaels" können für Christus gewonnen werden, und wir sollten um des Evangeliums
willen alle Anstrengungen für sie unternehmen.

Kapitel 17

Rassistischer Islam: Afroamerikanische Moslems

Das Aufkommen neuer Gruppen, die man als „afroamerikanische Moslems" bezeichnen kann, ist einzigartig in den Vereinigten Staaten.

Afrikanische Ursprünge

Der Ursprung der Bezeichnung „Moslems" liegt weit zurück in der tragischen Geschichte der Deportation von Millionen von westafrikanischen Einwohnern als Sklaven in die „Neue Welt". Aufgrund der damaligen Sklavenrouten wissen wir, daß einige Afrikaner aus moslemischen Gebieten in Westafrika entführt wurden (siehe Ajayi und Crowder 1985:33,35). Interviews mit Afroamerikanern, deren Vorfahren Sklaven waren, weisen darauf hin, daß die islamischen Grundsätze von einigen wenigen der ehemaligen Sklavenfamilien weitergegeben wurden (siehe Berger 1964:49-64). Der Islam wurde damit als afrikanisch dargestellt und bildete einen natürlichen Sammlungspunkt für Menschen, die nach ihren Ursprüngen und ihrer Identität suchten.

175

Ethnische Ursprünge

Ethnisch gesehen sind „die Black Muslims (d. h. Afroamerikaner) ... ein Symbol und ein Produkt der gesellschaftlichen Konflikte. Sie vertreten eine Position am extremen Ende des Protests" (Lincoln 1973:xx). In den Jahren der Sklaverei, von 1664 bis 1864, wurden mindestens 109 Sklavenaufstände auf dem Festland der Vereinigten Staaten verzeichnet. Nachdem die Befreiung kam, bildeten Afroamerikaner Organisationen, um ihre eigene Situation zu verbessern, und als eine Form des sozialen Protestes. In diesem Umfeld gründete ein Afroamerikaner mit dem Namen Timothy Drew (1886–1929), der mit dem Islam bekannt war, 1913 den ersten „Moorish Science Temple" (Tempel Maurischer Wissenschaft) in Newark, New Jersey. Er änderte seinen Namen in Noble Drew Ali. 1930 wurde W. D. Fard sein Nachfolger. Niemand weiß, wo er herkam. Der Polizei von Detroit gegenüber beschrieb er sich selbst als der „Erhabene Herrscher des Universums" (Lincoln 1973:14).

Der Einfluß der Ahmadis auf den schwarzen Islam

In dieses Umfeld stoßen die Ahmadis, die im vorherigen Kapitel betrachtet wurden. Ihr Gründer behauptete, daß der weiße Mann der *Dadschal*, also der Antichrist oder Teufel sei. Es besteht kein Zweifel, daß W. D. Fard auf Ahmadi-Missionare traf, die ihm eine Rechtfertigung dessen gaben, was er sowieso schon über den weißen Mann dachte (siehe Glasse 1989:76). Zu diesen giftigen, anti-weißen und anti-christlichen Lehren der Ahmadi-Missionare in den Vereinigten Staaten fügte Fard noch seine eigene Interpretation der biblischen und menschlichen Geschichte hinzu.

Neuinterpretation der Bibel

Eine dieser phantastischen Interpretationen der biblischen Konzepte bestand darin, daß das wahre „Harmagedon" sich in Amerika zwischen Weißen und Afroamerikanern abspielen würde. Fard lehrte auch, daß die schwarzen Menschen Menschen erster Klasse waren und alle anderen Rassen von ihnen abstammten (siehe Lincoln 1973:77). Das alles wurde von vielen weiteren Erfindungen begleitet, die die schwarzen Völker lobten und die Weißen diskreditierten. W. D. Fard leitete die Gefühle des schwarzen Nationalismus von einer „Zurück-nach-Afrika-Bewegung", die von Personen wie Marcus Garvey angenommen wurde, den man 1926 aus Amerika verbannte, um, zu einer Politik des Separatismus und zu einer Bewegung für die Gründung separater Staaten für Schwarze innerhalb des Gebiets der Vereinigten Staaten.

Der Mythos des Schwarzen Islam

W. D. Fards wichtigster Jünger war Elijah Poole, dem Fard den Namen Elijah Muhammad gab. Als Fard 1934 abtrat, übernahm Elijah Muhammad die Führung der Bewegung. Eine seiner ersten Handlungen war die Vergöttlichung Fards als einer Inkarnation Allahs, eine Lehre, die vom orthodoxen Islam verurteilt wurde.

Malcolm X

Malcolm Little war der Sohn eines Baptistenpastors, der stark diskriminiert und schließlich von Weißen ermordet wurde. Seine Mutter konnte sich nicht um ihre acht Kinder kümmern und wurde wahnsinnig. Die Kinder wurden in die Obhut des Staates gegeben. Malcolm begann ein kriminelles Leben, kam ins Gefängnis und bekehrte sich dort zum Islam. Er nannte sich von da an Malcolm X und schloß sich Elijah Muhammad an, wurde sein größter Fürsprecher und gewann Tausende von afrikanischen Amerikanern für die Black Muslims, die Moslemische Bewegung. Als Malcolm X die Immoralität von Elijah Muhammad anprangerte, wurde er aus der Bewegung ausgeschlossen, die den Namen „Islamische Nation" annahm, ein Name, den ein Zweig dieser Bewegung auch heute noch trägt. Malcolm X wurde 1965 aus dem Weg geschafft und Louis Farrakhan sein Nachfolger als offizieller Fürsprecher der „Islamischen Nation".

Krisen der Bewegung

Der Tod von Elijah Muhammad 1975 rief eine große Krise in der Bewegung hervor. Elijahs Sohn, Wallace D. Muhammad, der neue Führer der Islamischen Nation, führte viele Reformen durch und brachte die Organisation in die Reihen des orthodoxen Islam. Er legte weniger Betonung auf die Frage der ethnischen Zugehörigkeit und gab die Idee eines separaten Staates für Schwarze auf.

1976 änderte die Organisation ihren Namen in „Weltgemeinschaft des Al-Islam". 1980 wurde sie zur „Amerikanischen Moslemischen Mission", und 1985 nahm sie ihren aktuellen Namen an: „Al-Islam in Amerika". Im gleichen Jahr stimmte Wallace Muhammad der orthodoxen Lehre zu, daß es eine Sache persönlicher Wahl war, der Imam einer Bewegung zu sein, und trat von seiner Position als Führer zurück (siehe Battle 1988:37). Diese Reformen erzeugten eine Krise für solche, die weiterhin rassistisch eingestellt sein wollten. Doch noch einmal zurück zur Entwicklung einer ersten Krisenzeit dieser Bewegung.

Im Jahre 1977 gründete Louis Farrakhan eine Splittergruppe unter dem alten Namen „Islamische Nation". Diese Gruppe ist eher rassistisch als islamisch. Sie tritt weiterhin für ein separates Gebiet für Afroamerikaner ein, besteht darauf, daß W. D. Fard die Verkörperung Allahs und Elijah Muhammad der Gesandte Gottes war. Die Größe von Farrakhans Gruppe wird höchstens auf 50 000 Anhänger geschätzt. Die Schätzungen für die größere Gruppe, „Al-Islam in Amerika", belaufen sich von 150 000 bis zu fast einer Million (siehe Glasse 1989:77).

Es gibt eine weitere Splittergruppe, die sich „*Hanafi* Moslems" nennt, weil sie dem orthodoxen Islam der *Hanafi*-Gesetzesschule angehören. Eine Anhängerzahl ist nicht bekannt, man weiß nur, daß etwa einhundert Moscheen dieser Gruppe angehören, die sich 1958 abgespalten hat.

Teil Vier

Der Dienst unter Moslems und die Frage der persönlichen Einstellung

Zu Beginn dieses Abschnittes wollen wir einige aus der Bibel abgeleitete Annahmen stellen. Erstens glauben wir, daß Gott, der mit Hagar und Ismael vor so langer Zeit Erbarmen hatte, auch denen barmherzig sein wird, die sich mit ihnen identifizieren.

Das Erlösungswerk Jesu am Kreuz ist für alle geschehen, die an ihn glauben werden (siehe Joh 3:16). Gottes Wille ist es, daß alle Menschen errettet werden und zur Erkenntnis der Wahrheit kommen (siehe 1 Tim 2:4). Gott möchte nicht, daß jemand verloren geht, sondern daß alle zur Buße finden (siehe 2 Petr 3:9). Ich glaube, daß diese Bibelstellen unsere Haltung gegenüber Moslems prägen sollten, nämlich der Wunsch, jeden einzelnen von ihnen gerettet zu sehen und nicht zu wollen, daß auch nur einer von ihnen verloren geht und zu sehen, daß alle zur Erkenntnis der Wahrheit kommen und zur Buße finden.

Darüber hinaus lesen wir, wie es in den großen Siegesliedern zum Ausdruck kommt, daß die Gläubigen aus „. . . jedem Stamm und Sprache und Volk und Nation" (Offb 5:9) kommen werden. Das schließt natürlich auch Moslems ein.

Die erste Herausforderung in einem Dienst unter Moslems ist, daß wir unsere Weltsicht von der Bibel prägen lassen, und Gott glauben, daß es eine große Ernte unter ihnen geben wird. Selbst die Prophetie des Alten Testaments verstärkt den Eindruck, daß es eine Ernte unter den Söhnen Ismaels gibt. Viele Gelehrte sehen in Jesaja 60 den Höhepunkt der messianischen

Prophetie. Wir lesen darin, daß Nebajoth und Kedar, die beiden ältesten Söhne Ismaels, Teil dieses wunderbaren Einzugs der Heiden sein werden, die den Messias annehmen und ihm freiwillig ihre Reichtümer darbringen (Jes 60:7). Da diese beiden Männer zur Zeit, als die Prophetie gegeben wurde, schon mindestens tausend Jahre lang tot waren, ist es deutlich, daß Ismaels Nachkommen damit gemeint sind, was auf jeden Fall einige arabische Moslems einschließt, da sie ethnisch von ihm abstammen. Geistlich gesehen betrifft es alle Moslems, da Mohammed über Ismael eine Abstammung von Abraham beansprucht. Aufgrund dieser ausgezeichneten Hinweise in der Bibel glaube ich, daß wir in jedem Gebiet, in jedem Volk und jeder Sprachfamilie, die zur moslemischen Welt gehört, eine Ernte sehen werden.

Wie unser himmlischer Vater können auch wir den Schrei Ismaels hören, der in den Stimmen seiner Nachkommen hörbar wird, unabhängig davon, ob sie ethnisch von ihm abstammen oder geistlich über den Islam zu ihm gehören. Unter dem Lack des islamischen Stolzes sehen wir die Volksmengen, wie Jesus sie sah: „... hilflos und verloren, wie Schafe, die keinen Hirten haben." Und wie der suchende Hirte im Gleichnis von Jesus wollen auch wir nach ihnen suchen und sie in den Schafstall Jesu, des guten Hirten, bringen.

Der Weg Jesu

Mein Reich ist nicht von dieser Welt; wenn mein
Reich von dieser Welt wäre, so hätten meine
Diener gekämpft. (Joh 18:36)

Obwohl die Propheten Jesus als „den Löwen vom Stamm Juda"
(1 Mo 49:9, Offb 5:5) ankündigten, kam er als das „. . . Lamm
Gottes, das die Sünden der Welt wegnimmt" (Joh 1:29). Der
Apostel Johannes sah ihn „inmitten des Thrones . . . [als] ein
Lamm stehen wie geschlachtet" (Offb 5:6). Jesus wollte als ein
Lamm kommen. Er lehnte es ab, sein Reich mit Gewalt zu eta-
blieren (siehe Joh 18:36). Napoleon Bonaparte sagte über ihn:

Alexander, Cäsar, Karl der Große und ich grün-
deten Königreiche. Doch worauf gründeten wir
diese Kreationen unserer Genies? Auf Gewalt.
Nur Jesus Christus gründete sein Reich auf der
Liebe, und Millionen von Menschen würden für
ihn sterben. Christus hat bewiesen, daß er der
Sohn des Ewigen war (Vollmer 1912:332).

Lektionen aus den jüdischen Aufständen

Indem er sich von seinem Messias abkehrte, lehnte der Judais-
mus auch seine Lehren über den Krieg ab. Während des ersten
jüdischen Aufstands (66–73 n. Chr.) eroberte der römische Ge-

neral Titus Jerusalem, zerstörte den Tempel, tötete Tausende von Juden und brachte die Goldene Menora nach Rom (siehe Wilson 1989:75). Während des zweiten jüdischen Aufstands (132–135) ging Rabbi Akiba so weit, Simon, einen Zeloten, als Messias zu verkünden (*Bar Kochba*). Diesmal machte der römische General Hadrian Jerusalem dem Erdboden gleich, tötete ungefähr 500 000 Juden in ganz Palästina, nannte die Stadt nach seinem Namen und verbot den Juden, die Stadt zu betreten (Wilson 1989:82). Diese Ereignisse hätten der Kirche für alle Zeiten eine Lektion erteilen können, doch das war nicht der Fall.

Die Kirche im Kompromiß

Während der ersten drei Jahrhunderte ihres Bestehens blieb die Kirche getrennt von weltlicher Macht. Das änderte sich mit Konstantin (312 n. Chr.). Seit dieser Zeit hat sich die Kirche auf verschiedenen Ebenen der weltlichen Herrschaft eingemischt und viele Kompromisse geschlossen. Am deutlichsten zeigt sich das in ihrer Auseinandersetzung mit dem Islam im vierzehnten Jahrhundert. Es wäre zu wünschen, daß wir der moslemischen Welt unschuldig begegnen könnten, doch das ist nicht der Fall, besonders, wenn wir in einer westlichen Nation geboren wurden. Missionare aus Lateinamerika, Afrika und Asien haben es dagegen sehr viel leichter auf dem Gebiet. Tragischerweise haben unsere christlichen Vorfahren aus den westlichen Nationen die Lehren unseres Herrn nicht befolgt. Wir wollen uns zunächst genauer mit seinem Leben befassen.

Jesus geht irdischer Gewalt aus dem Weg

Jesus wich bei jeder Gelegenheit vor der Anwendung von Zwang und Gewalt zurück. Bei seiner Versuchung konnte Satan ihn nicht dazu überreden, die Macht Gottes anzuwenden, um sich entweder selbst Befriedigung zu verschaffen oder die

Welt mit rettenden Engeln zu verblüffen, oder sich zu verunreinigen, um sein Ziel zu erreichen. Er war entschlossen, sein Recht als der souveräne Herrscher der Menschen durch das Kreuz zu gewinnen, nicht durch das Schwert. Nicht, daß er keinen Zugang zu dieser Gewalt hatte. Er konnte Stürme stillen, dem Wind gebieten, die Wellen beruhigen, Brot vermehren, um Tausende zu speisen, Wasser in Wein verwandeln, die Kranken heilen, Dämonen austreiben und Tote auferwecken. Er hätte auch eine Legion Engel zu Hilfe rufen können, wenn er gewollt hätte.

Jesus benutzt geistliche Macht

Jesus kam, um von dämonischer Gewalt, von geistlicher Unterdrückung zu befreien, zu vergeben und seine Macht über den Tod selbst zu zeigen. Er wollte, daß die Menschen ihn wegen seiner Güte anerkennen und ihm aus diesem und keinem anderen Grund folgen. Er wollte sein Reich auf selbstopfernder Liebe gründen, nicht auf Gewalt. Er wollte sein Leben als ein Lösegeld für viele geben, und kein Leben mit Gewalt nehmen.

Es gibt zwei Ereignisse, die nur scheinbar eine Ausnahme bilden, und wenn man sie näher betrachtet, sieht man, daß sie nicht dazu verwendet werden können, den Gebrauch der Gewalt zur Gewinnung von Anhängern oder eines Reiches zu rechtfertigen. Zweimal reinigte Jesus den Vorhof der Heiden im Tempel von Jerusalem, um den Juden zu zeigen, daß Gottes Haus ein Ort des Gebets für alle Nationen sein sollte (siehe Joh 2:16, Mk 11:17). Das war etwas, das im äußersten Fall als eine gewaltsame Handlung bezeichnet werden könnte. In Wirklichkeit handelte es sich vielmehr um eine Demonstration moralischer Entrüstung. Nur einmal benutzte Jesus Gewalt, um zu zerstören, und das war, als er den fruchtlosen Feigenbaum verdorren ließ; eine erschreckende Metapher für das Gericht, das über alle kommen wird, die ihr Leben nicht so verwalten, daß es Frucht für Gott bringt (siehe Mt 21:19).

Jesus, das Lamm Gottes

Jesus kam als das Lamm Gottes, ein Opferlamm, das die Sünden der Welt wegnimmt. Er sagte seinen Jüngern, daß er sie wie Lämmer unter die Wölfe sandte (siehe Lk 10:3). Gott sei Dank für seine kostbaren Diener, die das verstanden und danach lebten. Doch nicht alle, die seinen Namen bekannten, folgten ihm im Sinne seiner Lehren.

Das bittere Erbe
der christlichen Königreiche

Als Jesus sich unter den Massen normaler Menschen aufhielt, war er zutiefst berührt, weil er sie verschmachtet und verstreut sah, wie Schafe, die keinen Hirten haben (siehe Mt 9:36). Statt von ihrem Herrn zu lernen, sind Menschen, die sich Christen nannten, und andere, die als Christen angesehen wurden, aber keine waren, wie Wölfe ausgezogen; und sie werden als Wölfe angesehen. Sowohl unsere Vorfahren als auch unsere Zeitgenossen sind über die Frage der Gewalt und der weltlichen Herrschaft gestolpert.

Was Mohammed
von den Byzantinern lernte

Es ist tragisch, daß Mohammed, der ein christliches Reich, nämlich die Byzantiner, in Aktion erlebte, zu dem Schluß kam, daß der Glaube mit dem Schwert verbunden werden müßte. Es kann sein, daß die Probleme mit Konstantin begannen, dem römischen Kaiser, der nach seinen Siegen in den Bürgerkriegen, die das Reich zu Grunde gerichtet hatten, das Christentum annahm und es um 312 n.Chr. zur offiziellen Religion des Reiches erklärte. Als christlicher Kaiser führte Konstantin weitere Eroberungszüge und benutzte das Kreuz als Symbol auf den

Schilden seiner Krieger. Seit dieser Zeit leidet die Christenheit unter solchen, die das Weltliche nicht vom Geistlichen unterscheiden und die Gewalt anwenden, um ihren Glauben zu verteidigen oder um unter seinem Banner ihre unheiligen Kriege zu führen.

Es ist nicht meine Absicht, in eine lange Debatte über die Trennung von Kirche und Staat einzusteigen, doch ich vertrete diese Auffassung und glaube, daß Menschen, die diese Unterscheidung nicht gemacht haben, dem Namen und der Sache Christi enormen Schaden zufügten.

Mohammed wußte um die Kämpfe zwischen den Persern und den Christen zu seiner Zeit. Letztere wurden von ihren Feinden das „Östliche Römische Reich" oder „Byzantiner" genannt. Im gleichen Jahr als Mohammed seine schicksalsreiche Auswanderung von Mekka nach Medina vornahm (622), begann der Kaiser Heraklius von Byzanz einen siebenjährigen „Heiligen Krieg" gegen die Perser. In sehr lebhafter Weise sah Mohammed, durch das Beispiel der Byzantiner, wie der Glaube mit dem Schwert verbunden wurde. Es bedurfte nur seiner Erfindungsgabe, um den alten beduinischen Stammesbrauch der *Razzia*, also das gegenseitige Überfallen von Karawanen, in „Dschihad" umzubenennen, also das Streben im Wege Gottes (siehe Watt 1974:108). Statt daß die Kirche die militärischen Exzesse der Byzantiner kontrollierte und ihnen ins Gewissen redete, hatte sie an ihnen teil und schädigte damit den Geist und die Lehre, nach denen Christus sein Reich bauen wollte.

Die Kreuzzüge

Die Zeit der Kreuzzüge (1095–1291), der militärischen Expeditionen, die von der Kirche beauftragt wurden, um das „Heilige Land" den Moslems zu entreißen, waren keine Ausnahme unter den Kriegen, die im Namen und mit dem Segen der Kirche geführt wurden. Sie standen vielmehr in der ungebrochenen Tradition eines christlichen Militarismus, die von Konstantin schon im vierten Jahrhundert eingeführt wurde.

Die Kolonialzeit

Der Islam lernte, daß Christen gefährlich sind. Falls darüber je ein Zweifel bestand, wurde er in der Kolonialzeit (etwa 1450–1970 n. Chr.) für immer beseitigt. Spanien und Portugal begannen im sechzehnten Jahrhundert als erste mit ihren missionarischen Abenteuern. Im folgenden Jahrhundert traten die Holländer, die Franzosen und die Engländer in den verrückten Wettlauf der Expansion ein. Bevor alles zu Ende ging, waren auch Belgien, Deutschland, Italien und Rußland mit von der Partie. Frankreich ist immer noch im Rennen, durch die Besetzung der Insel Mayotte und Französisch-Guyana. Die sechs zentralasiatischen moslemischen Republiken, die vorher Teil der kürzlich aufgelösten Sowjetunion waren (Aserbaidschan, Tadschikistan, Usbekistan, Turkmenistan, Kirgisien und Kasachstan), haben erst vor kurzer Zeit ihre Unabhängigkeit erlangt (Dezember 1991). Dazu kann man noch die erfolglose russische Invasion von Afghanistan zählen (1979–1988).

Es stimmt, daß gegen Ende der Kolonialzeit viele dieser westlichen Mächte nicht länger im Namen Gottes und ihres Landes vorgingen, denn in vielen dieser Länder hatte das Konzept von der Trennung von Staat und Kirche Fuß gefaßt. Doch Missionare, oft mit der gleichen Nationalität wie die besetzenden Kolonialmächte, folgten ihnen sehr schnell nach. Obwohl es sich hierbei technisch gesehen nicht um religiös-militärische Vorstöße handelte, wurden sie von den Moslems als solche angesehen. Man muß bedenken, daß Moslems keine Unterscheidung zwischen Religion und Staat machen, und deshalb auch andere in dieser Weise zu sehen pflegen, das heißt, sie nehmen an, daß es eine verborgene Verbindung zwischen unseren Regierungen und unseren Missionaren gibt. Für Missionare, die aus Ländern kommen, die nie Kolonialmächte waren, ist es etwas einfacher, obwohl die Feindseligkeit der Moslems gegen Christen und das Christentum so übergreifend ist, daß sie diese Unterscheidung nicht länger machen.

Amerikaner werden vielleicht schockiert sein, zu erfahren, daß auch ihr Land mit moslemischem Blut besudelt ist, und

zwar seit 1889, als es Spanien besiegte und die Herrschaft über
die Philippinen übernahm. Spanien hatte seit Jahrhunderten versucht, die moslemischen Völker von Mindanao und den Inseln
des Sulu-Archipels zu regieren. Über fast vierhundert Jahre
hatte es immer wieder Kriege mit diesen Moslems gegeben.
Amerika fuhr da fort, wo Spanien aufhörte, und kämpfte gegen
die Moslems auf den Philippinen. Andere, nicht so lang zurück-
liegende Geschehnisse, können hinzugefügt werden, die sich im
Libanon (1956, 1986), in Libyen (1987) und im Irak (1991)
abgespielt haben.

Das Ausmaß der Kolonialbesetzung

Wenn man auf einer Weltkarte das Ausmaß der Besetzung der
moslemischen Welt durch die Kolonialmächte markiert, macht
es ungefähr neunzig Prozent aus. Im Anhang E kann der Leser
sehen, vor wie kurzer Zeit diese besetzten moslemischen Länder ihre Unabhängigkeit wiedererlangten. Der Zweck der Auflistung dort ist nicht, zu zeigen, wie lange diese Länder besetzt
waren, sondern zu zeigen, wie frisch die Wunden sind, die der
Westen den Moslems beigebracht hat. Die Liste beschränkt sich
auf solche Länder, die eine moslemische Bevölkerungsmehrheit
haben. Länder, die moslemische Minderheiten haben und unter
der Kolonialbesetzung litten, wurden nicht aufgeführt. Aus diesem Grund sind die Moslems aus Rußland, China oder Indien
dort nicht erwähnt. Man findet auch Amerika nicht als Kolo-
nialmacht, obwohl es die Philippinen mit ihrer moslemischen
Minderheit von 1898 bis 1946 besetzt hatte, mit Ausnahme der
Periode der japanischen Besetzung im Zweiten Weltkrieg.

Der aktuelle amerikanische Militarismus in der moslemischen Welt

In letzter Zeit hat Amerika gegen moslemische Länder eine seltsame Doppeldeutigkeit an den Tag gelegt. Es besetzte Libanon im Jahre 1956 und bombardierte es 1986. Amerika ist der Hauptunterstützer des modernen Staates Israel seit 1946 und doch intervenierte es und zwang Frankreich, Großbritannien und Israel 1956, sich vom Suezkanal zurückzuziehen. Im Krieg zwischen dem Iran und dem Irak (1979 bis 1988) verteidigten die USA die kuwaitischen Schiffe, und später alle Schiffe, die vom Iran angegriffen wurden, und zeigte damit eine Neigung für den Irak. Später jedoch (1991) führten die USA Krieg gegen den Irak, um die Irakis aus Kuwait zu vertreiben. Die Streitigkeiten der USA mit Libyen sind wohlbekannt. Man könnte noch mehr sagen über den Waffenhandel mit verschiedenen moslemischen Ländern, angefangen mit Saudi-Arabien bis hin zu Ägypten, Jordanien, Pakistan und der afghanischen Widerstandsbewegung.

Diese, auf kürzliche Ereignisse basierenden Kommentare, tendieren dazu, bei den Moslems den Eindruck zu verstärken, daß Amerika entweder ein sehr verdächtiger Freund oder ein sehr gefährlicher, potentieller Feind ist. Tatsache ist, daß die meisten protestantischen Missionare aus den USA (bisher) gemischte Signale an unsere moslemischen Freunde weitergeben. Moslems stellen die Frage: „Seid ihr verbündet mit der politischen Führung eures Landes?", und weil die meisten von ihnen nie einen Missionar zum Freund gehabt haben, denken sie, daß die Antwort „ja" lautet. Sie nehmen an, daß Christen genauso sind wie sie. Sie kennen sehr wenige oder gar keine Beispiele von Christen, deren höchste Loyalität einem übernationalen und sogar übernatürlichen Reich gehört.

Das Problem Palästina

So schmerzhaft die soeben beschriebenen Dinge für die unter uns sind, die unter Moslems arbeiten wollen, einzig und allein weil wir sie lieben, es gibt noch einen weiteren Punkt, der alles Vorangegangene überschattet. Der schmerzhafteste Dorn im Fleisch des Islam ist die Tat der westlichen Nationen, um die Existenz des modernen Staates Israel zu ermöglichen. Amerika war das erste Land, das nach der Resolution der Vereinten Nationen von 1948 den Staat Israel anerkannte. Seit dieser Zeit werden Amerikaner als die Macht hinter Israel angesehen, und damit als der wahre Feind des Islam, und zwar nicht nur von Moslems im Mittleren Osten, sondern von Moslems auf der ganzen Welt. Seit dem Sieg der Juden im Yom-Kippur-Krieg von 1967 sind Moslems einer ihrer am meisten geschätzten Besitzungen beraubt: Jerusalem. Diese Stadt wird von Moslems als die drittheiligste Stadt, nach Mekka und Medina, betrachtet. Der Felsendom und die Al-Aksa-Moschee, beide in Jerusalem, werden von moslemischen Pilgern aus der ganzen Welt aufgesucht.

Wenn der Schmerz über den Verlust dieser heiligen Orte, die während fast dreizehnhundert Jahren in der Hand von Moslems waren, kombiniert wird mit dem Schmerz über das, was die Juden den Palästinensern angetan haben, wird das zum empfindlichsten Punkt in der Beziehung zwischen dem Islam und dem Westen, und bestätigt den Eindruck, den Moslems von Menschen aus dem Westen haben. Wir werden für schuldig gehalten, weil wir Israel blind unterstützen. Es ist, als ob all unser hochgerühmtes Eintreten für Demokratie und die Rechte von Personen sowie unsere öffentliche Stellungnahme für „Menschenrechte" durch die Flut von bedingungsloser Unterstützung des politischen Israel, ob zu Recht oder Unrecht, weggewaschen wurde.

Von den modernen Schriftstellern hat Barbara Tuchman diese unerklärliche Blindheit in unserer parteiischen Behandlung von Juden und Palästinensern in ihrem bemerkenswerten Buch *Bible and Sword* (1956) behandelt. Tuchman, die die Geschichte dieser Angelegenheit nur bis zur Balfour-Erklärung im Jahre 1917 zurückverfolgt, hält daran fest, daß sowohl der besondere Hang der Briten zur Bibel als auch der Drang nach dem Empire, in dieser erstaunlichen Politik Ausdruck findet, die Juden nach einer Abwesenheit von zwei Jahrtausenden in ihr ehemaliges Heimatland zurückzuführen (1956:ix,x). Durch die britische Geschichte beschreibt sie sehr geschickt die sehr frühe Faszination der Briten von der Bibel, und damit auch vom „Heiligen Land", ihre Teilnahme an den Kreuzzügen, ihre Faszination mit der Erfüllung der Prophetien über die Juden und die historische Rolle, in der sie sich selbst bei der Erfüllung dieser Prophetien sahen. Sie zeigt ebenfalls, daß die Briten ein starkes Empire-Denken besitzen und wie dieses Denken aus der christlichen Perspektive mit der religiös-kulturellen Sorge um die Frage des Heiligen Landes zusammenläuft und zu der erstaunlichen Bewegung führte, den Juden ihr Heimatland wiederzugeben.

Am Ende, als das Empire dahinschwand und die Briten das Interesse verloren, waren es die Amerikaner, die wie die Briten fasziniert von der biblischen Geschichte und Prophetie, für ein Heimatland der Juden eintraten. Die Geburt des Staates Israel im Jahre 1948 hätte ohne die Vereinigten Staaten aus menschlicher Sicht nicht stattgefunden.

Der Heilige Krieg der Moslems gegen Israel

Eine Welle der Entrüstung brach sofort danach in der moslemischen Welt aus. Jüdische Amerikaner meldeten sich freiwillig und vergossen moslemisches Blut, um das Land den Juden zu sichern. Die Moslems haben das nie vergessen. Jeder Herrscher Saudi-Arabiens, von König Faisal bis zum heutigen König, hat den Dschihad (Heiligen Krieg) gegen Israel ausgerufen. Die Tatsache, daß er nicht militärisch ausgeführt wird, bedeutet in keiner Weise, daß er in Vergessenheit geraten ist. Trotz verschiedener Friedensanstrengungen warten die Moslems auf den günstigsten Augenblick, den militärischen Dschihad zu beginnen.

Zusätzlich zu der pro-israelischen Auslandspolitik der Regierung der Vereinigten Staaten, hat ein Teil der amerikanischen Kirche aufgrund ihres eigenen Verständnisses der biblischen Prophetie, Israel uneingeschränkte finanzielle Hilfe gewährt. Aufgrund dessen werden Christen religiös, politisch und militärisch als anti-moslemisch betrachtet. Einfach ausgedrückt, Christen werden als der totale Feind angesehen.

Zweifellos bietet der Islam eine der größten, wenn nicht die größte Herausforderung an die christliche Mission. Jede kulturübergreifende Mission beinhaltet die Ersetzung oder die radikale Änderung der Weltsicht eines Volkes durch eine Weltsicht, die sich auf die Bibel gründet. Der Konflikt zwischen der islamischen Weltsicht und der biblischen, die sich auf den ersten Blick so sehr ähnelt, ist so groß, daß man alle anderen Konflikte vermeiden muß, die wegen anderer Dinge entstehen könnten, wie zum Beispiel Nationalität, Patriotismus, politische Meinung und militärischer Abenteuergeist, es sei denn, es gibt zwingende Gründe, einem Angriff von moslemischer Seite zu widerstehen.

Dieses Kapitel begann mit einem Zitat Jesu über die Art des Reiches Gottes. Wir haben gesehen, was geschieht, wenn Christen die Lehre ihres Herrn über den Mißbrauch von Gewalt nicht beachten. Wenn sein Reich sich also nicht durch Soldaten, politische Grenzen, militärischen Abenteuergeist, Eroberungen und gewaltsame Unterwerfung anderer bemerkbar macht, wie macht es sich dann bemerkbar?

Das Reich Gottes

Das Reich Gottes handelt von der Liebe. Es handelt vom Dienen. Es handelt von Demut. Es handelt von einer echten Sorge füreinander. Es handelt davon, zu versuchen, andere von ihrem direkten Weg zur Zerstörung abzubringen und sie in das ewige Reich des Sohnes Gottes hineinzubringen. Im Mittelpunkt dieses Reichs steht natürlich Jesus Christus, der König, der sich selbst entäußerte und die Gestalt eines Dieners annahm, und der schließlich an unserer Stelle starb. Seine Lehre handelt von dem Verzicht auf Macht, dem Verleugnen seiner selbst, davon, sich selbst dem Dienst an anderen hinzugeben. Der christliche Arbeiter, der Moslems dienen will, muß zu einem tiefen Verständnis über das Wesen des Reiches Christi gekommen sein, so daß er nicht verwirrt wird und in den Gebrauch weltlicher Macht, in Stolz und Vorurteil zurückfällt.

Moslems, die sich meiner Meinung nach in einem großen Irrtum hinsichtlich weltlicher Macht befinden, nämlich der Macht des Schwertes, der Angst, der einschüchternden Taktik, sind übersensibel, wenn es darum geht, das gleiche bei anderen herauszufinden. Keine andere Religion betont wahrscheinlich so sehr den starken Unterschied zwischen dem Weg Gottes und dem Weg der Welt wie der Islam. Der Christ hat darum die Aufgabe, sich von dem Weg der Welt zu distanzieren, wie er sich in der Geschichte der Militärstaaten, der Kreuzzüge, des Kolonialismus und der modernen Machtpolitik zeigt, und darf nur mit geistlichen Waffen und Kräften bewaffnet in das Erntefeld ziehen. Und die Arbeit wird nicht einfach sein. Jesus, der als Lamm kam, sendet uns wie Schafe unter die Wölfe.

Kapitel 19

Das Reich Gottes und die Kultur

Jesus spricht ... glaube mir, es kommt die
Stunde, da ihr weder auf diesem Berg noch in
Jerusalem den Vater anbeten werdet ... da die
wahren Anbeter den Vater in Geist und Wahrheit
anbeten werden. (Joh 4:21,23)

Wir sprachen über das Merkmal der militärischen Geschichte des Westens (der als Christenheit angesehen wird) gegen den Islam. Wir stellen fest, daß unsere Staatszugehörigkeit ein Risiko darstellen kann, wenn wir das Evangelium an Menschen anderer Nationen weitergeben wollen, besonders dann, wenn unsere Nation ihrer Nation Verletzungen zugefügt hat.

Die Beziehung, die das Evangelium vom Reich Gottes zur Kultur hat

Wir wollen uns jetzt mit einem Problem auseinandersetzen, das noch viel verzwickter, allgegenwärtiger und möglicherweise auch viel schwerer zu lösen ist. Es handelt sich um die Frage, welche Beziehung das Evangelium vom Reich Gottes zur Kultur hat. Anders formuliert: Gab Jesus dem Reich Gottes einen absoluten kulturellen Ausdruck? Das hat dann enorme Auswirkungen, wenn das Evangelium geglaubt und angenommen wird. Es wirft die Frage auf, wessen Kultur triumphieren wird, wenn

197

es zu Bekehrungen kommt. Sollte der oder die Neubekehrte die Kultur dessen annehmen, der ihn oder sie zu Christus geführt hat? Oder falls der kulturelle Hintergrund der Mitglieder einer Ortsgemeinde anders ist als der des Neubekehrten, sollte er sich an die Kultur der Christen in dieser Gemeinde anpassen? Oder kann der Neubekehrte in seinem kulturellen Kontext auf das Evangelium eingehen? Falls dem so ist, nach welchen Prinzipien sollte sich die Lebensform einer Gemeinde ausrichten?

Wenn wir dieses Problem durch vorangegangene Generationen hindurch zurückverfolgen, entdecken wir, daß die aktuelle Gemeinde nicht mehr der Gemeinde des ersten Jahrhunderts entspricht, oder des zweiten, dritten oder fünfzehnten Jahrhunderts. Was ist geschehen? Wer gab die Erlaubnis, die Dinge zu ändern? Wann fand die Änderung statt? Wie geschah es und warum? Gab es nicht eine ein für alle Male festgelegte Ausdrucksform christlicher Kultur? Ist die Herrschaft Christi nicht universal? Setzte uns Jesus nicht durch sein eigenes Leben ein Beispiel?

Ich erinnere mich an einen Alptraum, den ich einmal hatte, während ich an einem Missionskurs in Pakistan über Christentum und Kultur unterrichtete. In dem Traum kam der Anführer eines Dorfes mit fünftausend Moslems zu mir und sagte: „Mister McCurry, Sie haben einigen von uns in den letzten zwei Jahren von Christus berichtet. Jetzt sind wir alle gläubig und wir haben alle in unserem Dorf davon überzeugt, an die Gute Nachricht von Jesus Christus zu glauben. Jetzt wollen wir, daß Sie uns taufen und uns die christliche Kultur beibringen." An dieser Stelle wachte ich schweißgebadet auf und fragte mich: „Was ist *die* christliche Kultur? Ist es der amerikanische Presbyterianismus? Britischer Anglikanismus? Schwedisches Pfingstkirchentum? Die Kultur der Südlichen Baptisten? Die Plymouth-Brüdergemeinden? Die Heilsarmee?" Langsam dämmerte mir, daß es so etwas wie *die* christliche Kultur nicht gibt, sondern daß dort, wo das Evangelium Wurzeln schlägt, die Kulturen durch Christus verändert werden.

Der orthodoxe Islam und die Kultur

Der orthodoxe Islam dagegen nimmt in dieser Frage eine starre Haltung ein. Mohammed hatte den Eindruck, daß seine Worte für die gesamte Menschheit verbindlich waren. Er gab sogar das Beispiel für die kulturelle Ausdrucksweise, gemäß der man sein ganzes Leben nach den Worten des Korans auszurichten hat. Nicht nur seine Reden im Koran, sondern alle seine Worte und Taten wurden zu einer Norm für alle Moslems. Das wurde zunächst in den festgelegten Traditionen (der Hadith) verankert und später im islamischen Gesetz (der Scharia) offiziell formuliert. Mohammeds stellvertretender kultureller Lebensstil, also sein Modell arabischer Kultur des siebten Jahrhunderts, wurde (im moslemischen Denken) für die gesamte Menschheit verbindlich.

Keine absolute christliche Kultur

Hat die Christenheit einen Fehler begangen, indem sie die jüdische kulturelle Ausdrucksform des Evangeliums aus dem ersten Jahrhundert nicht für absolut gültig erklärte? Jesus sagte schließlich zu seinen ersten Anhängern: „Folge mir nach." Hätten wir Jesus in allem imitieren sollen? Offensichtlich nicht, sonst wäre das Neue Testament ein sehr viel dickeres Buch. Wie schon vorher erwähnt, nahm der Apostel Johannes sehr viel Material über Jesus absichtlich nicht in sein Evangelium auf, weil es ganz einfach für Gottes Absichten für dieses Zeugnis nicht notwendig war. Er schrieb:

> *Auch viele andere Zeichen hat nun zwar Jesus vor den Jüngern getan, die nicht in diesem Buch geschrieben sind. Diese aber sind geschrieben, damit ihr glaubt, daß Jesus der Christus ist, der Sohn Gottes, und damit ihr durch den Glauben Leben habt in seinem Namen.*
> *(Joh 20:30,31)*

Ehe wir uns damit befassen wollen, was Jesus und seine Apostel auf dem Gebiet des Reiches Gottes und der Kultur lehrten, müssen wir einiges bedenken. Wir stellen damit nicht die moralischen oder ethischen Lehren von Jesus Christus in Frage. Er sagte selbst, daß er nicht kam, um das Gesetz aufzulösen, sondern um es zu erfüllen (siehe Mt 5:17). Er kam in Reinheit, Heiligkeit, Gerechtigkeit, Liebe, Gnade, als die absolute Verkörperung der Wahrheit – der Wahrheit über Gott und über den Menschen, und öffnete uns dann den Weg zurück zu Gott durch sich selbst. Alles das wird hier absolut nicht in Frage gestellt.

Doch die Feinde Jesu warfen ihm vor, die Traditionen ihrer Väter zu ändern (siehe Mk 7:5). Ähnliche falsche Anklagen wurden gegen die Jünger vorgebracht: „Wir haben ihn sagen hören: Dieser Jesus, der Nazaräer, wird diese Stätte zerstören und die Gebräuche verändern, die uns Mose überliefert hat" (Apg 6:14). Was wurde eigentlich geändert? Warum regten sich die Juden so auf? Warum regen sich die Moslems so sehr über die Einführung der Bibel und der christlichen Lehre auf? Was wird sich ändern? Was sollte sich ändern? Das sind echte Fragen.

Jesus in Samaria

Um die Fragen zu beantworten, wollen wir uns zunächst der bemerkenswerten Begegnung zuwenden, die Jesus mit der Frau am Brunnen in Samaria hatte (Joh 4:1-42). Man kann die Samariter aus der Zeit Jesu in vieler Hinsicht mit den heutigen Moslems vergleichen. Sie waren die Rivalen der Juden. Sie waren mit ihnen verwandt, aber nicht von derselben reinen ethnischen Abstammung; sie besaßen einen Teil der Heiligen Bücher (den Pentateuch); sie hatten ein rivalisierendes Anbetungszentrum in Samaria errichtet (Berg Gerezim); sie hatten es nicht länger nötig, nach Jerusalem zu gehen; sie hatten ihre eigenen Priester.

Die heutigen Moslems, zumindest die Araber unter den Moslems, beanspruchen eine Abstammung von Abraham über Ismael, und wie wir schon vorher feststellten, identifizieren sich alle Moslems geistlich mit Abraham und Ismael. Wie die Samariter auch, haben sie ein Heiliges Buch. Unglücklicherweise ist die Gute Nachricht im Koran wesentlich geändert worden. Die Moslems haben auch ein rivalisierendes Anbetungszentrum etabliert, und zwar Mekka. Obwohl sie vorgeben, keine Priester zu haben, würde der Islam ohne seine religiösen Führer, die Imams, Mullahs, Maulanas, Scheichs, Pirs, Ayatollahs, Muftis und Kadis nicht funktionieren. Kurz gesagt, der Islam hat ein System entworfen, das nicht nur mit dem Christentum wetteifert, sondern das mit aller Kraft versucht, es zu ersetzen.

Indem wir betrachten, was Jesus bei seiner Begegnung mit der samaritischen Frau lehrte, können wir vielleicht Prinzipien ableiten, wie man das Problem des Evangeliums und der Kultur angehen kann. In diesem Bibelabschnitt können wir nur die Abschaffung des jüdischen Gesetzes bei der wahren Anbetung Gottes als den Vater betrachten. Unter Hinzuziehung anderer Abschnitte, die wir im nächsten Kapitel aufführen werden, können wir weitere Prinzipien entdecken, die bei der Vermittlung des Evangeliums an Moslems über kulturelle Grenzen hinweg helfen können. Bevor wir fortfahren, möchte ich dem Leser empfehlen, Johannes 4:1-42 zu lesen.

Nachdem die samaritische Frau dem Herrn ihre Vergangenheit offenbart hat, antwortet sie mit einer sehr provokativen und durchdringenden Bemerkung, die direkt ins Herz des Problems zwischen diesen beiden rivalisierenden Religionen trifft. Sie sagt: „Unsere Väter haben auf diesem Berg angebetet, und ihr sagt, daß in Jerusalem der Ort sei, wo man anbeten müsse" (Joh 4:20). Sie fragt im Grunde, was der richtige Ort ist, und was der richtige Brauch, demgemäß man Gott anbeten soll. Großartig. Genau darum geht es in der kulturübergreifenden Mission.

Die Antwort Jesu ist überraschend, nervenaufreibend für einen Traditionalisten und wunderbar befreiend für nicht-jüdische Menschen:

Frau, glaube mir, es kommt die Stunde, da ihr weder auf diesem Berg noch in Jerusalem den Vater anbeten werdet. Ihr betet an, was ihr nicht kennt; wir beten an, was wir kennen, denn das Heil kommt von den Juden. Es kommt aber die Stunde und ist jetzt, da die wahren Anbeter den Vater in Geist und Wahrheit anbeten werden; denn der Vater sucht solche als seine Anbeter. Gott ist Geist, und die ihn anbeten, müssen in Geist und Wahrheit anbeten. (Joh 4:21-24)

Freiheit von der Gebundenheit an die jüdische Kultur

Die Antwort Jesu ist kühn, erschütternd und eine wahre Offenbarung. Die Zeit war wirklich gekommen. Das Evangelium, die Gute Nachricht vom Reich Gottes, sollte von seiner Gebundenheit an die jüdische Kultur befreit werden. Mit der Aussage: „. . . noch in Jerusalem" durchschnitt Jesus die kulturellen Stränge der Tradition, die das Reich Gottes an die von Mose gegebenen Gesetze der Juden gebunden hatte. Aus anderen Bibelstellen wissen wir, daß der Tempel der Juden zerstört werden sollte (siehe Mt 24:2, Mk 13:2). Jesus prophezeite auch die Zerstörung Jerusalems (siehe Lk 13:35). Hätte Jesus nicht etwas sehr viel Besseres in der Zukunft gesehen, wäre es ein Bild völliger Trostlosigkeit gewesen. Doch er konnte weiter sehen, bis zur Herrlichkeit der letzten Tage, und auch die erstaunlichen Dinge, die bis dahin geschehen würden, um die Vision Wirklichkeit werden zu lassen.

Ihr werdet den Vater anbeten

Jesus sagte der Samariterin dann noch weitere aufregende Dinge. Die Kraft seiner positiven Aussagen war umwerfend: „Ihr werdet den Vater anbeten." Eine neue Idee, sowohl von der Absicht als auch vom Inhalt her. Sie würde persönlich eine wahre Erfahrung der Anbetung machen, und das Objekt ihrer Anbetung würde der eine lebendige Gott sein, der sich ihr als Vater offenbart. Das würde die Aufmerksamkeit jeder Person erwecken, besonders, wenn man nie zuvor an Gott als einen Vater gedacht hat. Es gibt übrigens im Islam kein einziges Wort darüber, daß Gott als Vater bezeichnet. Der Schock, das Wort „Vater" zu verwenden, würde für einen Moslem größer sein, als es für die samaritische Frau war.

Ihr betet an, was ihr nicht kennt

Im nächsten Atemzug fegte Jesus jede Möglichkeit vom Tisch, daß die samaritische Religion ihre Berechtigung haben könnte. Er könnte ebenso zu Millionen von heutigen Moslems gesprochen haben, die behaupten, daß Gott hoch erhaben und völlig transzendent ist, daß man ihn nicht kennen kann und daß er uns in keiner Weise gleicht. Jesus sagte ohne Zweifel zu der Frau: „Ihr Samariter betet an, was ihr nicht kennt; wir beten an, was wir kennen, denn das Heil kommt von den Juden" (Joh 4:22). Jesus ließ es nicht zu, daß jemand mit Gottes Erlösungsplan herumspielt, der durch Abraham, Isaak, Jakob, Juda, David und schließlich durch Jesus, den Sohn Gottes, weitergegeben wurde.

Lebendiges Wasser

Doch Jesus wollte noch mehr, als lediglich einige Dinge aufklären. Er wollte, daß diese Frau von neuem geboren wurde und in das Reich Gottes eintrat und daß ihr Geist von allem gereinigt wurde, das sie daran hinderte, Gott im Geist und in der Wahrheit anzubeten. Er wollte, daß sie mit Gottes Geist und Wahrheit erfüllt wurde. Am Anfang seiner Unterhaltung mit ihr, hatte er ihr „lebendiges Wasser" versprochen, falls sie davon trinken würde, was er ihr anbot. Später im Johannesevangelium erklärt Jesus, daß das „lebendige Wasser" den Heiligen Geist darstellt, der noch nicht gegeben war (siehe Joh 7:38,39). Er wollte ihr den Heiligen Geist geben. Noch eine Offenbarung! Gott ist ein „suchender Vater". Er hatte nach dieser samaritischen Frau gesucht und Jesus gesandt, um sie zu finden!

Anbetung im Geist und in der Wahrheit

Diese Tatsache war gerade eben verstanden worden, als die nächsten Worte kamen und wie ein verzehrendes Feuer brannten: „Gott ist Geist, und die ihn anbeten, müssen ihn im Geist und in der Wahrheit anbeten" (Joh 4:24). Anbetung ist nicht an einen Berg gebunden. Anbetung ist nicht an ein Volk gebunden. Anbetung ist eine direkte Erfahrung zwischen Gott und der Person, die im Geist, in der Kraft und Energie von Gottes Heiligem Geist, anbeten will sowie in der aufrichtigen und leidenschaftlichen Suche nach Wahrheit, in der ehrlichen Begegnung mit der Wahrheit über sich selbst („Denn fünf Männer hast du gehabt, und der, den du jetzt hast, ist nicht dein Mann") und der kraftvollen, verwandelnden Begegnung mit dem, der der Weg, die Wahrheit und das Leben ist, Jesus, der Messias, der Retter der Welt.

Die Auswirkungen dieser Rede haben die Grundfeste der institutionalisierten Religion seither erschüttert. Es wird weder leere, heuchlerische Zeremonien noch Religionsvermischung bei der Anbetung Gottes geben. Gott lehnte es ab, die Ausdrucksweise der jüdischen Kultur in der Anbetung als absolut zu erklären, und gleichzeitig schloß er die Tür für die Völker jeder anderen Kultur, die etwas Ähnliches versuchen wollten. „. . . weder auf diesem Berg, noch in Jerusalem" (Joh 4:21); der Tempel würde zerstört werden. Jesus, und man kann hinzufügen Stephanus, bezahlten diese Aussage mit ihrem Leben. Kein Volk, weder die Juden noch die Samariter noch irgendein anderes Volk würden die Wahrheit in alten Weinschläuchen halten können. „Gott ist Geist, und die ihn anbeten, müssen ihn im Geist und in der Wahrheit anbeten." Was bedeutet das für kulturelle Formen, durch die wir die Anbetung ausführen? Ich will versuchen, das in Kürze zu beantworten.

Es bedeutet weder, daß die Errettung nicht von den Juden kam, noch daß das Konzept des Tempels und Jerusalem je in Vergessenheit geraten sollten. Gott bestätigte, daß die Erlösung in „Zeit und Raum" verankert war. Gottes großer Akt der Erlösung, die Kreuzigung von Jesus Christus, dem Messias, geschah zu einem bestimmten Zeitpunkt im irdischen Leben Jesu und an einem bestimmten Ort außerhalb der Mauern des alten Jerusalem. Jesus würde das Konzept der Errettung nicht von der Geschichte trennen. Ebensowenig würden die Ideale, die von diesen Institutionen angenommen wurden, in Vergessenheit geraten, sondern sollten universale Gültigkeit erhalten.

Der Tempel erlangt universale Bedeutung

Gott, in seiner Voraussicht, bewahrte, erweiterte und machte die Bedeutung des Tempels und Jerusalems sogar universal gültig. Er hatte tatsächlich eine großartige Vision. Dem Apostel Paulus, in gewisser Weise Petrus und zuletzt Johannes wurden besondere Erkenntnisse über die wahre Bedeutung des Tempels und der Stadt Jerusalem gegeben. Als Paulus in seinem Brief an die Epheser über unsere Bürgerschaft spricht, beschreibt er den Tempel als aus Menschen, nicht aus Steinen gebaut:

> *So seid ihr nun nicht mehr Fremde und Nichtbürger, sondern ihr seid Mitbürger der Heiligen und Gottes Hausgenossen. Ihr seid aufgebaut auf der Grundlage der Apostel und Propheten, wobei Jesus Christus selbst der Eckstein ist. In ihm zusammengefügt, wächst der ganze Bau zu einem heiligen Tempel im Herrn, und in ihm werdet auch ihr mitaufgebaut zu einer Behausung Gottes im Geist. (Eph 2:19-22)*

Petrus fügt diesem Bild folgendes hinzu: „Zu ihm kommend als zu einem lebendigen Stein [Jesus], von Menschen zwar verworfen, bei Gott aber auserwählt, kostbar, laßt euch auch selbst als lebendige Steine aufbauen, als ein geistliches Haus ..." (1 Petr 2:4,5).

Diese beiden Bibelstellen beschreiben das transzendente Bild eines vergeistlichten Tempels, der nicht länger ein kaltes unbelebtes Gebäude ist, sondern jetzt ein lebendiger Tempel, gebaut aus menschlichen, lebendigen Steinen. Die Größe und Ausmaße des Bildes sind atemberaubend. Gläubige aus jedem Zeitalter und jedem Teil der Erde – eine lebendige Struktur, die alle Generationen und alle Völker einschließt – sind das Haus für Gottes lebendigen Geist. Gott selbst wird in ihrer Mitte sein. Kein Wunder, daß Jesus davon sprechen konnte, daß der alte Tempel abgeschafft werden sollte, denn er wußte um einen größeren Tempel, um die Erfüllung von Gottes erlösendem Meisterstück, eine ewige, lebendige Wohnung inmitten seiner erkauften Kinder aus allen Zeiten und von allen Orten; ein lebendiger Tempel, mit Gott in seiner Mitte.

Jerusalem wird universal

Als Paulus das erste und das zweite Jerusalem beschrieb, das irdische und das himmlische, hielt er nicht lange hinter dem Berg damit, zu welchem er gehörte. Er schrieb an die Galater, ein Volk, das immer noch versuchte, das Gesetz zu befolgen, das durch die damalige Stadt Jerusalem, wie sie damals war, symbolisiert wurde: „... dem jetzigen Jerusalem [vor seiner Zerstörung] ... mit seinen Kindern in [geistlicher] Sklaverei" (Gal 4:25,26).

Paulus war nicht bereit, sich an ein irdisches Jerusalem zu binden, in dem bestimmte kulturelle Bräuche herrschten. Er sah, daß das geistliche Muster nicht nur das irdische übertraf, welches Gott irgendwann aufgeben würde, sondern verstand, daß das Reich Gottes über die Kulturgebundenheit eines jeden Volkes hinausgehen muß, um in Wahrheit universal zu sein. Es würde nicht länger nötig sein, zum irdischen Jerusalem zu pilgern. Jeder könnte direkt zum Sitz des Reiches kommen, dem Thron Gottes im Himmel, dem himmlischen Jerusalem, durch die Tat von Jesus Christus für uns.

Die Beschneidung wird universal

Wenn wir die andere wichtige Besonderheit des jüdischen Volkes betrachten, die sie als unumstößlich ansehen, finden wir die gleichen Prinzipien am Werk. Die Beschneidung wurde vergeistlicht. Der Gemeinde in Philippi schrieb Paulus: „Denn wir sind die Beschneidung, die wir im Geist Gottes dienen und uns in Jesus Christus rühmen und nicht auf Fleisch vertrauen ..." (Phil 3:3). An die Gemeinde in Kolossä schrieb er:

> *In ihm [Christus] seid ihr auch beschnitten worden mit einer Beschneidung, die nicht mit Händen geschehen ist, sondern im Ausziehen des fleischlichen Leibes, in der Beschneidung des Christus, mit ihm begraben in der Taufe, in ihm auch mit auferweckt durch den Glauben an die wirksame Kraft Gottes, der ihn aus den Toten auferweckt hat. (Kol 2:11,12)*

Die Beschneidung wurde von dem rein körperlichen Begriff gelöst, jetzt universal gültig gemacht und damit auf Männer und Frauen anwendbar, doch natürlich in rein geistlicher Weise. Ihre Bedeutung ist nun in der Taufe enthalten und in allem, was die Taufe symbolisiert.

Das Konzept Israels wird universal

Sogar das Wort „Israel" ist jetzt universal geworden. Paulus schrieb an die Gemeinde in Ephesus: „... denkt daran, daß ihr ... zu jener Zeit ohne Christus wart, ausgeschlossen vom Bürgerrecht Israels und Fremdlinge hinsichtlich der Bündnisse der Verheißung" (Eph 2:11,12), und „... so [aufgrund des Werkes Christi] seid ihr nun nicht mehr Fremde und Nichtbürger, sondern ihr seid Mitbürger der Heiligen und Gottes Hausgenossen" (Eph 2:19).

Im geistlichen Sinn sind alle wahren Christen jetzt „Israelis", und zwar in der wahren (unpolitischen, unkulturellen, nicht ethnischen) Bedeutung des Wortes. Man möge sich an den Zeitpunkt erinnern, als Jakob die ganze Nacht mit Gott rang und ihn nicht lassen wollte, es sei denn, er segnete ihn. Es war zu dem Zeitpunkt, daß Gott Jakob den Namen „Israel" gab, weil er an Gott festgehalten hatte und nun ein „Fürst mit Gott" war (die eigentliche Bedeutung des Wortes „Israel"). Ein wahrer Israelit zu sein hat also keine ethnische Bedeutung, sondern bezeichnet jemand, der durch Glauben an den Herrn Jesus Christus der Familie Gottes beigetreten ist.

Im Reich Gottes ist nichts verloren

Ehe wir den Islam noch näher betrachten und sehen, wie das bisher Gesagte angewendet werden kann, wollen wir die Bedeutung dieser Dinge zusammenfassen und einige Bemerkungen darüber machen. Wir haben schon gesagt, daß Jesus kam, um das Reich Gottes einzuleiten („Tut Buße, denn das Reich der Himmel ist nahe gekommen", Mt 4:17). Wir erfuhren, daß Jesus nicht die Absicht hatte, ein politisches, irdisches Reich mit all seinem Machtgeprange, seinen Territorien, seiner Polizei und seinem militärischen Arm zu gründen. Er vergeistlichte das Konzept des Reiches: „Mein Reich ist nicht von dieser Welt" (Joh 18:36). Männer und Frauen sollten nicht länger Gott in Jerusalem anbeten müssen; sie würden ihn im Geist und in der Wahrheit an jedem Ort anbeten können. Christentum sollte nicht nur geistlich, sondern auch universal zugänglich sein. Menschen sollten Gott überall im „Geist und in der Wahrheit" anbeten.

Im Laufe der erfüllten Prophetien sind demnach Bräuche, die anfangs rein jüdisch waren, wie die Beschneidung, das Verständnis von der Bürgerschaft im Staat Israel, der jetzt das Reich Gottes genannt wird, und sogar das Konzept von Jerusalem als dem Sitz der Regierungsmacht Gottes, vergeistlicht worden und für alle zugänglich. Die jüdische Exklusivität wich einer allgemeinen Zugänglichkeit. Die Bürgerschaft im Reich Gottes galt nun für alle, die Jesus als den rechtmäßigen König anerkannten. Seine Herrschaft sollte sich über menschliche Herzen erstrecken, die sich ihm liebevoll hingeben, statt über ein Königreich, das auf Gewalt oder Furcht aufgebaut ist.

Das Reich Gottes ist wie ...

Jesus verwendete auch verschiedene Vergleiche, um das Reich Gottes zu beschreiben. Er sagte, es sei wie Salz (siehe Mt 5:13), wie Licht (siehe Mt 5:14) und wie Sauerteig (siehe Mt 13:33). Die Vergleiche betonen Bilder vom Salz, das sowohl reinigt als auch haltbar macht, vom Licht, das die Dunkelheit vertreibt und einen sicheren Weg durch eine sonst feindliche Welt zeigt, und vom Sauerteig, der den ganzen Teig durchdringt und verändert. Alle verrichten ihre Arbeit in der Stille, ohne Gewalt oder Trompetenfanfare, füllen jedoch ihre ihnen zugedachte Funktion unbeirrbar aus.

Um sicherzugehen, daß keine Mißverständnisse auftraten, verbot Jesus den Einsatz von Gewalt vor dem Jüngsten Tag, wenn über jemand ein Urteil gefällt wurde. In dem Gleichnis vom Unkraut und dem guten Samen (Mt 13:24-30, 37-43) steht der gute Samen für die „Söhne des Reiches" und das Unkraut steht für die „Söhne des Bösen". Jesus warnte seine Jünger davor, nicht zu versuchen, das Unkraut auszureißen, was den Gebrauch von Gewalt andeutet. Die Engel werden das am Ende des Zeitalters tun.

Das Reich Gottes und die Mission

Für die christliche Mission hat das alles in der Tat eine tiefe Bedeutung. Dadurch, daß der Tempel, Jerusalem, die Bürgerschaft in Israel, die Beschneidung und sogar das Reich Gottes selbst vergeistlicht wurden, löste Jesus jede einzelne dieser Realitäten aus ihrer Gebundenheit an die jüdische Kultur.

Indem er erklärte, daß der Vater die sucht, die ihn im Geist und in der Wahrheit anbeten, ohne die Form dieser Anbetung festzulegen, sagte er, daß das Evangelium, die Gute Nachricht vom Reich Gottes, mit ihm selbst als dem Schlüssel zum Reich überall hingehen kann und daß Männer und Frauen überall, von jeder Sprache, jedem Stamm, jedem Volk und jeder Nation (siehe Offb 5:9), in ihrer eigenen Kultur darauf eingehen können, solange ihre Anbetung im Geist und in der Wahrheit geschieht.

Der Grund, warum diese Konzepte so wichtig sind, besteht darin, daß die Person, die das Evangelium an jemand aus einer anderen Kultur weitersagt, sich darüber im klaren sein muß, was genau sie mitteilen soll. Wir sind vom Heiligen Geist ausgesandt worden, die Gute Nachricht vom Reich Gottes mitzuteilen. Wir werden später ausarbeiten, was das Eigentliche dieser Guten Nachricht ist, doch an dieser Stelle wollen wir darlegen, was die Botschaft Christi ist, und was er tat, indem er das Reich Gottes in seiner eigenen Person einleitete, besonders in der Mitteilung seines Erlösungswerks am Kreuz, seiner Auferstehung und der Gabe des Heiligen Geistes an alle Gläubigen.

Kein kultureller Imperialismus

Christus gab keine absolute Ausdrucksform für die universale christliche Kultur vor. Der Christ soll das Eigentliche der Guten Nachricht vom Reich Gottes mitteilen und die neuen Gläubigen auf diese Lehre in einer Weise reagieren lassen, die ihrem eigenen kulturellen Kontext entspricht. Der Christ muß deshalb verstehen, daß er dazu da ist, eine geistliche Verwandlung zu bewirken, nämlich die Herrschaft Christi als König im Herzen des Neubekehrten. Die Umsetzung davon im täglichen Leben sollte alle von Jesus gelehrten Prinzipien und Werte widerspiegeln, aber es wird nicht vorgeschrieben, wie der Neubekehrte anzubeten hat, wie er sich zu kleiden hat, wie er zu essen hat oder die unzähligen verschiedenen Dinge zu tun hat, die Teil seiner Kultur sind.

Wer die christliche Bewegung und die Art und Weise studiert hat, wie in verschiedenen Ländern und vielen unterschiedlichen kulturellen Kontexten Gemeinden gegründet wurden, hat mit viel Schmerz festgestellt, daß sehr viele Missionare nicht zwischen ihrer eigenen Kultur und dem eigentlichen Inhalt des Evangeliums unterscheiden konnten. Obwohl sie es nur gut meinten, verfielen sie unwissentlich in eine Art von Synkretismus, indem sie ihre eigene Kultur mit der Botschaft des Evangeliums untrennbar vermischten. Um errettet zu werden, mußten die Neubekehrten nicht nur an die Gute Nachricht von Jesus Christus glauben, was natürlich durchaus erforderlich war, sondern mußten auch alles so in die Tat umsetzen, wie es die Missionare taten oder lehrten. Anders gesagt, die Missionare stülpten den Neubekehrten ihre eigenen kulturellen Formen über und gaben damit zu verstehen, daß das die einzige christliche Lebensweise sei, was natürlich nicht stimmt.

Der Islam als kultureller Imperialismus

Genau diesen Fehler begingen Mohammed und seine Anhänger, als sie versuchten, aus dem Koran und dem Verhalten Mohammeds, wie es in der Hadith aufgezeichnet ist, ein universal gültiges Gesetz abzuleiten. Orthodoxe Moslems, damals wie heute, haben versucht, diesen Abschnitt der arabischen Kultur des siebten Jahrhunderts, wie sie von Mohammed vorgelebt wurde, zu verabsolutieren.

Für den heutigen christlichen Arbeiter ist es außerordentlich interessant zu sehen, was die Moslems aus dem Konzept vom Reich Gottes gemacht haben. Das Reich Gottes wird einige Male im Koran erwähnt. Maulana Muhammad Ali sagt in seinem Kommentar über das einleitende Kapitel des Korans:

> *Letzterer [d. h. der Christ] wird angewiesen, für das Kommen des Reiches Gottes zu beten, wogegen Moslems angewiesen werden, für den richtigen Ort für dieses Reich zu suchen, das*

*schon gekommen ist, mit dem Hinweis, daß das
Kommen des Propheten [Mohammed] in Wirklichkeit das Kommen des Reiches Gottes darstellt, von dem Jesus seinen Anhängern gepredigt hatte (Markus 1:15) (Ali 1973:1,2).*

Es handelt sich hierbei einfach um Maulana Muhammad Alis
eigene Vorstellung, die so ausdrücklich nicht im Koran zu finden ist. Er verstand nicht, daß Jesus das Reich Gottes zu seiner
Lebzeit eingeleitet hatte, daß es jetzt eine Wirklichkeit im Leben der Christen war, und daß es bei der Wiederkunft Christi
vollends eingesetzt werden und sich sichtbar manifestieren
wird.

Obwohl die meisten Moslems glauben, daß das Reich Gottes der Islam ist, stimmt es auch, daß der Koran auf eine
zukünftige Entfaltung des Reiches hindeutet. In der Sure 22:56
lesen wir: „An jenem Tag hat Gott [allein] die Herrschaft. Er
wird zwischen ihnen [d. h. den Menschen] entscheiden. Diejenigen, die glauben und tun, was recht ist, werden dann in den
Gärten der Wonne sein." Hier scheint das Reich Gottes die Belohnung im Paradies zu sein, wie es von Mohammed konzipiert
wurde. Es gibt im Koran ein Kapitel, das sogar den Namen „Die
Herrschaft" oder „Das Reich" trägt (Sure 67). M. M. Alis Kommentar über dieses Kapitel ist noch einmal aufschlußreich:

*Die Aussage hier, daß das Reich in Allahs Hand
ist, und daß er die Macht über alle Dinge besitzt, ist wie eine Prophetie über die Einrichtung
des Reiches des Islam, das in Wirklichkeit das
Reich Gottes ist. Dies wird durch die Worte Jesu
Christi verdeutlicht, der sagte: „Das Reich Gottes wird von euch weggenommen und einer Nation gegeben werden, die seine Früchte bringen
wird" (Matthäus 21:43) (Ali 1973:1080).*

Es entging Ali vollkommen, daß Jesus an dieser Stelle zu den
Juden sprach, und ihnen sagte, daß das Reich Gottes von ihnen

genommen und den Heiden gegeben werden würde, das heißt den Heiden, die Nachfolger Christi werden würden.

Einige moslemische Führer haben ihre eigenen Vorstellungen darüber ausgedrückt, was das Reich Gottes im Koran bedeutet. Als der ältere Maulana Abul Ala Maududi zum Beispiel nach seiner Definition gefragt wurde, sagte er: „Das Reich Gottes ist der Islam, auf der Erde sowie im Himmel." Als ich im Juni 1985 den Direktor des Instituts für Islam an der Universität der Philippinen fragte, was seiner Meinung nach das Reich Gottes sei, antwortete er: „Diese Frage hat mir noch niemand gestellt. Ich nehme an, es bedeutet die Einführung des islamischen Gesetzes auf der ganzen Welt."

Das Reich Gottes und der christliche Arbeiter

Moslems, die die oben genannte islamische Definition vom Reich Gottes angenommen haben, muß der christliche Arbeiter geduldig zu zeigen versuchen, wie das Reich Gottes von Jesus eingeleitet wurde, seine geistliche Natur erklären, daß es wie Sauerteig inmitten jeder menschlichen Kultur arbeitet, und wie es bei der letzten Wiederkunft Jesu vollends eingesetzt werden wird.

In Wirklichkeit haben die meisten Moslems keine Ahnung davon, was das Reich Gottes ist. Für sie wird die Lehre von einem geistlichen Reich, das, wo immer es sich befindet, Kulturen durchdringt und verändert, entweder wie ein frischer Wind oder wie eine gefährliche Bedrohung empfunden werden.

Es ist deshalb wichtig, daß der christliche Arbeiter nicht nur versteht, was mit „Reich Gottes" oder der „Guten Nachricht vom Reich Gottes" gemeint ist, sondern das Reich Gottes auch klar aufzeigen kann, ohne es an eine gegebene Kultur zu binden. Das Merkmal des „Reiches Gottes" ist nicht, daß es in irgendwelchen kulturellen Formen erkannt werden kann, sondern daß die Bürger dieses Reiches Menschen sind, die den Vater im Geist und in der Wahrheit anbeten.

Kapitel 20

Ein Diener der Moslems

*Denn obwohl ich allen gegenüber frei bin, habe
ich mich allen zum Sklaven gemacht ...
(1 Kor 9:19)*

Wir haben gesehen, wie das Evangelium von seiner Gebunden-
heit an die jüdische Kultur befreit wurde. Die Hauptthemen des
Reiches Gottes, der Tempel, Jerusalem, die Beschneidung und
die Zugehörigkeit zum Staat Israel wurden sämtlich vergeist-
licht. Das Werk Gottes sollte hauptsächlich durch „Geist und
Wahrheit" gekennzeichnet sein, anstatt durch ein Gehorchen des
„Gesetzes" in einem spezifischen kulturellen Kontext. Der Herr
Jesus Christus legte den Grund für diese radikale Erneuerung.
Er befreite das Evangelium, um alle Völker aus allen kulturel-
len Hintergründen zu erreichen, ohne ihnen die kulturellen
Formen der Juden aufzuzwingen.

Jesus entäußert sich selbst

Ich bin sicher, daß Jesus für den Apostel Paulus das Vorbild in
allem war, was er in seiner eigenen erstaunlichen Karriere über-
denken und in die Tat umsetzen konnte. Wir wollen eine der
Schlüsselpassagen von Paulus über Jesus betrachten. Oberflächlich gesehen sieht es so aus, als ob Paulus an ein paar
streitsüchtige Frauen in der Gemeinde zu Philippi schrieb. Da-

215

bei ermahnte er sie zur Demut, und um seinen Punkt zu verdeutlichen, zitierte er die sogenannte „Kenosis" – oder auch „Entäußerungs" – Passage, die in Philipper 2:5-8 erläutert wird:

> *Habt die Gesinnung in euch, die auch in Christus Jesus war, der in Gestalt Gottes war und es nicht für einen Raub hielt, Gott gleich zu sein. Aber er machte sich selbst zu nichts und nahm Knechtsgestalt an, indem er den Menschen gleich geworden ist, und der Gestalt nach wie ein Mensch befunden, erniedrigte er sich selbst und wurde gehorsam bis zum Tod, ja, zum Tod am Kreuz.*

Die Kultur des zu erreichenden Volkes annehmen

Es geht um Demut und eine solche Demut beinhaltet Prüfungen. Jesus gab alle seine göttlichen Vorrechte auf und entäußerte sich, „machte sich selbst zu nichts". Er hätte an seiner himmlischen Kultur festhalten können, was auch immer das sein mag, doch er tat es nicht. Er entäußerte sich selbst und nahm die Kultur eines aramäisch sprechenden, palästinensischen Galiläers an. Er war voll und ganz in die Kultur des Volkes, zu dem er gesandt war, integriert. Er hielt an keinem seiner himmlischen Privilegien fest. Er „herrschte" über niemand. Er kam in die Welt seines Volkes mit wahrer Demut.

Das Problem des Ethnozentrismus

Die Art von Demut, die Jesus bewies, ist heute selten unter uns zu finden. Normalerweise sind wir sehr patriotisch, können dazu bewegt werden, für unser Land zu kämpfen, und halten uns meistens für besser als Menschen mit einem anderen ethnolinguistischen Hintergrund. Es gibt ein Wort, das diese Art von

Stolz beschreibt. Es heißt Ethnozentrismus, die Überzeugung, daß mein eigenes Volk das beste Volk der Welt ist. Es ist ein Stolz auf die ethnische Herkunft und die Kultur. Jeder hat diesen Stolz. Er ist eine der größten Hindernisse für den Vorstoß des Evangeliums. Für den christlichen Arbeiter, der versucht, das Evangelium dem Volk einer anderen Kultur zu vermitteln, wird solcher Stolz zu einer Barriere. Das ist insbesondere der Fall, wenn ein Gefühl des Antagonismus oder der Rivalität zwischen den beiden Kulturen existiert.

Der transkulturelle Einsatz Jesu

Jesus war völlig anders. Immer und immer wieder ging er auf Menschen anderer Kulturen zu: Der römische Zenturio, der samaritische Aussätzige, die Frau aus Syrophönizien, der dämonisierte Gadarener und die fragenstellenden Griechen. Als er den Tempel von den Händlern und Geldwechslern reinigte, war es der „Vorhof der Heiden", den er säuberte und wieder für alle Nichtjuden, also alle Heiden, öffnete.

Es war nicht so, daß er sein eigenes Volk ignorierte, denn er hatte auch Erbarmen mit den jüdischen Aussätzigen, den jüdischen Dämonenbesessenen, den jüdischen Kranken und den jüdischen Prostituierten. Seine Liebe schloß jeden ein. Und deshalb schloß sie auch die ein, die ethnozentrierte Leute als die „religiösen und kulturellen Aussätzigen und Sünder der Welt" bezeichnen würden: die nichtjüdischen Völker.

Eine neue Definition der Familie

Jesus befreite sich nicht nur von den wohletablierten Vorurteilen seines eigenen Volkes, er lehnte es sogar ab, daß seine Familie sein Missionsverständnis und das wahre Verständnis darüber, was es heißt, ein Sohn oder eine Tochter Gottes zu sein, verzerrte. Die Menschen wollten, daß er sein Handeln unterbrach, um seine Mutter und seine Brüder zu sehen, die ver-

217

suchten, durch die Menschenmenge zu ihm zu kommen. Er drehte sich um und fragte: „Wer ist meine Mutter, und wer sind meine Brüder?" Auf seine Jünger zeigend, sagte er: „Hier sind meine Mutter und meine Brüder. Denn wer den Willen meines Vaters tut, der in den Himmeln ist, der ist mein Bruder und meine Schwester und meine Mutter" (Mt 12:48-50). Das einzige Merkmal für die Zugehörigkeit zur Familie Gottes ist, daß man den Willen des Vaters im Himmel tut.

Das Verständnis von Paulus über die allumfassende Liebe

Paulus hatte ein tiefes Verständnis vom Herzensanliegen Gottes, alle Völker zu erreichen. Er schrieb: „[Unser] Heiland-Gott ... will, daß alle Menschen errettet werden und zur Erkenntnis der Wahrheit kommen" (1 Tim 2:3,4).

Wir müssen uns daran erinnern, daß Jesus sich selbst entäußerte, um dieses Wirklichkeit werden zu lassen. Auf seinem ganzen Lebensweg, bis zum Kreuz, zeigte er eine Haltung der Selbsthingabe. Diese Selbsthingabe bestand aus mehr, als lediglich auf Bequemlichkeiten zu verzichten. Sie war auch ein positiver Ausdruck der Liebe, indem er in die Welt und Kultur des Volkes eintrat, dem er sich hingab, ohne ein Gefangener dieser Kultur zu werden. Doch wenn Jesus feststellte, daß die menschlichen Traditionen die Absichten des Wortes Gottes zunichte machten, forderte er sie heraus: „Ihr habt so das Wort Gottes ungültig gemacht um eurer Überlieferungen willen" (Mt 15:6). Wir müssen also ein Gleichgewicht finden.

Es blieb Paulus, dem großen Pionier der Mission, überlassen, diese Prinzipien zu etablieren. Und tatsächlich, fast durch Zufall gab er uns die „Leitfäden moderner Missionsmethodik" in seinem ersten Brief an die Korinther. Der folgende Abschnitt ist eine aussagekräftige Zusammenfassung dieser Prinzipien:

Denn obwohl ich allen gegenüber frei bin, habe ich mich allen zum Sklaven gemacht, damit ich so viele wie möglich gewinne. Und ich bin den Juden wie ein Jude geworden, damit ich die Juden gewinne; denen, die unter Gesetz sind, wie einer unter Gesetz – obwohl ich selbst nicht unter Gesetz bin –, damit ich die, welche unter Gesetz sind, gewinne; denen, die ohne Gesetz sind, wie einer ohne Gesetz – obwohl ich nicht ohne Gesetz vor Gott bin, sondern unter dem Gesetz Christi –, damit ich die, welche ohne Gesetz sind, gewinne. Den Schwachen bin ich ein Schwacher geworden, damit ich die Schwachen gewinne. Ich bin allen alles geworden, damit ich auf diese Weise einige errette. Ich tue aber alles um des Evangeliums willen, um an ihm Anteil zu bekommen. (1 Kor 9:19-23)

Allen zum Sklaven

Wir wollen uns einen Moment Zeit nehmen, um so viele Erkenntnisse wie möglich aus diesem Abschnitt zu ziehen. Zuerst wollen wir die Schlüsselaussage dieses Textes betrachten: „Denn obwohl ich allen gegenüber frei bin, habe ich mich allen zum Sklaven gemacht." Das ist eine interessante Parallelstelle zu dem vorher zitierten Text im Philipperbrief, in der von Jesus gesagt wird, daß er „Knechtsgestalt annahm". Freiwillig gaben sowohl Christus als auch Paulus viele Privilegien auf, um das Evangelium an andere weitergeben zu können. Christus gab seine königliche Stellung zur Rechten des Vaters auf; Paulus gab seinen Status als ein vielversprechender Führer unter den Pharisäern auf. Jesus sagte selbst: „Der Sohn des Menschen ist nicht gekommen, um bedient zu werden, sondern um zu dienen und sein Leben zu geben als Lösegeld für viele" (Mk 10:45). Paulus wiederum wußte, daß es keine Alternative gab, als sich selbst zu einem Diener der Menschen zu machen, die er gewinnen wollte. Wenn wir beginnen, unter Moslems zu arbeiten, müssen wir wie unser Herr und wie

Paulus, unser erstes Missionarsvorbild, lernen, uns selbst zu entäußern und den Moslems, die wir gewinnen wollen, ein Diener zu sein.

So viele wie möglich gewinnen

Paulus schrieb auch davon, „so viele wie möglich" zu gewinnen. Welchen Effekt hat das auf eine Person, wenn es zu einem erklärten Ziel wird? Zunächst einmal erzeugt es einen unbezwingbaren Eifer, die Aufgabe zu erledigen. Es zwingt eine Person auch dazu, zu experimentieren, herauszufinden, was funktioniert, um „so viele wie möglich" zu gewinnen. Man wird zu jemand, der Neues ausprobiert. Statt an seinen alten kulturellen Formen festzuhalten, wird man in die Welt seiner neuen Freunde einsteigen wollen, und entdecken, wie man ihnen die Gute Nachricht von Jesus Christus und seinem Reich besser mitteilen kann.

Ein Jude werden, um Juden zu gewinnen

Paulus schrieb: „Ich bin den Juden wie ein Jude geworden, damit ich die Juden gewinne; denen, die unter Gesetz sind, wie einer unter Gesetz – obwohl ich selbst nicht unter Gesetz bin –, damit ich die, welche unter Gesetz sind, gewinne" (1 Kor 9:20). Im Leben von Paulus gibt es dafür zwei ausgezeichnete Beispiele. Immer wenn er in eine neue Gegend kam, ging er zuerst zu den Juden. Er begann in den Synagogen. Er paßte sich der Gottesdienstform an und wartete, bis man ihm das Wort gab. Er wählte die beste Weise, sich in diesem Kontext zu äußern. Zum Beispiel hatte sein Jünger Timotheus eine jüdische Mutter und eine jüdische Großmutter, doch er selbst war nie beschnitten worden. Paulus veranlaßte, daß er beschnitten wurde, um die Juden zufriedenzustellen, die daraus eine große Sache machten (siehe Apg 16:3). Die zweite Begebenheit geschah gegen Ende seines eigenen Lebens. In der Erwartung von Schwierigkeiten auf seiner letzten Reise nach Jerusalem, und um die asiatischen Juden davon zu überzeugen, daß er das Gesetz befolgte, nahm er das Nasiräer-Gelübde auf sich, schor sich das Haupt und gab Geld für das Brandopfer (siehe Apg 21:24-26). Das geschah etwa dreißig Jahre nachdem Jesus ein für allemal für die Sünden der ganzen Welt am Kreuz gestorben war!

Ein Heide werden, um die Heiden zu gewinnen

„Denen, die ohne Gesetz sind", schrieb Paulus, „[wurde ich] wie einer ohne Gesetz – obwohl ich nicht ohne Gesetz vor Gott bin, sondern unter dem Gesetz Christi –, damit ich die, welche ohne Gesetz sind, gewinne" (1 Kor 9:21). Paulus war in der Lage, seinen Lebensstil radikal zu ändern, wenn er sich in der Gesellschaft von Heiden befand, die nicht vorhatten, sich unter das jüdische Gesetz zu stellen. Und er verteidigte diese Position, wenn er sah, daß andere versuchten, den heidnischen Gläubigen das jüdische Gesetz aufzuzwingen.

Es gibt auch hierfür zwei Beispiele. Als der Apostel Petrus die heidnische Gemeinde in Antiochia besuchte, paßte er sich an ihre Kultur und ihren Lebensstil an, zumindest bis eine Delegation aus Jerusalem eintraf. Ehe die gesetzestreuen messianischen Juden erschienen, hatte Petrus gelernt, frei mit den Heiden zu essen und nicht auf die Einhaltung irgendwelcher jüdischen Bräuche, speziell der Beschneidung zu bestehen. Als einige Männer von der Partei des Jakobus eintrafen, bestanden sie darauf, daß alle Gläubigen beschnitten werden müßten. Petrus kam ins Schwanken und schloß sich ihnen nach einer Weile an, indem er darauf bestand, daß die Heiden das Gesetz befolgen müßten, insbesondere die Beschneidung. Paulus prangerte es als Heuchelei an und konfrontierte Petrus mit der Frage: „... Wenn du, der du ein Jude bist, heidnisch lebst und nicht jüdisch, warum zwingst du denn die Heiden, jüdisch zu leben?" (Gal 2:11-14).

Das Konzil von Jerusalem

Diese Kontroverse führte schließlich zum Konzil von Jerusalem, das in Apostelgeschichte 15:1-29 beschrieben wird. Nach einer eingehenden Prüfung aller Stellungnahmen und dem Anhören von Zeugnissen, was Gott getan hatte, kam es zu einer bemerkenswerten Lösung des Problems. Jakobus faßte den Beschluß zusammen: „Deshalb urteile ich, daß man denen, die aus den Heiden zu Gott sich bekehren, nicht Unruhe mache" (Apg 15:19). Später wird die offizielle Entscheidung in einem formellen Schreiben an die heidnischen Gläubigen folgendermaßen ausgedrückt:

> *Denn es hat dem Heiligen Geist und uns gefallen, keine größere Last auf euch zu legen als diese notwendigen Stücke: euch zu enthalten von Götzenopfern und von Blut und von Ersticktem und von Unzucht. (Apg 15:28,29)*

Das ist alles. Das Gesetz sollte den Heiden nicht auferlegt werden. Die einzigen beiden Hauptanliegen waren die Reinheit ihres moralischen Lebens und die Reinheit ihres Bundes mit Gott. Keine Unzucht. Keinen Kompromiß mit Götzenopfern.

Die Frage nach der Beschneidung von Titus

Als wollte er diese ganze Angelegenheit noch besiegeln, weigerte sich Paulus unerbittlich, der Beschneidung von Titus zuzustimmen, als er ihn mit nach Jerusalem nahm (siehe Gal 2:3). Und gegen die Leute, die ihre Freiheit auskundschaften wollten, während sie in Galatien waren, vertrat Paulus einen sehr festen Standpunkt: „[Wir] wichen ... denselben auch nicht eine Stunde und waren ihnen nicht untertan, damit die Wahrheit des Evangeliums bei euch bestehen bleibe" (Gal 2:5).

Die Frage des Gewissens

Paulus schrieb: „Den Schwachen bin ich ein Schwacher geworden, damit ich die Schwachen gewinne ..." (1 Kor 9:22).
In diesem Abschnitt sind mit „schwach" diejenigen gemeint,
deren Gewissen ihnen nicht erlaubte, Fleisch zu essen, das zuvor Götzen geopfert worden war. In seinem Brief an die Christen in Rom drückt er es folgendermaßen aus: „So laßt uns nun
dem nachstreben, was dem Frieden ... dient ... Es ist gut, kein
Fleisch zu essen, noch Wein zu trinken, noch etwas zu tun,
woran dein Bruder sich stößt" (Röm 14:19,21). Den Korinthern
verkündete er: „Darum, wenn eine Speise meinem Bruder Ärgernis gibt, so will ich nie und nimmer mehr Fleisch essen, damit ich meinem Bruder kein Ärgernis gebe" (1 Kor 8:13). Für
die Arbeit unter Moslems ist das eine sehr wichtige Lektion,
denn Moslems haben wohlbekannte Tabus gegen das Essen von
Schweinefleisch und das Trinken von Alkohol. Obwohl wir wissen, daß wir auf diesen Gebieten Freiheit haben, sollten wir von
dieser Freiheit keinen Gebrauch machen. Unser Ziel ist nicht,
sich mit unserer Freiheit zu brüsten, sondern so viele wie möglich zu gewinnen.

Allen alles werden, um einige zu gewinnen

Schließlich kommen wir zu der logischen Schlußfolgerung dieser missionarischen Einstellung: „... Ich bin allen alles geworden, damit ich auf diese Weise einige errette. Ich tue aber alles
um des Evangeliums willen, um an ihm Anteil zu bekommen"
(1 Kor 9:22,23). Auf den ersten Blick scheint es eine völlig seltsame Haltung zu sein, eine Position der völligen Hingabe. Doch
wenn man genau darüber nachdenkt, ist es die einzig mögliche
Schlußfolgerung. Wenn es für die Ausübung des christlichen
Glaubens keine absoluten kulturellen Formen gibt, dann müssen „alle möglichen Mittel" eingesetzt werden, um andere für

Christus zu gewinnen. Das erfordert eine außergewöhnliche Flexibilität, zusammen mit einem tiefen Verständnis davon, was synkretistisch wäre und was am besten in den kulturellen Kontext paßt.

Anwendung der Prinzipien von Paulus auf die Arbeit unter Moslems

Weil viele von uns einen Hintergrund haben, der sich sehr von dem unserer moslemischen Freunde unterscheidet, und aufgrund der langjährigen Feindschaft der Moslems gegen die missionarischen Aktivitäten der Christen, wird eine Arbeit unter Moslems nicht einfach sein. Man erinnere sich an die Herausforderung Jesu an seine ersten Jünger: „Wenn jemand mir nachkommen will, verleugne er sich selbst und nehme sein Kreuz täglich auf sich und folge mir nach! Denn wer sein Leben retten will, wird es verlieren; wer aber sein Leben verliert um meinetwillen, der wird es erretten" (Lk 9:23-24).

Solange wir in dem kulturellen Kontext unseres eigenen Volkes bleiben, beschränkt sich diese Selbstverleugnung auf die eigene Fleischlichkeit und die als böse gekennzeichneten Vorstellungen und Aktivitäten. Doch wenn man das Evangelium über kulturelle Grenzen hinweg an moslemische Völker weitergeben will, kommt ein weiterer Faktor ins Spiel. Die Art und Weise wie wir das Evangelium an andere in unserer eigenen Kultur vermitteln, kann sogar eine wirksame Vermittlung des Evangeliums an Moslems aus einer anderen Kultur hindern.

Pakistanische Christen – eine Fallstudie

Dies wurde mir auf sehr schmerzliche Weise klar, als ich unter Moslems in Pakistan arbeitete. Die Gemeinde dort bestand zu großen Teilen, jedoch nicht vollständig, aus Kindern und Enkelkindern von Hindus, die zu den Unberührbaren gehört hatten, deren Vorfahren in den Jahren von 1890 bis 1930 in großen

Scharen (etwa 500 000) zu Christus fanden. Unter der britischen Herrschaft schien dieses Problem nicht so akut zu sein. Nach dem Abzug der Briten und der Teilung Indiens 1947 wanderten Millionen von Moslems in die östlichen und westlichen Teile Pakistans aus, und fast die gleiche Anzahl von Sikhs und Hindus emigrierte in das hinduistisch dominierte Indien. Die Christen, die nicht wußten, was sie tun sollten, blieben wo sie waren. Das Resultat war, daß eine winzige christliche Minorität (1,4 Prozent) im Gebiet des heutigen Pakistan von einer 97 Prozent starken moslemischen Bevölkerung umgeben war.

Für die neu angekommenen Moslems, die den Terror der Teilung des Britischen Indien überlebt hatten, besaßen diese Christen viele Merkmale sowohl des Westens, durch ihre Verbindungen zu ausländischen Gemeinden, als auch der untersten Kaste des Hinduismus. Trotz der großartigen Arbeit der Missionare, um diesem Volk durch Unterricht einen besseren Status zu geben, wurden sie immer noch „Straßenkehrer" gerufen, und hatten leicht zu erkennende Merkmale hinduistischer Kultur, wie Sprache, Musik, Kleidungsstil, Eßgewohnheiten, eine unterschiedliche Konzeption der Rollen von Mann und Frau, und eine Anzahl von kleinen Hinweisen darauf, von woher sie einmal gekommen waren. Aus diesen Gründen wurden die Christen von dem neuen moslemischen Regime nicht willkommen geheißen oder gewollt.

Tragischerweise hatten viele Christen ähnliche Gefühle. Sie zeigten eine feindliche Einstellung gegen ihre moslemischen Regenten. Diese Entwicklung hatte tiefgehende Auswirkungen auf die Art und Weise, wie die Gemeinden jeden behandelten, der einen moslemischen Hintergrund besaß. Der Reverend Aslam Khan (selbst ein Bekehrter aus dem Islam) und ich führten daraufhin eine Befragung unter Bekehrten aus dem Islam durch, um herauszufinden, was genau vorging. Wir zählten etwa 700 in unserem Gebiet. Davon waren 350 nicht mehr auffindbar. Von den 350, die wir auffinden konnten, gingen 315 nicht mehr zur Kirche. Der Grund, den sie angaben, war, daß sie sich in der Kirche nicht willkommen fühlten. Von den 35, die immer noch zur Kirche gingen, konnte zur Zeit unserer Befragung keiner sagen, daß er sich von der existierenden Gemeinde emotional angenommen fühlte. Unter ihnen befanden sich auch zwei Männer, die sogar Bibelschulleiter geworden waren. Das Ergebnis war erschütternd. Was ging hier vor?

Die Gemeinde, die ursprünglich aus einem hinduistischen Hintergrund entstanden war, machte ganz einfach keine Anstrengungen, Menschen aufzunehmen, die einen moslemischen Hintergrund hatten. Tatsache war, daß ein suchender Moslem, der in der Gemeinde auftauchte, meistens als verdächtig angesehen wurde. Die Christen nahmen an, daß er (meistens waren es Männer) nur wegen ihrer Frauen kam, nach Arbeit suchte oder, noch schlimmer, ein Spion der Regierung war. In einem Fall beobachtete ich einen jungen Mann, der zwei Jahre lang versuchte, in unserer Ortsgemeinde getauft und als Mitglied aufgenommen zu werden. Es war nutzlos. Schließlich, nachdem er Zeuge einer Schießerei zwischen einer Gruppe ketzerischer und fundamentalistischer Moslems geworden war, kam er zu mir und sagte:

Onkel, heute habe ich gesehen, wie Ahmadi Moslems (ketzerische Moslems) für ihren Glauben starben. Ich fragte mich, ob auch ich bereit bin, für meinen Glauben an Christus zu sterben. Ich bin bereit, doch ich bin noch nicht getauft worden. Jesus hat die Taufe angeordnet, ich will mich taufen lassen, doch die Leiter der Ortsgemeinde wollen mich nicht aufnehmen. Können Sie mir helfen, daß ich getauft werden kann? Dann werde ich dem Herrn sagen können, daß ich getan habe, was er mir aufgetragen hat.

Schweren Herzens sorgte ich dafür, daß er von einem Evangelisten, der auch aus dem Islam konvertiert war, in einer anderen Stadt getauft wurde. Sogar danach wurde er nicht in die Gemeinschaft der Ortsgemeinde aufgenommen. Was kann man in einer solchen Situation tun?

Eine neue Arbeit unter Moslems?

Eines Sonntags, als ich im Gottesdienst saß, kam mir eine neue Erkenntnis. Der Pastor hatte sich verspätet. Der Männerchor begann spontan zu singen, während wir warteten. Ich stimmte in das Lied mit ein. Allmählich wurde mir klar, daß wir Lieder sangen, die voll von hinduistischen Worten waren. Ich erstarrte. Ich konnte nicht mehr mitsingen. In mir stieg Wut hoch. Ich erinnere mich, daß ich zu mir selbst sagte: „Ihr dummen Enkel ehemaliger Hindus. Was würde ein Moslem denken, wenn er jetzt hier hineinkommen und euch in der Sprache des Feindes singen hören würde?" (Das hinduistische Indien und das moslemische Pakistan haben sich in den letzten vierzig Jahren drei große Kriege geliefert.) Und dann wies mich der Herr zurecht. Er fragte: „Don, was machst du, wenn du dich geistlich leer fühlst?" Ich dachte daran, wie ich andere Missionare aufsuchte, mein Herz ausschüttete, wie wir gemeinsam einige alte uns allen bekannte Lieder und Chorusse sangen, und in meiner Muttersprache beteten. Er sagte: „Das ist es, was diese jungen Männer tun. Es ist ihr kulturelles Erbe. Schließe dich ihnen an, aber ich werde eine neue Arbeit unter Moslems anfangen."

Eine neue Arbeit unter Moslems! Was heißt das? Wie wird das aussehen? Wie wird es neben der schon bestehenden Arbeit laufen? Heißt das, eine Spaltung herbeizuführen? Wird es die Gemeinde spalten? Ist das wirklich von Gott?

Es handelt sich hierbei um sehr wichtige Bedenken. Paulus schrieb: „Befleißigt euch, die Einheit des Geistes zu bewahren durch das Band des Friedens. Ein Leib und ein Geist ..." (Eph 4:3,4). Kann man die Einheit im Geist haben ohne eine weltweite Uniformität im Stil? Oder umgekehrt: Würde ein Bestehen auf Uniformität die Verbreitung des Evangeliums hindern?

Was geschieht, wenn man so viele Moslems wie möglich für Jesus Christus gewinnen will? Wird man bereit sein, etwas Neues auszuprobieren? Wenn Paulus fähig war, zu sagen: „Den Juden bin ich ein Jude, um die Juden zu gewinnen", sollten wir dann fähig sein, zu sagen: „Den Punjabi-Moslems bin ich ein Punjabi-Moslem geworden (kulturell gesehen, nicht jedoch theologisch), damit ich sie gewinne?" In gewisser Weise glaube ich, daß die Antwort auf diese Frage ein bedingtes Ja ist. Doch es erfordert einerseits sehr viel Vorsicht, um einen Synkretismus zu vermeiden, das heißt, moslemische Formen zu tolerieren, die islamische Bedeutungen festhalten, und andererseits eine große Anstrengung, um die Einheit im Geist mit den existierenden Christen, die keinen moslemischen Hintergrund haben, zu bewahren. Das ist keine leichte Aufgabe, und bis vor kurzem waren nur sehr wenige bereit, es zu versuchen.

Kapitel 21

Der Gebrauch
geistlicher Kraft

Die Waffen unseres Kampfes sind nicht fleisch-
lich, sondern mächtig für Gott zur Zerstörung von
Festungen; so zerstören wir Vernünfteleien und
jede Höhe, die sich gegen die Erkenntnis Gottes
erhebt, und nehmen jeden Gedanken gefangen
unter den Gehorsam Christi. (2 Kor 10:4,5)

Nachdem wir die kulturellen Prinzipien behandelt haben, die
bei der Vermittlung des Evangeliums an Moslems eine Rolle
spielen, ist es nun angebracht, über die geistlichen Dimensionen dieser missionarischen Herausforderung zu sprechen. In gewissem Sinn sind nicht die Moslems unser Problem. Sie sind
Kandidaten für Gottes Liebe. Sie sind gefangen in Systemen
und den dahinterstehenden Mächten. Jesus kam „zu verkündigen den Gefangenen die Freiheit, den Gebundenen, daß sie frei
und ledig sein sollen" (Jes 61:1). Wir befinden uns in einem
geistlichen Kampf um die Seelen von moslemischen Männern
und Frauen auf der ganzen Welt. In all seinen verschiedenen
Formen ist der Islam ein Gefüge von Ideologien und Weltsich-
ten, die die Moslems in einer dunklen geistlichen Gebundenheit
gefangenhalten, und die ihnen die herrliche Freiheit vorenthält,
die sie durch die Wiedergeburt in Jesus Christus und dem Leben
im Geist haben könnten.

Der antichristliche Geist des Islam

Zunächst möchte ich sagen, daß ich glaube, daß es einen tiefen geistlichen Aspekt in unserer christlichen Begegnung mit dem Islam gibt. Obwohl nur ein geringer Prozentsatz der Moslems orthodoxe Moslems sind, durchdringen die antichristlichen Ideen darin den gesamten Islam, so daß Moslems auf der ganzen Welt gegen die Predigt des Evangeliums sind. Außerdem glaube ich, daß hinter diesem Widerstand eine intelligente geistliche Macht steht. Satan möchte Gott mit aller Gewalt daran hindern, verlorene Menschen durch das Evangelium von Jesus Christus zu erreichen und zu Gott selbst zurückzubringen. In einem vorigen Abschnitt erwähnte ich, daß Mohammed lehrte, Gott kann keinen Sohn haben, Gott kann nicht Mensch werden, niemand kann für einen anderen sterben, Jesus wurde nicht gekreuzigt, und wenn die guten Taten einer Person, das heißt der Gehorsam gegenüber dem islamischen Gesetz, ihre schlechten Taten überwiegen, diese Person in ein sinnliches „Paradies" eingehen würde, andernfalls ginge sie in eine furchterregende Hölle. Ich zeigte auf, daß Mohammed, seine Begleiter und seine Nachfolger ein System konstruiert haben, das sich Islam nennt, durch Regeln geschützt wird und mit sinnlichen Belohnungen lockt und Drohungen von einer fürchterlichen Hölle ausspricht, um Moslems an sich selbst zu binden. Keiner kann diesem System von Schmerz und Tod entrinnen (siehe Koran 4:94). Die weltweite Bekanntheit, die der berühmte indische Schriftsteller Salman Rushdie erlangte, als der iranische Ayatollah Khomeini das Todesurteil über ihn aussprach, ist ein Beweis dafür (Los Angeles Times, 4. Februar 1989).

Wir glauben auch, daß in den nicht-orthodoxen Formen des Islam geistliche „Mächte" am Werk sind, sei es im Sufismus, im Volksislam, in welcher Form auch immer. Hinter jeder dieser Formen des Islam steht eine geistliche Macht, die versucht, Moslems davon abzuhalten, jemals zu erfahren, wer Christus wirklich ist oder warum sie ihn benötigen.

Die Grundlage einer biblischen Weltsicht

Ich glaube an die Echtheit und Zuverlässigkeit der Bibel, wie sie heute besteht. Ich glaube, daß das Herzstück der großen Erlösungswerke Gottes, in denen er der Menschheit die Errettung anbietet, in seiner Menschwerdung verborgen liegt (siehe Joh 1:14), wobei Jesus das ausdrückliche Ebenbild Gottes auf Erden ist (siehe Hebr 1:3), daß Christus am Kreuz für uns starb, wir durch sein Blut gerechtfertigt sind und durch ihn dem kommenden Zorn Gottes entgehen werden (siehe Röm 5:8,9), daß er begraben wurde und am dritten Tag auferstand (siehe 1 Kor 15:4), daß in keinem anderen Namen die Errettung ist (siehe Apg 4:12), daß ihn abzulehnen bedeutet, Gott abzulehnen (siehe 1 Joh 2:23) und schließlich, daß jeder, der den Sohn verleugnet, wie die Bibel sagt, ein Antichrist ist (siehe 1 Joh 2:22). Für jeden Moslem, der das liest, möchte ich hinzufügen, daß ich die Bibel zitiere und als ein gläubiger Christ keine andere Wahl habe. Es geht nicht um meine private Meinung, sondern darum, dem offenbarten Wort Gottes treu zu sein. Falls Einwände gegen diese entscheidenden Werke Gottes in Christus bestehen, richten diese sich gegen Gott selbst, nicht gegen mich. Ich bin lediglich sein treuer Zeuge. Ich hielt es für nötig, die Position der Bibel noch einmal für die moslemischen Leser darzulegen, damit sie verstehen, warum wir ihre Religion auf diese Weise sehen. Ich möchte auch noch einmal wiederholen, damit keine Mißverständnisse aufkommen, daß Gott Moslems liebt und wir auch. Christus starb für Moslems. Wir geben unser Leben in dem Versuch, die Erlösung zu den Moslems zu bringen. Moslems sind in Gottes Augen und auch in unseren Augen wertvoll. Das Problem liegt in dem religiösen System, das sie gebunden hält, sie sogar blind macht, und im allgemeinen Moslems davon abhält, die Erlösung in Christus zu finden.

Der Islam ist im Grunde auf boshafte Weise gegen Christen eingestellt. Das System ist eine Festung des Irrtums, das Argumente benutzt, die allem widersprechen, was Gott durch Christus für die Erlösung der Menschen, einschließlich Moslems, bewirkt hat. Es ist ein Angriff auf das wunderbare Werk Christi, des Sohnes Gottes, ein Anschlag, der sich gegen die Erkenntnis Gottes erhebt (siehe 2 Kor 10:5), und wird deshalb letztlich zerstört werden. Das heißt nicht, daß der Koran nicht auch Wahrheiten enthält, denn durch die Quellen, die er benutzte, bekam Mohammed einige der biblischen Konzepte von Gott (nicht alle) aus zweiter Hand. Doch es bedeutet, daß Mohammed ein System etablierte, das Gott als Vater, Sohn und Heiligem Geist wie einem Todfeind gegenübersteht, und daß der Islam gegen die Verbreitung des Evangeliums von der Erlösung durch die Predigt von Jesus Christus als dem Sohn Gottes, gekreuzigt, gestorben und auferstanden, ist. In diesem Sinn verstehen wir den fundamentalistischen Islam als eine „Festung" antichristlicher Lehren, und wissen, daß Christus ihn mit seiner geistlichen Kraft, die durch die Wahrheit, die wir proklamieren, wirkt, am Ende zerstören wird. Da der Islam nicht auf die Grundlage von Jesus Christus gebaut ist, wird er in den prüfenden Flammen Gottes verbrennen (siehe 1 Kor 3:11-14). Aufgrund seiner ungewöhnlichen Feindseligkeit gegen das Evangelium von Jesus Christus, müssen wir schließen, daß hinter dem System des Islam eine übernatürliche, antichristliche Macht steht. In der Bibel lesen wir: „Unser Kampf ist nicht gegen Fleisch und Blut, sondern gegen die Gewalten, gegen die Mächte, gegen die Weltbeherrscher dieser Finsternis, gegen die geistlichen Mächte der Bosheit in der Himmelswelt" (Eph 6:12). Ich glaube, daß diese Mächte hinter dem Lehrsystem stehen, das so mächtig gegen das Evangelium wirkt. Man beachte die folgenden Angriffspunkte auf den christlichen Glauben und die Christenheit allgemein:

- Der Koran leugnet die Kreuzigung, die zentrale Begebenheit im Leben Christi. (Koran 4:157)
- Als Mohammed die Christen nicht gewinnen konnte, verfluchte er sie. (Koran 9:29)
- Mohammed machte Jesus lediglich zu einem Propheten und erklärte sich selbst dann zum „Siegel der Propheten". (Koran 33:40)
- Im Jahrhundert nach Mohammeds Tod griff der Islam

das Wort Gottes stark an und beschuldigte es fälschlicherweise, daß es dort, wo es dem Koran widersprach, geändert worden war. (Haqq 1980:38)

- Der Islam ist der Welteroberung mit allen Mitteln verschrieben, einschließlich der Gewalt (Dschihad, Heiliger Krieg). (Koran 8:38,39)
- Dem Islam zufolge, sind alle Christen dazu ausersehen, von Moslems regiert zu werden und die erniedrigende Kopfsteuer (Jizya) zu zahlen. (Koran 9:29)
- Jeder Moslem, der Christ wird, muß getötet werden. (Koran 4:89)
- In Saudi-Arabien, dem Herz des Islam, ist es nicht erlaubt, Kirchen zu bauen oder christliche Versammlungen abzuhalten.
- Kirchengebäude werden ohne eine Erlaubnis von der Regierung nicht repariert, und diese Erlaubnis wird selten, wenn überhaupt, gegeben.
- In moslemischen Ländern, wo das Scharia-Gesetz gilt, ist es Christen nicht erlaubt, Moslems das Evangelium zu predigen.

Ist der Zusammenbruch des Islam möglich? – Eine Analogie zum Zusammenbruch des Kommunismus –

Der atheistische Kommunismus hatte es sich zum Ziel gesetzt, den christlichen Glauben auszumerzen, und versagte. Jesus sagte über sich selbst: „Der Stein, den die Bauleute verworfen haben, ist zum Eckstein geworden. Jeder, der auf diesen Stein fällt, wird zerschellen; auf wen er aber fällt, den wird er zermalmen" (Lk 20:18). Eine Deutung dieses Verses lautet, daß jedem, der in Anbetung vor Jesus niederfällt, der sündhafte Stolz zerbrochen wird, doch wer Jesus abweist, wird unwiderruflich zerstört werden. Das sehen wir heute in der ehemaligen Sowjetunion. Eine Nation, die geschworen hatte, den Atheismus zu erheben und die Kirche zu zerstören, wird nun selbst zerstört. Viele glauben, daß die christlichen Gemeinden in der Sowjetunion den Fall des Kommunismus verursacht haben.

Der Herr Jesus Christus kontra den Islam

Moslems sollten sich nicht nur durch den Vergleich mit dem Fall des Kommunismus warnen lassen, sondern auch durch die Bibel selbst. Das System, zu dem sie gehören, hat sich gegen den Gesalbten Gottes aufgelehnt. Oberflächlich gesehen scheint der Islam Jesus zu ehren; doch in Wirklichkeit ist er ganz und gar gegen das Evangelium eingestellt. Hier ist, was David gegen alle prophezeite, die sich gegen den Sohn Gottes erheben würden:

> *Der im Himmel thront, lacht, der Herr spottet über sie. Dann spricht er sie an in seinem Zorn, in seiner Zornglut schreckt er sie: „Habe doch ich meinen König geweiht auf Zion, meinem heiligen Berg!" [Dies wurde in Jesus erfüllt.]*
> *Laßt mich die Anordnung des Herrn bekanntgeben! Er hat zu mir gesprochen: „Mein Sohn bist du, ich habe dich heute gezeugt. Fordere von mir, und ich will dir die Nationen zum Erbteil geben, zu deinem Besitz die Enden der Erde. Mit eisernem Stab magst du sie zerschmettern, wie Töpfergeschirr sie zerschmeißen."*
> *Und nun, ihr Könige, handelt verständig; laßt euch zurechtweisen, ihr Richter der Erde! Dienet dem Herrn mit Furcht, und jauchzt mit Zittern! Küßt den Sohn, daß er nicht zürne und ihr umkommt auf dem Weg; denn leicht entbrennt sein Zorn. Glücklich alle, die sich bei ihm bergen! (Psalm 2:4-12)*

Wir wissen, wie dieser Kampf ausgehen wird, denn der Islam sieht sich selbst in einem Krieg mit allen anderen Systemen, bis daß sie „ordentlich unterworfen" sind. Daniel prophezeite vor langer Zeit, was mit den Reichen geschehen würde, die sich dem Reich Gottes, mit Christus als seinem rechtmäßigen König, entgegenstellen würden:

> *Und in den Tagen dieser Könige [Cäsar und Herodes, die regierten, als Jesus geboren wurde] wird der Gott des Himmels ein Königreich aufrichten, das ewig nicht zerstört werden wird. Und das Königreich wird keinem anderen Volk überlassen werden; es wird all jene Königreiche zermalmen und vernichten, selbst aber wird es ewig bestehen. (Dan 2:44)*

In seinen inspirierten Briefen schrieb Paulus über die Endzeit, in der Jesus Christus, als der Sohn Gottes, alle Feinde Gottes unterwerfen wird:

> *... Dann das Ende, wenn er das Reich dem Gott und Vater übergibt; wenn er alle Herrschaft und alle Gewalt und Macht weggetan hat. Denn er muß herrschen, bis er alle Feinde unter seine Füße gelegt hat. ... Wenn ihm aber alles unterworfen ist, dann wird auch der Sohn selbst dem unterworfen sein, der ihm alles unterworfen hat, damit Gott alles in allem sei.*
> *(1 Kor 15:24,25,28)*

Die Bibel endet mit einer phantastischen Reihe von Bildern des Kampfes und Sieges Christi über alle Feinde: „Das Reich der Welt ist unseres Herrn und seines Christus geworden, und er wird herrschen von Ewigkeit zu Ewigkeit" (Offb 11:15). Für den christlichen Arbeiter ist es beruhigend zu wissen, daß das Ende schon feststeht. Jesus ist der rechtmäßige König. Alle Rivalen werden vernichtet werden. Die Wahrheit wird über den Irrtum siegen. Gerechtigkeit wird das Kennzeichen seines Reiches sein. Die Menschen auf Erden werden nicht länger unterdrückt und terrorisiert werden, und Satan selbst wird zum letzten Mal gerichtet und dorthin geworfen werden, wo er niemand mehr täuschen kann.

Wir wissen, daß Christus jeden seiner entscheidenden Kämpfe mit Satan gewonnen hat, angefangen mit seiner ersten Konfrontation in der Wüste (siehe Mt 4:1-11), dann im Garten von Gethsemane, als er sich auf seine letzte Prüfung vorbereitete (siehe Mt 26:36-46) und schließlich als er freiwillig am Kreuz an unserer Stelle starb (siehe Kol 2:13-15) und dadurch die Sünde und Satan besiegte. Als er aus dem Grab auferstand, besiegte er auch noch den Tod. Wir müssen uns den Trost und die Kraft, die in diesem großen Sieg liegen, zunutze machen. Doch obwohl Jesus gewonnen hat, ist der Kampf noch nicht vorbei. Es gibt noch viele Schlachten zu schlagen, und es wird noch viele Verwundete und Märtyrer geben, bevor wir die Arbeit, die er uns auftrug, beendet haben.

Er gebot uns, die Nationen zu Jüngern zu machen – die Tausende von ethno-linguistischen Volksgruppen auf der Welt. Wir sollen in seinem Namen hingehen, das Evangelium predigen, Gefangene befreien, Kranke heilen, Dämonen austreiben, die Grenzen seiner Gemeinde erweitern und Satan unter unsere Füße treten (siehe Röm 16:20). In diesem großen Kampf sollen wir den Feind überwinden, seine Festungen und Vernünfteleien zerstören sowie jede Höhe, die sich gegen die Erkenntnis Gottes erhebt (siehe 2 Kor 10:3-5). Ich glaube, daß es letztlich bedeutet, daß Moslems aus ihrem System befreit werden und durch das Evangelium von Gottes Sohn, unserem Herrn Jesus Christus, zu Gott, ihrem Vater, zurückgebracht werden.

Die Rolle des Gebets

Ich möchte noch einmal den Vergleich mit dem Zusammenbruch des Kommunismus machen, diesmal in Bezug auf das Gebet. Die Christen in der Sowjetunion litten enorm unter Diktatoren wie Stalin, Chruschtschow, Breschnjew, Tschernenko und Andropov. Das gleiche kann man von vielen osteuropäischen Staaten, Vietnam, Nord-Korea und so weiter sagen.

In der ganzen Zeit, in der diese unterdrückenden Regierungen an der Macht waren, haben Christen innerhalb und außerhalb dieser Länder gebetet. Die große Frage ist: Handelte Gott als Antwort auf diese Gebete? Meine Antwort lautet: Ja. Die Antwort ließ lange Zeit, über fünfzig Jahre, auf sich warten, doch was wir heute sehen, ist ein Resultat der treuen Gebete des Volkes Gottes.

Jesus lehrte über das Gebet

Als Jesus seine Jünger zu beten lehrte, brachte er ihnen auch bei, folgendes zu erbitten: „Dein Reich komme, dein Wille geschehe, wie im Himmel also auch auf Erden ..." und „erlöse uns von dem Bösen" (Mt 6:10,13). Indem wir den Vater bitten, sein Reich kommen und seinen Willen auf Erden geschehen zu lassen, bewegen wir sozusagen Gottes Arm, um zu tun, wonach er sich sehnt. Wenn wir ihn bitten, uns von dem Bösen zu erlösen, erkennen wir an, daß „... die ganze Welt im Bösen liegt" (1 Joh 5:19), und daß „der in uns größer ist, als der in der Welt ist" (1 Joh 4:4), und uns befreien kann.

Ein königliches Priestertum für das Gebet

Außerdem sehen wir, daß Gott Petrus die Erkenntnis gab, ein Thema aus dem Gesetz von Mose auf alle heutigen Gläubigen anzuwenden: „Ihr aber seid ein auserwähltes Volk, ein königliches Priestertum ..." (1 Petr 2:9). Als königliche Priester sind wir dazu berufen, Bitten für die Nation vor Gott zu bringen. Paulus schrieb über das gleiche Thema:

> *Ich ermahne nun vor allen Dingen, daß Flehen,*
> *Gebete, Fürbitten, Danksagungen getan werden*
> *für alle Menschen, für Könige und alle, die in*

Hoheit sind, damit wir ein ruhiges und stilles
Leben führen können in aller Gottseligkeit und
Ehrbarkeit. Dies ist gut und angenehm vor un-
serem Heiland-Gott, welcher will, daß alle Men-
schen errettet werden und zur Erkenntnis der
Wahrheit kommen. (1 Tim 2:1-4)

Gottes Wunsch, alle Menschen errettet zu sehen, wird durch
unsere Fürbitten für sie und ihre Herrscher zur Wirklichkeit
werden.

Die Fürbitte von Mose

Im Leben von Mose wird diese Tatsache sehr lebendig veran-
schaulicht. Aufgrund ihrer Sünde wollte Gott die Israeliten vernichten. Mose setzte in der Fürbitte für sein Volk sein Leben
ein: „Vergib ihnen doch ihre Sünde; wenn nicht, dann tilge mich
aus deinem Buch, das du geschrieben hast" (2 Mo 32:32). Mose
hätte lieber sein Leben verloren, als sein Volk im Verderben zu
sehen. Es ist diese Art von Seufzen, diese tiefe Fürbitte, die aus
dem Seufzen des Geistes Gottes entspringt (siehe Röm 8:26),
der in uns wohnt, daß die Moslems von ihrer Mühsal unter dem
Joch des Islam befreit werden mögen.

Der Bedarf an Fürbittern

Was wir brauchen, sind Gebetskämpfer mit der Gesinnung eines Abraham, Mose, David, Nehemia, Petrus und Paulus, Gebetskämpfer, die sich die Lehren und das Beispiel des Herrn Jesus Christus zu Herzen nehmen, Menschen, die Gott für die
moslemischen Nationen der Welt bitten, und zwar Land für
Land und ethno-linguistische Volksgruppe für Volksgruppe. Das
Gebet ist wahrscheinlich die mächtigste Waffe, die wir in
diesem geistlichen Kampf um die Errettung der moslemischen
Völker der Welt haben. Doch es gibt noch andere Aspekte und

Dimensionen in diesem Fürbittekampf, um die moslemischen Völker von den Zwängen des Islam zu befreien.

Zeichen und Wunder im Reich Gottes

Jesus lud die Menschen ein, das Reich der Finsternis zu verlassen und in das Reich Gottes zu kommen. Er kam mit Liebe und Erbarmen, so zum Beispiel auf seiner Reise durch Galiläa: „Und Jesus ging umher in alle Städte und Dörfer, lehrte in ihren Synagogen und predigte das Evangelium von dem Reich und heilte alle Krankheit und alle Gebrechen" (Mt 9:35). Sein Reich war ein Reich der Liebe, denn er ist Liebe (siehe 1 Joh 4:8). Die Bibel sagt uns, daß er, als er die Menschen sah, von tiefem Erbarmen ergriffen wurde. Wie zeigt man Erbarmen? Wie zeigt man Liebe? Das unmittelbarste und ärgerlichste Problem, das ein Mensch haben kann, ist eine Krankheit, ein schwächendes Leiden oder noch schlimmer, von einem Dämon besessen zu sein. Jesus reagierte auf diese sehr sichtbaren Bedürfnisse immer mit Erbarmen. Überall wo er hinging, heilte er die Menschen von ihren Krankheiten und befreite die von Dämonen Besessenen von der Macht der bösen Geister. Jesus offenbarte nicht nur die Macht Gottes auf diese Weise, sondern gab seinen Jüngern ebenfalls die Macht, die gleichen Dinge zu tun: „Er ... gab ihnen Gewalt und Vollmacht über alle bösen Geister und daß sie Krankheiten heilen konnten" (Lk 9:1,2).

In dem vorstehenden Zitat verband Jesus das Heilen und die Befreiung mit der Predigt über das Reich Gottes. Die Heilung schien der Beweis für die Gegenwart des Reiches Gottes zu sein. Später gab Jesus die gleiche Vollmacht an sechsunddreißig Teams, die er zuvor ausgewählt hatte, um ihm voranzugehen und die Orte vorzubereiten, zu denen er kommen wollte. Ein sehr interessanter Aspekt ist dabei, daß Jesus dieses mit der Ernte verband:

Die Ernte ist groß, der Arbeiter aber sind wenige. Bittet den Herrn der Ernte, daß er Arbei-

ter aussende in seine Ernte. . . . Und wenn ihr in
eine Stadt kommt und sie euch aufnehmen, da
esset, was euch vorgesetzt wird, und heilt die
Kranken, die daselbst sind, und sagt ihnen: Das
Reich Gottes ist nahe zu euch gekommen.
(Lk 10:1,2,8,9)

Die Reaktion von Jesus auf die Freude und das Hochgefühl der
zurückkehrenden Teams war sehr aufschlußreich. Anstatt sich
über diese offensichtliche Linderung menschlichen Leidens zu
freuen, sah er noch viel weiter bis hin zum letzten Niedergang
des Feindes, der alles das verursacht hatte: „Ich sah Satan vom
Himmel fallen wie einen Blitz. Sehet, ich habe euch Vollmacht
gegeben, zu treten auf Schlangen und Skorpione, und über alle
Gewalt des Feindes . . ." (Lk 10:18,19). Jesus öffnete den Jüngern die Augen dafür, wer der wirkliche Feind war. Deshalb
konnte Johannes schreiben: „Wir wissen, daß . . . die ganze Welt
im Bösen liegt" (1 Joh 5:19). Und Johannes war es auch, der
so treffend beschrieb, warum Jesus gekommen war: „Dazu ist
erschienen der Sohn Gottes, daß er die Werke des Teufels
zerstöre" (1 Joh 3:8).

Das Wesen des wahren Kampfes

Der zugrundeliegende Kampf um die Loyalität der Menschheit
findet letztlich zwischen Christus und Satan statt, zwischen dem
Reich von Gottes geliebtem Sohn und dem Reich der Finsternis. Wenn man über „geistliche Kampfführung" spricht, tut man
gut daran, diese Tatsache nicht zu vergessen. Um es noch einmal zu sagen, nicht die Moslems sind unsere Feinde, sondern
die intelligente Macht, die dieses System inspiriert hat, und das
sie jetzt gefangen hält. Aus diesem Grund gehen wir voran im
Namen Jesu, verkündigen die Wahrheit des Evangeliums und
heilen und befreien von dämonischer Bedrückung. Diese Taten
der Liebe offenbaren die Gegenwart und die Macht des Königs
gegenüber der Macht des Feindes.

Was diese Wahrheit mit sich bringt, hat möglicherweise keiner besser und umfassender auszudrücken gewußt als Don Williams:

> *Die zerschmetternde, lebensverändernde Botschaft der Bibel ist, daß der König, der dieses Königreich regiert, sowohl unsere Welt vom Himmel aus erhält, als auch zugleich so entschieden und unwiderruflich durch die Menschwerdung seines Sohnes, der seinen dynamischen Geist in sich trägt, in sie hineinkommt. Für uns bedeutet das, daß unser Leben sich jetzt ändern kann und muß. Während wir routinemäßig beten: „Dein Reich komme, dein Wille geschehe auf Erden wie auch im Himmel", beantwortet Gott tatsächlich dieses Gebet in der ganzen Welt, indem er seine Königsherrschaft offenbart. Auf diese Weise offenbart er seinen Heiligen Geist mit Macht, öffnet Herzen für seine lebendige Gegenwart, heilt Wunden der Vergangenheit und der Gegenwart, bricht zwanghafte und süchtige Verhaltensmuster, und erhebt die Armen in seine Gegenwart, indem er unsere gegenwärtige Finsternis vertreibt und die gefallene Menschheit neu erschafft. Wir haben die einmalige Gelegenheit, dieses Reich durch den Glauben zu erleben und es in unserem eigenen Leben wirken zu sehen, bevor wir in die Ewigkeit geschleudert werden, wo der Glaube und der Unglaube durch das Schauen ersetzt werden, entweder zu unserer Freude oder zu unserem Schrecken (1989:2).*

Williams, dem die Augen für die Realität des wunderbaren Handelns Gottes in der Gegenwart aufgetan wurden, beschrieb in allen Einzelheiten, welch mächtigen Einfluß säkulare und gegen das Übernatürliche gerichtete Philosophien auf die Formung seiner christlichen Weltsicht hatten, die durch diesen Säkularismus negativ beeinflußt worden war.

Kraft, der vorher schon zitiert wurde, beschrieb, wie wenig effektiv es war, den Bedürfnissen der Nigerianer mit den Früchten westlicher Wissenschaft begegnen zu wollen:

> *Obwohl wir sehr viel über geistliche Dinge redeten, verstanden die Nigerianer die meisten Aspekte der Spiritualität besser als wir. Ich fürchte, wir taten das, was Paulus den Galatern vorwarf, nämlich im Geist zu beginnen und sich dann menschlicher Kraft zuzuwenden (Gal 3:3). Als ob es das Beste wäre, was er anzubieten hatte, hatten wir im Namen Christi einfach westliche, säkularisierte Methoden entwickelt, um die Probleme von Krankheit, Unfall, Bildung, Fruchtbarkeit, Landwirtschaft und anderer Probleme des Lebens zu lösen. Wir handelten, als ob die westlichen, wissenschaftlichen Methoden effektiver wären als das Gebet (1989:4,5).*

Später, als Kraft an dem Erwachen der Christen für die geistlichen Realitäten unserer Welt teil hatte, und entdeckte, daß sie genau in die von Jesus zu seiner Zeit beschriebenen Situationen hineinpaßten, schrieb er:

> *Ich stelle fest, daß ich die Bibel (besonders die Evangelien) mit neuen Augen lese, wissend, daß die Wunder und Befreiungen und Offenbarungen von Gott und von Engeln und Dämonen und all die Dinge, die ich sonst lediglich als inspirierte Geschichten gelesen hatte, für uns heute gültig sind! Ich entdecke ein neues Verlangen zu beten, mit Gott zu reden und ihm zuzuhören ... Eine neue Kraft und Autorität erfüllt den Dienst ... (1987:133-134).*

Machtbegegnungen in der Arbeit mit Moslems

In unserer Arbeit unter Moslems besteht kein Zweifel darüber, daß es zu einer unausweichlichen Begegnung der Mächte kommen wird. Im Islam geht es auch um Macht. Obwohl es im Koran viele Hinweise auf Barmherzigkeit und Gnade gibt, ist der überwältigende Eindruck, den das Buch von Gott gibt, ein Eindruck unwiderstehbarer Macht. Einige Moslems sehen sich selbst als Instrumente dieser Macht: Moslemische Mudschahedhin, die den Auftrag haben, den koranischen „Willen Gottes" der ganzen Welt aufzuzwingen, falls nötig mit Gewalt. Der Islam hat keinen Platz für Menschwerdung, leidende Liebe und Erlösung, denn sie stehen im Gegensatz zu Mohammeds Konzept von der göttlichen Souveränität und dem Gebrauch von Gewalt (Cragg 1984:137).

Für Christen ist Vergebung und Heilung untrennbar mit dem Tod Jesu am Kreuz verbunden (siehe Jes 53:4-6, 1 Petr 2:24). Sein Sieg über Satan war möglich durch seinen Sieg über die Sünde (siehe Joh 14:30); sein Sieg über den Tod geschah durch den Geist der Heiligkeit, durch den er zum Sohn Gottes eingesetzt wurde (siehe Röm 1:3). Seine Ausgießung des Heiligen Geistes auf uns geschah, um die „Gute Nachricht" von Gottes großem Erlösungswerk in Christus zu offenbaren (siehe Apg 1:8). Diese „Gute Nachricht" vom Reich Gottes wird von Gott selbst durch „Zeichen, Wunder und mancherlei mächtige Taten und mit Austeilung des Heiligen Geistes nach seinem Willen" (Hebr 2:4) bezeugt. Wenn das wahre Reich Gottes in den Islam Einzug hält, werden seine Merkmale die Liebe Gottes und die Macht Gottes sein, die sich in der Vergebung der Sünden, Heilungen, Befreiungen von Dämonen und anderen Zeichen und Wundern äußert. Es ist eine andere Art von Macht, eine Macht, die sich der menschlichen Nöte annimmt. Sie steht in großem Kontrast zum Islam, der diese Art von Macht oder Bestätigung von Gott nicht besitzt.

Die Macht des Islam ist die Macht der Gewalt, der Angst, der Verfolgung, der wirtschaftlichen Diskriminierung, der Medienkontrolle, der Verweigerung von Visas, des Versuchs, christliche Präsenz aus seinen Grenzen zu verbannen und die Geburt jeder neuen Bewegung inmitten seiner Bevölkerung zu verhindern. Geistliche Kampfführung ist definitionsgemäß ein Kampf zwischen Christus, dem buchstäblichen und geistlichen König des Universums einerseits, und Satan und der Hierarchie gefallener, von ihm als dämonische Geister kontrollierte Engel andererseits. Durch diese Geister werden alle anderen Religionen und Ideologien manipuliert, einschließlich des Islam, um die Durchführung von Gottes Erlösungsplan für die Menschheit durch Jesus Christus zu hindern.

Die Bibel sagt uns, daß Satan weiß, daß er wenig Zeit hat: „Weh aber der Erde und dem Meer! Denn der Teufel kommt zu euch hinab und hat einen großen Zorn und weiß, daß er wenig Zeit hat" (Offb 12:12). Obwohl Satan weiß, daß er besiegt ist, wird er seinen Zorn an Christus und allen, die sich mit ihm identifizieren, den Christen, auslassen. Er wird alle möglichen Waffen, Menschen, Ideologien und Religionen benutzen, die er kontrollieren und gegen seinen verhaßten Feind, Christus, richten kann. Aufgrund seiner starken antichristlichen Neigung, über die ich zuvor berichtete, können wir eine starke Opposition vom Islam erwarten, und zwar in allen möglichen Formen, besonders wenn das Evangelium sich erfolgreich auf dem Gebiet Satans ausbreitet.

Christus sendet uns wahrhaftig wie Lämmer unter die Wölfe (siehe Mt 10:16). Wir können keine irdischen Waffen einsetzen. Menschlich gesehen sind wir gegen einen solchen Feind machtlos. Doch geistlich gesehen haben wir das Vorrecht des Gebets. Als Antwort auf unsere Gebete kommen uns Engel zu Hilfe (siehe Dan 10:4, 11:1, Hebr 1:14). Wir haben auch das Wort Gottes, das Wort, das als „das Schwert des Geistes" (Eph 6:18) bezeichnet wird. Und natürlich enthält dieses Wort das gute Evangelium unseres Herrn Jesus Christus, das beschrieben wird als „die Kraft Gottes, die da selig macht alle, die daran glauben" (Röm 1:16). Das Wort wird auch „die Wahrheit" genannt (Joh 17:17), und Jesus erklärte, daß es die „Wahrheit" sein würde, die die Menschen freimacht. Und schließlich haben wir den allmächtigen Gott selbst, der in uns lebt und für uns kämpft, und uns von aller Macht des Feindes befreit (siehe Lk 10:19).

Wenn wir Moslems für Christus gewinnen wollen, müssen wir uns mit den mächtigen Waffen und der Macht, die uns Christus zur Verfügung stellt, ausrüsten. Er selbst ist unsere Stärke, er beantwortet unsere Gebete, er befähigt uns zu heilen und Gefangene aus der Macht Satans zu befreien. Wir werden dazu aufgefordert, „Festungen ... Vernünfteleien und jede Höhe, die sich gegen die Erkenntnis Gottes erhebt" (2 Kor 10:4,5), zu zerstören. Am Ende kann der Islam nicht bestehen, denn er richtet sich voll und ganz gegen den Gesalbten Gottes, Jesus Christus, den König. Wir wollen uns deshalb mit seiner Gegenwart und Macht ausrüsten, wenn wir uns daran machen, die Gefangenen zu befreien.

Kapitel 22

Die praktische Seite

Größere Liebe hat niemand als die, daß er sein
Leben hingibt für seine Freunde. (Joh 15:13)

Bestimmte universale Eigenschaften sollten sich auf jeden Fall in unserer Haltung bemerkbar machen, gleichgültig unter wem wir arbeiten, und besonders wenn wir Menschen einer anderen Kultur erreichen wollen.

Negative Einstellungen überwinden

Aufgrund der langen Geschichte der Feindschaft zwischen Moslems und Christen, besteht die Versuchung für Christen, ihre Einstellung durch feindliche und verärgerte Gedanken negativ beeinflussen zu lassen. Das wurde mir durch zwei unvergeßliche Erlebnisse deutlich, eines geschah in Ägypten, das andere in Indien.

Ich war zufällig in Ägypten, als die von Iranern initiierten Krawalle in Mekka zur Zeit der jährlichen Pilgerfahrt geschahen. Mein ägyptischer Begleiter damals berichtete mir: „Es ist gerade zu Krawallen in Mekka gekommen. Einige hundert Iraner und andere wurden von der saudischen Armee getötet. Preis dem Herrn! Wir wünschten, sie hätten Tausende getötet. Wir hassen die Moslems!"

Das zweite Erlebnis hatte ich in einer großen Stadt im östlichen Indien. Ich war mitten in einer Vorlesung über die Entwicklung einer positiven Einstellung zu unseren moslemischen Nachbarn, als ein junger Mann zusammenbrach und schluchzend von seinem Stuhl fiel. Als ich zu ihm ging und ihn fragte, was los war, sagte er immer und immer wieder: „Kann Gott mir vergeben?" Ich fragte: „Bruder, was hast du getan?" Er erzählte folgende Geschichte:

„Ich bin vor kurzem in ein neues Apartment in der Stadt gezogen. Als wir einzogen, kam ein Mann aus einem anderen Apartment auf dem Flur auf mich zu und sagte: ‚Ich habe gehört, daß Sie eine christliche Familie sind, die hier einzieht. Wir sind sehr froh darüber. Wir sind Moslems und wollten immer schon christliche Freunde haben. Können wir Freunde werden?' Ich antwortete: ‚Nein! Wir freunden uns nie mit Moslems an.' Und ich schug ihm die Tür vor der Nase zu."

Noch immer schluchzend, fragte er noch einmal: „Kann Gott mir je vergeben?" Nach der Zusicherung der Vergebung Gottes beteten wir zusammen. Dann sagte ich zu ihm: „Du kannst nicht hier in der Vorlesung bleiben. Du mußt zurück zu deinem Wohnblock gehen und den Mann aufsuchen, dich entschuldigen und mit ihm eine Freundschaft anfangen. Dann kannst du wieder zu den Vorlesungen kommen." Am nächsten Tag war er in der Vorlesung, und sein Gesicht strahlte. Er hatte meinen Rat befolgt und wurde von seinem alten Haß und seinen Vorurteilen befreit.

Liebe: Der Beweis der Jüngerschaft

Liebe ist der Beweis dafür, daß wir Jünger Jesu sind. Jesus nannte es ein „neues Gebot" (Joh 13:34,35). Wir sollen unseren Nächsten ohne Ausnahme wie uns selbst lieben (siehe Mt 22:39). Wir sollen Moslems lieben, denn Gott liebt sie (siehe Joh 3:16). Selbst wenn sie sich zu unseren Feinden machen, gibt es keine Ausnahme. Die Lehre Jesu ist radikal: „Aber euch, die ihr hört, sage ich: Liebt eure Feinde; tut wohl denen, die euch

hassen; segnet die, die euch fluchen; betet für die, die euch be-
leidigen!" (Lk 6:27,28).

Vor einigen Jahren, als ich verschiedene malaysische Männer und Frauen, alles ehemalige Moslems, die zu Christus gefunden hatten, befragte, stellte ich zu meinem Erstaunen fest,
daß jeder einzelne von ihnen durch einen christlichen Freund
oder Nachbarn Christ geworden war, dessen liebevolle Einstellung sie zu Jesus gezogen hatte.

Der Apostel Paulus faßte in seiner einzigartigen Weise zusammen, was der Höhepunkt einer liebevollen Einstellung gegen jede Person ist, die wir treffen:

> *Ihr [der Gemeinde] Diener bin ich geworden*
> *nach der Verwaltung Gottes, die mir im Blick*
> *auf euch gegeben ist, um das Wort Gottes zu*
> *vollenden, das Geheimnis, das von den Weltzei-*
> *ten und von den Geschlechtern her verborgen*
> *war, jetzt aber seinen Heiligen geoffenbart wor-*
> *den ist. Ihnen wollte Gott zu erkennen geben,*
> *was der Reichtum der Herrlichkeit dieses Ge-*
> *heimnisses unter den Nationen [d. h. auch unter*
> *Moslems] sei, und das ist: Christus in euch, die*
> *Hoffnung der Herrlichkeit. Ihn verkündigen wir,*
> *indem wir jeden Menschen ermahnen und jeden*
> *Menschen in aller Weisheit lehren, um jeden*
> *Menschen vollkommen in Christus darzustellen.*
> *(Kol 1:25-28)*

Auf Moslems angewendet ist das ein hohes Ziel: Jeden Moslem vollkommen und vollständig in Jesus Christus zu sehen. Ich
glaube, daß dies die einzige berechtigte Einstellung ist, die ein
Christ zu einem anderen menschlichen Wesen haben kann, und
im Fall dieser Studie zu jedem Moslem auf der Welt: Sich danach zu sehnen, daß jeder einzelne von ihnen in Christus vollkommen ist. Alle anderen Einstellungen führen zu einer Art
gleichgültiger, wenig engagierter und nicht auf Ernte ausge-
richteter Einstellung gegenüber Moslems.

Erinnerung an moslemische Freundlichkeiten

Eine dankbare Haltung ist in jeder Art von Arbeit von Nutzen; in der Arbeit unter Moslems ist sie unabdingbar, sonst kann die Schwierigkeit der Arbeit zur Entmutigung führen. Auch Moslems sind trotz all der schlechten Erfahrungen, die Christen mit ihnen gemacht haben mögen, im Bild Gottes erschaffen worden, genau wie wir auch. Der Apostel Paulus hatte das verstanden, als er das schon erwähnte Zitat aus 1 Timotheus 2:1-4 niederschrieb.

Allein ausgehend von allgemeinen biblischen Prinzipien, müssen wir für alle Moslems danken. Doch für solche, die unter ihnen gelebt haben, gibt es unzählige Begebenheiten, in denen wir ihre Gäste waren, als ein Teil ihrer Strukturen gelebt haben und wo uns von ihnen geholfen wurde.

Zweimal habe ich selbst die Erfahrung gemacht, daß mir Moslems das Leben gerettet haben. Das erste Mal war während des zweiten indisch-pakistanischen Krieges um Kaschmir. In den Dörfern außerhalb der pakistanischen Gebirgsstadt hatte jemand das Gerücht verbreitet, daß wir den indischen Flugzeugen, die über uns hinwegflogen, Signale gegeben hatten. Wütend kamen die moslemischen Dorfbewohner zu unseren Häusern, um sie niederzubrennen und uns zu töten. Sie wurden am Fuß des Hügels von moslemischen Ladenbesitzern des Ortes aufgehalten, die erklärten: „Diese Leute würden niemals tun, was ihr glaubt. Ihr dürft diese schreckliche Handlung nicht ausführen. Zuerst müßt ihr uns töten." Und sie versperrten ihnen den Weg und wiesen die Dorfbewohner zurück.

Das zweite Erlebnis hatte ich während des Yom-Kippur-Krieges zwischen Israel, Ägypten und Syrien. Palästinenser und Pakistanis waren auf die Straße gegangen, um gegen Israel und Amerika zu protestieren. Sie hielten alle Autos an und suchten nach Amerikanern. Sie hielten auch mein Auto an. Als sie erfuhren, daß ich Amerikaner war, begannen sie zu schreien: „Amriki, Amriki!" und schaukelten das Auto, um es umzustürzen und zu verbrennen. Ein großer Jordanier kam zu meinem

Autofenster, sah die verzweifelte Situation, in der ich mich befand, wandte sich an die Menge und rief: „Dieser Mann ist kein Amerikaner, er ist Franzose. Viva la France! Viva la France!" Und damit trieb er die Menge davon.

Von den vielen Freundlichkeiten, die mir von Moslems erwiesen wurden, ist die denkwürdigste ein Ereignis, das sich am Rand eines Malinka-Dorfes in Westafrika ereignete. Wir waren den ganzen Tag gefahren und hielten an einer Lichtung am Rand eines Dorfes an, als die Sonne unterging. Wir packten unseren Proviant aus, um zu Abend zu essen, ehe wir die ganze Nacht durch weiterfahren wollten. Als wir noch dabei waren, kam eine afrikanische Frau an uns vorbei, die ein Bündel auf dem Kopf trug. Sie wandte sich um und schaute zu uns herüber, ging noch etwa zehn Schritte weiter, hielt an, nahm ihr Bündel herunter, machte es auf, nahm etwas heraus und steckte es in den Ärmel ihres weiten Kleides. Sie kam herüber zu dem Anführer unserer Dreimanngruppe und begann die ausführliche Begrüßung in der Sprache der Malinka. Nach etwa zehn dieser Begrüßungen zog sie eine riesige Knolle Maniok aus ihrem Ärmel und schenkte sie unserem Anführer. Danach wurden viele weitere höfliche Worte ausgetauscht. Schließlich kehrte sie zu ihrem Bündel zurück, band es zusammen und ging in ihr Dorf.

Als das alles vorbei war, wandte ich mich an meinen Freund und fragte ihn: „Bruder, worum ging es hier eigentlich? Diese Frau kannte dich von irgendwoher, stimmt's?" Er antwortete: „Nein, ich habe hier noch nie angehalten." Darauf sagte ich: „Also, dann war sie sicher Christin und hat erkannt, daß wir auch Christen waren, darum war sie so freundlich zu uns." Er sagte: „Nein, diese Frau war Moslemin." Ich fragte ihn: „Also, worum ging es denn?" Er antwortete: „Don, in dieser Kultur ist es so, daß, wenn ein Fremder beim Einbruch der Nacht am Rand deines Dorfes ankommt, du die Pflicht hast, ihn aufzunehmen, sein Abendessen zu kochen und ihm einen Platz zum Übernachten anzubieten. Das ist es, was diese Frau getan hat. Sie bot sich an, unsere Mahlzeit zuzubereiten und uns ihr Haus für die Nacht zu überlassen." Ich fragte: „Hast du ihren Namen erfahren?" „Ihr Name ist Saadi Kamara." „Ich werde die Geschichte von Saadi Kamara überall Christen erzählen, weil Jesus das auch getan hätte. Sie ist die moderne ‚gute Samariterin'. Jesus würde die Geschichte dieser ‚guten Moslemin' erzählen, wenn er heute hier wäre, deshalb werde ich das auch tun."

Ich erinnere mich an eine weitere Geschichte. Sie geschah in Bel Air in Kalifornien. Nach einer Unterrichtsstunde in einer Sonntagsschule mit dem Thema „Liebe deinen moslemischen Nachbarn", kam eine Frau aufgeregt auf mich zu und sagte: „Ich glaube, ich habe moslemische Nachbarn." Ich fragte sie: „Wie wollen Sie das wissen?" Sie antwortete: „Sie haben dunkle Haut, sprechen eine fremde Sprache, und die Frau trägt einen schwarzen Schleier von Kopf bis Fuß." Ich sagte: „Sie haben recht, Sie haben moslemische Nachbarn. Wie lange wohnen sie dort schon?" „Sechs Monate." Dann fragte ich sie: „Und was haben Sie unternommen?" „Nichts", antwortete sie, „ich fürchte mich zu Tode vor ihnen." „Würden Sie tun, was ich Ihnen vorschlage?" „Was wollen Sie mir vorschlagen?" „Heute Nachmittag, wenn Sie von der Kirche nach Hause kommen, möchte ich, daß Sie einen Kuchen backen oder kaufen, und ihn zu ihren moslemischen Nachbarn mit den Worten bringen: ‚Ich bin ihre Nachbarin, bitte verzeihen Sie, daß ich nicht früher gekommen bin, um Sie als Nachbarn zu begrüßen. Hier ist ein kleines Geschenk für Sie, ich würde mich gern mit Ihnen anfreunden.'"

Am nächsten Sonntag wartete diese Frau auf mich, als ich zum Unterrichten in die Sonntagsschulklasse kam. „Es hat funktioniert", sagte sie mit offensichtlicher Freude. „Sie haben mich hereingebeten. Ein junger Mann sprach Englisch und stellte mich seiner Mutter und dem Rest der Familie vor. Die Frau trug im Haus keinen Schleier und ist außerdem sehr nett. Wir sind gute Freunde geworden." Diese Frau benötigte nur jemand, der ihr vorschlug, wie sie eine Freundschaft mit ihren Nachbarn anfangen konnte.

Das Ebenbild Gottes in Moslems

Die meisten von uns haben Moslems noch keine Gelegenheit gegeben, ihre Gastfreundschaft oder ihre Großzügigkeit oder ihre Freundlichkeit zu zeigen. Sie tragen immer noch das Ebenbild Gottes in sich, durch Sünde beschädigt, wie auch bei uns, doch trotzdem reflektieren sie das Bild ihres entfremdeten himmlischen Vaters, den sie nicht kennen. Wir haben die Verantwortung, unsere moslemischen Nachbarn zu lieben, uns mit ihnen anzufreunden und ihnen auch das Vorrecht zu gönnen, uns zu dienen. Jesus konnte das sehr gut. Man erinnere sich daran, wie er die Unterhaltung mit der „Frau am Brunnen" in Samaria begann. „Kannst du mir etwas zu trinken geben?" Wir müssen nah an sie herangehen, wenn wir ihre Freundlichkeit empfangen wollen.

Unsere dankbare Einstellung zu Moslems kann also zwei Gründe haben. Erstens, weil die Bibel uns lehrt, für sie dankbar zu sein, und zweitens für die Freundlichkeiten, die sie uns erweisen.

Ein „verkörperter Zeuge" sein

Mit Liebe und Dankbarkeit kommt man auch in die Kultur eines anderen Menschen hinein. Unser Musterbeispiel ist Jesus. Die Bibel lehrt uns, daß er vor der Erschaffung der Welt in der Herrlichkeit, in der Gegenwart Gottes des Vaters lebte (siehe Joh 17:24). Trotzdem entäußerte er sich und wurde einer von uns, wurde ein Mensch zu einer bestimmten Zeit, an einem bestimmten Ort (siehe Phil 2:6,7). Genauer gesagt, er kam als ein palästinensischer Jude und identifizierte sich auf diese Weise mit der Volksgruppe, für die er als erstes sein Leben gab, um sie zu gewinnen. Im Leben von Paulus haben wir gesehen, daß er bereit war, allen alles zu werden, um auf diese Weise einige zu gewinnen (siehe 1 Kor 9:22). Und wir haben vorgeschlagen, daß wir, wenn wir Moslems gewinnen wollen, uns wohl kulturell, aber nicht theologisch, zu Moslems machen müssen. Bashir

Abdol Massih kombiniert in *The Gospel And Islam* die Beispiele von Jesus und Paulus unter der Überschrift „Verkörperter Zeuge". Seine Beschreibung ist sehr passend:

> *Der verkörperte Zeuge ist jemand, in dem die*
> *Liebe ein so tiefes Werk getan hat, daß er in je*
> *der möglichen Weise seinem Hörer gleich sein*
> *will, damit er das Evangelium durch Gedanken,*
> *Kommunikation und religiös-kulturelle Formen*
> *mitteilen kann, die für den Hörer eine Bedeu*
> *tung haben (Massih 1979:87).*

Zu oft ist der christliche Arbeiter dem Thema der kulturellen Sensitivität gegenüber mit Blindheit geschlagen. Da Christen mit dem Mißverständnis leben, daß es lediglich nötig ist, die Gute Nachricht in der Sprache des anderen zu vermitteln, lehren sie unbewußt ihre eigene Kultur als Teil des Evangeliums. Ich glaube, daß das eine Barriere für die Verbreitung des Evangeliums darstellt, besonders wenn zwischen der Kultur der Moslems, die man gewinnen will, und der Kultur der Christen, die zu gewinnen suchen, ein großer Gegensatz besteht. Die Botschaft wird oft abgelehnt, nicht weil sie nicht verstanden und als unannehmbar empfunden wird, sondern wegen der Art und Weise, wie sie präsentiert wurde, also in einer kulturellen Form, die dem Hörer so abstoßend erschien, daß er die Botschaft nicht empfangen konnte.

Gott und die Kultur

Wenn man unter Moslems lebt, muß man vier Faktoren beachten. Erstens muß man verstehen, daß alle Kulturen vom Menschen als Reaktion auf das kulturelle Mandat in 1 Mose 1:26-28 entwickelt wurden. Gott gab uns die Fähigkeit, die Welt zu verwalten, Systeme zu erfinden, um gute Verwalter der Schöpfung zu sein und miteinander zu leben. Das führte unausweichlich zu dem, was wir die Entwicklung von Kultur nennen.

Zweitens reflektiert die Kultur seit dem Fall des Mannes und der Frau im Garten Eden zwangsweise diesen gefallenen Zustand der Menschen.

Drittens sind kulturübergreifende Kommunikationsprobleme seit der Zeit, als Gott die Menschen beim Turmbau zu Babel richtete (siehe 1 Mo 11:1-10) und damit die Entstehung neuer Sprachen und Kulturen verursachte, unausweichlich.

Und viertens hat Gott, der uns auftrug alle ethno-linguistischen Gruppen dieser Welt zu Jüngern zu machen, die Botschaft der Erlösung offensichtlich so gestaltet, daß man sie als eine „überkulturelle" Wahrheit bezeichnen kann, das heißt, daß sie Hörern in jeder menschlichen Kultur vermittelt werden kann.

Zuvor wurde die Frage aufgeworfen: „Hat Gott bestimmt, daß es nur eine einzige kulturelle Form von Christentum geben sollte?" Die Antwort lautet offensichtlich nein, sonst hätte Jesus darüber gelehrt. Doch er sagte, daß die wahre Anbetung nicht „auf diesem Berg oder in Jerusalem" stattfinden würde, sondern „im Geist und in der Wahrheit". Das Evangelium sollte nicht an die jüdische Kultur, also an den Tempel und seine Pracht gebunden sein. Es sollte so beschaffen sein, daß man in jedem kulturellen Umfeld darauf reagieren kann.

Der christliche Zeuge muß also entscheiden, worin diese „überkulturelle" Wahrheit besteht, was das Eigentliche der Guten Nachricht Gottes für die Menschen ist. Dann wird jeder Arbeiter entscheiden müssen, auf welche Weise er sich der Zielkultur annähern will. Das sollte dann dazu führen, sich ein gründliches Wissen über die Zielkultur und darüber anzueignen, wie christliche Anbetung geschehen könnte. Notwendigerweise muß man einerseits herausfinden, welche Formen unwiderruflich durch dämonische Bedeutungen unbrauchbar gemacht worden sind, und andererseits, welche Formen man sehr gut in den Dienst Gottes zum Zweck der Anbetung und des Gottesdienstes stellen kann.

Wie Kraft schon erläuterte, können Kulturen sowohl von Gott als auch von Satan oder dem Menschen gebraucht werden (1979:113). Da die Sünde alles durchdringt, werden auch kulturelle Formen davon beeinflußt sein. Gott scheint sich damit zu beschäftigen, Menschen zu verändern, die dann wiederum ihre jeweiligen Kulturen in dem Maße verändern, wie sie den Unterschied zwischen der Führung des Heiligen Geistes und den „Geistern" in der Welt erkennen lernen.

Aufgrund seiner inhärenten antichristlichen Lehren hat sich der Islam unzählige Kulturformen für seine eigenen Zwecke widerrechtlich angeeignet. Wenn christliche Arbeiter einen Zugang zu den moslemischen Völkern finden, müssen sie immer wieder abwägen, welche Teile des kulturellen Hintergrunds der Neubekehrten im Christentum erhalten bleiben können, und welche modifiziert werden müssen.

Spracherwerb

Da die Sprache sozusagen der „Mutterleib" einer Kultur ist, ist es für den christlichen Arbeiter unerläßlich, neben der Kultur auch die Sprache des Volkes zu lernen, das er erreichen will. Reyburns ausgezeichnete Forschungsarbeit über die Bibelübersetzungen in moslemische Sprachen zeigt, daß, obwohl Christen vom Jahre 622 an bis heute unter Moslems gelebt haben, sich die christlichen Missionsbewegungen erst seit 1800 ernsthaft mit der Übersetzung der Bibel in moslemische Sprachen befassen (Reyburn 1979:363).

Wir müssen uns ernsthaft der Spracherlernung und der Übersetzung der Bibel widmen, wenn wir die Hunderte von bisher unerreichten moslemischen Völkern auf richtige Weise zu Jüngern machen wollen.

Der menschlichen Not begegnen

Ich erwähnte schon Heilung, die Befreiung von Dämonen und die Möglichkeit anderer „Zeichen und Wunder" im Kontext des geistlichen Kampfes um das Leben von Moslems. Doch es gibt noch eine andere Weise, wie wir unsere Liebe zu ihnen ausdrücken können. Jesus ist erneut unser Lehrmeister:

256

Dann wird der König zu denen zu seiner Rech-
ten sagen: Kommt her, Gesegnete meines Vaters,
erbt das Reich, das euch bereitet ist von Grund-
legung der Welt an! Denn mich hungerte, und
ihr gabt mir zu essen; mich dürstete, und ihr
gabt mir zu trinken; ich war Fremdling, und ihr
nahmt mich auf; nackt, und ihr bekleidetet
mich; ich war krank, und ihr besuchtet mich;
ich war im Gefängnis, und ihr kamt zu mir ...
was ihr einem dieser meiner geringsten Brüder
getan habt, habt ihr mir getan. (Mt 25:34-40)

Hungrig, durstig, Flüchtling sein, nackt, krank, im Gefängnis:
Das kennzeichnet Millionen von Moslems heute in Afghanistan, Iran, Irak, Kuwait, Jordanien, Kaschmir, Pakistan, Bangladesch, Somalia, Eritrea, Sudan, Tschad und Palästina, um nur
einige Länder zu nennen. Millionen von ihnen befinden sich
in geistlicher Dunkelheit und wirtschaftlicher Armut. In der
moslemischen Welt scheint das menschliche Leid kein Ende zu
nehmen.

Trotz der Tatsache, daß unsere Motivation falsch verstanden
wird, denn Moslems denken, daß wir Bekehrte „kaufen", indem
wir ihre menschliche Not lindern, hat uns Christus aufgetragen,
ihnen zu dienen als ob wir ihm selbst dienen würden. Es gibt
keinen besseren Weg, seine Liebe zu zeigen und ihnen damit
zu verdeutlichen, daß sie in seinen Augen wertvoll sind. Wir
dürfen der Denkweise des Teufels nicht erlauben, uns durch
irregeführte Moslems davon abhalten zu lassen, der menschlichen Not zu begegnen, wo immer wir sie finden.

Die Katastrophen, die unsere Aufmerksamkeit auf so großer
Ebene auf sich ziehen, sollten uns nicht davon ablenken, die
einzelnen Fälle menschlicher Not dort wo wir leben zu bemerken, ob wir als Gäste in ihren Ländern oder sie Gast in unserem Land sind.

Wer ist mein Nächster?

Die Frage, was man tun muß, um das ewige Leben zu ererben, eine Frage, die ein Experte des Gesetzes stellte, wurde nicht mit einem Glaubenssystem beantwortet, sondern mit einer Geschichte über einen Samariter, der auf eine menschliche Not einging. Wer war der Nächste dessen, der unter die Räuber fiel? Wir können der Lektion Jesu ebensowenig entkommen wie der Schriftgelehrte: „Der die Barmherzigkeit an ihm tat" (Lk 10:25-36). „Denn die Liebe Christi drängt uns, da wir zu diesem Urteil gekommen sind, daß einer für alle gestorben ist und somit alle gestorben sind" (2 Kor 5:14). Die Liebe Christi drängt uns dazu, die zu lieben, für die er gestorben ist.

Das Leben von Henry Martyn: Ein Beispiel

Henry Martyn (1781–1812) wurde als der erste protestantische Missionar für die Moslems bezeichnet. Er war ausgezeichnet qualifiziert in Fremdsprachen, denn er hatte an der Universität von Cambridge Urdu, Persisch, Arabisch und Sanskrit studiert, und war ein ausgesprochen hingegebener junger Mann, dessen Wunsch, nachdem er Indien erreicht hatte, lautete, „für Gott auszubrennen". Das geschah buchstäblich. Er starb im Alter von 32 Jahren in der Türkei, auf seiner Rückreise nach England.

Er war nur während einer kurzen Zeit aktiv (1806–1812), doch was er in seinen Debatten mit Moslems, der Übersetzung der Bibel (Neues Testament in Urdu, Persisch und Arabisch), glänzenden Traktaten, in denen der christliche Glaube für Moslems erklärt wurde, und vor allem in seinem persönlichen Leben und Zeugnis erlangt hat, hinterließ einen tiefen Eindruck bei seinen Zeitgenossen, sowohl Moslems wie Christen.

Martyn lernte schnell und stellte bald fest, daß öffentliche Debatten mit Moslems nicht die beste Vorgehensweise waren. Er änderte deshalb seine Methode und entwickelte nach und nach sieben Prinzipien für die Arbeit unter Moslems, die vieles vorausnahmen, wofür ich in diesem Buch eintrete. Sie sind heute noch genauso gültig und angemessen wie zu der Zeit, als sie zuerst von Martyn ungefähr im Jahre 1810 ausgearbeitet wurden. Das Material ist übrigens Lyle Vander Werffs wertvollem Buch *Christian Mission To Muslims*: The Record (1977: 31-36) entnommen.

1. *Erzähle von deiner persönlichen Erfahrung – dein Zeugnis darüber, wie du durch Jesus Christus die Vergebung der Sünden und den Frieden mit Gott erlangt hast.*

2. *Weiß das Beste an deinem moslemischen Freund zu schätzen und schreib diese Qualitäten Gottes Wirken in seinem Leben zu. Das gleiche gilt für die Elemente in der moslemischen Kultur, die wirklich von Gott gutgeheißen werden.*

3. *Behalte immer Christus im Zentrum deiner Botschaft, indem du über die Gnade Gottes redest, wie sie durch Christus vermittelt und durch das heiligende Werk des Geistes Gottes fortgeführt wird.*

4. *Beziehe deinen moslemischen Freund in das Studium der Bibel ein, damit er diese neuen Wahrheiten selbst entdecken kann.*

5. *Spiele die Rolle eines unterstützenden Freundes, wenn dein moslemischer Freund diese kritische Zeit der Erforschung durchläuft und Entscheidungen treffen muß.*

6. *Schaffe eine günstige Umgebung und Gesellschaft durch gute Werke, die den menschlichen Nöten begegnen.*

7. *Vertraue dem Heiligen Geist, in deinem moslemischen Freund zu wirken, wenn er seinen Platz als ein Gläubiger in seinem moslemischen Kontext zu finden sucht.*

Teil Fünf

Vorschläge für den Zugang zu Moslems

Teil Fünf

Vorschläge für den Zugang
zu Moslems

Alles bisher Gesagte über das ganze Gebiet der persönlichen Einstellung, darüber, wie Jesus geistliche Kraft im Gegensatz zur physischen Kraft der Welt einsetzte, in welcher Beziehung das Reich Gottes zu den menschlichen Kulturen steht, wie man anhand des paulinischen Beispiels, eine Beziehung zu moslemischen Kulturen aufbauen kann und welche Bedeutung die praktische Seite unserer Beziehung zu moslemischen Freunden und Nachbarn hat, müssen wir im Hinterkopf haben, wenn wir uns nun damit befassen, wie man zu Moslems mit dem Hintergrund der verschiedenen Arten des Islam, eine Beziehung aufbauen kann. Jedes der zuvor behandelten Prinzipien wird je nach Gegebenheit eine Rolle spielen. Doch es ist notwendig, noch spezifischer darauf einzugehen.

Welchen Moslem mit welcher Art von Islam möchten wir gewinnen? Gibt es unterschiedliche Glaubensauffassungen, die ihn von anderen Moslems unterscheiden? Sollten wir aufgrund unseres Wissens über ihren Hintergrund und ihr Glaubenssystem und ihre besonderen Annahmen in ihrer Weltsicht, eine Annäherung wählen, die sich ihren jeweiligen Auffassungen anpaßt? In einigen Fällen wird der christliche Arbeiter in der Lage sein, aus dem, was die Moslems schon glauben oder praktizieren, Kapital zu schlagen, indem er ihren Praktiken eine neue, christliche Bedeutung gibt. Doch in anderen Fällen wird sich der Arbeiter von den moslemischen Annahmen völlig distanzieren und ihnen einen ganz neuen Weg aufzeigen müssen.

In diesem Teil werde ich also Vorschläge machen, wie man den Bedürfnissen der verschiedenen Moslems begegnen kann. Wir wollen versuchen darzustellen, wie Jesus diese Fragen handhaben würde, wenn er heute unter uns wäre.

Wie würde Jesus den Sunniten, Schiiten, Säkularisten, Militanten, Sufis, Volksmoslems, den Ahmadis oder den afroamerikanischen Moslems begegnen? Dabei wollen wir im Auge behalten, daß es sich hierbei um Vorschläge handelt, die im Feuer der persönlichen Erfahrung geläutert werden müssen. Wir wollen nicht behaupten, daß es die einzige Weise wäre, auf die unser Herr in einer gegebenen Situation mit bestimmten Moslems handeln würde.

Man muß sich auch vergegenwärtigen, daß Moslems in vielen Fällen dadurch zu Christus gezogen werden, daß sie, im Gegensatz zu Streitgesprächen, das Leben ihrer christlichen Freunde als attraktiv empfinden! Trotzdem werden auch einige gewonnen, weil der christliche Arbeiter mit Einfühlungsvermögen auf ihre Fragen eingehen und ihnen zeigen konnte, daß Christus die Antwort auf ihre bestehenden Bedürfnisse ist.

Kapitel 23

Jesus und die Sunniten

Wehe aber euch, Schriftgelehrte ... ihr ver-
schließt das Reich der Himmel vor den Men-
schen; denn ihr geht nicht hinein, und die, die
hineingehen wollen, laßt ihr auch nicht hinein-
gehen. (Mt 23:13,14)

Wie man sich erinnern wird, sind die Sunniten Moslems, die dem Beispiel Mohammeds (Sunna) folgen und den Koran und die Hadith als maßgebend ansehen. Ein orthodoxer Sunnit wird nach dem Scharia-Gesetz leben wollen. Diese Moslems sind mit aller Wahrscheinlichkeit den orthodoxen Juden aus der Zeit Jesu sehr ähnlich. Ich schlage deshalb vor, daß Jesus sich einem Sunniten so zuwenden würde, wie er es den Juden gegenüber tat, die das mosaische Gesetz und die Traditionen der Ältesten zu befolgen versuchten.

Die Einstellung Jesu zum mosaischen Gesetz

Schon im Alter von zwölf Jahren war Jesus äußerst interessiert an der Religion, wie sie von den Gelehrten der Schrift, also des Alten Testaments, gesehen und praktiziert wurde (siehe Lk 2:46,47). Er interessierte sich auch für die Motive und Herzenseinstellungen der Praktizierenden (siehe Lk 16:15). Als er seinen Dienst begann, bestätigte Jesus die Gültigkeit des Gesetzes. Tatsache ist, daß er seinen gesamten zukünftigen Dienst als eine Erfüllung dieses Gesetzes sah. Er sagte darüber:

> *Meint nicht, daß ich gekommen sei, das Gesetz oder die Propheten aufzulösen; ich bin nicht gekommen, aufzulösen, sondern zu erfüllen. Denn wahrlich, ich sage euch: Bis der Himmel und die Erde vergehen, soll auch nicht ein Jota oder ein Strichlein von dem Gesetz vergehen, bis alles geschehen ist. (Mt 5:17,18)*

Der Vorrang der Liebe

Jesus kannte auch den Unterschied zwischen einer praktischen Liebe und Anwendung der Hauptanliegen des Gesetzes einerseits und reiner Gesetzlichkeit andererseits. Er faßte das Gesetz einmal mit folgenden Worten zusammen:

> *Du sollst den Herrn, deinen Gott, lieben mit deinem ganzen Herzen und mit deiner ganzen Seele und mit deinem ganzen Verstand. Dies ist das größte und erste Gebot. Das zweite aber ist ihm gleich: Du sollst deinen Nächsten lieben wie dich selbst. An diesen zwei Geboten hängt das ganze Gesetz und die Propheten. (Mt 22:37-39)*

Liebe, Liebe für Gott, Liebe für den Nächsten, daran sollten wahre Güte und Frömmigkeit gemessen werden. Wir können auch darauf hinweisen, daß Jesus, soweit wir wissen, alle Vorschriften des jüdischen Gesetzes, die in der Bibel festgelegt sind, gehalten hat, sich jedoch nicht an die menschlichen Zusätze, also an die Traditionen, gebunden fühlte.

Das Problem der Sunniten:
Das Scharia-Gesetz

Der sunnitische Islam, der sich unter der Führung Mohammeds und seiner Nachfolger entwickelte, repräsentierte eine sehr arabisierte, semitische Adaption, nicht so sehr des mosaischen Gesetzes, als vielmehr späterer jüdischer Zusätze, die im Talmud und der Mischna zu finden sind, und auch einiger anderer Ideen, die aus seinem Kontakt mit östlichen Christen und Anhängern des Parsismus stammten.

Der Islam entwickelte sich zu einem wachsenden Gesetzbuch, gegründet auf die Gebote Mohammeds im Koran und dessen eigenes Lebensbeispiel. Er wollte alle Aspekte des Islam unter ein verbindliches Gesetz bringen, dessen einziges Vorbild und Urheber er selbst war. Der sunnitische Islam steht heute für den Zweig des Islam, der sich an die Sunna des Propheten bindet, die aus dem im Koran und außerkoranischen Quellen festgehaltenen Reden und Handlungen abgeleitet ist. Sein hervorstehendstes Kennzeichen ist demnach das Gesetz. Sunnitische Moslems sind an das Scharia-Gesetz und die Traditionen gebunden, wie sie von Mohammed und seinen Anhängern festgelegt wurden.

Der Reiche und der Gesetzliche

Beim Studium der Evangelien sehen wir, daß sich bestimmte Verhaltensmuster hervortun, je nachdem, wie Jesus mit verschiedenen Typen von Personen umging. Zum Beispiel sagt uns die Bibel, daß Jesus den reichen jungen Mann liebte, der zu ihm kam, um zu fragen, wie er das ewige Leben erlangen könne. Der junge Mann hatte das ganze Gesetz von seiner Jugend an gehalten, sein Problem war, daß er seine Reichtümer mehr liebte als den Herrn. Die Frage war für ihn nicht, ob er das Gesetz hielt oder nicht, denn das tat er. Es ging vielmehr um seinen Lebensstil, darum, ob er willig war, alles den Armen zu geben, als Jesus ihn dazu aufforderte.

Kein Erbarmen mit Heuchlern

Den Schriftgelehrten und Pharisäern gegenüber, die anderen schwere gesetzliche und finanzielle Lasten auflegten, die sie selbst nicht zu tragen bereit waren, zeigte Jesus kein Erbarmen, weil sie auch kein Erbarmen hatten. Er durchschaute ihre harten Herzen und wies sie scharf zurecht (siehe Mt 23:4). Jesus hatte kein Erbarmen mit denen, die sich einen religiösen Anstrich gaben, jedoch inwendig reißende Wölfe waren (siehe Mt 7:15).

Jesus und die Menschen, die zerbrochenen Herzens sind

Denen, die zerbrochenen Herzens waren, gewährte Jesus jedoch augenblicklich Vergebung. Der namenlosen, durch Sünde zerbrochenen Frau, die zu den Füßen Jesu weinte, sie mit ihrem Haar trocknete und mit einem kostbaren Parfüm salbte, wurden alle ihre Sünden vergeben. Sie liebte Jesus sehr, und ihr Glaube rettete sie. Jesus schickt sie in Frieden fort (siehe Lk 7:36-50).

Wie würde Jesus auf einen Sunniten reagieren? Es würde davon abhängen, was er in seinem Herzen lesen würde. In den vorangegangenen Berichten sah Jesus die Liebe zum Geld in dem reichen jungen Mann, die Heuchelei der Schriftgelehrten und die Zerbrochenheit der gefallenen Frau. Und in jeder Situation reagierte er auf angemessene Weise.

Die Gabe der Unterscheidung

Obwohl wir in keiner Weise dem Niveau Jesu beim Durchschauen des Herzens von Menschen gleichkommen können, wissen wir, daß er uns die Gabe der Unterscheidung der Geister gegeben hat (siehe 1 Kor 12:10). Durch seinen Geist gibt er uns Einblicke in den wahren Zustand des menschlichen Herzens und erwartet, daß wir den Menschen entsprechend dienen.

Keine Erlösung durch das Gesetz

Den Sunniten, die wirklich daran glauben, daß sie durch das Befolgen des Scharia-Gesetzes gerettet werden können, müssen wir wahrscheinlich mit viel Gebet und großer Geduld begegnen. Sie wurden betrogen, indem man sie lehrte, daß Mohammeds Worte die letzten Worte in der Tradition der Heiligen Schriften seien und daß man die Errettung (wie er sie lehrte) durch das Befolgen des Scharia-Gesetzes erlangen kann. Der Verstand dieser Leute ist verschleiert, und dieser Schleier kann durch das Fürbittegebet, und dadurch, daß man ihnen geduldig zeigt, wie hoffnungslos dieser Versuch ist, entfernt werden. Erst muß man ihnen die wahre Funktion des Gesetzes zeigen: Es tötet (siehe 2 Kor 3:6). Das wird von Paulus sehr genau in seinem Brief an die Römer erklärt:

Wir wissen aber, daß alles, was das Gesetz sagt, es denen sagt, die unter dem Gesetz sind, damit jeder Mund verstopft werde und die ganze Welt dem Gericht Gottes verfallen sei. Darum: aus Gesetzeswerken wird kein Fleisch vor ihm gerechtfertigt werden; denn durch Gesetz kommt Erkenntnis der Sünde. (Röm 3:19-20)

Der Islam funktioniert nach der Vorstellung, daß die Errettung durch Verdienst möglich ist; das heißt, wenn die guten Taten mehr wiegen als die schlechten Taten, ist die Belohnung das Paradies. Weder Mohammed noch seine Nachfolger verstanden, daß in Gottes Augen „der Lohn der Sünde der Tod ist" (Röm 6:23), oder daß „wer das ganze Gesetz hält, aber in einem strauchelt, aller Gebote schuldig geworden ist" (Jak 2:10). Es bedarf großer Geduld, um dies einem überzeugten Sunniten von der Bibel her zu zeigen.

Den Gebrauch der Bibel erklären

Zweifellos werden die Anklagen laut werden, daß unsere Schriften gefälscht worden seien, und man wird seinem Freund zeigen müssen, warum das nicht der Fall ist.

Die Lehren des Korans
über die Sündlosigkeit Mohammeds

Darüber hinaus wird der sunnitische Moslem wahrscheinlich auf einen Vergleich zwischen Christus und Mohammed bestehen. Trotz aktueller Tendenzen, Mohammed für unfehlbar und in einigen Lagern sogar für göttlich zu erklären, zeigt der Koran Mohammeds Sündhaftigkeit an den folgenden Stellen:

> *Und wenn Gott die Menschen wegen ihrer Frevelhaftigkeit belangen würde, würde er auf der Erde kein Tier [oder Lebewesen] übriglassen [einschließlich Mohammed]. 16:62*
> *Und bitte [Gott] um Vergebung für deine Schuld [gilt für alle]. 40:56*
> *... und bitten [ihn] für die [Menschen], die auf der Erde sind, um Vergebung [ihrer Sünden] [Mohammed eingeschlossen]. 42:6*
> *Und wenn euch ein Unglück trifft, so [trifft es euch zur Strafe] für das, was eure Hände [an Sünde] begangen haben, während er [gleichzeitig] gegen vieles nachsichtig ist, [und es auf sich beruhen läßt]. [Mohammed hatte seinen Anteil an Unglück]. 42:30*
> *Und bitte [ihn] um Vergebung für deine [eigene] Schuld und für die gläubigen Männer und Frauen [Mohammed eingeschlossen]. 47:19*
> *Wir haben dir einen offenkundigen Erfolg beschieden. Gott wollte [oder: möchte] dir [auf diese Weise?] deine frühere und deine spätere*

Schuld vergeben, seine Gnade an dir vollenden
und dich einen geraden Weg führen [Mohammed
eingeschlossen]. 48:1,2

Dem christlichen Leser mag dies kleinlich erscheinen, doch es ist notwendig, um Moslems von der unannehmbaren Vorstellung, die sie von Mohammed haben mögen, zu befreien. Wenn wir diese Verse zitieren, bedeutet das nicht, daß wir glauben, der Koran ist inspiriert, sondern daß Moslems, die ihn für inspiriert halten, keine zu hohe Meinung von Mohammed festhalten können. Mohammed behauptete, daß Jesus nicht mehr war als ein Diener (siehe Koran 43:59). Er hatte die Absicht, Jesus zu einem Menschen allein zu reduzieren, und dann an seiner Stelle die Liebe der Menschen auf sich selbst, das „Siegel der Propheten", zu lenken.

Jesus, die einzige Hoffnung auf Erlösung

Jesus würde den Sunniten geduldig zeigen, daß das System, das Mohammed ihnen gab, keine vernünftige Hoffnung birgt. Jesus wußte, daß das Gesetz (jedes Gesetz, ob mosaisch oder die Scharia) nicht die Errettung bringen konnte, und daß folglich nur der Tod auf alle Männer und Frauen wartete. Er wußte auch, daß er, der sündlose Sohn Gottes, das Lamm Gottes, das lebendige Opfer, die Todesstrafe für die gesamte Menschheit bezahlen würde. Er wußte, daß er die Schlüssel zur Vergebung in der Hand hielt, weil er als ein stellvertretendes Opfer für die gesamte Menschheit ans Kreuz gehen würde. Jesus, der um die Nichtigkeit der „Erlösung durch das Gesetz" wußte, sei es das mosaische Gesetz oder das Scharia-Gesetz, würde sich den Moslems als der Erlöser der Welt vorstellen, weil er die Forderungen des Gesetzes am Kreuz erfüllt hat.

Wir, als Botschafter Christi, müssen lernen, wie man Moslems die Notwendigkeit eines von Gott bereitgestellten Sühneopfers für ihre Sünden deutlich machen kann. Wir können unsere moslemischen Freunde sogar auf den Koran verweisen, wo angedeutet ist, daß Gott ein Lösegeld (Sühneopfer) bereitstellen würde: „Und wir lösten ihn mit einem gewaltigen Schlachtopfer aus" (Koran 37:107). Hier geht es selbstverständlich darum, daß Gott ein Ersatzopfer anstelle von Abrahams Sohn bereitstellt, wodurch er ihn auslöste. Wenn man diesen Vergleich benutzt, könnte man zeigen, daß Jesus dieses Opfer von solch großem Ausmaß ist, daß sein Blut allein genügte, um die Sünden der ganzen Menschheit zu sühnen.

Jesus oder Mohammed

Alles das führt uns unausweichlich zu der Frage: Jesus oder Mohammed?, weil sie in ihrer Auffassung von Gesetz, Gnade und Errettung so gegensätzlich sind. Jesus kommt als der Sohn Gottes, gekreuzigt, auferstanden, verherrlicht und jetzt aufgefahren zur Rechten des Thrones Gottes. Mohammed hingegen starb eines natürlichen Todes im Alter von ungefähr 62 Jahren und wurde in Medina begraben. Die Fragen werden kommen: „Was denkst du über Christus?" und „Was denkst du über Mohammed?"

Ich verweise den Leser auf den Anhang C, wo die Kennzeichen eines biblischen Propheten beschrieben werden. Jesus warnte seine Jünger vor dem Kommen falscher Propheten, die in Schafskleidern kommen (wie ein Prophet Gottes), doch inwendig reißende Wölfe sein würden (siehe Mt 7:15). Er sagte uns, daß wir sie an ihren Früchten erkennen werden. Der Islam ist heute verbittert gegen das Christentum und versucht, die Ausbreitung des Evangeliums zu hindern, wo es nur möglich ist.

Ein Wort an die Weisen

Es führt gewöhnlich zu nichts, einem Moslem irgend etwas über die biblische Bewertung Mohammeds zu sagen. Das Beste ist, alles zu tun, um den moslemischen Freund auf Jesus hinzuweisen. Wenn es einem gelingt, seinen Freund zu einem Bibelstudium zu bringen, wird er schnell herausfinden, welch scharfer Kontrast zwischen dem Sohn Gottes und Mohammed besteht. Ich kann nicht genug betonen, wie wichtig das Fürbittegebet für die moslemischen Freunde ist sowie die Geduld, die nötig ist, um sie zu Christus zu bringen, die Liebe, die nicht aufgeben wird und die absolute Abhängigkeit vom Heiligen Geist, damit er uns hilft.

Kapitel 24

Jesus und die Schiiten

Mußte nicht Christus dieses leiden und in seine Herrlichkeit hineingehen? Und von Mose und von allen Propheten anfangend, erklärte er ihnen in allen Schriften das, was ihn betraf.
(Lk 24:26,27)

Der schiitische Islam ist gekennzeichnet von drei unterschiedlichen Lehren, die im sunnitischen Islam nicht vorkommen.

Das göttliche Licht

Die Schiiten glauben, daß ein „göttliches Licht" in Mohammed, seinem Schwiegersohn Ali und Alis Sohn Husayn wohnte. Sie glauben weiterhin, daß dieses „göttliche Licht" auch in jedem nachfolgenden Imam wohnt und in dem heutigen Höchsten Ayatollah lebt. In einigen Fällen wird das „göttliche Licht" mit Gottheit gleichgesetzt.

Stellvertretendes Sühneopfer

Das zweite Kennzeichen steht in Verbindung mit der Gedächtnisfeier des Märtyrertods von Husayn. Die Schiiten glauben, daß Husayn (als Märtyrer bei Karbala im Jahre 680 gestorben) für sein Volk starb. Mit anderen Worten, es gibt im schiitischen Islam das Konzept vom stellvertretenden Sühneopfer. Die Schiiten feiern diesen Märtyrertod in den ersten zehn Tagen des ersten Monats des moslemischen Jahrs *(Muharram)*, mit Passionsspielen, die das Leiden und den Märtyrertod von Husayn darstellen, und am zehnten Tag des Muharram ihren Höhepunkt erreichen. Wie vorher schon erwähnt, fällt der zehnte Muharram auf den *Ashura* oder den jüdischen Versöhnungstag (Yom Kippur).

Der Schiismus als eine Protestbewegung

Verbunden mit diesen beiden Konzepten ist ein drittes, und zwar, daß der Schiismus immer als eine Protestbewegung im Islam agierte.

> *Schiiten engagierten sich in Protestbewegungen, einschließlich sozialer und ökonomischer Proteste, die oft einen messianischen Mahdi ankündigten, der nach dem gegenwärtigen Regieren der Ungerechtigkeit und der Unterdrückung wieder Gerechtigkeit und Chancengleichheit einführen würde (Keddie und Cole 1986:4).*

Dieses Konzept hat sich wahrscheinlich entwickelt, weil Moslems mit den Christen, die um sie her lebten, in Konflikt gerieten. Das Problem ist, daß diese unterschiedlichen schiitischen Konzepte jetzt an ihr Identitätsgefühl als Moslems gebunden sind, und im Fall des Irans, auch an die Zugehörigkeit zu einem Volk. Es sei beiläufig darauf hingewiesen, daß der schiitische Islam ursprünglich ein arabisches Phänomen war, doch nach einiger Zeit wurde er von den Persern übernommen, und verbindet sich eher mit Persisch sprechenden Völkern oder anderen Völkern, wie zum Beispiel die Kurden, die in ihrer Nähe leben.

Die Wiederherstellung christlicher Ursprünge

Die Herausforderung besteht natürlich darin, diesen Moslems die wahre Erkenntnis von Christus zu bringen, Moslems, die schon für die Schlüsselkonzepte von Menschwerdung, Sühneopfer und Leiden empfänglich sind. Es ist die Herausforderung, das Original wieder einzuführen, von dem diese Ersatzkonzepte abgeleitet wurden.

Am offensichtlichsten ist, daß Christen unter den Schiiten gegenwärtig sein müssen, damit sie mit dem wahren Christus in Berührung kommen. Im Iran wurden Christen nicht sehr willkommen geheißen; christliche Missionare sind nicht mehr willkommen, das Bibelhaus wurde geschlossen, es dürfen keine Bibeln mehr importiert werden, einige Kirchen wurden geschlossen und zwei vom Islam konvertierte Pastoren wurden vor kurzem ermordet.

Furchtbarer Widerstand

Trotz der anscheinend bewundernswerten Merkmale im schiitischen Islam, die sich für eine christliche Erfüllung anbieten, geht der Trend eher dahin, die Imams zu vergöttlichen, zu behaupten, daß in ihnen das „göttliche Licht" wohnt und die Regierung der Geistlichkeit zu überlassen. Das hat zu einem Alptraum der Rache, zu Unterdrückung, Krieg und zum selbstmörderischen Opfer der Elite der Jugend auf den Schlachtfeldern geführt. Ein Terror, der durch die Islamische Revolutionsregierung Khomeinis und seiner Nachfolger auf die iranische Bevölkerung ausgeübt wurde, ist so noch nie dagewesen. Satan hatte dort seine große Stunde, indem er sich dieser schiitischen Anführer und dieses Systems bediente und eine weite Zerstörung von Land und Menschen verursachte.

Christlicher Vorstoß im Iran

Es gab jedoch auch einige großartige Entwicklungen unter der Regierung des Ayatollah. Die Kirchen sind voll, und man berichtet von einem neuen Interesse am Evangelium im ganzen Land. Vor allem anderen bin ich sicher, daß Christus selbst, als Antwort auf die Gebete der Christen, die Initiative ergriffen zu haben scheint, indem er Schiiten überall im Iran Visionen und Träume über sich selbst gab (Kachiki, 1986:1). Das hat bei den Betroffenen zu einem großen Verlangen danach geführt, Christen aufzusuchen und Fragen zu stellen.

Ein Verlangen nach christlicher Literatur

Ein zweites Resultat, unabhängig von dem Phänomen der Träume und Visionen, war ein unersättliches Verlangen nach christlicher Literatur. Das Problem ist, wie man genug Bibeln in den Iran bekommen kann, um dieses Verlangen zu stillen. Eine Zeitlang war der Import von Bibeln und das Drucken von Bibeln im Iran erlaubt, doch das ist jetzt verboten.

Die Auferweckung der Toten

Ein dritter Faktor war die Bekanntheit der Auferweckung eines prominenten Regierungsmitglieds von den Toten. Es geschah so: An diesem Regierungsführer mußte eine Notoperation durchgeführt werden, in einer Zeit, als alle Ärzte streikten. Sie protestierten gegen Khomeinis Gesetz, daß kein männlicher Doktor eine weibliche Patientin behandeln dürfe. Revolutionswächter trieben unter Androhung von Waffengewalt ein Team von sechs Chirurgen gemeinsam mit den benötigten Assistenten zusammen, um die notwendige Operation durchzuführen. Während der Operation starb der Patient. Die Ärzte wußten, daß man sie beschuldigen würde, den Tod verursacht zu haben und hinrichten würde. In ihrer Verzweiflung beteten sie zu Christus, da sie aus dem Koran zwei Dinge über ihn wußten, nämlich, daß er Tote auferwecken konnte, und daß er heute lebendig im Himmel ist. Ihr Gebet lautete ungefähr folgendermaßen, wie sie später in einer Kirche berichteten:

> *O Christus, wir wissen, daß du Tote aufer-*
> *wecken kannst und daß du jetzt lebendig im*
> *Himmel bist. Wir wissen, daß dieser Mann ge-*
> *storben ist und daß auch wir so gut wie tot sind.*
> *Wir flehen dich an, diesen Mann von den Toten*
> *aufzuerwecken und unsere Leben zu retten.*
> *Wenn du es tust, versprechen wir, uns dir anzu-*
> *vertrauen und dir für den Rest unseres Lebens*
> *zu dienen (Kachiki 1986:2).*

Jesus weckte den Mann auf dem Operationstisch von den Toten auf. Heute sind diese Ärzte alle getaufte Christen und gehören zu einer Gemeinde in der Innenstadt von Teheran. Es versteht sich von selbst, daß dieser Vorfall große Aufregung in der Stadt verursacht hat und viele Moslems ein neues Interesse an Christus zeigten. Man berichtet, wie gesagt, daß die Kirchen im Iran jetzt voll sind und viele Moslems sich zu Jesus Christus wenden, trotz der Verfolgung (Yaghnezar 1990:1).

Faktoren, die die Empfänglichkeit fördern

Die Belastung durch den Krieg, der Verlust von Angehörigen, der wirtschaftliche Zusammenbruch, nie dagewesene Brutalität von Seiten der Polizei, und alles im Namen des schiitischen Islam, hat zu einer weitverbreiteten Öffnung für das Evangelium geführt. Die winzige Anzahl von Christen im Land und die Verteilung des Wortes Gottes, der Einsatz von christlichen Radiosendungen, Fernbibelstudien und der Film *Jesus* haben zu einer wachsenden Ernte im heutigen Iran beigetragen. Wir glauben, daß die besonderen Glaubenskonzepte im schiitischen Islam auch ein begünstigender Faktor in dieser Bewegung hin zu

Christus gewesen sind. Wir wollen nur kurz darüber nachdenken, wie die folgenden Glaubensgrundsätze eine Resonanz im Evangelium finden könnten.

Göttliches Licht im Menschen – die Inkarnation

Die Schiiten glauben, daß ein „göttliches Licht" in ihren Führern wohnt, angefangen von Mohammed, über Ali (sein Cousin und Schwiegersohn), über Husayn (Alis Sohn), und die ganze Reihe von Imams. Der letzte dieser Reihe, der verschwunden ist, lebt in einem verborgenen Zustand. Man glaubt, daß er dieses Licht an den Höchsten Ayatollah weitergegeben hat. Diese Person hat die Funktion eines Hauptverwalters des Glaubens, bis zur Rückkehr des verborgenen Imams, der ihrer Glaubensauffassung nach auch der Mahdi sein wird. Viele glauben außerdem, daß Christus zusammen mit dem Mahdi zurückkehren wird, um ein weltweites islamisches Reich aufzubauen!

Jesus als das göttliche Licht

Man muß sich daran erinnern, daß Jesus folgende Aussage über sich selbst und seine Jünger machte: „Ich bin das Licht der Welt. Wer mir nachfolgt, wird nicht in der Finsternis wandeln, sondern das Licht des Lebens haben" (Joh 8:12). Da die Schiiten es schon für möglich halten, daß das „göttliche Licht" in einem menschlichen Ayatollah wohnt (den einige als göttlich ansehen würden), ist der Weg für sie schon vorbereitet, an die Vorstellung zu glauben, daß Jesus die Verkörperung des „göttlichen Lichts" ist. Ein weiterer Anziehungspunkt ist, daß Jesus versprach, sein Licht in allen Gläubigen wohnen zu lassen. Im Evangelium von Matthäus (5:14) sagt er zu seinen Anhängern: „Ihr seid das Licht der Welt." Jesus war nicht nur das Gefäß, das dieses göttliche Licht beinhaltet, sondern er beschloß auch, es mit gewöhnlichen Gläubigen zu teilen.

Das Konzept des innewohnenden göttlichen Lichts ist vorhanden und wartet nur auf einen christlichen Zeugen, der es dem schiitischen Freund erklären und ihm vom Wort Gottes her zeigen kann, daß es diese Lehre in Wirklichkeit schon sechshundert Jahre vor der Entstehung des Islam gab, und daß Gott wollte, daß alle Gläubigen mit seinem Licht erfüllt sind, das seinen Ursprung in Jesus Christus hat, dem Licht der Welt. Vom „göttlichen Licht" in Jesus ist es nur ein kleiner Schritt, um die ganze Herrlichkeit der Menschwerdung zu zeigen, wie und warum Jesus als der Sohn Gottes kam, um den Vater zu offenbaren, zu zeigen, daß Gottes ganze Fülle in ihm wohnte, und daß er das genaue Abbild des Vaters ist (siehe Kol 2:9, Hebr 1:3).

Der leidende Erlöser

Wir hatten gerade die Kreuzigungsszene in dem Film *Ben Hur* angeschaut, und ich drehte mich um, um mit dem Manager des Kinos zu sprechen, der neben mir saß. Tränen strömten über sein Gesicht. Ich fragte: „Suleiman, glauben Sie, daß Jesus am Kreuz für Ihre Sünden gestorben ist?" Noch immer weinend sagte er: „Ich glaube es von ganzem Herzen." Diese Geschichte könnte Hunderte Male unter schiitischen Moslems wiederholt werden, jedesmal, wenn sie die Leiden Christi hatten sehen können, wie zum Beispiel in dem Film *Jesus*. Das Evangelium stößt auf eine ungeheure Empfänglichkeit, wenn es als Film oder Video präsentiert wird. Die Schiiten sind seit Jahrhunderten so konditioniert worden, daß sie an den Tod eines leidenden Stellvertreters für ihre Sünden glauben. Was die ersten Schiiten aus christlichen Passionsspielen borgten, kann jetzt wiederhergestellt werden, wenn wir die Möglichkeit haben, ihnen die ursprüngliche Geschichte in einem Film oder der Bibel zu zeigen. Und das geschieht überall dort, wo eine offene Tür ist.

Einer meiner ehemaligen Professoren, Dr. M. Daud Rahbar, drückte es treffend aus, als er sagte: „Ich konnte nie an einen

Gott glauben, der sich nicht mit dem menschlichen Leid identifizieren will." Nachdem er das Neue Testament gelesen hatte, ließ er sich taufen und beschloß, unserem „leidenden Erlöser" zu folgen, wodurch er sein Leben und seine Karriere riskierte. Unsere Aufgabe besteht darin, die Geschichte von Jesus nicht nur zu erzählen, sondern sie vor den Augen der Schiiten auszuleben, damit sie zum Glauben kommen und im Namen Jesu das Leben haben können.

Die Lehre vom Reich Gottes und der soziale Protest

Zu seiner Zeit lebte Jesus ein Leben des sozialen Protests. Sein Ohr war sehr empfindlich für die Schreie der Ungerechtigkeit und der Verzweiflung der Armen. Er empörte sich über die herzlosen Reichen, die korrupten Regierungsbeamten und die Heuchelei der religiösen Führer. Er trat für die Enteigneten ein, doch seine Methode war anders als die herkömmlichen Methoden. Anstatt gewalttätige Mittel anzupreisen, lehrte er über die Notwendigkeit einer Neugeburt. Es mußte im Herzen der Menschen beginnen. Die Ethik des Reiches Gottes muß zuerst persönlich angewandt werden, ehe sie der Gemeinschaft nutzen kann. Und sogar die Methode, wie diese Veränderung erlangt werden kann, war radikal und ohne Gewalt. Er vereinte Gerechtigkeit, göttliches Licht und Leiden in einer mächtigen Botschaft. Und er lebte sie aus bis zum Tod. Wir müssen wiederum diesem Beispiel folgen und seine Botschaft in die Welt des schiitischen Islam tragen. Die Menschen warten und gehen darauf ein, wenn sie die Botschaft sehen und verstehen. Die Schiiten sind bereit, dem Ruf zu folgen, täglich ihr Kreuz auf sich zu nehmen und einem leidenden Erlöser zu folgen, der all seinen Jüngern göttliches Licht gibt und sie auf einen neuen Himmel und eine neue Erde vorbereitet, in denen Gerechtigkeit herrschen wird.

Kapitel 25

Jesus und die säkularen Moslems

Wißt ihr nicht, daß die Freundschaft der Welt
Feindschaft gegen Gott ist? Wer nun ein Freund
der Welt sein will, erweist sich als Feind Gottes.
(Jak 4:4)

Moslems, die mit dem modernen säkularen Denken Kompromisse geschlossen haben, können eine weite Spanne islamischen, religiösen Verhaltens aufweisen. Der Moslem steckt in dem Dilemma, daß der Islam zu viel für sich selbst beansprucht.

Das absolutistische Modell Mohammeds

Mohammed wird als die Norm für die gesamte Menschheit aller Zeiten gesehen. Das hätte eventuell funktioniert, hätte er die religiöse Seite seines Lebens von seinem politischen und militärischen Engagement getrennt, doch das tat er nicht. Die Unruhe der Moslems geht noch weiter, wenn wir erfahren, daß Mohammed keine Vorkehrungen für einen Nachfolger getroffen hat, und auch nicht dafür, wie die Umma, die „Gemeinschaft der Gläubigen", nach seinem Abtreten regiert werden sollte. Die schwerwiegendste Auslassung Mohammeds war wahrscheinlich, daß er das Aufkommen einer technologischen Gesellschaft nicht vorausgesehen hat. Mohammed zufolge ist der Islam ein vollkommener Lebensstil. Die Gesetze, die er entwickelte, eine

Aufgabe, die von seinen Nachfolgern vervollständigt wurde, sollten alle Bereiche des Lebens abdecken. Unglücklicherweise wurde die Norm im Islam an den Lebensstil eines arabischen Mannes des siebten Jahrhunderts gebunden, an Mohammed.

Der unvorhergesehene Aufstieg des Westens

Durch den Aufstieg des Westens und die erstaunlichen technologischen Errungenschaften einer nicht-islamischen Zivilisation, befindet sich der Islam in einer schwierigen Lage. Der Islam, als ein vollkommener Lebensstil, sollte der von Gott geoffenbarte Weg für die Menschheit aller Zeiten sein. Doch er paßt nicht ins zwanzigste Jahrhundert und kann auch nicht erklären, wie die Weltführung zu nicht-islamischen Völkern übergewechselt ist. Als Ergebnis sind wir Zeugen einer verblüffenden Vielzahl moslemischer Reaktionen auf diesen Aufstieg des Westens.

In unserer Zeit hat man einerseits viele verschiedene Reaktionen von reaktionären islamischen Bewegungen, die den Westen samt seinen technologischen Errungenschaften völlig zurückweisen und zum einfachen Lebensstil Mohammeds des siebten Jahrhunderts zurückkehren wollen. Auf der anderen Seite haben Moslems auf unzählige verschiedene Weisen versucht, und versuchen es immer noch, die Konzepte und technologischen Errungenschaften in ihr Glaubenssystem aufzunehmen.

Die Schule von Mohammed Abduh

Auf der extrem rechten Seite dieses Spektrums finden wir Reformer wie Muhammad Abduh (1849–1905) aus Ägypten, der in der Zeitung *Al-Manar* versuchte, „in den Koranversen eine Voraussicht auf die modernen technischen Entdeckungen in der Medizin, Biologie und Geologie" zu finden (Cragg 1965:40). Eine ganze Reihe ergebener Moslems haben seither diese Linie verfolgt. Es ist interessant festzustellen, daß Leute wie Dr. Muhammad Kamil Husain aus Kairo diese Vorstellung in seinem Sammelband *Miscellany*, in einem Artikel mit dem Titel „Wissenschaftliche Exegesis des Korans – eine sinnlose Häresie" (Husain 1985:132), lächerlich machte. Husains Gedankengang ist, daß der Koran lediglich als ein religiöses Buch gedacht war und nie in der Weise benutzt werden sollte, wie es die genannten Gelehrten versuchten.

Mohammed Haykal

Genauso hingegeben, sogar leidenschaftlich in seiner Verfechtung des orthodoxen Islam, rät Muhammad Haykal, daß Moslems soviel wie möglich vom Westen lernen sollten, um ihre ehemalige Herrlichkeit wiederzuerlangen:

> *Dennoch muß der Orient [also die moslemische Welt] heute viel vom westlichen Denken, westlicher Literatur und Kunst lernen. Die Gegenwart des Orients ist von seiner Vergangenheit durch jahrhundertelange Lethargie und Konservatismus getrennt, die seine alte gesunde Denkweise durch Ignoranz und Verdächtigung alles Neuen verschlossen haben (1976:xlix).*

Salman Rushdie

Andere moslemische Denker waren nicht so hingegeben und haben versucht, das Scharia-Gesetz über ihrem Leben zu lockern. Es gibt keinen erstaunlicheren Fall als den von Salman Rushdie, der versuchte, in Romanform darüber zu schreiben, wie er, nachdem er Bombay und seine islamischen Wurzeln verlassen hatte, nach seiner Identität suchte und erfolglos versuchte, sich in die englische Gesellschaft einzupassen. In einem Interview mit der Zeitschrift „Newsweek" sagte er über sein Buch *Die Satanischen*

Verse: „Es ist die Welt aus der Sicht eines Wanderers", und es „... ist teilweise die Abrechnung eines säkularen Mannes mit dem religiösen Geist" (Newsweek, 12. Februar 1990:53). Die schiitische Regierung des Irans schloß daraus, daß er in seiner Annahme des Säkularismus zu weit gegangen war.

Die Desillusionierten

Zwischen diesen beiden Extremen befindet sich eine weite Reihe von moslemischen Männern und Frauen, die, aus welchem Grund auch immer, ihre Gebete nicht regelmäßig sprechen, die Fastenzeit nicht einhalten, nicht regelmäßig Almosen an die Armen geben oder aus religiösen Gründen vorhaben, die Pilgerfahrt zu machen, vielleicht nicht einmal glauben, daß Mohammed heute eine Bedeutung hat. Und sie sind auf keinen Fall bereit, in einem Heiligen Krieg (Dschihad) für den Islam zu kämpfen. Und doch, aufgrund ihrer Geburt, Zugehörigkeit zu einer Volksgruppe oder Staatsangehörigkeit, sehen sie sich selbst als Moslems. Auf meinen Reisen in der moslemischen Welt habe ich die folgenden Aussagen gehört: „Ich bin als Moslem geboren; ich kann den Glauben meiner Familie nicht aufgeben." „Ein Türke zu sein, bedeutet, ein Moslem zu sein." „Jeder in Saudi-Arabien ist Moslem, man kann nichts anderes sein." Äußerlich behaupten sie Moslems zu sein, innerlich sind sie etwas anderes. Dieses „etwas anderes" ist es, das uns fasziniert. Welche Art von „etwas anderem" ist es?

Jesus unter den Materialisten

Ich bin überzeugt, daß Jesus, als er sich unter den nichtreligiösen Materialisten seiner Tage befand, auf jeden so eingegangen ist, wie es dem, was er in ihrem menschlichen Herzen fand, angemessen war. Im Fall von Moslems wie Mohammed Abduh und seinen Anhängern, die an ihrer Frömmigkeit festhielten und gleichzeitig im Koran nach prophetischen Hinweisen auf wissenschaftliche Erfindungen suchten, würde er eventuell fragen: „Warum versucht ihr, Mohammed etwas zuzuschreiben, das ich meinen Kindern in anderen Teilen der Welt offenbart habe? Hütet euch vor Neid. Hütet euch vor falsch ausgerichtetem Eifer, der euch dazu leiten würde, etwas zu beanspruchen, das ich euch nie gegeben habe. Ich habe diese Dinge Mohammed nicht gezeigt, seid ehrlich. Seine Lehren waren nur eine Reflektion der arabischen Kultur des siebten Jahrhunderts." Und dann könnte Jesus beispielsweise hinzugefügt haben: „Kommt zu mir; ich bin der Weg, die Wahrheit und das Leben" (Joh 14:6). „Ich werde euch die Bedeutung des Lebens lehren. Ich werde euch zeigen, wie sich meine Lehren zu jedem Zeitpunkt der Geschichte auf die Welt beziehen."

Jesus und die Unterdrückten

Zu den Moslems, die durch die Sorgen dieser Welt niedergedrückt und zu arm sind, um freie Zeit zu haben – keine freie Zeit, während sie versuchen, das tägliche Brot zu verdienen –, die gerne religiöser wären als sie sind, weil die Bedürfnisse des Lebens ihnen keine Zeit für Religion lassen, höre ich Jesus sagen, wie schon als er auf dieser Erde wandelte:

> *Kommt her zu mir alle, ihr Mühseligen und Beladenen! Und ich werde euch Ruhe geben. Nehmt auf euch mein Joch, und lernt von mir! Denn ich bin sanftmütig und von Herzen demütig, und ihr werdet Ruhe finden für eure Seelen; denn mein Joch ist sanft und meine Last ist leicht. (Mt 11:28-30)*

Jesus würde heute weiterhin die gleiche Barmherzigkeit zeigen wie damals, als er die Unterdrückten, die Kranken, die Hungrigen und die von Dämonen Besessenen sah. Er würde die Kranken heilen. Er würde die von Dämonen Besessenen befreien. Er würde die wahre Ethik seines Reiches ausleben. Die Beschrei-

287

bung, die in Matthäus 9:36 von ihm gegeben ist, würde immer noch zutreffen: „Als er aber die Volksmengen sah, wurde er innerlich bewegt über sie, weil sie erschöpft und verschmachtet waren wie Schafe, die keinen Hirten haben." Er würde wieder das Gleichnis vom guten Hirten erzählen, der sein verlorenes Schaf suchte, bis er es gefunden hatte. Er würde wieder unter den Armen leben. Er würde ihre Armut und ihr Leid teilen. Doch inmitten ihrer Sorgen würde er Freude bringen und die Kraft, alles zu ertragen. Die Schuldgefühle und die Verzweiflung ihres „lauen" Glaubens würden einer unaussprechlichen Freude in der Gegenwart ihres Erlösers weichen. Sie würden entdecken, daß seine Gnade ewig währt und seine Barmherzigkeit kein Ende hat. Unter diesen Leuten ist ein solcher christlicher Arbeiter erforderlich, in dem der Geist Jesu lebendig ist.

Jesus und die Enttäuschten

Die Menschen, die sich von ihrer Religion abgewandt haben, weil sie ihren Trug durchschauten, daraus schlossen, daß etwas mit Mohammed und seinen Lehren nicht stimmt, und deshalb desillusioniert sind, würde Jesus einladen, ihrem Zynismus abzusagen. Er würde sie einladen, zu kommen und selber zu sehen, wie er wirklich ist. Er würde in ihnen wieder Glauben erwecken, genau wie er es bei Nathanael tat. Jesus durchschaute den Zynismus des zerbrochenen Idealismus in Nathanael und berief sich genau darauf, als er sagte: „Siehe, wahrhaftig ein Israelit, in dem kein Trug ist!" (Joh 1:47). Nathanael fühlte sich sofort zu ihm hingezogen.

Jesus und der Rebell

Doch es gibt noch andere Arten säkularer Moslems. Zum Beispiel solche, die die islamische Religion verwerfen, entweder in ihrer Ganzheit oder zum Teil, weil sie sich ihr in Wirklichkeit nicht unterwerfen wollen. Sie wollen ihren eigenen Vorstellungen folgen. Sie wollen sich die außergewöhnliche Freiheit in den säkularisierten Gesellschaften zu Nutze machen, um dem Verlangen ihrer menschlichen Natur zu folgen. Jesus traf zu seiner Zeit die gleiche Art von Menschen. Er erzählte ihnen Geschichten, damit sie zu einer Schlußfolgerung über sich selbst kommen konnten. Dem Mann, der dem Materialismus verfiel und immer größere und bessere Scheunen baute, damit er „ausruhen, essen, trinken und fröhlich sein konnte" (Lk 12:19), sagte Jesus: „Du Narr! In dieser Nacht wird man deine Seele von dir fordern. Was du aber bereitet hast, für wen wird es sein?" (Lk 12:20). Trotz unseres Anliegens, mit Moslems auf kulturellem Gebiet zu sympathisieren, das Beste in ihrer Kultur zu schätzen und sie nicht zu verärgern, kommt auch der Zeitpunkt, an dem solche unbekümmerten Moslems auf unsanfte Weise in die Wirklichkeit zurückgebracht werden müssen, genau wie jeder andere unsinnige Vergnügungssüchtige in jeder anderen Kultur auch.

Jesus und der Kommunist

Wir müssen uns noch weiteren Moslems zuwenden, und zwar denen, die eine Art kommunistische Lehre angenommen haben. Diese Menschen sind wahrscheinlich, und aus gutem Grund, mit dem Status quo in ihrer eigenen Gesellschaft nicht mehr zufrieden. Sie sehen den großen Unterschied zwischen Arm und Reich. Sie sehen die Roheit und Brutalität der Regierenden. Sie sind überzeugt, daß die Situation ausweglos ist, es sei denn, man unternimmt etwas Radikales. Anders als die moslemischen Fundamentalisten, die meinen, daß die Lösung der Probleme in einer Rückkehr zu rein islamischen Ursprüngen ist, sehen diese Leute die Religion als das Problem, als das Schlafmittel, das die Menschen einlullt, so daß sie nicht mehr sehen oder denken können. Für diese Leute verspricht der Kommunismus eine bessere Welt. Das einzige Problem ist, daß er die Gläubigen zu einem endlosen Klassenkampf verpflichtet, mit der sinnlosen Zerstörung menschlichen Lebens, und am Ende zum Aufstieg einer neuen regierenden Klasse führt, die ihre Macht genauso mißbraucht wie die, die sie eliminiert haben.

Tief in diesen Moslems liegt ein Gefühl der Empörung, ein Verlangen nach Gerechtigkeit, zumindest am Anfang. Ihnen blutet das Herz, wenn sie die Ungerechtigkeiten des Lebens sehen. Das Problem entsteht dann, wenn sie meinen, die Dinge selbst in die Hand nehmen zu müssen, wenn sie meinen, die Dinge müßten zurechtgebracht werden, auch wenn man dabei zur Gewalt greift. Diese Moslems sind der Meinung, daß der Zweck die Mittel heiligt. Solche Aktivisten sind sich nicht bewußt, daß sie damit die Grenze überschreiten, die zwischen der Unterordnung zu Gott und dem Gott-selber-sein besteht, indem sie die Dinge selbst in die Hand nehmen. Im Zorn wurde das Reich Gottes durch das „Reich des Menschen" ersetzt. Wir können uns freuen, daß sie aus dem Halt des orthodoxen Islam befreit sind, doch wir müssen einen Weg finden, sie zurück zu Gott zu bringen.

Im Umgang mit dieser Art von säkularisierten Moslems (denn sie mögen sich immer noch kulturell gesehen als Moslems bezeichnen, wenn auch nicht religiös gesehen), muß der christliche Arbeiter ein starkes Empfinden davon haben, daß Gott die Weltgeschehnisse kontrolliert und letztlich das Gute über das Böse triumphieren wird. Darüber hinaus muß der christliche Arbeiter eine gute Kenntnis darüber haben, nach welchen Prinzipien das Reich Gottes arbeitet. Jesus kam, um das Reich Gottes einzuleiten (siehe Mk 1:14). Das Niveau der von ihm gelehrten Ethik und Moral übersteigt alles, was die Welt bis dahin kannte (siehe Mt 5-7). Doch er lehrte auch über die Geduld und das Leiden, über die unausweichliche Verfolgung durch solche, die noch nicht auf den Weg Gottes getreten waren, und es vielleicht nie tun würden. Er lehrte auch über die unaufhaltbare Ausbreitung des „Sauerteigs" des Evangeliums, von der Verbreitung des „Lichts" in einer finsteren Welt, davon, daß der Gläubige wie „Salz" inmitten einer Substanz ist, die sonst verderben und weggeworfen werden würde.

Im Umgang mit einem moslemischen Kommunisten muß der christliche Arbeiter wirklich die biblische Lehre vom Reich

Gottes gut durchdacht haben, und fähig sein, sie diesem desil-
lusionierten Idealisten auf überzeugende Weise zu erklären, der
sich sonst einem Weg sinnloser Gewalt verschreiben würde, der
am Ende zu nichts führt. Schließlich muß dieser Moslem be-
hutsam zu einem Glauben an Gott zurückgeführt werden, und
zu der Tatsache, daß Gott die Dinge in der Hand hat und alles
auf den großen Tag zuläuft, an dem Gott die Bühne der menschlichen Geschichte noch einmal in sichtbarer Form betreten wird,
um alles gut zu machen. Und natürlich muß der christliche Arbeiter zunächst davon selbst überzeugt sein, ehe er andere dafür
gewinnen kann.

Kapitel 26

Jesus und
die militanten Moslems

Etwas Einzigartiges und Wunderbares an Jesus Christus ist, daß er mit jeder Situation umgehen konnte. Seine Diagnose war immer richtig. Seine Reaktion war immer angemessen. Er würde sich nicht von militanten Moslems abschrecken lassen. Schließlich war einer seiner Jünger Simon, der Zelot (oder Eiferer) (siehe Apg 1:13).

Was treibt einen Zeloten an? Die offensichtlichste Antwort lautet, die Unzufriedenheit über den Status quo. Zur Zeit Jesu war die Religion zu einem Betrug geworden. Die säkularisierten Sadduzäer hatten die ans Übernatürliche glaubenden Pharisäer zum Gegner. Die Essener hatten eine Art Rückzugsfrömmigkeit entwickelt. Politisch waren die jüdischen Anführer bloßgestellt. Eine fremde Armee besetzte das Land. Der König, teils Jude, teils Araber, war der Sohn eines Mannes, der das Königreich von Rom gekauft hatte. In ihrer Schande und Enttäuschung war das Volk geteilter Meinung darüber, was zu tun sei. Einige hielten Ausschau nach einem Erlöser, dem Messias. Andere wollten die Dinge in ihre eigenen Hände nehmen, sich gegen Rom und den Marionettenkönig auflehnen und einen Führer aus dem gereinigten Judentum einsetzen. Wieder andere dachten, daß der Messias einen solchen Aufstand anführen würde. Das waren die Umstände, die zur Zeit Jesu herrschten.

Ist die heutige moslemische Welt anders? Im Grunde nicht. Zwar besetzen die westlichen Mächte jetzt nicht mehr die moslemischen Länder, doch der verhaßte Schatten des westlichen Einflusses ist immer noch gegenwärtig. Die Moslems haben keinen Kalifen mehr als weltweiten Anführer ihrer Gemeinschaft. Das *Dar Al-Islam* ist gegenwärtig in 47 Länder aufgeteilt, was 81 Prozent aller Moslems entspricht, und die restlichen 19 Prozent leben als Minderheiten in anderen Ländern. Außerdem haben wir in den vorangegangenen Kapiteln schon gesehen, daß die Moslems in 408 ethnische Hauptgruppen unterteilt sind. Theologisch gesehen gibt es eine weite Spanne von Überzeugungen, die von den Orthodoxen bis zu den Mystikern reicht, und verschiedene Ebenen des Kompromisses mit dem Säkularismus auf der einen und der Religionsvermischung des Islam mit animistischen und anderen Religionen auf der anderen Seite aufweist.

Auch auf wirtschaftlicher Ebene gibt es Grund zur Sorge. Mit Ausnahme der moslemischen Länder, die durch Ölvorkommen gesegnet sind, befinden sich die restlichen sämtlich am unteren Ende der wirtschaftlichen Leiter aller Länder der Erde (siehe Anhang H). Es herrscht eine weitverbreitete Unzufriedenheit über den Status quo in den meisten Teilen der moslemischen Welt. Nach dem orthodoxen moslemischen Denken dürfte das nicht der Fall sein. Der Islam ist „die beste und endgültige Religion". Sie sollte überall im Aufschwung sein, auf ihrem Marsch zur Weltherrschaft.

Der militante Moslem stellt sich die Frage: „Was ging schief?" Gewöhnlich lautet die Antwort auf diese Frage: „Der Grund ist, daß wir vom ursprünglichen, reinen Islam abgewichen sind. Deshalb hat Gott uns nicht gesegnet, und unsere Feinde gewinnen die Oberhand über uns. Und wegen der Taten, die diese Feinde an uns begangen haben, sind unsere Leute so arm. Wenn wir zum Islam zurückkehren, wie er eigentlich sein sollte, dann wird Gott uns wieder segnen, und wir werden die Welt wirklich so beherrschen, wie Gott es für uns bestimmt hat."

Nebenbei bemerkt, ist es schmerzhaft zu sehen, wie Scharen von Anführern und Möchtegern-Anführern in der gesamten moslemischen Welt die Vorstellung haben, daß sie die Lösung für die Probleme der Moslems in der Hand halten, und versuchen, ihre Lösung ihren moslemischen Untergebenen und Nachbarn aufzuzwingen. Das hat zu endlosem Hickhack zwischen Regierenden und solchen, die regieren wollen, auf der einen und zu zerstörerischen Machtkämpfen zwischen Anführern verschiedener Länder auf der anderen Seite geführt.

Wir stellen also fest, daß wir es mit Menschen zu tun haben, die denken, daß der Islam die Antwort auf alle Probleme des Lebens ist, und daß man alles daransetzen muß, um den Islam wieder zu seinem ursprünglichen Zustand zurückzubringen, von dem sie denken, daß Gott ihn so mächtig in den Anfangsjahrhunderten seiner Geschichte segnete.

Was hat Jesus Menschen zu sagen, die so denken? Meinen eigenen Beobachtungen zufolge, kann man militante Moslems in mindestens zwei Gruppen einteilen, eventuell auch mehr. Eine Gruppe ist recht aufrichtig in ihrer Klage um die ungesunden Bedingungen ihres Volkes. Und da sie das wahre Evangelium nicht kennen, wenden sie sich dem zu, was sie von Gott und seinen Wegen durch den Koran und die Lehren von Mohammed wissen. Denn in Wirklichkeit findet man im Koran vieles aus der Bibel, das in vielen Gebieten auf einen hohen ethischen und moralischen Maßstab hinweist. Diesen aufrichtig nach Gerechtigkeit Suchenden würde Jesus viel zu sagen haben, und sie auf seine Lehren vom Reich Gottes hinweisen. Er war immer an der Lage der Menschen interessiert und bot ihnen einen besseren Lebensstil an. In der Bergpredigt weist Jesus auf bestimmte Qualitäten in einer Person hin, die Segen zur Folge haben, wie zum Beispiel „arm im Geist", „barmherzig", „reinen Herzens", „ein Friedensstifter" und „willig um der Gerechtigkeit willen verfolgt zu werden" (siehe Mt 5:3-10).

Bei einer anderen Gelegenheit beschrieb Jesus mit Hilfe eines Gleichnisses die Menschen, die vom Vater gesegnet sein würden, als Menschen, die die Hungrigen speisen, den Durstigen zu trinken geben, die Fremden aufnehmen, den Bedürftigen Kleidung geben, die Kranken pflegen und solche, die im Gefängnis sind, besuchen (siehe Mt 25:34-36). Wieder bei einer anderen Gelegenheit, als Antwort an eine Frau, die eine falsche Vorstellung von Segen besaß, sagte Jesus: „Glückselig, die das Wort hören und befolgen" (Lk 11:28).

Jesus sorgte sich darum, das Los der Menschen zu verbessern. Wie schon Abraham, wollte auch er alle Völker der Erde segnen. Doch Jesus wußte auch, daß die Art und Weise, wie wir diesen Segen erlangen, genauso wichtig war, wie unsere Sorge um Gerechtigkeit. Er kannte die Macht des Bösen, um zu täuschen. Er wußte, daß Herrscher, die vorgaben Wohltäter und Segensbringer für das ihnen untergebene Volk zu sein, zu den abscheulichsten und skrupellosesten Methoden greifen würden, um ihrem Volk diesen langersehnten „Segen" zu bringen. Deshalb sprach er gegen den Gebrauch des Schwerts als eine Methode, das Reich Gottes zu etablieren (siehe Joh 18:36). Er war gegen die Vorstellung, daß der Zweck die Mittel heiligt. Die falschen Mittel oder Methoden könnten im Gegenteil einen Fluch auf das Land bringen, weil der Einsatz von Gewalt, um den Untergebenen den Willen des Herrschers aufzuzwingen, sehr destruktiv sein kann. Unschuldige Menschen würden neben den schlechten Menschen zu Schaden kommen oder getötet werden bei dem Versuch eines Herrschers oder einer Partei, dem Land seinen oder ihren Willen aufzuzwingen.

Wer sich darin täuscht, zu glauben, daß er trotz seiner gewalttätigen Methoden gerechtfertigt wäre, und sich nicht darüber klar ist, daß er im Namen des „Guten" das Böse verbreitet, dem hätte Jesus ein paar harte Worte zu sagen. Er würde seine Methoden angreifen. Er würde ihn auf seine unterdrückenden Methoden aufmerksam machen, und würde ihm sagen, was er auch seiner Generation sagte: „Denn alle, die das Schwert nehmen, werden durchs Schwert umkommen" (Mt 26:52). Jesus hätte eine Menge darüber zu sagen, wie man Veränderung auf friedliche Weise bewirken kann. Er selbst lehrte uns, daß wir wie Salz, Licht und Sauerteig sind. Jedes von ihnen wirkt in der Stille, und ändert doch die Qualität, die Beschaffenheit und die Landschaft des Lebens. Was er vor langer

Zeit zu Petrus sagte, würde er auch heute wieder sagen: „Stecke dein Schwert wieder an seinen Ort!" (Mt 26:52). Und wir, die wir an seiner Stelle arbeiten, müssen Wege finden, den militanten Moslems, die sich für den Gebrauch von Gewalt einsetzen, zu sagen: „Es gibt einen besseren Weg ...", und sie auf die Lehren Jesu hinweisen.

Kapitel 27

Jesus und die Sufis

Ich bin mit Christus gekreuzigt, und nicht mehr lebe ich, sondern Christus lebt in mir; was ich aber jetzt im Fleisch lebe, lebe ich im Glauben, und zwar im Glauben an den Sohn Gottes, der mich geliebt und sich selbst für mich hingegeben hat. (Gal 2:20)

Jesus hätte es mit den Sufis leichter als mit säkularen Moslems. Sufis drücken schon ein Verlangen nach Gott aus. Doch ehe wir die Vorschläge für eine Annäherung an die Sufis besprechen, und damit wir nicht denken, es sei zu leicht, müssen wir bedenken, daß die Loyalität des sufischen Anbeters (also sein völliger Gehorsam) schon jemand anderem als Christus gehört, daß die Besessenheit mit dem „inneren Licht" den Jünger unter den Einfluß von feindlichen „Mächten" bringen kann, die sich als das wahre Licht darstellen, und daß synkretistische Praktiken auf eine andere Weise die Tür zu dämonischen Geistern öffnen kann, die antichristlich sind.

Die Notwendigkeit der Gewißheit über die Stellung in Christus

Bei dem Versuch, Sufis zu erreichen, muß man sich deshalb als erstes darüber klar sein, daß Christus, der in uns lebt, größer ist

299

als jeder Geist, der die Sufis kontrolliert oder besitzt (siehe 1 Joh 4:4). Es bleibt uns überlassen, die Autorität, die Christus uns gegeben hat, auf die ganze Macht des Feindes anzuwenden (siehe Lk 10:19). Außerdem, weil Sufis das „Sich-Selbst-Sterben" und die „Einheit mit Gott" wichtig ist, müssen wir annehmen, daß sie wahrscheinlich in ihren Erlebnissen getäuscht werden, da Christus nicht gegenwärtig ist. Satan hat wahrscheinlich ihren Sinn verblendet (siehe 2 Kor 4:4). Aus diesem Grund sollten wir es nicht als selbstverständlich hinnehmen, daß sie leicht zu gewinnen sind. Das Gebet wird dabei eine wichtige Rolle spielen. Man muß sich daran erinnern, daß Christus, der in uns lebt, stärker ist als die „Geister", die in ihnen leben, und daß Christus die Macht hat, diese Geister zu binden und auszutreiben.

Funktionale Äquivalente für das Evangelium

Nachdem wir also festgestellt haben, daß das Wesen unserer Arbeit im Grunde ein geistlicher Kampf ist, wollen wir uns einigen Themen zuwenden, die für die Sufis wichtig sind und die sie für funktionale Äquivalente der wahren christlichen Erfahrung empfänglich machen könnten. Nebenbei sei bemerkt, daß wir bei der Verwendung des Ausdrucks „funktionale Äquivalente" annehmen, daß es echte oder gefälschte religiöse Erfahrungen gibt und daß die einzig echten Erfahrungen solche sind, die ihren Ursprung in Jesus Christus haben. Wir nehmen also an, daß die Erfahrungen der Sufis eine Imitation des Echten sind. Sie sind ein Ausdruck des Verlangens im menschlichen Herzen, was in Christus wirklich möglich ist. Durch diese Ersatzformen und Ersatzhandlungen hat der Sufi keinen Zugang zu Christus, denn ein fremder Geist nimmt den Platz ein, der Christus rechtmäßig zusteht.

Liebe zu Gott

Die Liebe zu Gott ist dem Sufi am wichtigsten. Damit verbunden ist ein Bewußtsein von Sünde, ein echtes Anliegen zur Buße und schließlich eine Absage an die Welt. Nach ihrem begrenzten Verständnis religiöser Phänomene sind Sufis zu einem gewissen Grad, allerdings nicht ohne Verzerrung, in der Lage, zwischen den Wegen der Welt und den Wegen Gottes zu unterscheiden. Nur der Geist Gottes, der durch die offenbarten Schriften am Werk ist, kann diese Verzerrung entfernen. Das Herz der jüdisch-christlichen Botschaft ist die Liebe zu Gott. Mose, der von Gottes Geist inspiriert schrieb, gab uns, wie schon erwähnt, diese unsterblichen Zeilen: „Höre, Israel [also ‚Volk Gottes‘]: Der Herr ist unser Gott, der Herr allein! Und du sollst den Herrn, deinen Gott lieben mit deinem ganzen Herzen und mit deiner ganzen Seele und mit deiner ganzen Kraft" (5 Mo 6:4,5). Jesus, der 1400 Jahre später kam, um das Gesetz zu erfüllen, nicht um es abzuschaffen, verstärkte diese Unterweisung, als er auf die Frage eines jüdischen Gesetzesgelehrten nach dem größten Gebot antwortete: „Du sollst den Herrn, deinen Gott, lieben mit deinem ganzen Herzen und mit deiner ganzen Seele und mit deinem ganzen Verstand. Dies ist das größte und erste Gebot" (Mt 22:37,38).

Heute drückt sich diese Liebe im Leben des christlichen Arbeiters aus. Der christliche Arbeiter muß darauf achten, daß sein Leben wirklich diese völlige Liebe zu Gott widerspiegelt. Unser eigenes Leben muß diese Liebe zu Gott reflektieren, besonders wenn die andere Person denkt, daß sie schon eine tiefe Liebe zu Gott besitzt. Es müssen unbestreitbare Beweise für diese Liebe im Leben des Christen existieren, hat Jesus doch gesagt, daß die Welt an unserer Liebe erkennen wird, daß wir seine Jünger sind (siehe Joh 13:34,35).

Der Sufi wird erwarten, daß sich diese Liebe auf dem Gebiet der persönlichen Frömmigkeit äußert, in einer Berauschung mit Gott, einer Ausrichtung auf Gott, die wahrlich nicht von dieser Welt ist. Doch die christliche Liebe zu Gott geht noch über dieses sufische Verständnis hinaus. Wir wissen, daß die wahre Liebe zu Gott sich auch in der Liebe zu unserem Nächsten äußert. Einerseits können wir also ihren Erwartungen, ein heiliges Volk zu sein, entsprechen, andererseits müssen wir aber auch ohne Hemmungen über ihr begrenztes und darum verzerrtes Verständnis von Liebe hinausgehen. Das „Echte" ist immer besser als der Ersatz. Hoffentlich wird unser sufischer Freund durch unser Leben und unsere Worte sehen, daß die echte Liebe Christi in uns besser ist, als seine eigenen unzulänglichen Erfahrungen.

Wahre Buße

In gleicher Weise geht das biblische Verständnis von Buße, Sünde, der Absage an die „Welt" und dem Sich-selbst-Sterben weit über das Verständnis der Sufis hinaus. Wir müssen uns daran erinnern, daß der Sufismus einige seiner Konzepte vom christlichen Mönchstum abgeleitet hat. Das Mönchstum hatte leider, statt sich strikt an die Bibel zu halten, Konzepte aus dem Neoplatonismus angenommen, nämlich, daß die physische Welt des Fleisches und der Materie böse ist, und das Gute nur in der geistlichen Welt existiert (Wilson 1989:90). Jegliche Beachtung der physischen Welt wurde als Sünde angesehen. Fromm zu sein bedeutete, nur an Gott zu denken. Nach dieser Regel bestand Buße darin, der Welt völlig abzusagen und sich nur noch auf Gott auszurichten. Der Sufismus übernahm dieses Konzept vom Neoplatonismus durch den Einfluß der irrenden Christen des Mönchstums. Dabei ging die biblische Perspektive völlig verloren, die besagt, daß die ursprüngliche Schöpfung, einschließlich Mann und Frau, gut war. Anstatt den Menschen als moralisch gefallen und wiederherstellbar zu sehen, sah der Sufismus die endgültige Lösung in der „Flucht vor der Welt". Das führte natürlich zu einer Vernachlässigung des Dienstes am Nächsten und des Versuchs, ihn zu retten.

Der christliche Arbeiter muß in diesem Fall ein sehr gutes Verständnis haben von der biblischen Erklärung der Schöpfung, dem Sündenfall, Gottes Erlösungswerk, das seinen Höhepunkt im Tod Jesu Christi am Kreuz hat, der Auferstehung Christi mit einem unvergänglichen Leib, und darüber, was es bedeutet, sich auf einen neuen Himmel und eine neue Erde zu freuen, deren Merkmale reine Gerechtigkeit sein werden. Die Bibel spricht positiv über die Schöpfung und feiert das Leben; sie ist positiv zur Menschheit und ihrer Sexualität. Buße ist über den falschen Gebrauch dieser Gaben (das wird in der Bibel als „Sünde" bezeichnet) und über die perverse und egoistische Verzerrung der Verwaltung des Lebens zu tun. Der christliche Arbeiter hat die Aufgabe, die Unzulänglichkeit des sufischen Verständnisses von der Schöpfung, dem Sündenfall und der Erlösung aufzuzeigen. Die Wiederherstellung dieser biblischen Wahrheiten ist der einzige Weg, auf dem man einen Grundstein für ein wahres Verständnis von Neugeburt, Taufe oder dem Erfülltwerden mit dem Heiligen Geist legen kann sowie für ein ausgetauschtes Leben, die Gerechtigkeit durch den Glauben, das Wandeln im Glauben und im Geist, und die Hoffnung auf den neuen Himmel und die neue Erde bei der Wiederkunft Jesu Christi als Herr.

Jesus, das Licht der Welt

Als Ausdruck seiner Liebe zu Gott und seinem Streben nach innerer geistlicher Erleuchtung (göttliches Licht), wird der Sufi dahin getrieben, eine tiefe, erfüllende, innerliche Erfahrung mit Gott zu suchen. Bei der Suche nach dieser Erfahrung kann man die Sufis, wie alle anderen „Suchenden" auch, in zwei Gruppen einteilen: Solche, die das ekstatische Erlebnis selbst suchen, das sich unterschwellig auf menschlichen Stolz gründet, und solche, die Gott in aller Ehrlichkeit suchen. Die erste Gruppe kann man nur davor warnen, nicht die „Gabe" zu suchen, sondern den Geber; der zweiten Gruppe können wir durch unseren Glauben an Jesus Christus viel anbieten. Als er auf der Erde lebte, sagte Jesus: „Ich bin das Licht der Welt" (Joh 8:12), und beanspruchte damit, selbst Gott zu sein. Tausend Jahre vorher hatte David geschrieben: „Denn bei dir ist der Quell des Lebens; in deinem

Licht sehen wir das Licht" (Ps 36:10). Und Johannes schrieb vom Heiligen Geist inspiriert über seinen Herrn: „In ihm war Leben, und das Leben war das Licht der Menschen. Und das Licht scheint in der Finsternis, und die Finsternis hat es nicht erfaßt" (Joh 1:4,5).

Jesus ist wahrhaftig in jeder Hinsicht das „Licht der Welt". In seiner unendlichen Weisheit versteht er nicht nur, wie und warum alle Dinge geschaffen wurden, sondern erhält auch alle Dinge bis zu diesem Augenblick. Der christliche Arbeiter muß es lernen, Jesus als das „Licht der Welt" vorzustellen, als den allwissenden Schöpfer, den völlig weisen und genügenden Bewahrer, die Liebe schlechthin. Für das letzte ist der erste Brief von Johannes sehr hilfreich: „Gott ist Liebe, und wer in der Liebe bleibt, bleibt in Gott und Gott bleibt in ihm" (1 Joh 4:16). Jesus ist der höchste Ausdruck dieser Liebe Gottes: „Er [der Sohn] ist der Abglanz seiner Herrlichkeit und das Ebenbild seines Wesens ..." (Hebr 1:3). Jesus ist die Verkörperung dieser Liebe, die der Sufi sucht.

Ein christliches Verständnis des Sich-selbst-Sterbens

Zusätzlich zu dem Leben der Liebe muß unser sufischer Freund lernen, daß ein weiterer Aspekt des „Anziehens Christi" ein Sich-selbst-Sterben ist, der Tod des alten Menschen, das Sterben gegenüber der Sünde. Wir sind jetzt lebendig in Gott und in diesem Sinn, dem Sterben gegenüber der Sünde, erleben wir das, was die Sufis „Vernichtung" nennen. Der Apostel Paulus schrieb über seine eigene „Vernichtung": „Ich bin mit Christus gekreuzigt, und nicht mehr lebe ich, sondern Christus lebt in mir; was ich aber jetzt im Fleisch lebe, lebe ich im Glauben, und zwar im Glauben an den Sohn Gottes, der mich geliebt und sich selbst für mich hingegeben hat" (Gal 2:20). Der Sohn Gottes lebt in uns, und sein vollkommenes Leben der Liebe wirkt in uns und durch uns. Das ist die völlige Einheit mit Gott durch Christus. Danach hat sich der suchende Sufi sein ganzes Leben lang gesehnt. Und noch etwas, wovon der Sufi nicht einmal zu träumen wagte: „Wir alle aber schauen mit aufgedecktem Angesicht die Herrlichkeit des Herrn an und werden so verwandelt in dasselbe Bild von Herrlichkeit zu Herrlichkeit, wie es vom Herrn, dem Geist, geschieht" (2 Kor 3:18). Auf Gottes Weise, durch Christus, durch den Geist, werden wir in das wahre Bild Gottes verwandelt. Wir leben seine Liebe praktisch aus, und zwar nicht durch einen Rückzug von der Welt, sondern indem wir in der Welt leben, um unserem Nächsten zu helfen. Die prophetischen Worte Jesu werden für uns zur Realität. Indem wir so handeln, wandeln wir in dem „Licht", das der Sufi sucht. Der Beweis für das in uns wohnende Licht sind die „guten Werke", durch die die Menschen die Gegenwart des Vaters erkennen und ihm die Ehre geben.

Die Wiederherstellung der Musik

Auch die Musik hat ihren Platz. Mohammed brachte den Seelen der Moslems einen vernichtenden Schlag bei, als er die Musik in der Moschee untersagte. Der Prophet Zefanja hat uns durch den Geist Gottes offenbart, daß Gott es liebt, uns singen zu hören: „Der Herr, dein Gott, ist in deiner Mitte, ein Held, der rettet; er freut sich über dich in Fröhlichkeit, er schweigt in seiner Liebe, er jauchzt über dich mit Jubel" (Zef 3:17). Und er hat uns seinen Geist gegeben, um uns in unserem Gesang zu helfen: „Werdet voll Geistes, indem ihr zueinander in Psalmen und Lobliedern und geistlichen Liedern redet und dem Herrn mit euerm Herzen singt und spielt! Sagt allezeit für alles dem Gott und Vater Dank im Namen unseres Herrn Jesus Christus!" (Eph 5:18-20). Aufgrund der irrigen Lehre Mohammeds ist im orthodoxen Islam in den Moscheen keine Musik erlaubt. Darum haben sich die Moslems romantischer und folkloristischer Musik zugewandt. Die Sufis konnten nicht anders und haben religiöse Musik von ihren Nachbarn „geborgt". Gott hat uns auch zur Musik geschaffen. Wir Christen haben den Sufis durch unsere reiche Musiktradition sehr viel zu geben.

Durch die „singenden Sufis" wurden viele Heiden in die Reihen des Islam gebracht. Wir sind jetzt an der Reihe, die Sufis durch Musik und Gesang in die Arme Jesu zu bringen. „Laßt uns vor sein Angesicht kommen mit Dank! Laßt uns mit Psalmen ihm zujauchzen!" (Ps 95:2). Auch der Tanz zur Musik vieler Instrumente hat seinen Platz bei der Gewinnung der Sufis, denn einige sufische Orden tanzen in ihrer Suche nach Ekstase.

> *Loben sollen sie seinen Namen beim Reigen, mit*
> *Tamburin und Zither sollen sie ihm spielen!*
> *Denn der Herr hat Wohlgefallen an seinem Volk.*
> *Er schmückt die Demütigen mit Heil!*
> *(Ps 149:3,4)*
> *Lobt ihn mit Posaunenschall! Lobt ihn mit Harfe*
> *und Zither! Lobt ihn mit Tamburin und Reigen!*
> *Lobt ihn mit Saitenspiel und Flöte! Lobt ihn mit*
> *klingendem Becken! Lobt ihn mit schallenden*
> *Becken! Alles, was Atem hat, lobe den Herrn!*
> *Halleluja! (Ps 150:3-6)*

Wir wollen den Sufis helfen, ihre wahren Ursprünge in Jesus zu entdecken und dabei ihre eigene Stärke der Musik und des Gesangs benutzen, um sie für den wahren Gott zu werben.

Die Tendenz des Sufismus zur Kontextualisierung

Die Tendenz des Sufismus, die örtlichen Gegebenheiten in sich zu integrieren, kann sich positiv oder negativ auf eine christliche Annäherung auswirken. Wir wollen davon ausgehen, daß man dieses Prinzip der Flexibilität und Anpassungsfähigkeit benutzen kann, um einen Brückenkopf für das Evangelium zu bilden; wir wollen diese Offenheit für das Evangelium einsetzen und den Sufis die Möglichkeit geben, in ihrem lokalen Kontext auf das Evangelium zu reagieren. Das würde sich zum Beispiel dadurch äußern, daß neue christliche Lieder zu einer Musik im

örtlichen Stil geschrieben werden. Es bedeutet, daß der Gottesdienst in der Muttersprache der Menschen abgehalten wird. Es
bedeutet, daß wir sie lehren, wie man sowohl als einzelner als
auch als Gruppe von Gottes Geist erfüllt wird, und Gott so
selbst unter ihnen lebendig ist. Doch man muß sich gegen die
Tendenz der Sufis verwahren, die andere Geistwelt mit hineinzubringen.

Sufische Kreise werden Hauskreise

Schließlich, besonders dort, wo die Mehrheit der Bevölkerung
moslemisch ist und sogar dem Christentum feindlich gegenübersteht, bietet die Tendenz der Sufis, sich in kleinen Gruppen
oder geschlossenen Kreisen zu versammeln, die Möglichkeit,
nach dem gleichen Muster Gruppen zu bilden und auf diese
Weise unauffällige „Hausgemeinde-Bewegungen" zu gründen.
Das könnte sich in moslemischen Ländern, in denen Christen
offen verfolgt werden, nicht nur als vorteilhaft, sondern sogar
als notwendig erweisen.

Kapitel 28

Jesus und der Volksislam

*Und nun, Herr, sieh an ihre Drohungen und gib
deinen Knechten, dein Wort mit aller Freimütigkeit zu reden, indem du deine Hand ausstreckst
zur Heilung, und Zeichen und Wunder geschehen durch den Namen deines heiligen Knechtes
Jesus. (Apg 4:29,30)*

Man wird sich erinnern, daß wir, wie in Kapitel 13 erwähnt, mit
dem Ausdruck „Volksislam" oberflächlich gesehen die Menschen verstehen, die sich selbst als Moslems sehen, doch in
Wirklichkeit eine Art von animistischer oder spiritistischer Religion praktizieren. Diese Religion nimmt die Welt der Geister
ernst, sogar sehr ernst. Das gesamte Denksystem, gleichgültig
wie unbestimmt oder informell, versucht, das Leben so zu erklären, wie es zu sehen ist. Und was man sieht, sind geistliche
Mächte, die am Werk sind und die Menschen so in ihrem täglichen Leben hindern oder helfen. Für diese Menschen hat alles, was geschieht, eine geistliche Ursache. Folglich geht es im
Leben darum, diese geistlichen Mächte zu besänftigen, oder sie
für das Gute oder Böse zu gebrauchen, oder sie zumindest zu
neutralisieren, damit sie niemandem und nichts Schaden zufü-
gen können. Man glaubt, daß diese Geister in fast allen Dingen
wohnen, je nach der örtlichen Variante der Religion.

Biblische oder westliche Weltsicht?

Für jemand, der an diese Denkweise nicht gewöhnt ist und besonders für jemand, der eine säkulare Weltsicht angenommen hat, gleichgültig aus welchem Teil der Erde, ist es ein Schock zu erfahren, daß es tatsächlich Geistwesen gibt, die das tun können, was diese Leute glauben. Damit der westliche oder säkularisierte Leser nicht denkt, ich sei über diese Phänomene völlig durchgedreht, sei daran erinnert, daß unsere säkulare, westlich beeinflußte Weltsicht keine biblische Weltsicht ist; der westliche oder säkulare Mensch hat seine Weltsicht über die biblische Weltsicht hinaus entwickelt. Ich vertrete die Meinung, daß die westlich-säkulare Weltsicht sich im Irrtum befindet, und daß die biblische Erklärung von Satan, dem Teufel, Dämonen, bösen Geistern, bösen geistlichen Mächten und Autoritäten eine wahre Darstellung der Wirklichkeit ist. Das zu bestreiten bedeutet, das gesamte Erlösungswerk von Anfang bis Ende zu bestreiten. Für den Skeptiker empfehle ich den folgenden Überblick über die Bibel.

Satan (Teufel, Schlange, Gegenspieler, Dämonenfürst) wird in der gesamten Bibel erwähnt, beginnend mit dem Sündenfall des Menschen im Garten Eden (siehe 1 Mo 3), bis er schließlich am Ende der Zeiten vernichtet wird (siehe Offb 20). Seine Gegenwart in der gesamten Geschichte der Menschheit wird als Tatsache hingenommen. Er führte Krieg im Himmel. Viele Engel schlossen sich seiner großen Rebellion an. Die Streitkräfte Gottes, angeführt von Michael, einem höheren geistlichen Wesen, trugen den Sieg davon, und Satan und seine Engel wurden auf die Erde geworfen (siehe Offb 12). Er war zur Zeit Adams und Evas schon im Garten Eden (siehe 1 Mo 3).

Hiob, der vor Abraham und Mose gelebt hat (Kelso 1968:147), wurde von Gott erwählt, um gegen Satan in einem der größten geistlichen Duelle aller Zeiten vorzugehen (siehe Hiob 1,2). Als Gott Mose das Gesetz gab (1440–1400 v. Chr.), opferten die Menschen schon ihre Kinder den Dämonen (siehe 5 Mo 32:17). Gottlose Menschen taten dies zur Zeit des Psalmisten immer noch (siehe Ps 106:37). Satan war zur Zeit

Davids gegenwärtig (etwa 1000 v. Chr.) und griff Israel an, indem er David anstiftete, eine Volkszählung durchzuführen, und David damit in Versuchung brachte, sich auf die Stärke seiner Armee zu verlassen, anstatt auf Gott (siehe 1 Chr 21:1).

Nachdem Jesaja (740–700 v. Chr.) das Gericht gegen den König von Babylon ausgesprochen hatte, verspottete er die „Macht" hinter diesem Thron (Luzifer, Sohn der Morgenröte, Jes 14:15). Als Hesekiel (593–571 v. Chr.) das Gericht gegen den König von Tyrus ausrief, sprach er, in ähnlicher Weise wie Jesaja, eine Prophetie gegen die „Macht" hinter dem König von Tyrus aus. Hesekiel beschreibt den Niedergang Satans von einem „Abbild der Vollkommenheit" zu Asche, zu jemand, dessen reiner Anblick entsetzlich ist, von dem gesagt wird, „daß du so plötzlich untergegangen bist und nicht mehr aufkommen kannst" (Hes 28:12-19). In Sacharjas Buch (um 520 v. Chr.) wird Satan beschrieben als zur Rechten Josuas, des Hohenpriesters, stehend, um ihn anzuklagen (siehe Sach 3:1).

Die Aktivität und Macht Satans wird allgemein in den folgenden zwei Bibelstellen beschrieben: „Die ganze Welt liegt in dem Bösen" (1 Joh 5:19) und „und es wurde geworfen der große Drache, die alte Schlange, der Teufel und Satan genannt wird, der den ganzen Erdkreis verführt" (Offb 12:9). Als Jesus seinen Dienst auf Erden öffentlich begann, wurde er vom Geist direkt nach seiner Taufe in die Wüste geführt, um von Satan versucht zu werden (siehe Mt 4:1-11). Als die Feinde Jesu seine außerordentliche Macht über Dämonen erklären wollten, beschuldigten sie ihn, mit dem Teufel im Bunde zu sein. Die Antwort Jesu auf diese Beschuldigung ist von Bedeutung:

Wenn ich aber durch den Geist Gottes die Dämonen austreibe, so ist also das Reich Gottes zu euch gekommen. Oder wie kann jemand in das Haus des Starken dringen und seinen Hausrat rauben, wenn er nicht vorher den Starken bindet? Und dann wird er sein Haus berauben.
(Mt 12:28-29)

Mit dieser Antwort ist gesagt, daß Jesus Satan gebunden hatte und sein Haus beraubte, also Gefangene und Dämonenbesessene losmachte und ihnen die Freiheit gab. Hierbei ist bemerkenswert, daß Jesus die Gegenwart des Reiches Gottes durch seinen Befreiungsdienst offenbarte. Seine Weltsicht (und meine) besagt, daß jeder Mensch entweder zum Reich der Finsternis (zum Reich Satans) gehört oder zum Reich Gottes. Das stimmt nicht mit dem säkularen Gedankengut überein, das besagt, daß alles eine rationale und wissenschaftliche Erklärung hat und daß es keine übernatürliche böse Persönlichkeit oder Macht gibt. Leider ist diese Vorstellung in die christlichen Gemeinden auf der ganzen Welt eingedrungen und hat bewirkt, daß Christen nicht einmal mehr wissen, wer oder was ihr Feind ist.

Die Macht des Feindes

Ich will noch näher darauf eingehen, welche Macht der Feind eigentlich hat, und was er tun kann. Der Teufel kann Unkraut unter den Weizen säen (Irrlehre unter die Wahrheit, siehe Mt 13:39). Er kann das Wort Gottes aus den Herzen der Menschen reißen (siehe Lk 8:12). Er gab Judas die Gedanken, Jesus zu verraten und fuhr am Ende in ihn hinein (siehe Joh 13:27). Man mag sich erinnern, daß er sich zu Davids Zeiten gegen Israel erhob und einen gläubigen König dazu veranlaßte, sich auf das Fleisch zu verlassen, anstatt auf Gott, indem er eine Volkszählung durchführte. Er stachelte Räuberbanden dazu an, die Herden Hiobs zu stehlen und seine Diener zu ermorden. Er konnte einen starken Wind wehen lassen, der das Haus zerstörte, in dem Hiobs Kinder aßen und tranken. Er hatte sogar die Macht, mit Gottes Erlaubnis, Hiob mit bösen Geschwüren zu schlagen.

In der Zeit des Neuen Testaments erfahren wir, daß Dämonen Taubheit (siehe Mt 9:33) und Mondsucht (siehe Mt 17:15) verursachen konnten, Personen übermenschliche Kraft verliehen, jemand dazu bringen konnten, sich selbst Wunden zuzufügen (siehe Mk 5:2-5), einem jungen Mädchen die Fähigkeit verliehen, die Zukunft vorherzusagen (Wahrsagerei, siehe Apg 16:16), und Menschen zu Boden oder ins Feuer oder ins Wasser warfen (siehe Mt 17:15). Dämonen konnten auch durch Irrlehre täuschen (siehe 1 Tim 4:1). Sie konnten Orte heimsuchen (siehe Offb 18:2) und die Schlüsselmacht bei heidnischen religiösen Opfern und Feiern sein (siehe 1 Kor 10:20,21). Dämonen hatten die Fähigkeit, Wunder zu vollbringen, um Menschen zu täuschen (siehe Offb 16:14).

Worauf man beim Umgang mit dem Volksislam achten sollte

Beim Umgang mit dem Volksislam muß man drei Dinge beachten. Erstens, daß der Islam in seinen Lehren und Praktiken einen grundsätzlich „antichristlichen" Geist birgt.

Zweitens wurde der Islam im Laufe seiner Eroberungen heidnischer Kulturen danach zu einer dünnen Deckschicht für die weiterlaufenden religiösen Praktiken der jeweiligen Völker. Und so unterschiedlich wie diese Religionen auch sein mögen, die sich von den südlichen Philippinen bis zur Atlantikküste Marokkos erstrecken, sie werden vom Teufel und seinen dämonischen Geistern regiert. Aus diesem Grund, obwohl sie auf den ersten Blick mit dem orthodoxen Islam große Uneinigkeiten aufweisen mögen, haben sie unter der Oberfläche doch den antichristlichen Geist gemeinsam. Hinter dem orthodoxen Islam und dem Volksislam ist der gleiche Feind Christi am Werk, um das Werk Gottes zu bekämpfen und zu hindern.

Drittens. Der Grund weshalb wir hier so viele Bibelstellen anführen, ist, die säkulare Weltsicht des Westens zu widerlegen, die die Existenz Satans und seiner Dämonenhierarchie leugnet. Aufgrund des starken Einflusses auf ihre jeweiligen Kulturen, kennen die meisten Menschen des Westens praktisch nichts über den geistlichen Kampf gegen diese Art von Mächten. Säkularisierte Christen müssen zu einem biblischen Standpunkt zurückgebracht werden. Eine der großen Ironien der westlichen Missionsbewegung ist, daß sie durch den Kompromiß mit dem

Säkularismus die Realität der dämonischen und sogar satanischen Mächte nicht mehr sieht, die in den religiösen Systemen der Menschen, die sie gewinnen wollen, am Werk sind. Meistens wissen die Menschen vor Ort mehr über die Wirklichkeit solcher bösen Einflüsse als die Missionare. Obwohl wir Charles Kraft schon vorher dazu zitiert haben, ist sein Eingeständnis, völlig wirkungslos zu sein, als er sich noch in den Fängen eines säkularen Christseins befand, es wert, wiederholt zu werden:

> *Als evangelikale Christen jedoch waren wir völlig unvorbereitet, mit dem Bereich umzugehen, der von den Nigerianern als am wichtigsten angesehen wurde: Ihre Beziehungen mit der Geistwelt. Immer und immer wieder kamen die Nigerianer in unseren Gesprächen auf die Unterbrechungen ihres täglichen Lebens, die ihrer Meinung nach von bösen Geistern verursacht wurden, zu sprechen. Es waren Dinge wie Krankheit, Unfälle, Todesfälle, die Unfruchtbarkeit von Menschen und Tieren und Feldern, Dürre, und die Störung von Beziehungen, die alle als das Werk böser Geister angesehen wurden (1989:3,4).*

Kraft schrieb dann über die erstaunliche Veränderung seiner Weltsicht, die ihn in den letzten Jahren in eine neue Dimension des Dienstes hineingebracht hat. „Es dauerte nicht lange, bis ich seiner Führung folgte und zum ersten Mal in meinem Leben ein kraftvolles Christsein erlebte" (1989:8).

Gottes Kraft und Autorität einsetzen

In welcher Weise fand diese Veränderung statt? Was müssen wir daraus lernen? Im Grunde war es die Entdeckung, wie man die Kraft und Autorität einsetzt, die Christus uns von Anfang an gegeben hat. Als Jesus seine Jünger auf ihre erste evangelistische Reise sandte, sagt uns die Bibel: „Und als er seine zwölf Jünger herangerufen hatte, gab er ihnen Vollmacht über unreine Geister, sie auszutreiben und jede Krankheit und jedes Gebrechen zu heilen" (Mt 10:1). Und er gab ihnen „Kraft und Vollmacht über alle Dämonen und zur Heilung von Krankheiten; und er sandte sie, das Reich Gottes zu predigen und die Kranken gesund zu machen" (Lk 9:1,2).

Viele Diener Gottes haben erfahren, was andere schon immer gewußt haben, nämlich, daß Gott heute auf die gleiche Weise handelt wie vor Tausenden von Jahren. Die gleiche Kraft, die gleiche Autorität ist für alle da, die da glauben.

Ich hielt es für nötig, dieses Hintergrundmaterial so ausführlich zu behandeln, weil viele Leser dieses Buches wahrscheinlich genauso sind wie ich, das heißt, sie kamen durch christliche Gemeinden zum Glauben, in denen uns beigebracht wurde, daß diese Dinge heutzutage nicht mehr geschehen, sondern nur zur Zeit der Apostel geschahen. Ich habe selbst eine große Veränderung durchlaufen, von einer gegen das Übernatürliche gerichteten säkularen Vorstellung, die viele Teile der biblischen Lehre verneinte und mich im Umgang mit der tief geistlichen Dimension des Kampfes, in den wir in der gesamten islamischen Welt verwickelt sind, wirkungslos machte, hin zu dem Glauben an Gott, daß er die Macht gibt, Geister zu unterscheiden, die Kranken zu heilen, wenn es von Gott geführt ist, und die Dämonisierten durch Gebet zu befreien.

Diese Frage wird dann besonders interessant, wenn wir uns an Ort und Stelle mit den Praktiken des Volksislams befassen. Keine Kraft zu haben, bedeutet keine bleibende Frucht zu haben. Vielleicht kommt es zu oberflächlichen „Bekehrungen", doch wenn der Neubekehrte nicht weiß, wie man mit der dämonischen Macht umgeht, die sich unter Umständen an ihn klammert, und vielleicht sogar vom Missionar gelehrt wird, daß sie gar nicht existiert, wird er den dämonischen Mächten wieder unterliegen. Der Missionar bleibt völlig verblüfft zurück, ohne zu verstehen, was geschehen ist, oder warum. Mit dem Hintergrundwissen über das Wesen dieser „Mächte", mit denen

315

wir zu tun haben, wollen wir erneut einen Blick auf den Volksislam werfen und versuchen zu verstehen, wie man erfolgreiche
Annäherungsmethoden entwickeln kann.

Die Vorbereitung
des christlichen Arbeiters

Ich hoffe, daß für uns alle die Bibel der Maßstab ist. Jesus ist
wirklich derselbe, gestern, heute und in Ewigkeit. Das gilt auch
für den Heiligen Geist. Die Gaben und die Kraft des Geistes
Gottes sind heute genauso verfügbar wie zur Zeit Jesu und zur
Zeit der Apostel. Für viele von uns war es lediglich das Gefühl,
daß etwas in unserer evangelikalen Erfahrung fehlte, das uns
dazu veranlaßte, die Bibel noch einmal genauer zu betrachten
und das neutestamentliche Christsein zu entdecken.

Der Volksislam
forderte eine Erklärung

Das Phänomen des Volksislam im Leben von Millionen der
Punjabis, unter denen ich achtzehn Jahre lang in Pakistan lebte,
veranlaßte mich dazu, nach einer biblischen Erklärung für das,
was ich erlebte, zu suchen. Jeden Tag sahen wir Hunderte,
manchmal Tausende von Menschen, die zu Schreinen und heiligen Männern gingen, um Heilung zu erfahren, und Führung,
Schutz vor dem Bösen, Macht gegen Feinde, Befreiung von
dämonischer Bedrückung, Wissen über die Zukunft, Fruchtbar-
keit, Segen für die Herden und Felder, sowie Gebete für Regen
und Hilfe für die täglichen Probleme des Lebens zu erlangen.
Im Umgang mit ihren Problemen hatte das Element des Übernatürlichen einen festen Platz. Das führte uns zu einer Veränderung unserer Weltsicht.

In *Christianity With Power* (1989:53,62) schreibt Kraft über
die Änderung seiner Weltsicht wie folgt:

Ich erlebte eine klassische Paradigma-Verände-
rung, eine umfassende Veränderung der Per-
spektive. Ich hatte mich der Möglichkeit einer
Veränderung dadurch geöffnet, daß ich mich
neuen Erfahrungen aussetzte. Ich wandte mich
vom Skeptizismus zum Glauben ... Plötzlich ent-
schied ich mich dazu, auf eine andere Art und
Weise zu glauben und zu handeln als meine
evangelikalen Freunde ... Ich fing an, in mei-
nen eigenen Sonntagsschulstunden über Heilung
zu lehren ... nach einer Zeit wuchs in mir die
Kühnheit, Gott um Gelegenheiten zu bitten, das,
worüber ich vor der Klasse sprach, auch de-
monstrieren zu können. Einige Male hatte das
dramatische Folgen.

Der Not der Volksmoslems begegnen

Das interessante bei Volksmoslems ist, daß sie ihre Not ohne
Hemmungen äußern. Sie benötigen Heilung, Befreiung, Vergebung, Führung, Trost, Kraft, Ermutigung und Schutz vor dem
Bösen, wie auch immer es sich äußert. Die Tragödie ist, daß sie
sich mit ihrer Bitte um Hilfe an den Feind wenden. Und der ist
durchaus bereit, ihnen eine Illusion von Hilfe, mit seinen eigenen „Zeichen und Wundern" zu geben, solange er sie in seiner
Gewalt halten kann. Ungleich orthodoxen Moslems, die glauben, die Antwort zu haben, suchen Volksmoslems nach der Antwort. Sie suchen nach der „Macht" gegen die „Mächte", die sie
an jeder Stelle ihres Lebens bedrängen. Sie sind dazu bereit, auf
einem experimentellen Niveau, Jesus als den zu sehen, der diese
„Mächte" besiegt hat und seinen Jüngern heute die gleiche
Macht und Autorität über diese Feinde gibt. Aus diesem Grund
sollte der christliche Arbeiter bereit sein, den Nöten der Volksmoslems praktisch zu begegnen, mit allem, was uns in Christus
zur Verfügung steht.

Man möge sich erinnern, was Jesus zu den zweiundsiebzig

sagte, als sie mit großer Freude zu ihm zurückkehrten, weil Gott sie gebraucht hatte, um zu heilen und Dämonen auszutreiben:

> *Siehe, ich habe euch die Macht gegeben, auf Schlangen und Skorpione zu treten, und über die ganze Kraft des Feindes, und nichts soll euch schaden [d. h. nichts Böses von ihnen wird in euch eindringen]. (Lk 10:19)*

Wer zu Jesus gehört, hat heute die gleiche Macht. Wenn wir den Praktiken und den Praktikern des Volksislam gegenüberstehen, können wir weit mehr offene Konfrontationen erwarten, als bei einer theologischen oder theosophischen Form des Islam. Nicht, daß wir in anderen Islamformen dem Dämonischen nicht begegnen, doch im Volksislam ist das Dämonische, der Austausch mit der Geistwelt, viel offensichtlicher.

Wichtige Überlegungen für den christlichen Arbeiter

Was ist also das Wichtigste, das der christliche Arbeiter bedenken sollte, wenn er den Dienst unter Volksmoslems in Angriff nimmt? Ich habe eine Liste von Eigenschaften erstellt, die mir in der Arbeit mit Volksmoslems unbedingt notwendig erscheinen:

Der Arbeiter sollte wissen, daß wir uns in einem Kampf auf Leben und Tod befinden (siehe Eph 6:10-18; 2 Kor 10:3-6). Petrus, der damit prahlte, daß er Christus nie verleugnen würde, kam zu Fall. Nachdem er dank der Fürbitte Christi wiederhergestellt war, schrieb er:

> *Euer Widersacher, der Teufel, geht umher wie ein brüllender Löwe und sucht, wen er verschlingen kann. Dem widersteht standhaft durch den Glauben, da ihr wißt, daß dieselben Leiden sich an allen Christen in der Welt vollziehen! (1 Petr 5:8,9)*

Wir müssen die Mentalität einer Person besitzen, die sich im Kampf befindet. Der Feind liegt bereit, bei jeder Schwäche an Herzenstreue oder Kampfesleistung zuzuschlagen. Das verlangt eine ständige Alarmbereitschaft.

Jesus muß der Herr unseres Lebens sein. Dazu möchte ich wieder Petrus zitieren, der an dieser Stelle seines Lebens eine große Niederlage erlitten hat. „Haltet den Herrn Jesus Christus in euren Herzen heilig! Seid aber jederzeit bereit zur Verantwortung jedem gegenüber, der Rechenschaft von euch über die Hoffnung in euch fordert" (1 Petr 3:15). Satan weiß nur zu gut, wie er den „verschlingen" kann, dessen Treue ins Wanken kommt. Petrus fürchtete die Menschen mehr als Gott, und kam zu Fall. „Ein jegliches ... Haus, wenn es mit sich selbst uneins wird, kann nicht bestehen" (Mt 12:25). Jesus ist der aktive Befehlshaber in diesem Kampf und möchte die Aktionen leiten. Wir müssen eine persönliche Beziehung mit ihm haben und sehr genau auf seine Stimme horchen, wenn er uns in diese Begegnungen führt („... haltet Christus in euren Herzen heilig").

So gut er kann, muß der christliche Arbeiter jeglicher Sünde absagen. Keine Tür darf offenbleiben, durch die Satan eindringen, uns anklagen oder unwirksam machen könnte. Der einzige Weg, auf dem Satan bei uns eindringen und uns seiner sogar bemächtigen kann, ist durch unsere eigene Sünde. Paulus schrieb an seinen Jünger Timotheus:

> *Wenn nun jemand sich von diesen [dem Unehrenhaften und Unedlen] reinigt, wird er ein Gefäß zur Ehre sein, geheiligt, nützlich dem Hausherrn, zu jedem guten Werk bereit. (2 Tim 2:21)*

Johannes schrieb an seine Leser: „Und jeder, der diese Hoffnung auf ihn [seine Erscheinung] hat, reinigt sich selbst, wie er rein ist" (1 Joh 3:3). Der christliche Arbeiter muß mit dem Heiligen Geist erfüllt sein. Jesus sagte seinen Jüngern, daß sie vorsichtig sein und warten sollten, bis sie mit der „Kraft aus der Höhe" bekleidet würden (Lk 24:49). Er versprach ihnen Kraft, um Zeugen zu sein (siehe Apg 1:8). Paulus hielt seine Leser dazu an, ständig mit dem Heiligen Geist erfüllt zu werden (siehe Eph 5:18). Als die junge verfolgte Gemeinde im Gebet das Angesicht des Herrn suchte, damit er ihnen Kraft gibt, um „Zeichen und Wunder" im Namen Jesu zu bewirken, wurden sie erneut erfüllt, traten der Opposition mit außergewöhnlicher Unerschrockenheit entgegen und predigten das Wort des Herrn (siehe Apg 4:31).

Alle wichtigen Personen in der Bibel wirkten Großes für Gott, nachdem sie eine besondere Salbung vom Geist Gottes erhalten hatten. Nur durch die Kraft des Geistes Gottes können wir etwas für den Herrn tun (siehe Sach 4:6). Der Heilige Geist leitet uns und gibt uns Kraft in den Begegnungen mit dem Volksislam. Der Geist übernimmt häufig die Führung, indem er uns durch unsere Intuition oder durch „Worte der Erkenntnis" mitteilt, was für Probleme die Menschen haben. Diese gottgegebenen Erkenntnisse sind normalerweise der Schlüssel für eine darauffolgende Heilung oder Befreiung. Der Heilige Geist gibt uns auch besondere Gaben für den Kampf: Die Unterscheidung der Geister, Heilung, Glauben, Worte der Erkenntnis, Worte der Weisheit, die Fähigkeit Wunder zu wirken, Prophetie, die Fähigkeit in anderen Sprachen zu reden und Sprachen auszulegen (siehe 1 Kor 12:7-11).

Die Liebe muß im Leben des christlichen Arbeiters den höchsten Platz einnehmen. Als Jesus unter den Menschen lebte, war er ergriffen von Barmherzigkeit. Er sah sie als „erschöpft und verschmachtet, wie Schafe, die keinen Hirten haben" (Mt 9:36). Als der Apostel Paulus seinen Dienst erklärte, deckte er auch seine Motivation auf: „Denn die Liebe Christi drängt uns, da wir zu diesem Urteil gekommen sind, daß einer für alle gestorben ist und somit alle gestorben sind" (2 Kor 5:14). Er schrieb auch: „Christus in euch, die Hoffnung der Herrlichkeit. Ihn verkündigen wir, indem wir jeden Menschen ermahnen und jeden Menschen in aller Weisheit lehren, um jeden Menschen vollkommen in Christus darzustellen; worum ich mich auch bemühe und kämpfend ringe gemäß seiner Wirksamkeit, die in mir wirkt in Kraft" (Kol 1:27,28). Die Liebe Christi brachte ihn dazu, die Verlorenen zu suchen und alles, was in Gottes mäch-

tiger Kraft steht, zu tun, um sie vollkommen in Christus darzustellen. Wenn wir danach trachten, Volksmoslems zu gewinnen (und alle anderen Moslems auch), darf unser Ziel nicht
weniger hoch gesteckt sein.

Der Glaube ist in dieser Art Kampf unerläßlich. Wie sehr
warf Jesus seinen Jüngern ihren Unglauben vor; welche viel-
versprechenden Verheißungen gab er ihnen:

> *Wahrlich, ich sage euch: Wenn ihr Glauben habt*
> *und nicht zweifelt, so werdet ihr nicht allein das*
> *mit dem Feigenbaum Geschehene tun, sondern*
> *wenn ihr auch zu diesem Berg sagen werdet:*
> *Hebe dich empor und wirf dich ins Meer! so*
> *wird es geschehen. Und alles, was immer ihr im*
> *Gebet glaubend begehrt, werdet ihr emfangen.*
> *(Mt 21:21,22)*

Ich kann wieder als ein Kind des Westens reden und bezeugen,
wie meine gesamte wissenschaftliche Schulbildung, einschließlich die der Medizinschule, dagegen wirkte, eine solche Art von
Glauben zu haben, der erwartet, daß Gott als Antwort auf meinen Glauben übernatürlich handeln wird. Doch Gott sei Dank
kehren wir zu einer biblischen Weltsicht zurück und lernen
nicht nur, Gott für diese „großen und mächtigen Taten" zu glauben, sondern entdecken, daß Jesus erwartet, daß wir ihn nachahmen, und die Dinge auf die Weise tun, wie er sie uns vorge-
macht hat, genauso wie die ersten Jünger. Das Zeugnis von
Charles Kraft gleicht meinem eigenen: Erst lehrt man darüber,
was die Bibel wirklich sagt, und langsam aber sicher lernt
man, daß diese übernatürlichen Gaben und Kräfte uns heute zur
Verfügung stehen. Man muß einfach nein zu seinem Unglauben sagen. Glaube Gott für den Sieg in diesen „Machtbegegnungen" mit anderen Geistern, die das Leben der Volksmoslems
regieren.

Ein Wort über die Wichtigkeit des Gebets und des Fastens:
Der soeben erwähnte Glaube fällt uns nicht unbedingt in den
Schoß. Der Grund dafür ist unser eigenes Widerstreben (Un-

glaube). Bei vielen unter uns bewirkt eine gute Zeit im Gebet eine Veränderung. Christus wird wirklicher; wir werden empfindsamer für die Leitung des Heiligen Geistes. Der Glaube wird stärker durch das Gebet und das Studieren des Wortes Gottes. Auch das Fasten hat seine Bedeutung. Zu seinem Leib nein sagen zu können, kann uns oft helfen, zum Heiligen Geist ja sagen zu können. Vivienne Staceys Zeugnis über die Vorbereitung durch Gebet und Fasten, die der Austreibung böser Geister voranging, ist ein ausgezeichnetes Beispiel dafür, wie die Kraft durch eine lange Periode des Gebets und Fastens aufgebaut wurde (1986:4-7).

In dieser Art von geistlichem Kampf ist es am besten, in Teams zu arbeiten. Jesus sandte seine Jünger paarweise aus (siehe Lk 10:1). Kraft spricht davon, daß man „gegenseitig verantwortlich sein" muß (1989:175). Stacey empfiehlt eindringlich, diese „Begegnungen" im Team anzugehen (1986:7). Bischof Michael Green spricht davon, ein Team zu sein, unter der Überschrift „Einheit" (1981:251).

> *Wiederum sage ich euch: Wenn zwei von euch auf der Erde übereinkommen, irgendeine Sache zu erbitten, so wird sie ihnen werden von meinem Vater, der in den Himmeln ist. Denn wo zwei oder drei versammelt sind in meinem Namen, da bin ich in ihrer Mitte. (Mt 18:19,20)*

Es ist sehr wichtig, dafür Sorge zu tragen, daß Personen, denen geholfen worden ist, die geheilt oder befreit wurden, weiter beraten und in der Jüngerschaft geschult werden, nachdem sie eine Erfahrung mit dem Herrn Jesus Christus gemacht haben. Es ist besonders wichtig, daß sie Christus als Herrn anerkennen und mit seinem Geist erfüllt werden. Sonst kann das geschehen, vor dem uns Jesus gewarnt hat:

> *Wenn aber der unreine Geist von dem Menschen ausgefahren ist, so durchwandert er dürre Orte, sucht Ruhe und findet sie nicht. Dann spricht er:*

Ich will in mein Haus zurückkehren, aus dem ich herausgegangen bin; und wenn er kommt, findet er es leer, gekehrt und geschmückt. Dann geht er hin und nimmt sieben andere Geister mit sich, böser als er selbst, und sie gehen hinein und wohnen dort; und das Ende jenes Menschen wird schlimmer als der Anfang. (Mt 12:43-45)

Weitere Anliegen

Der christliche Arbeiter hat es beim Volksislam mit einer zweifachen Herausforderung zu tun. Die erste liegt im Bereich der „Machtbegegnungen" selbst, in denen es um Christus gegen Satan und seine dämonischen Heerscharen geht. Das geschieht auf jeder Ebene des Lebens eines Moslems. Wo man auch hinsieht, erblickt man die allgegenwärtigen Praktiken des Volksislams. Jede stellt eine offene Tür für eine fremde geistliche Macht dar. Wenn Moslems zu Christus finden, müssen sie all dem absagen, und zwar jeder einzelnen Praktik. Satan gibt seine Untertanen nicht leicht frei. Man wird einen Preis zu zahlen haben nach erfolgreichen Begegnungen, in deren Verlauf gewöhnliche Moslems geheilt, von ihrer lebenslangen Furcht vor Geistern und vor dem Tod freigesetzt sowie von dämonischen Mächten befreit und in das Reich des geliebten Sohnes Gottes, Jesus Christus, gebracht werden.

Einen neuen Lebensweg anbieten

Die zweite Herausforderung hat damit zu tun, den jungen Gläubigen einen völlig neuen Lebensweg anzubieten, der den alten ersetzt, von dem er gerade befreit wurde. Paul Hieberts Kommentar dazu trifft genau ins Schwarze:

Wir sind dazu berufen, die Strukturen und Glaubensaussagen der existierenden religiösen Sy-

steme herauszufordern, indem wir deren Anhänger dazu einladen, sich Christus zuzuwenden. Einige Religionen bergen wichtige Wahrheiten, die nicht zerstört werden müssen, doch andere Religionen existieren in Systemen, die sich in Rebellion gegen Gott befinden. Deshalb leisten sie denen aus ihren Reihen Widerstand, die sich Christus zuwenden (Hiebert 1989:56).

Die Volksmoslems müssen diese Kraft zuerst im Leben des christlichen Arbeiters wirken sehen. Sie müssen sehen, daß der in uns größer ist als der, der in der Welt ist. Der christliche Arbeiter muß zeigen, daß die Kraft Christi größer ist, daß wir ein Leben frei von Angst leben können, daß es einen Heiligen Geist gibt, der uns leiten und befähigen und sogar unsere Feinde zunichte machen kann. Es wird verschiedene Arten von Wundern der Heilung, Befreiung und eventuell auch Auferweckung von den Toten geben. Doch nachdem der „Feind unter unsere Füße getreten" und der neue Gläubige zu einer neuen Ganzheit wiederhergestellt worden ist, bleibt die noch schwieriger erscheinende Aufgabe, einen völlig neuen Ausblick auf das Leben anzubieten. Für den neuen Gläubigen muß Jesus von nun an Mittelpunkt dieser neuen Weltsicht werden.

Die alten Zeremonien müssen durch christliche Elemente und Handlungen ersetzt werden, um die verschiedenen Phasen des Lebens, von der Wiege bis zum Grab, zu durchlaufen. Neue Feste müssen die alten Feste ersetzen, um dem christlichen Kalender zu folgen: Eine angemessene Feier der Menschwerdung (Weihnachten), der Sühne (Karfreitag) und der Auferstehung (Ostern). In Anlehnung an das Alte Testament, müssen in ländlichen Gegenden eventuell Feste eingesetzt werden, die sich auf die Jahreszeiten beziehen und die örtlichen jahreszeitlichen Feste ersetzen. Der christliche Arbeiter darf nicht in ein steriles, in Abteilungen aufgeteiltes, säkularisiertes Christsein verfallen, das sich nicht um die Jahreszeiten und Phasen des Lebens kümmert; er muß sich überlegt haben, wie eine neue Weltsicht für einen Neubekehrten aus dem Volksislam aussehen wird. Und für alle Phasen des Lebens, die im Volksislam so reichhaltig gefeiert werden, wie der Geburtstag, die Namensgebung, Pubertät, Hochzeit, die Geburt und der Tod, sollte der christliche Arbeiter einen durch und durch biblischen und so weit wie möglich kontextualisierten Ersatz anbieten.

Gleichzeitig müssen Jüngerschaft, und in diesem Zusammenhang auch völlig neue Werte für die persönliche Lebensführung gelehrt werden, für die familiären Beziehungen und die Beziehungen zur weiteren Gesellschaft und der Umgebung, Werte, die sich auf die biblischen Werte der Verwalterschaft der Schöpfung gründen.

Schließlich muß der christliche Arbeiter auch auf die ernsthaften Reaktionen vorbereitet sein, die er von Anhängern des Volksislam bekommt, die ihre Geschäfte, ihr Einkommen, ihren Platz in der Gesellschaft und oder ihr Hab und Gut verlieren. Fast jedesmal, wenn die Apostel die mächtige Kraft Gottes über andere Mächte offenbarten, waren Verfolgung, Schläge, Gefängnis oder sogar der Märtyrertod die Folge. Der christliche Arbeiter muß bereit sein, mit seinem Leben dafür zu zahlen, daß er es wagt, die feindlichen Mächte herauszufordern und Gefangene freizusetzen.

Der Kampf ist der Kampf Jesu Christi

Am Ende muß man sagen, daß der Kampf des Herrn ist. Er übt die Kontrolle aus. Er wird sich um die Leitung der Begegnungen kümmern. Er wird die Einblicke, die Worte der Erkenntnis, die Intuition, was zu tun ist, geben. Das Reich und die Kraft sind sein, und er beschloß, sie mit uns zu teilen, wenn er uns in Feindesland schickt. Er empfängt die Ehre. Die wiedereroberten Menschen gehören ihm. Wenn wir beobachten, wie Festungen niedergerissen werden und jeder Gedanke unter den Gehorsam Christi gebracht wird, dürfen wir nicht vergessen, daß es nicht aufgrund einer uns innewohnenden eigenen Kraft geschieht, sondern aufgrund dessen, was er mit uns teilt, und wir sollten ständig dankbar sein, daß unsere Namen im „Lebensbuch des Lammes" aufgeschrieben sind. Es ist durchaus angemessen, daß ich dieses Kapitel mit einem Zitat beende, das ich schon vorher verwendet habe, und das so gut paßt:

Denn obwohl wir im Fleisch wandeln, kämpfen wir nicht nach dem Fleisch; denn die Waffen unseres Kampfes sind nicht fleischlich, sondern mächtig für Gott zur Zerstörung von Festungen; so zerstören wir Vernünfteleien und jede Höhe, die sich gegen die Erkenntnis Gottes erhebt, und nehmen jeden Gedanken gefangen unter den Gehorsam Christi. (2 Kor 10:3-5)

Kapitel 29

Jesus und die Ahmadis

*Seht zu, daß euch niemand verführe! Denn viele
werden in meinem Namen kommen und sagen:
Ich bin der Christus! Und sie werden viele verführen. (Mt 24:4,5)*

Im Jahre 1889 erklärte ein Mann namens Mirza Ghulam Ahmad
„... sich selbst als Jesus, der Messias, und als Mahdi, dessen
Ankunft vorhergesagt worden war" (Mujeeb 1967:543, siehe
auch Kapitel 16).

Mirza Ghulam Ahmad – der Mahdi

Die Lehre vom Mahdi ist in beiden Hauptströmungen des Islam, also bei den Sunniten und Schiiten, bekannt. Eine Minderheit glaubt, daß Christus der Mahdi ist, doch die Mehrheit
glaubt, daß es zwei verschiedene Personen sind, und daß der
Mahdi vor Christus zurückkehren wird, um die ursprüngliche
Reinheit des Islam wiederherzustellen. Danach wird der Antichrist kommen, um seine Anhänger wegzuführen, und dann
wird Christus erscheinen, um den Antichristen zu vernichten.
Leider verdrehte Mirza Ghulam Ahmad diese Lehre und sagte,
die Zeichen des Mahdis seien seine Fähigkeit, den *Dajjal*, oder
Antichristen, zu erkennen, und als Mahdi erkannte er diesen
Geist in der heutigen Christenheit.

Der antichristliche Einfluß von Mirza

Die seltsamen Lehren, die er über Christus in die Welt setzte, besagten, daß Christus seine Mutter bei der Hochzeit von Kana beschimpfte, sich am Kreuz als ein Feigling erwies, indem er ausrief: „Mein Gott, mein Gott, warum hast du mich verlassen?", und nicht wirklich am Kreuz starb, sondern lediglich bewußtlos wurde, dann wieder zu sich kam, nach Kaschmir auswanderte, predigte bis er 120 Jahre alt war und dort starb. Cragg hat den Eindruck, daß Mirza Ghulam Ahmad einen schlechten Einfluß auf Moslems hatte, indem er bewirkte, daß sie gegen Christen noch feindlicher eingestellt wurden, als sie es sowieso schon waren (1956:251).

Mirzas nicht-islamische Lehren

Für seine Anhänger besteht die Anziehungskraft Ahmads darin, daß er die orthodoxen Lehren vom Töten der Abtrünnigen, die Notwendigkeit des „Heiligen Krieges" als einen militärischen Konflikt abschaffte und lehrte, daß der Islam, so wie er von ihm interpretiert wird, im Gegensatz zur Interpretation der orthodoxen Moslems, mit den modernen wissenschaftlichen Errungenschaften völlig vereinbar ist. Obwohl die Ahmadi-Bewegung vom Pakistanischen Gerichtshof 1974 für nicht-islamisch erklärt wurde, blüht sie weiterhin in weiten Gebieten der moslemischen Welt, mit Ausnahme des Mittleren Ostens. Die Sekte wird an dieser Stelle mitbehandelt, weil sie sehr weit verbreitet ist, so daß wir sie nicht außer acht lassen können.

Besondere Herausforderungen für Christen

Die Arbeit unter diesen Moslems erfordert sehr viel Liebe, Geduld und Ausdauer im Studium. Ahmadis kennen die Bibel normalerweise sehr gut, aber nicht aus dem richtigen Grund. Sie suchen nach Problemtexten, anscheinenden Widersprüchen und nach jeglicher Art von, wie sie es nennen, logischen Irrtümern. Seit sie 1974 offiziell für nicht-islamisch erklärt wurden, sind sie für den Austausch mit Christen offener geworden, zumindest ist das meine persönliche Erfahrung.

Gemeinsame Anliegen

Bei dem Versuch, eine wohlwollende Haltung gegen sie zu entwickeln, denke ich, daß es zwei Bereiche gibt, in denen wir ihnen Sympathie entgegenbringen können. Der erste ist ihre Abweichung von der extremen Härte im orthodoxen Scharia-Gesetz, in bezug auf Abtrünnige und den Dschihad. Der zweite Bereich ist der Versuch, die Vereinbarkeit der Religion mit den modernen technologischen und wissenschaftlichen Errungenschaften des zwanzigsten Jahrhunderts zu zeigen.

Sowohl die Bibel als auch den Koran kennen

In zwei anderen Bereichen jedoch muß der christliche Arbeiter sehr geschickt vorgehen, um die Unhaltbarkeit von Ahmads Stellung sowohl vom Koran als auch von der Bibel her zu zeigen. Das bedeutet, daß der christliche Arbeiter beide Bücher gut kennen muß, um zu zeigen, daß Ahmad sowohl für Moslems als auch für Christen ein falscher Prophet ist. Für den orthodoxen Islam kann man zeigen, daß die Lehren Ahmads nicht mit dem offiziellen Korantext übereinstimmen. Der christliche Arbeiter muß genügend mit dem Koran vertraut sein, um die folgenden Punkte darlegen zu können.

Nach dem orthodoxen Islam kann es nach Mohammed keinen weiteren Propheten geben. Für sie ist Mohammed das „Siegel der Propheten", das heißt der letzte und größte aller Propheten: „Mohammed ist nicht der Vater von [irgend]einem eurer Männer. Er ist vielmehr der Gesandte Gottes und das Siegel der Propheten. Gott weiß über alles Bescheid" (Koran 33:40). Der Kommentar von Yusuf Ali zu diesem Vers ist typisch für alle moslemischen Kommentare: „Der heilige Prophet Mohammed beendete die lange Linie der Apostel. Gottes Lehre ist kontinuierlich und wird es immer bleiben, doch es hat seit Mohammed keinen weiteren Propheten gegeben und es wird auch keinen geben" (1977:1119, Fußnote 3731).

Der Heilige Krieg ist für jeden Moslem Pflicht: „Es ist euch vorgeschrieben, [gegen die Ungläubigen] zu kämpfen, obwohl es euch zuwider ist. Aber vielleicht ist euch etwas zuwider, während es gut für euch ist, und vielleicht liebt ihr etwas, während es schlecht für euch ist. Gott weiß Bescheid, ihr aber nicht" (Koran 2:216).

Im orthodoxen Islam ist die Strafe für Abtrünnige in Wirklichkeit der Tod: „Und wenn sie sich abwenden [und eurer Aufforderung zum Glauben kein Gehör schenken], dann greift sie und tötet sie, wo [immer] ihr sie findet" (Koran 4:90). Der berühmte moslemische Kommentator, Baidhawi, der stellvertretend für alle anderen ist, schrieb über den oben genannten Vers: „Wer sich von seinem Glauben abkehrt, öffentlich oder heimlich, den ergreift und tötet wo immer ihr ihn findet, wie jeden anderen Ungläubigen auch" (Zwemer 1924:33).

Die Frage, die man den Ahmadis stellen muß, lautet: „Nach welcher Autorität verbreitest du deine seltsame Lehre?" Sicherlich nicht nach der Autorität der einzigen offiziellen Quelle, die der orthodoxe Islam je hatte, den Koran.

Mirza, der Messias

Hinsichtlich der Angriffe von Ahmadis auf die christliche Lehre und des Anspruchs, daß Mirza Ghulam Ahmad der wiedergekommene Christus sei, muß der christliche Arbeiter sehr viel Geduld aufweisen, um mit diesen Anklagen und diesem falschen Anspruch umzugehen. Der Christ muß den Ahmadis zeigen, daß weder die Bibel noch die anschließende christliche Geschichte die weithergeholten Ansprüche Mirza Ghulam Ahmads bestätigt.

Dabei wird man notwendigerweise in eine mühsame und detaillierte Darlegung der Echtheit, der Glaubwürdigkeit und der göttlichen Inspiration der Bibel in ihren Originalen und die Verläßlichkeit der heutigen Übersetzungen einsteigen müssen.

Nachdem die Glaubwürdigkeit der Bibel dargestellt wurde, kann der christliche Arbeiter dann dazu übergehen, die falschen Ansprüche Mirza Ghulam Ahmads aufzudecken. (Siehe hierzu auch Anhang C über die Kennzeichen eines wahren biblischen Propheten.) Man kann sehr schnell feststellen, daß Mirza Ghulam Ahmad den biblischen Maßstäben eines Propheten nicht gerecht wird. Darüber hinaus sollte es für den christlichen Arbeiter keine Schwierigkeit sein, gegründet auf die Bibel und die Geschichte, unangreifbares Material über den Tod Jesu am Kreuz, sein Begräbnis und seine Auferstehung von den Toten, sowie sein Erscheinen vor Hunderten von Menschen vor seiner Himmelfahrt (siehe 1 Kor 15:4-8) darzustellen, ganz zu schweigen von der Ausgießung des Heiligen Geistes auf seine Gläubigen am Pfingsttag. Die Heilungen, Befreiungen und Wunder sind aktuelle Zeugen der Realität seines Reiches und seiner Herrschaft.

Der Anspruch Ahmads, der wiedergekommene Messias zu sein, ist wahrscheinlich am einfachsten zu widerlegen. Wenn man die biblischen Prophetien über die Wiederkunft Christi betrachtet, stellt man fest, wie völlig absurd dieser Anspruch ist. Man betrachte zum Beispiel nur die folgenden Verse:

Und dann wird das Zeichen des Sohnes des Menschen am Himmel erscheinen; und dann werden wehklagen alle Stämme des Landes, und sie werden den Sohn des Menschen kommen sehen auf den Wolken des Himmels mit großer Macht und Herrlichkeit. Und er wird seine Engel aussenden mit starkem Posaunenschall, und sie werden seine Auserwählten versammeln von den vier Winden her, von dem einen Ende der Himmel bis zu ihrem anderen Ende.
(Mt 24:30,31)

*Denn der Herr selbst wird beim Befehlsruf, bei
der Stimme eines Erzengels und bei dem Schall
der Posaune Gottes herabkommen vom Himmel,
und die Toten in Christus werden zuerst auferstehen; dann werden wir, die Lebenden, die
übrigbleiben, zugleich mit ihnen entrückt werden in Wolken dem Herrn entgegen in die Luft;
und so werden wir allezeit beim Herrn sein.*
(1 Thes 4:16,17)
*Es wird aber der Tag des Herrn kommen wie ein
Dieb; an ihm werden die Himmel mit gewalti-
gem Geräusch vergehen, die Elemente aber werden im Brand aufgelöst und die Erde und die
Werke auf ihr im Gericht erfunden werden.*
(2 Petr 3:10)

Die Zeichen und Wunder, das Erstaunen, die Kraft und die Ma-
jestät bei der Wiederkunft Christi sind so erstaunlich, so unverkennbar offensichtlich, weltweit, für alle Völker aller Nationen,
daß die Ansprüche dieses falschen Anwärters im Vergleich dazu
lächerlich erscheinen. Da Ahmadis normalerweise gerne Streitgespräche führen, und darin auch sehr geschickt sind, muß der
christliche Arbeiter sehr gut mit der Bibel umgehen können.

Ahmadis können gewonnen werden

Es gibt drei Gründe dafür, warum Ahmadis gewonnen werden
können. Erstens darum, weil ihre Position zum Koran unhalt-
bar ist. Außer den Schriften ihres Gründers haben sie keine
glaubwürdige Quelle. Der Koran ist als ihre letzte Autorität
schon verworfen worden. Zweitens sind sie offiziell für nicht-
moslemisch erklärt worden und werden in der moslemischen
Welt nicht als Moslems anerkannt. Anders gesagt, sie haben
keine wirkliche Basis im Islam. Sie sind eine isolierte Gruppe
und werden von orthodoxen Moslems sogar heftig verfolgt.
Dieses Gefühl der Isolation hat viele von ihnen für christliche

Freundschaften geöffnet. Drittens sind sie schon ungewöhnlich bekannt mit der Bibel. Da sie die Bibel benutzen, um ihre Position zu verteidigen, muß der christliche Arbeiter ihnen nur noch zeigen, daß die gesamte Bibel glaubwürdig ist, um sie von der ganzen biblischen Wahrheit zu überzeugen.

Wir können noch hinzufügen, daß es aufgrund der geistlichen Natur des Reiches Gottes, wie es in der Bibel gelehrt wird, keine Unvereinbarkeit der Bibel mit den modernen wissenschaftlichen Errungenschaften gibt, was auch eines ihrer Hauptanliegen ist. Natürlich sind auch alle anderen Prinzipien, die in diesem Buch schon behandelt wurden, anwendbar. Wir müssen sie lieben, ihnen am Punkt ihrer menschlichen Not begegnen, in der Kraft des Heiligen Geistes Zeugen sein und gleichzeitig beten, daß Gott sie von den Täuschungen befreit, die sie an die Lehren ihres falschen Propheten gebunden haben.

Kapitel 30

Jesus und die afroamerikanischen Moslems

*Ist nicht vielmehr das ein Fasten, an dem ich
Gefallen habe: Ungerechte Fesseln zu lösen, die
Knoten des Jochs zu öffnen, gewalttätig Behan-
delte als Freie zu entlassen und daß ihr jedes
Joch zerbrecht? (Jes 58:6)*

In diesem Zitat spricht Gott zu seinem Volk und drückt seine
Sorge für die Unterdrückten im Land aus. In der heutigen Zeit
sind diese Worte zu einem weltweiten Schrei der Unterdrückten der ganzen Erde geworden. Sie können überall Anwendung
finden, auch in den moslemischen Staaten der Welt. Doch in
diesem Buch, weil ich in den Vereinigten Staaten lebe, beziehe
ich diese Worte auf die ungelösten Rassenprobleme in meinem
Land. Gott ist um jegliche Unterdrückung besorgt, weil wir alle
nach seinem Bild geschaffen sind. Und es liegt in seiner Natur,
zu zeigen, daß er sich sorgt. Gott ist wahrlich, wie es unsere
moslemischen Freunde jeden Tag ihres Lebens sagen, „der All-
barmherzige, der Allerbarmende". Sie haben recht. Denn auf
diese Weise hat er sich seit der Zeit von Adam und Eva bis zu
diesem Augenblick in Wort und Tat offenbart. „Als Jesus die
Volksmengen sah, wurde er innerlich bewegt über sie, weil sie
erschöpft und verschmachtet waren, wie Schafe, die keinen
Hirten haben" (Mt 9:36).

335

Der Hintergrund des Sklavenhandels

Hätte der Geist Jesu doch nur in den elenden Menschen gewohnt, die den Sklavenhandel erfunden haben und dabei so sehr
im Dunkeln waren. Die Geschichte wäre anders verlaufen,
wenn Jesus zum Zuge gekommen wäre. Doch es sollte nicht so
sein. Die Tatsache, daß die moslemisch-arabischen Sklaven-
händler bei den weißen Kolonialisten der westlichen Welt be-
reitwillige Käufer fanden, ist eines der traurigsten Kapitel in
den Annalen der menschlichen Geschichte. Das Aufkommen
des afroamerikanischen, moslemischen Phänomens ist eine
Folge dieser menschlichen Tragödie.

Einige Sklaven, die in die westliche Welt gebracht wurden,
waren Moslems. Wir wissen das aufgrund von moslemischen
Bräuchen, Worten, Namen und Konzepten, die in einigen ehemalig moslemischen Familien von Generation zu Generation
weitergegeben wurden. Alex Halleys Buch *Roots* bestätigt das
sehr stark. In seinem Überblick über die Lage der afroamerikanischen Sklaven hier im Westen verzeichnet Lincoln 109 Sklavenaufstände von 1664 bis 1864. Es war ein Volk, das ver-
ständlicherweise die Freiheit wollte und einen Ort für sich
selbst suchte (1973:xx). Obwohl ein hoher Prozentsatz der afroamerikanischen Sklaven Christen wurden (in den Vereinigten
Staaten ist der Prozentsatz der Christen unter den Schwarzen
höher als unter den Weißen), folgten nicht alle diesem Weg.

Afroamerikanische Moslems:
Eine Art sozialer Protest

Die afroamerikanische Islambewegung hat wahrscheinlich im
Jahre 1913 mit Noble Drew Ali begonnen. Glasse ist davon
überzeugt, daß Ahmadi-Missionare, mit ihren stark antichristlichen Lehren, den rassistischen Aspekt der afroamerikanischen
Islambewegung, das heißt den Haß auf den weißen Mann, gefördert haben (1989:71). Die afroamerikanischen Moslems sind
Teil einer weitreichenden sozialen Protestbewegung, die es nur

in den Vereinigten Staaten gibt. Die Tragödie der Sklaverei war schon schlimm genug, doch dazu kam noch die Diskriminierung von Afroamerikanern, die sich in den folgenden Jahrhunderten trotz Bürgerkrieg und Bürgerrechtsbewegung fortsetzte, und die zu einem gewissen Grad auch heute noch besteht. Es existieren immer noch tiefe Wunden in der Seele der afroamerikanischen Bürger der Vereinigten Staaten. In den meisten Fällen sind sie immer noch verletzt durch die anhaltende, manchmal offene, manchmal versteckte Diskriminierung. Zeit und eine Haltungsänderung bei der weißen Bevölkerungsmehrheit sind notwendig, um diese Wunden völlig zu heilen.

Das Problem der Vernachlässigung durch die Evangelikalen

Ich hatte einmal vor, mich mit führenden afroamerikanischen Pastoren der Innenstadt von Los Angeles zusammenzutun, um die Afroamerikaner zu erreichen, die mit dem Islam sympathisierten oder bereits Moslems geworden waren. Vertreter von fünf führenden afroamerikanischen Kirchen kamen in mein Büro, um über die Angelegenheit zu beraten. Wir kamen gar nicht dazu, das Thema des Treffens zu besprechen! Anstatt mich mit ihnen zusammentun zu können, um afroamerikanische Moslems zu erreichen, hörte ich zwei Stunden lang ununterbrochen Klagen gegen weiße Evangelikale, die mit ihren Gemeinden aus der Innenstadt fliehen! Diese Pastoren fühlten sich von ihren weißen christlichen Brüdern völlig verlassen. Sie informierten mich, daß man die afroamerikanischen Moslems nicht erreichen könnte, bis diese Moslems sehen können, daß eine echte Einheit zwischen weißen und afroamerikanischen Christen besteht. Die Heilung muß dort beginnen, wo sich diese afroamerikanischen Pastoren verwundet fühlen.

Dieser Eindruck wurde noch verstärkt durch eine Unterhaltung, die ich mit afroamerikanischen und weißen Leitern darüber hatte, warum es eine Afroamerikanische Nationale Gesellschaft der Evangelikalen geben muß, wenn es schon eine

Nationale Gesellschaft der Evangelikalen gibt, die angeblich für alle da ist. Die Antwort, die ich erhielt, lautete, daß die weißen Leiter nicht bereit waren, ihre einflußreichen Positionen mit aufkommenden afroamerikanischen Leitern zu teilen. Die einzige Weise, auf die die afroamerikanischen christlichen Leiter tatsächlich eine Leiterschaftsfunktion ausüben konnten, war, eine auf Rasse und Hautfarbe gegründete, getrennte Organisation zu gründen.

Wenn Jesus heute unter uns wäre

Was würde Jesus tun, wenn er hier wäre? Ich zweifle keine Sekunde daran, daß er uns mitten ins Herz der afroamerikanischen Bevölkerungsgebiete hineinführen, und die Menschen dort lieben, heilen und ihnen die Errettung bringen würde, um jeden zu beschämen, der auf der einen wie auf der anderen Seite irgendwelche Vorurteile hätte. Zu seiner Zeit führte Jesus seine Jünger in das Gebiet der verhaßten Samariter. In den Vereinigten Staaten sind die afroamerikanischen Brüder und Schwestern die „samaritischen" Nachbarn.

Die Notwendigkeit der Buße

Es muß zu einem tiefen Empfinden von Buße bei der weißen Mehrheit unter den Christen in Amerika kommen, wenn wir die entfremdeten Afroamerikaner davon überzeugen wollen, daß wir sie lieben, daß Gott sie liebt, daß Gottes Liebe in uns lebendig ist. Diese Buße kann viele Formen annehmen.

Ich erinnere mich an eine Geschichte, die ich einmal gelesen habe. Sie ging um das berüchtigte Bermuda-Dreieck, einen Ort im Ozean vor der Küste von Bermuda, wo eine große Anzahl von Schiffen und Flugzeugen verschwunden ist.

Eine Gruppe von Christen fand durch das Lesen von Literatur zu diesem Thema heraus, daß es der Ort war, wo die Leichen afrikanischer Sklaven, sowie solche, die zu krank waren, um verkauft zu werden, über Bord geworfen wurden, bevor die Schiffe in die Häfen einliefen. Einige britische Christen beschlossen, wegen dieses unbereuten Völkermords etwas zu unternehmen. Sie nahmen ein Schiff zu diesem Gebiet und bekannten vor Gott die Sünden der Menschen ihrer eigenen Rasse, die diese enormen und mörderischen Grausamkeiten begangen hatten. Nachdem sie für die unzähligen Leben, die umgekommen waren, um Vergebung gebeten und dort auf dem Schiff das Abendmahl gefeiert hatten, kehrten sie nach Hause zurück. Seit diesem Akt der Buße hat es in diesem Gebiet kein einziges Schiffs- oder Flugzeugunglück mehr gegeben.

Biblische Beispiele für das Bekennen der Sünden der Vorfahren

Mose, Daniel und Nehemia nahmen sich die Sünden ihrer Vorväter zu Herzen und bekannten sie vor Gott. Sie taten Fürbitte für ihr Volk, und Gott hat es gefallen, ihre Gebete zu erhören. Mose betete:

> *Und es geschah am folgenden Tag, da sagte Mose zum Volk: Ihr habt eine große Sünde begangen. Doch jetzt will ich zum Herrn hinaufsteigen, vielleicht kann ich Sühnung für eure Sünde erwirken. Darauf kehrte Mose zum Herrn zurück und sagte: Ach, dieses Volk hat eine große Sünde begangen ... Und nun, wenn du doch ihre Sünde vergeben wolltest! Wenn aber nicht, so lösche mich denn aus deinem Buch, das du geschrieben hast. (2 Mo 32:30-32)*

Mose wußte, daß Gott das Volk zerstören würde, und zwar jeden einzelnen wegen seiner großen Sünde. Er trat vor Gott und bekannte die Sünden des Volkes, obwohl er selbst nicht daran teil hatte, und Gott erhörte ihn.

Daniel, der im Exil lebte, und sich daran erinnerte, warum sein Volk im Exil lebte, betete zum Herrn, seinem Gott, und bekannte:

> *Ach, Herr, du großer und furchtbarer Gott, der Bund und Güte denen bewahrt, die ihn lieben und seine Gebote halten! Wir haben gesündigt und haben uns vergangen und haben gottlos gehandelt, und wir haben uns aufgelehnt und sind von deinen Geboten und Rechtsbestimmungen abgewichen ... Bei dir, o Herr, ist Gerechtigkeit, bei uns aber ist Beschämung des Angesichts ... wegen ihrer Untreue, die sie gegen dich begangen haben ... Herr, nach all den Taten deiner Gerechtigkeit mögen doch dein Zorn und deine Erregung sich wenden ... Denn nicht aufgrund unserer Gerechtigkeit legen wir unser Flehen vor dich hin, sondern aufgrund deiner vielen Erbarmungen. Herr, höre! Herr, vergib! ... Zögere nicht, um deiner selbst willen, mein Gott! Denn dein Name ist über ... deinem Volk ausgerufen worden. (Dan 9:4-19)*

Und der Herr erhörte sein Gebet. Es führte zur Rückkehr der Israeliten in ihr Heimatland. Gott sandte einen Engel, um Daniel die Entwicklung der Zukunft zu erklären. Er bewegte offensichtlich auch das Herz von Cyrus, dem König. Die Wiederherstellung erfolgte, weil Daniel dafür gebetet und für sein Volk um Vergebung gebeten hatte.

Nehemia, der auch im Exil lebte, erkundigte sich, wie die Dinge in Jerusalem standen. Als sein Bruder ihm sagte, wie es wirklich aussah, nahm er es sich zu Herzen und betete für sein Volk:

> *Ach, Herr, Gott des Himmels, du großer und furchtbarer Gott, der den Bund und die Gnade denen bewahrt, die ihn lieben und seine Gebote*

bewahren! Laß doch dein Ohr aufmerksam und
deine Augen offen sein, daß du auf das Gebet
deines Knechtes hörst, das ich heute, Tag und
Nacht für die Söhne Israels, deine Knechte, vor
dir bete, und mit dem ich die Sünden bekenne,
die wir gegen dich begangen haben! Auch ich
und meines Vaters Haus, wir haben gesündigt.
Sehr böse haben wir gegen dich gehandelt ...
Denke doch an das Wort, das du deinem Knecht
... geboten hast, indem du sprachst: Werdet ihr
treulos handeln, dann werde ich euch unter die
Völker zerstreuen! Kehrt ihr aber zu mir um und
bewahrt meine Gebote und tut sie – wenn auch
eure Vertriebenen am Ende des Himmels sein
sollten, selbst von dort werde ich sie sammeln
und sie an den Ort bringen, den ich erwählt
habe, um meinen Namen dort wohnen zu lassen!
... Laß es doch deinem Knecht heute gelingen
und gewähre ihm Barmherzigkeit vor diesem
Mann! (Neh 1:5-11)

Gott erhörte auch Nehemias Gebet. Er gewährte ihm das Wohl-
wollen eines fremden Königs und gebrauchte ihn als ein Werkzeug für den großen Wiederaufbau der zerstörten Mauern von
Jerusalem, für die Wiedereinsetzung des Gesetzes und schließlich des rechtmäßigen Gottesdienstes im Tempel.

Die Notwendigkeit
für Gebet und Buße heute

Es scheint mir, daß im Licht der einzigartigen Geschichte der
Vereinigten Staaten, mit den frühen Erfahrungen der Sklaverei,
gefolgt vom Bürgerkrieg und der Emanzipation der Sklaven,
das Problem der Situation der afroamerikanischen Familien immer noch nicht gelöst ist. Die unausweichliche Schlußfolgerung
ist, daß die Bevölkerungsmehrheit etwas gegen die anhaltende

Diskriminierung und die Ungleichheiten unter den verschiedenen ethnischen Gruppen tun muß, damit unseren afroamerikanischen Brüdern und Schwestern ein Gefühl der Würde und Gleichheit zurückgegeben werden kann.

In der Annahme, daß das Hauptproblem beim Erreichen der afroamerikanischen Moslems in den Vereinigten Staaten die Rassenfrage ist, schlage ich den weißen Bürgern der Vereinigten Staaten vor, daß sie etwas gegen den rassistischen Mißstand unternehmen. Das kann auf zwei verschiedene Arten geschehen. Erstens kann man als weißer Amerikaner ein echtes Gefühl der Buße dem gegenüber empfinden, was seine weißen Vorfahren getan haben mögen und eine Ursache für das Leid der afroamerikanischen Bevölkerung in den Vereinigten Staaten war, um sich dann öffentlich oder privat darum zu kümmern, daß dieses Leid geringer wird, indem man alles tut, um Wiedergutmachung zu leisten und die Chancengleichheit für alle zu erwirken. Zweitens kann man Gott um Vergebung bitten für das, wofür man selbst schuldig geworden ist oder die Vorfahren schuldig geworden sind. Hier ein Gebetsvorschlag:

Vater Gott, der du uns alle nach deinem Bild und uns alle von der gleichen Mutter und dem gleichen Vater geschaffen hast, wir kommen zu dir mit zerbrochenem Herzen, wegen des Hasses, den wir zwischen den verschiedenen Mitgliedern deiner Familie hervorgerufen haben.

Wir bekennen unsere Sünden und die Sünden unserer Vorfahren, die Millionen von Afroamerikanern versklavt haben, sie schlugen und mißhandelten, zuließen, daß viele starben, ihre Frauen vergewaltigten und schändeten, die rechtmäßigen Ehemänner von ihren Ehefrauen trennten, und auf diese Weise Familien zerstörten und das Vorbild für die unverheirateten Mütter in den Ghettos unserer heutigen Städte erzeugten.

Wir bekennen, daß bis zum heutigen Tag, trotz des Fortschritts in der Gleichberechtigung und der Beziehung zwischen den Rassen, die Vorurteile und die Diskriminierung noch immer nicht beseitigt sind. Wir bekennen, daß dies die Heilung verletzter afroamerikanischer Familien hindert und zu ihrem

Schmerz durch den Verlust von wirtschaftlichen Möglichkeiten beiträgt, wie ein verletztes Selbstimage und ein allgemeines Unwohlsein bei allem, was sie in ihrem Leben anfangen.

Wir erinnern uns an deine Lehre über die Anerkennung von Minderheiten in unserer Mitte, und geben zu, daß wir selbst einmal in diesem Land Fremde waren, und bekennen, daß wir nicht nach der Lehre in deinem Wort gelebt haben.

Vergib uns, himmlischer Vater, für die Dinge, durch die wir unsere afroamerikanischen Nächsten nicht wie uns selbst geliebt haben. Vergib uns dafür, daß wir in unserem Land Machtstrukturen geduldet haben, die unsere afroamerikanischen Nächsten einer gleichberechtigten Chance in Bildung, Wirtschaft und im sozialen Fortkommen beraubt haben.

Vater, lehre uns deine Art, unsere afroamerikanischen Nächsten zu lieben und mit ihnen eine Beziehung aufzubauen. Lehre uns deine Art, zur Wiederherstellung der Würde des afroamerikanischen Vaters und dem Wiederaufbau der Familie beizutragen. Vergib uns, daß wir bewirkt haben, daß sich unsere Brüder minderwertig, ungenügend und sogar unerwünscht gefühlt haben.

Herr, lehre uns, ihrem Leben den gleichen Wert zu geben, den du, wie wir glauben, unserem Leben gibst.

Vergib uns, daß wir ihren Schmerz so sehr verstärkt haben, daß sie sich mehr zum Islam hingezogen fühlen, als zu den Lehren deines lieben Sohnes, Jesus Christus.

Zeige uns, wie wir sie für dein gesegnetes Reich wiedergewinnen, sie zum wahren Licht führen und ihnen durch unsere Liebe und Fürsorge den Weg der Erlösung zeigen können.

Vater, vergib diese rassistischen Sünden, in der Vergangenheit und in der Gegenwart, und stelle durch das Band der Liebe durch Jesus Christus, unseren Herrn, die Gemeinschaft miteinander wieder her. Amen.

Diesem Gebet sollten praktische Äußerungen folgen, um unseren Teil dazu beizutragen, den Ungerechtigkeiten in unserer Gesellschaft entgegenzuwirken. Es ist meine persönliche Überzeugung, daß der afroamerikanische Islam seine Anziehungskraft verlieren wird, weil er auf Haß gegründet ist, wenn zwischen den Mitgliedern der weißen und der afroamerikanischen christlichen Gemeinden Liebe zum Ausdruck kommt.

Sobald wir alles in unserer Macht Stehende getan haben, um das Unrecht, dessen wir und unsere Vorfahren schuldig geworden sind, wiedergutzumachen, können wir die Sinnlosigkeit der religiösen Irrlehre der rassistischen Islambewegung unter Afroamerikanern ansprechen, und uns gleichfalls orthodox gewordenen afroamerikanischen Moslems genauso annähern, wie jedem anderen orthodoxen Moslem.

Wer nicht von den Menschen abstammt, die für die Rassenprobleme in den Vereinigten Staaten verantwortlich waren, sollte sich frei fühlen, den afroamerikanischen Moslems in der gleichen Weise zu dienen, wie jedem anderen Moslem auch. Das heißt, ihren menschlichen, materiellen oder physischen „empfundenen" Nöten begegnen und ihnen helfen, den theologischen Täuschungen des Islam, in welcher Form auch immer, zu entkommen und sie in das Reich des geliebten Sohnes Gottes bringen. Die Frage der Buße und Wiedergutmachung gegenüber Moslems hat auch ihren Platz in anderen Ländern außerhalb der USA, so daß die vorstehenden Zusammenhänge und Erkenntnisse gut in anderen Situationen angewendet werden können.

Teil Sechs

Theologische Streitfragen zwischen Islam und Christentum

Von Anfang an haben Moslems die wichtigsten Lehrsätze des christlichen Glaubens bestritten. Später fochten sie die Glaubwürdigkeit der Bibel an. Ihre gegenwärtigen Angriffe und Einstellungen in dieser Frage mögen uns zum Zorn reizen und uns allgemein dazu bringen, bei dem Versuch, sie von der Wahrheit des Evangeliums zu überzeugen, unsere Fassung zu verlieren. Es gibt für den christlichen Arbeiter einige Richtlinien, die beachtet werden müssen, bevor man sich mit Moslems, die unser heiliges Buch und die Grundsätze unseres Glaubens in Frage stellen, auf eine Diskussion einläßt. Man muß sich daran erinnern, daß Moslems mehr durch unser Verhalten, als durch unsere Worte gewonnen werden. Die Gegenwart und Kraft Christi in unserem Leben ist es, was für Moslems, die wir zu gewinnen suchen, eine wahre Anziehungskraft besitzt. Trotzdem verlangt man von uns, daß wir Antworten bereit haben. Moslems erwarten es geradezu von uns, und bewundern es sogar, wenn wir unsere Überzeugung über Gott freimütig äußern. Hier ist ein Text aus der Bibel, der uns helfen kann, uns geistlich auf diese Art von Begegnung vorzubereiten:

Haltet den Herrn Jesus Christus in euren Herzen heilig! Seid aber jederzeit bereit zur Verantwortung jedem gegenüber, der Rechenschaft über die Hoffnung in euch fordert, aber mit Sanftmut und Ehrerbietung! Und habt ein gutes

Gewissen, damit die, welche euren guten Wan-
del in Christus verleumden, darin zuschanden
werden. (1 Petr 3:15-16)

Es geht hier also darum, Christus einen zentralen Platz in unserem Denken und Handeln einzuräumen. Er ist der Herr.
Gleichgültig von welcher Seite die Moslems in ihrem Denken
kommen, sie greifen letztlich die Herrschaft Christi an. Wenn
wir den Herrn ehren und er der Mittelpunkt unseres Lebens ist,
haben wir die innere Ausgeglichenheit, um auf ihre Fragen mit
Sanftmut und Ehrerbietung zu antworten.

Der folgende Text nennt weitere Qualitäten, die in der Reaktion eines Christen auf den moslemischen Widerstand sichtbar werden sollten:

Ein Knecht des Herrn aber soll nicht streiten,
sondern gegen alle milde sein, lehrfähig, duld-
sam, und die Widersacher in Sanftmut zurecht-
weisen und hoffen, ob Gott nicht etwa Buße gebe
zur Erkenntnis der Wahrheit und sie wieder aus
dem Fallstrick des Teufels heraus nüchtern wer-
den, nachdem sie von ihm gefangen worden sind
für seinen Willen. (2 Tim 2:24-26)

Außer der Sanftmut muß man auch die Fähigkeit aufweisen, den
Moslem, der irregeführt wurde, zu unterrichten. Und zwar mit
dem besonderen Anliegen, daß er sich seines Irrtums bewußt
wird und zur wahren Buße und der Erkenntnis der Wahrheit ge-
langt. Der wahre Feind ist nicht der Moslem, sondern Satan.
Egal, auf welche Weise es geschehen ist, ein Moslem ist gefangen worden, um seinen Willen zu tun. Man erinnere sich an die
Worte Jesu im Lukasevangelium: „Er hat mich gesandt, den Gefangenen die Freiheit zu verkünden" (4:18). Als ein Wort der Vorsicht sei gesagt, daß Paulus in seinem Brief an Timotheus keinen
Erfolg garantiert, sondern alles Gott überläßt: „. . . und hoffen, ob
Gott nicht etwa Buße gebe zur Erkenntnis der Wahrheit." Wir
müssen überzeugend sein, doch nur Gott kann die Herzen ändern.

Ein dritter Text, der uns helfen kann, ist Kolosser 4:6: „Euer Wort sei allezeit in Gnade, mit Salz gewürzt; ihr sollt wissen, wie ihr jedem einzelnen antworten sollt!" Gnade kann nur aus einer in uns wohnenden Gegenwart Gottes heraus kommen. Salz bedeutet hier, daß wir fähig sein sollen so zu antworten, daß es den Moslems zu denken gibt und ihr Verlangen mit einer „schmackhaften" Antwort stillt. Das setzt eine Kenntnis der Bibel voraus sowie die Leitung des Heiligen Geistes und die Fähigkeit, das, woran wir glauben, deutlich erklären zu können.

Außerdem ist es weise, eine Gruppe von Personen zu haben, die uns in der Fürbitte unterstützt. Der Apostel Paulus drückte es so aus: „Betet auch für mich, damit mir Rede verliehen werde, wenn ich den Mund öffne, mit Freimütigkeit [das bedeutet nicht auf unverschämte oder aufdringliche Weise] das Geheimnis des Evangeliums bekanntzumachen" (Eph 6:19). Wie unsere menschliche Natur beschaffen ist, kann es sein, daß wir nicht genügend Mut oder kommunikative Fähigkeiten haben, es sei denn, Gott kommt uns zu Hilfe und gibt uns die gnadenvollen Worte, die wir in unseren Streitgesprächen mit Moslems verwenden können. Die Gebete unserer Mitchristen spielen dabei auch eine wichtige Rolle.

Man muß sich daran erinnern, daß wir, als Menschen, die Christus als Herrn anerkennen, die Kraft des Heiligen Geistes in uns haben. Wir müssen nicht in unserer eigenen Kraft kämpfen. Um noch einmal eine Erläuterung von Paulus zu benutzen:

> *Die Waffen unseres Kampfes sind nicht fleischlich, sondern mächtig für Gott zur Zerstörung von Festungen; so zerstören wir Vernünfteleien und jede Höhe, die sich gegen die Erkenntnis Gottes erhebt, und nehmen jeden Gedanken gefangen unter den Gehorsam Christi.*
> *(2 Kor 10:4-5)*

Obwohl dieser Text glauben machen kann, daß man seinen moslemischen Widersacher für Christus gewinnen wird, funktioniert es nicht immer auf diese Weise, denn eine Person kann ihr Herz auch gegen das Evangelium von Jesus Christus verhärten. Wenn es einem nicht gelingt, einen Moslem von der Wahrheit des Evangeliums zu überzeugen, muß das nicht unbedingt daran liegen, daß man selbst nicht fähig war, vorausgesetzt, man hat sich geistlich und intellektuell vorbereitet. Noch eine andere Macht ist am Werk: „Der Gott dieser Welt hat den Ungläubigen den Sinn verblendet, damit sie den Lichtglanz des Evangeliums von der Herrlichkeit des Christus, der Gottes Bild ist, nicht sehen" (2 Kor 4:4).

Kapitel 31

Fragen der Moslems an die christliche Lehre

1. Die Infragestellung des Wortes Gottes

Fast überall in der moslemischen Welt wird man wahrscheinlich Moslems finden, die versuchen werden, das christliche Zeugnis anzugreifen. Die Reihenfolge der dabei aufgegriffenen Themen wird unterschiedlich sein. Meine Anordnung entspricht der Häufigkeit, mit der sie in meinen Begegnungen mit Moslems in Erscheinung traten.

Als erstes wird meistens versucht, die Glaubwürdigkeit der Bibel in Frage zu stellen. Andere Moslems werden davor gewarnt, die Bibel zu kaufen oder zu lesen, da sie sie in die Irre führen würde. Auf die Frage, warum das so sei, antworten sie, daß das, was wir heute in Händen halten, nicht die „Bücher" sind, die Gott den Propheten Mose, David und Jesus gab. Sie behaupten, daß unsere Vorfahren die Originale verfälscht oder vertauscht haben. An keiner Stelle im Koran wird übrigens ein Verständnis darüber vermittelt, was die Bibel wirklich ist, wie sie zusammengestellt wurde oder was die zentrale Aussage ist.

Kein Angriff gegen die Bibel im Koran

Es ist interessant, daß der Koran an keiner Stelle sagt, daß die Bibel verändert worden ist, obwohl es Texte gibt, in denen Mohammed seine Widersacher anklagt, Worte zu verdrehen, und besonders bei den Juden, Schriften falsch zu zitieren und zu verfälschen, doch er sagt nirgendwo, daß die Originale verfälscht wurden. Dr. Akbar Haqq, der Sohn eines bekannten zum Christentum übergetretenen Moslems in Indien und selbst ein bekannter Evangelist, weist darauf hin, daß in den Anfängen des Islam, als es die Bibel noch nicht in Arabisch gab, die Moslems nie behaupteten, daß die Bibel verfälscht worden sei. Doch nachdem die Moslems Zugang zur Bibel hatten und begannen, sie mit dem Koran zu vergleichen, fanden sie große Widersprüche zwischen den biblischen Berichten und den Berichten im Koran von denselben Erzählungen. Erst seit diesem Zeitpunkt, etwa 90 bis 150 Jahre nach dem Tod Mohammeds, begannen die Moslems zu behaupten, die Juden und die Christen hätten die Schriften verfälscht (1980:38).

Doch diese Anklage kann entgegen dem Zeugnis Mohammeds über die Bibel und den Koran nicht aufrechterhalten werden. Wir wollen einige dieser Aussagen betrachten. Wenn ich den Koran auch nicht für maßgebend halte, denke ich doch, daß, wenn die Moslems ihn für maßgebend halten, sie zumindest sein Zeugnis über die Glaubwürdigkeit der Bibel anerkennen sollten.

Die Bestätigung früherer Schriften im Koran

Das Wort Gottes kann nicht verändert werden: „Es gibt niemand, der die Worte Gottes abändern könnte ..." (Koran 6:34) und „... Die Worte Gottes kann man nicht abändern. Das ist [dann] die große Glückseligkeit" (Koran 10:64).

Die Worte, die Mohammed zufolge göttliche Offenbarung sind, dienen im Grunde dazu, frühere Schriften zu bestätigen und zu bewahren: „Und wir haben [schließlich] die Schrift [d. h. den Koran] mit der Wahrheit zu dir herabgesandt, damit sie bestätige, was von der Schrift vor ihr da war, und darüber Gewißheit gebe" (Koran 5:48). „Dieser Koran ist ... eine Bestätigung dessen, was [an Offenbarung] vor ihm da war" (Koran 10:37). „... Die Schrift Mose ist ihm als Richtschnur [wörtlich Vorbild] und [Erweis der göttlichen] Barmherzigkeit vorausgegangen. Und dies [d. h. der Koran] ist eine Schrift, die bestätigt [was als Offenbarung vorausgegangen ist], in arabischer Sprache ..." (Koran 46:12).

Die Moslems wurden ebenfalls dazu aufgefordert, von Juden und Christen Rat zu holen. „Und wenn du über das, was wir [als Offenbarung] zu dir hinabgesandt haben, im Zweifel bist, dann frage diejenigen, die die Schrift [bereits] lesen [nachdem sie sie vor dir erhalten haben]! ..." (Koran 10:94).

Jesus und die Christen wurden auch dazu aufgefordert, ihre eigenen Schriften zu verteidigen: „Sag: Ihr Leute der Schrift! Ihr entbehrt [in euren Glaubensanschauungen] der Grundlage, solange ihr nicht die Thora und das Evangelium, und was [sonst noch] von eurem Herrn [als Offenbarung] zu euch herabgesandt worden ist ..." (Koran 5:68).

Schließlich lesen wir eine Anordnung, daß Mohammed an die „Bücher", die Mose, Jesus und den Propheten gegeben wurden, glauben sollte:

> Sprich: „Wir glauben an Allah und an das, was
> zu uns herabgesandt worden und was herabge-
> sandt ward zu Abraham und Ismael und Isaak
> und Jakob und den Nachfahren, und was gege-
> ben ward Mose und Jesus und den [anderen]
> Propheten von ihrem Herrn. Wir machen keinen
> Unterschied zwischen ihnen, und ihm unterwer-
> fen wir uns." (Koran 2:85)

Obwohl andere Abschnitte im Koran das „Volk der Schrift" anklagen, „die Wahrheit zu verschleiern" (Koran 2:75, 2:216) und „das Buch mit eigenen Händen zu schreiben" (Koran 2:79), widerspricht das dennoch nicht der von Mohammed wiederholten Bestätigung der unveränderlichen kanonisierten Schrift. In jeder Religion gibt es solche, die von ihr abweichen. Doch die Handlungen dieser abweichenden Juden und Christen annullieren nicht die Wahrheit, von der sie abgewichen sind. Diese zuvor erwähnten Verse im Koran sind demnach eine starke Bestätigung aller früheren Schriften. Mohammed zufolge, glaubte er an sie und war er gesandt, um sie zu bestätigen. Doch neben diesen Versen finden wir andere, in denen Mohammed seine eigenen Worte mit den Worten der Bibel gleichstellt.

Die Kritik der Moslems
gegen die Bibel ist unbegründet

Trotz dieser vielen Hinweise im Koran auf die Gültigkeit und Glaubwürdigkeit der Bibel, wie sie zu Mohammeds Zeiten existierte, wird der christliche Arbeiter feststellen, daß Moslems dieser Tatsache normalerweise ausweichen, indem sie behaupten, daß die Christen die biblischen Texte im Lauf der Jahre verändert haben. Diese unbegründete Aussage ist das einzige Mittel, mit dem sie sich die vielen Widersprüche zwischen der Bibel und dem Koran erklären können. Anfangs werden sie die Möglichkeit nicht in Betracht ziehen, daß Mohammed sich geirrt haben könnte und damit kein wahrer Prophet Gottes war, und vielleicht werden sie es niemals tun können.

Man muß Mohammed zugestehen, daß er die kanonisierten Bücher der Bibel nie selbst gesehen hat. Er erlangte sein Wissen hauptsächlich vom Hörensagen, und das gründete sich „... besonders auf außerkanonische und apokryphe Quellen sowie auf häretische Formen des Christentums und Judentums" (O'Shaughnessy 1953:68).

Der christliche Arbeiter muß deshalb viel Geduld aufbringen, um einem Moslem zu erklären, daß unsere Schriften göttlich inspiriert sind, und sich die Übersetzungen auf einer großen Sammlung früher Texte, die alle aus der Zeit vor Mohammed datieren, und Kopien, die heute in Museen auf der ganzen Welt zu sehen sind, gründen, und deshalb glaubwürdig sind.

Widerlegung von falscher Kritik
der Moslems

Es gibt verschiedene Bücher, die sehr gut die Glaubwürdigkeit der heutigen Schriften der Bibel darlegen, besonders im Hinblick auf die Anklagen, die von islamischer Seite erhoben werden.

Es existieren Tausende von Dokumenten aus der Zeit vor Mohammed, die die Grundlage für unsere heutige Bibel bilden. Die Schriftrollen des Alten Testaments vom Toten Meer, von denen viele aus dem ersten Jahrhundert vor Christus stammen, stimmen grundsätzlich mit dem hebräischen Text, den wir heute

354

kennen, überein. Es gibt keinen Beweis aus irgendeiner Zeit der Geschichte der Christenheit nach der Festlegung des Kanons, der darauf hinweist, daß der Text der Bibel, wie wir ihn heute kennen, sich in irgendeiner Weise von dem Text unterscheidet, der zu Mohammeds Zeiten existierte. Viele dieser vorislamischen biblischen Texte können in verschiedenen Museen auf der ganzen Welt in ihrer Originalsprache besichtigt werden, und stimmen grundsätzlich mit dem biblischen Text überein.

Die Unterschiedlichkeiten, die zwischen den verschiedenen Texten bestehen, können auf Fehler beim Kopieren zurückgeführt werden, und in keinem Fall haben sie einen verändernden Einfluß auf irgendeinen Lehrsatz des christlichen Glaubens. Die Unterschiedlichkeiten der vielen Versionen der heutigen Bibel reflektieren lediglich die Übersetzungsprinzipien, nach denen die verschiedenen Übersetzer vorgegangen sind. In keinem Fall wurden durch die jeweilige Wortwahl irgendwelche Lehrsätze der Bibel verändert.

Wenn Moslems auf ihrer Kritik bestehen, daß Christen und Juden den Text der Bibel, sowohl im Alten als auch im Neuen Testament, verfälscht haben, dann müssen sie ein unverfälschtes, echtes Original vorweisen können, zeigen können, wer die Originaltexte verfälscht hat, historisch nachweisen können, wann die Verfälschung stattgefunden hat, und genau aufzeigen können, in welcher Weise der Originaltext verfälscht wurde.

Es ist gut, sich daran zu erinnern, wie Satan Adam und Eva dazu brachte, an den Worten Gottes zu zweifeln. In seiner Begegnung mit Satan, beantwortet Jesus jede Versuchung mit dem Wort Gottes. Wir dürfen uns nicht dazu verführen lassen, das Wort Gottes nicht zu verwenden, sondern müssen dem Beispiel Jesu folgen. Man möge sich daran erinnern, wie Jesus die Angriffe Satans konterte. Er sagte jedesmal: „Es steht geschrieben ..." und zitierte dann die entsprechende Schriftstelle.

2. Die Ablehnung der Göttlichkeit Christi

Keine andere christliche Lehre wird von Moslems so stark abgelehnt, wie die Lehre von der Göttlichkeit Christi. In ihrem Eifer, die Einheit Gottes gegen jegliche Konkurrenten zu verteidigen, bestehen sie darauf, daß Gott keine „Partner" haben
konnte. Mohammed ging sogar so weit zu sagen, die einzige
unvergebbare Sünde sei, etwas oder jemand mit Gott in Verbindung zu bringen *(Shirk)*. Jesus wird lediglich als ein Prophet
gesehen. Sicherlich, er hebt sich von allen anderen im Koran
erwähnten Propheten, und sogar von Mohammed selbst, ab,
aber dennoch bestand Mohammed darauf, daß Jesus nur ein
Prophet war. Wir wollen einige Texte im Koran betrachten, die
die Göttlichkeit Christi leugnen: „Ungläubig sind diejenigen,
die sagen: ‚Gott ist Christus, der Sohn der Maria.' Sag: Wer
vermöchte gegen Gott etwas auszurichten, falls er [etwa] Christus, den Sohn der Maria, und seine Mutter ... zugrunde gehen
lassen wollte?" (Koran 5:17).

In diesem Vers leugnet Mohammed nicht nur die Göttlichkeit Christi, sondern sagt auch, daß Gott Christus zerstört haben könnte, falls er es gewollt hätte. Es ging über sein Verständnis hinaus, daß Jesus schon von Ewigkeit ein Teil der
Gottheit war.

Mohammeds kategorische Ablehnung der Göttlichkeit Christi wird noch von weiteren Versen bestärkt, die aussagen, daß
Gott keinen Sohn haben könnte. Mohammed, und fast alle Moslems seitdem, glauben, daß der auf Jesus bezogene Ausdruck
„Sohn Gottes" bedeutet, daß Gott eine Frau hatte (Maria) und
daß Jesus das Resultat einer geschlechtlichen Vereinigung ist,
weswegen wir ihn „Sohn Gottes" nennen. Man beachte die folgenden Zitate: „Und sie sagen: ‚Gott hat sich ein Kind zugelegt.' Gepriesen sei er! Nein! Ihm gehört [ohnehin alles], was
im Himmel und auf der Erde ist. Alle Geschöpfe sind ihm
demütig ergeben" (Koran 2:116). „... die Christen sagen: ‚Christus ist der Sohn Gottes.' Das sagen sie nur so obenhin. Sie tun
es [mit dieser Aussage] denen gleich, die früher ungläubig waren. Diese gottverfluchten [Leute] [wörtlich: Gott bekämpfe

sie]! Wie können sie nur so verschroben sein!" (Koran 9:30). „Es steht Gott nicht an, sich irgendein Kind zuzulegen. Gepriesen sei er! [Darüber ist er erhaben.] Wenn er eine Sache beschlossen hat, sagt er zu ihr nur: sei!, und dann ist sie" (Koran 19:35). „Sag: Er ist Gott, ein einziger, Gott durch und durch [er selbst?] [wörtlich: der Kompakte oder der Nothelfer; der, an den man sich (mit seinen Nöten und Sorgen) wendet, genauer: den man angeht]. Er hat weder gezeugt noch ist er gezeugt worden. Und keiner ist ihm gleich" (Koran 112:1-4).

Diese Zitate sind nur eine kleine Auswahl zu diesem Thema. Sie genügen, um zu zeigen, daß Mohammed eifrig die Lehre von der Einheit Gottes verteidigte, sogar in dem Maße, daß die Vorstellung einer pluralen Gottheit völlig ausgeschlossen war. Zu sagen, daß Gott einen Sohn hat, war für ihn Gotteslästerung; zu sagen, daß Gott gezeugt hat, verminderte seine Herrlichkeit. Gott braucht nur zu sprechen, und es ist geschehen; keine Zeugung und kein Gezeugtwerden.

Doch interessanterweise schließt Mohammed etliche christliche Konzepte über Jesus in seine Berichte ein, die Jesus auf jeden Fall zu mehr als nur zu einem Propheten machen, und sogar an einige göttliche Merkmale denken lassen. Zum Beispiel wird die Jungfrauengeburt Jesu von Mohammed und allen heutigen Moslems nachdrücklich verkündet. Außerdem werden weitere erstaunliche Aussagen über Jesus gemacht:

> *Und [damals] als die Engel sagten: „Maria! Gott hat dich auserwählt und rein gemacht! Er hat dich vor den Frauen der Menschen in aller Welt auserwählt." ... [Damals] als die Engel sagten: „Maria! Gott verkündet dir ein Wort von sich, dessen Name Jesus Christus, der Sohn der Maria, ist! Er wird im Diesseits und im Jenseits angesehen sein, einer von denen, die [Gott] nahestehen." (Koran 3:42,45)*

Zusätzlich zur Jungfrauengeburt wird Jesus auch beschrieben als das „Wort von Gott" und als einer von denen, die Gott in der Ewigkeit am nächsten stehen. Andere an Göttlichkeit grenzende Merkmale sind ebenfalls im Koran verzeichnet. Zum Beispiel wird berichtet, daß Jesus sagte:

> *Ich bin mit einem Zeichen von eurem Herrn zu euch gekommen [das darin besteht], daß ich euch aus Lehm etwas schaffe, was so aussieht, wie Vögel. Dann werde ich hineinblasen, und es werden mit Gottes Erlaubnis [wirkliche] Vögel sein. Und ich werde mit Gottes Erlaubnis Blinde und Aussätzige heilen und Tote [wieder] lebendig machen. Und ich werde euch Kunde geben von dem, was ihr in euern Häusern eßt und aufspeichert [ohne es gesehen zu haben]. (Koran 3:49)*

Jesus wird an dieser Stelle dargestellt als jemand, der Schöpferkraft besitzt, die Kraft zu heilen und die Toten lebendig zu machen, sowie als jemand, der sieht, was Menschen in großer Entfernung machen. In der nächsten Koranstelle lesen wir, daß Gott Jesus lebendig in den Himmel nahm: „Nein, Gott hat ihn zu sich [in den Himmel] erhoben. Gott ist mächtig und weise" (Koran 4:158). Weiter wird gesagt, daß Jesus ein von Gott gekommener „Geist" ist:

> *Ihr Leute der Schrift! Treibt es in eurer Religion nicht zu weit und sagt gegen Gott nichts aus, als die Wahrheit! Christus Jesus, der Sohn der Maria, ist nur der Gesandte Gottes und sein Wort, das er der Maria entboten hat, und Geist von ihm ... (Koran 4:171)*

Man muß darauf hinweisen, daß Mohammed nicht das biblische Verständnis vom Heiligen Geist hatte, doch in dem Versuch, die Christen für sich zu gewinnen, verwendete er das Konzept, mit dem die häretischen Christen vertraut waren (O'Shaughnessy 1953:59). Zwei Koranstellen zeigen außerdem noch die Vorstellung, daß Jesus ein „Heiliger Sohn" war, daß er ein Zeichen

358

für alle Völker sein sollte und daß dieses Zeichen als Gnade Gottes interpretiert werden soll. Der Engel sagte zu Maria: „Ich bin doch der Gesandte deines Herrn. [Ich bin von ihm zu dir geschickt], um dir einen lauteren Jungen zu schenken" (Koran 19:19). „[Wir schenken ihn dir], damit wir ihn zu einem Zeichen für die Menschen machen, und weil wir [den Menschen] Barmherzigkeit erweisen wollen" (Koran 19:21). „... die sich keusch hielt. Da bliesen wir ihr Geist von uns ein und machten sie und ihren Sohn zu einem Zeichen für die Menschen in aller Welt" (Koran 21:91).

In diesen Koranstellen kann man sehen, daß Jesus als der Messias [Christus] dargestellt wird. Er soll in diesem Leben hoch geehrt werden und wird im nächsten Leben einer von denen sein, die Gott am nächsten sind. O'Shaughnessy weist darauf hin, daß, obwohl Mohammed diese Worte benutzte, den Christen, die er zu gewinnen suchte, bekannt war, daß er selbst keine Erkenntnis über Christus als das „Wort" hatte, keine Erkenntnis über ihn „... als Ausdruck einer hypostasierten göttlichen Aktivität" [d. h. als eine zur Trinität gehörende Person] (1948:55). In gleicher Weise gibt Mohammeds Verwendung von „Geist" nicht wieder, was wir als eine Person der Dreieinigkeit verstehen (O'Shaughnessy 1953:60).

Und doch sind diese Koranstellen für Moslems kein großes Problem, denn wir sehen, daß Mohammed Christus einerseits lediglich als einen Apostel sah und ihm andererseits Qualitäten, Tugenden und Kräfte zuschrieb, die nur Gott haben kann. Ein Weg, auf Moslems zuzugehen, die an den Koran glauben (denn viele kennen ihn überhaupt nicht), ist demnach, ihnen diese Koranstellen zu zeigen und sie nach der Bedeutung zu fragen. Einige werden mit seltsamen Interpretationen aufwarten, andere werden sich wundern und sich fragen, wer Jesus wirklich ist. Nach Dr. Akbar Haqqs Meinung enthält der Koran Hinweise auf die Menschlichkeit und auf die Göttlichkeit Christi (1980:114).

Doch außer mit dem Koran, wollen wir auch mit der Bibel arbeiten. Da der Koran die Moslems selbst dazu auffordert, wollen wir ihnen helfen zu entdecken, was die Bibel

wirklich über Christus sagt, und dazu muß man die Bibelstellen kennen, die auf die Göttlichkeit Christi hinweisen.
Jeder wird eine unterschiedliche Liste von Bibelversen haben,
deshalb will ich nur einige nennen, um einen Anfang zu
machen. Die folgenden Verse wurden besonders deshalb ausgewählt, weil sie für Moslems eine besondere Bedeutung
haben können:

*Es tritt hervor ein Stern aus Jakob, und ein Zep-
ter erhebt sich aus Israel ... (4 Mo 24:17)
(In Hebr 1:8 wird dieses Zepter auf die Gött-
lichkeit bezogen.)
Ich aber habe meinen König eingesetzt auf mei-
nem heiligen Berg ... Bitte mich, so will ich dir
Völker zum Erbe geben und der Welt Enden zum
Eigentum. Du wirst sie regieren ... (Ps 2:6,8,9)
(Moslems betonen, daß nur Gott die Welt regie-
ren kann; der Mensch ist lediglich ein Vize-
regent oder Verwalter für Gott.)
Gott, dein Thron bleibt immer und ewig; das
Zepter deines Reichs ist ein gerechtes Zepter.
(Ps 45:7)
(Wird in Hebr 1:8 zitiert und auf den Sohn Gottes angewandt.)
Der Herr sprach zu meinem Herrn: „Setze dich
zu meiner Rechten, bis ich deine Feinde zum Sche-
mel deiner Füße mache" ... „Du bist ein Priester
ewiglich nach der Weise Melchisedeks" ... Er
wird richten unter den Heiden ... (Ps 110:1,4,6)
(Alle Moslems bestätigen, daß Christus wieder-
kommen wird, um die Welt zu richten. In dieser
Prophetie wird er auch „Herr" genannt.)
Darum wird der Herr selbst euch ein Zeichen
geben: Siehe, die Jungfrau wird schwanger werden und einen Sohn gebären und wird seinen
Namen Immanuel nennen [Gott mit uns].
(Jes 7:14)*

(Der Koran lehrt die Jungfrauengeburt. Hier wird der Sohn „Gott mit uns" genannt.)
Denn ein Kind ist uns geboren, ein Sohn ist uns gegeben, und die Herrschaft ruht auf seiner Schulter; und man nennt seinen Namen: Wunderbarer Ratgeber, starker Gott, Vater der Ewigkeit, Fürst des Friedens. Groß ist die Herrschaft, und der Friede wird kein Ende haben. (Jes 9:5,6)
(Hier sind „Kind" [Sohn], „starker Gott" und „Vater der Ewigkeit" ein und derselbe.)
In diesen Tagen und zu dieser Zeit werde ich dem David einen Sproß der Gerechtigkeit hervorsprossen lassen ... Und das wird sein Name sein ...: Der Herr, unsere Gerechtigkeit.
(Jer 33:15,16)
(In diesem Vers wird der von David abstammende Jesus als „der Herr" bezeichnet.)
Denn so spricht Gott der Herr: Siehe, ich will mich meiner Herde selbst annehmen und sie suchen. Wie ein Hirte seine Schafe sucht, wenn sie von seiner Herde verirrt sind, so will ich meine Schafe suchen und will sie erretten von allen Orten, wohin sie zerstreut waren ...
(Hes 34:11,12)
(Hier wird Gott der Herr mit dem Guten Hirten gleichgesetzt, eine Bezeichnung, die Jesus sich selbst gab (Joh 10:11), und sich damit mit „Gott dem Herrn" gleichsetzte.)

Diese Bibelstellen sind alle aus dem Alten Testament, um zu zeigen, daß der verheißene Messias wirklich göttlicher Natur war. Insgesamt gibt es ungefähr dreihundert Prophetien über Christus im Alten Testament, die zitiert werden könnten. Es handelt sich bei den genannten Bibelstellen lediglich um solche, die sich auf seine göttliche Natur beziehen. Andere Bibelstellen beziehen sich mehr auf andere Aspekte seiner Person und seines Dienstes.

Auch im Neuen Testament gibt es viele Passagen, die auf die Göttlichkeit Christi hinweisen. Ich liste nur einige wenige aus den Evangelien auf, da es in den Briefen zu viele gibt.

> *Das alles geschah aber, damit erfüllt würde, was von dem Herrn geredet ist durch den Propheten, der spricht: Siehe, die Jungfrau wird schwanger sein und einen Sohn gebären, und sie werden seinen Namen Immanuel nennen (Gott mit uns). (Mt 1:22,23)*
> *(Wieder wird der Sohn der Jungfrau, Jesus, mit Gott gleichgesetzt.)*
> *Und dann wird das Zeichen des Sohnes des Menschen [Jesus] am Himmel erscheinen; und dann werden wehklagen alle Geschlechter auf Erden und werden den Sohn des Menschen kommen sehen auf den Wolken des Himmels mit großer Macht und Herrlichkeit. Und er wird seine Engel aussenden mit starkem Posaunenschall, und sie werden seine Auserwählten sammeln von den vier Winden her, von dem einen Ende des Himmels bis zum andern. (Mt 24:30,31)*

Jesus wird in Herrlichkeit kommen, mit unzähligen Engeln unter seinem Kommando. Und er wird alle Menschen zum Jüngsten Gericht sammeln. Nur Gott kann so etwas tun.

> *Und Jesus trat zu ihnen und redete mit ihnen und sprach: Mir ist alle Macht gegeben im Himmel und auf Erden. Geht nun hin und macht alle Nationen zu Jüngern, und tauft sie auf den Namen des Vaters und des Sohnes und des Heiligen Geistes, und lehrt sie, alles zu bewahren, was ich euch geboten habe! Und siehe, ich bin bei euch alle Tage bis zur Vollendung des Zeitalters. (Mt 28:18-20)*

*(Nur Gott konnte eine solche Vollmacht haben;
nur Gott kann für seine Jünger überall gegenwärtig sein.)*

*Im Anfang war das Wort, und das Wort war bei
Gott, und das Wort war Gott ... Und das Wort
wurde Fleisch und wohnte unter uns, und wir
haben seine Herrlichkeit angeschaut, eine Herrlichkeit als eines Eingeborenen vom Vater, voller
Gnade und Wahrheit. (Joh 1:1,14)*

*(Die meisten Moslems bestätigen, daß das Wort
Gottes ewig ist, deshalb ist Jesus, als das fleisch-
gewordene Wort Gottes, göttlich.)*

Ich und der Vater sind eins. (Joh 10:30)

(Jesus erklärte selbst, mit Gott eins zu sein.)

3. Der Widerstand gegen das Konzept der Inkarnation

Wenn wir verstehen wollen, welchen Ansatzpunkt die Moslems
haben, müssen wir uns daran erinnern, daß die Hauptlehre der
islamischen Theologie die Einheit Gottes ist, und zwar die absolute Einzigkeit der Einheit Gottes. Nirgendwo wird das besser ausgedrückt, als in der Sure 112 des Korans: „Sag: Er ist
Gott, ein Einziger, Gott, durch und durch, der, an den man sich
[mit seinen Nöten und Sorgen] wendet. Er hat weder gezeugt,
noch ist er gezeugt worden. Und keiner ist ihm ebenbürtig."
George Sale weist darauf hin, daß dieses Kapitel zu seiner Zeit
von Moslems besonders verehrt wurde, und daß sie es im Wert
mit einem Drittel des Korans gleichsetzten (1850:504).

Obwohl Moslems wahrscheinlich vertreten werden, daß
Gott allmächtig ist und alles tun kann, scheinen sie es nicht
wirklich zu meinen, weil sie sagen, daß er so transzendent ist,
daß es ihm unmöglich ist, eine derartige Erniedrigung seiner
Herrlichkeit zu erleiden, um Mensch zu werden. In ihrem Verstand würde dadurch der Schöpfer mit etwas Geschaffenem verwechselt werden.

Als Mohammed versuchte, die Lehre der Sohnschaft Christi zurückzuweisen, ging er deshalb nicht auf das Eigentliche ein, wie wir dem folgenden Zitat entnehmen können: „[Er ist darüber erhaben] ein Kind zu haben [hinzugefügt zu ihm] ..." (Koran 4:171). Das arabische Verb, das an dieser Stelle verwendet wird, hat die Bedeutung, daß Gott ein Sohn hinzugefügt wird, als benötige er jemand, der ihn vervollständigt. Rein technisch können wir mit dieser Aussage im Koran übereinstimmen, denn wenn wir von der Inkarnation und von dem Sohn Gottes reden, ist es nicht das, was wir eigentlich meinen. Wir glauben an die Selbstgenügsamkeit Gottes in sich selbst: Vater, Sohn und Heiliger Geist. Es geht nicht darum, Gott einen Sohn hinzuzufügen.

Das nächste Zitat zeigt einen weiteren Aspekt der Ablehnung Mohammeds, daß Christus der Sohn Gottes ist: „Es steht Gott nicht an, sich irgendein Kind zuzulegen. Gepriesen sei er! [Darüber ist er erhaben.] Wenn er eine Sache beschlossen hat, sagt er nur zu ihr: sei!, und dann ist sie" (Koran 19:35).

Dieser Vers bedeutet im Arabischen, daß Gott so mächtig ist, daß er sich nicht der menschlichen Methode sexueller Beziehungen bedienen muß, um einen Sohn zu haben. Er braucht nur zu sprechen, um etwas zu erschaffen. Wiederum können wir damit übereinstimmen. Doch auch diese Aussage gründet sich auf das Mißverständnis, daß der Sohn nicht ewig ist und nicht mit dem Vater und dem Geist gemeinsam als Gottheit existiert. Anders ausgedrückt, dieses und das vorige Zitat schließen die Existenz eines Sohnes aus, der vor der Menschwerdung existierte, und der in der Fülle der Zeit Mensch wird durch die Kraft Gottes, die im Leib der Jungfrau Maria wirkt und Jesus zeugt.

Moslems verneinen also mit Nachdruck, daß Gott eine sexuelle Beziehung mit Maria hatte, was wir ebenso verneinen. Doch man kann auch anders über seine Sohnschaft reden. Für den Moslem wirft diese Diskussion die Frage nach der Natur des Wortes Gottes auf. Die große Mehrheit wird damit einverstanden sein, daß das Wort Gottes ewig und nicht erschaffen ist. (Für die geringe Minderheit, die das nicht glaubt, sind die folgenden Argumente ohne Bedeutung.)

Ein Weg, auf dem man Moslems die Notwendigkeit eines

vor der Menschwerdung existierenden Christus oder Wortes deutlich machen kann, besteht darin, ihnen die Unhaltbarkeit ihrer eigenen Position aufzuzeigen. Wenn ein Moslem sagt, daß das Wort Gottes ewig und nicht erschaffen ist, bedeutet das, daß es zwei Dinge gibt, die von Ewigkeit an existiert haben. Ihren Regeln zufolge, bedeutet das, *„Shirk"* zu begehen, das heißt etwas anderes mit Allah in Verbindung zu bringen. Und wenn sie dazu neigen zu sagen, daß das Wort Gottes geschaffen ist, und demnach nicht ewig, ist das natürlich als würden sie sagen, daß es eine Zeit gab, in der Gott nicht sprach oder sprechen konnte, und daß er sich später dahin veränderte, daß er sprechen konnte. Das wiederum verstößt gegen ihre Regel, daß Gott unveränderbar ist. An dieser Stelle sollten wir versuchen, ihnen die Bibel zu erklären, wie zum Beispiel:

Im Anfang war das Wort, und das Wort war bei Gott, und das Wort war Gott. Dieses war im Anfang bei Gott. Alles wurde durch dasselbe und ohne dasselbe wurde auch nicht eines, das geworden ist. In ihm war das Leben, und das Leben war das Licht der Menschen. (Joh 1:1-4)

Aus diesen Bibelversen können wir folgendes ableiten:

1. Gott hat sich von Anfang an ausgedrückt, er hat gesprochen. Dieser Ausdruck seiner selbst ist von ihm untrennbar. Ohne diesen Ausdruck oder diese Definition seiner selbst, würde er nicht Gott sein, sondern lediglich ein „intelligenzloses Nichts" im Weltall. Seine Person und der Ausdruck seiner selbst sind deshalb ein und dasselbe, und das Wort ist, wie gesagt, deshalb göttlich.

2. Die gesamte Schöpfung wurde durch das lebendige Wort geschaffen. Er, das Wort, brachte das Leben. (Moslems stellen diese Verbindung zwischen dem Leben und dem Wort nicht her.) Im weiteren Text dieser Bibelstelle lesen wir: „Das Wort ward Fleisch und wohnte unter uns, und wir sahen seine Herrlichkeit, eine Herrlichkeit als des eingebore-

nen Sohnes vom Vater, voller Gnade und Wahrheit" (Joh 1:14). Hier haben wir also die vollkommenste Möglichkeit des Ausdrucks Gottes gegenüber den Menschen. Er wurde einer von uns, um sich uns gegenüber voll und ganz auszudrücken. Er wurde das lebendige Wort. Der Schreiber des Hebräerbriefs geht noch weiter auf dieses Thema ein und schreibt:

> *[Gott] hat ... in den letzten Tagen zu uns geredet durch den Sohn. Ihn hat Gott gesetzt zum Erben über alles; durch ihn hat er auch die Welt gemacht. Er ist der Abglanz seiner Herrlichkeit und das Ebenbild seines Wesens und trägt alle Dinge mit seinem kräftigen Wort ...*
> *(Hebr 1:2,3)*

Anders ausgedrückt, Gott wollte sich uns durch den vollkommenen Ausdruck seiner selbst offenbaren, durch das lebendige Wort, durch seinen Sohn Jesus.

4. Die Ablehnung des Sühneopfers

So wie Mohammed den Islam verstand, gründet er sich auf verschiedene Voraussetzungen, die die Vorstellung eines Sühneopfers ausschließen, also die Möglichkeit, daß jemand zu einem stellvertretenden Opfer wird, um die Strafe für die Sünden eines anderen zu zahlen. Für Mohammed wurde das islamische Gesetz alles. Das Scharia-Gesetz wurde dem Menschen gegeben (abgeleitet vom Koran und von Mohammeds Reden und Taten), und der Mensch hatte sich ihm unterzuordnen, das heißt, ein Moslem zu werden. Am Ende wird das Jüngste Gericht abgehalten. Die guten Taten werden auf einer Waage gegen die schlechten Taten abgewogen werden. Wenn die guten Taten schwerer wiegen als die schlechten, wird die Person ins Paradies eingehen, andernfalls in die Hölle. In diesem System gibt es keinen Platz für die Vorstellung, daß Gott durch Christus ein sühnendes Opfer bereitstellt. Diese Erläuterung gründet sich auf eine Vielzahl von Koranstellen. Nur eine soll als Beispiel genannt werden: „Und wenn jeder, der gefrevelt hat, [alles] hätte, was es auf Erden [an Schätzen] gibt, würde er sich damit [von der Strafe] loskaufen [wollen] ...“ (Koran 10:54).

Und doch gibt es seltsamerweise einen Vers im Koran, der die Vorstellung einer Auslösung befürwortet: „Und wir lösten ihn [d. h. Isaak; Moslems sagen Ismael] mit einem gewaltigen Schlachtopfer aus“ (Koran 37:107). Der moslemische Kommentator, Yusuf Ali, sagt über diesen Vers: „Man bemerke, daß die Auslösung, also das Vertauschen der Opfer, nicht von Menschenhand geschah, sondern von Gott selbst durchgeführt wurde“ (1977:1206). Nachdem man die Aufmerksamkeit des Moslems auf die eben zitierten Verse gelenkt hat, schlage ich vor, daß man ihm Hebräer 9:22 zeigt, wo es heißt: „Denn nach dem Gesetz wird fast alles mit Blut gereinigt, und ohne Blutvergießen geschieht keine Vergebung.“ Danach kann man die Verbindung zum sühnenden Tod Jesu Christi herstellen, indem man die Worte Jesu in Matthäus 26:28 zitiert: „Denn dies ist mein Blut des Bundes, für viele vergossen zur Vergebung der Sünden.“

Ich schlage auch vor, daß man die Stelle im Römerbrief 5:9-11 verwendet, in der Paulus sagt:

Um wieviel mehr werden wir durch ihn bewahrt werden vor dem Zorn, nachdem wir jetzt durch sein Blut gerecht geworden sind! Denn wenn wir mit Gott versöhnt sind durch den Tod seines Sohnes, als wir noch Feinde waren, um wieviel mehr werden wir selig werden durch sein Leben, nachdem wir nun versöhnt sind! Nicht allein aber das, sondern wir rühmen uns auch Gottes durch unseren Herrn Jesus Christus, durch welchen wir jetzt die Versöhnung [Sühne] empfangen haben.

5. Die Ablehnung der Kreuzigung

Soweit wir wissen, hat Mohammed die Bibel nie in irgendeiner Sprache gelesen, und es gab sie zu seiner Zeit auch nicht in Arabisch. Er war ganz und gar darauf angewiesen, was er auf dem Marktplatz und von Bekannten erfahren konnte. Viele verschiedene Christen lebten in ganz Arabien und im Mittleren Osten. Sie führten immer wieder einen Streit hinsichtlich der Dogmen über Christus. Die ägyptischen Christen behaupteten, daß Christus nur eine Wesensart besaß (Monophysiten); die Syrer (Nestorianer) meinten, daß er zwei Wesensarten besaß. Über die Kreuzigung sagten die Nestorianer, daß Christus nur in seiner menschlichen Form litt, und daß der göttliche Teil seiner Person nicht gekreuzigt wurde. Darüber hinaus hörte Mohammed, wie Juden und Christen sich darüber stritten, wer die Schuld an der Kreuzigung hatte. Der folgende Abschnitt aus dem Koran beschreibt seine eigene Meinung darüber:

> ... und weil sie [d. h. die Juden] sagten: „Wir haben Christus Jesus, den Sohn der Maria und Gesandten Gottes, getötet." – Aber sie haben ihn [in Wirklichkeit] nicht getötet und [auch] nicht gekreuzigt. Vielmehr erschien ihnen [ein anderer] ähnlich [so daß sie ihn mit Jesus verwechselten und töteten]. Und diejenigen, die über ihn [oder: darüber] uneins sind, sind im Zweifel über ihn [oder: darüber]. Sie haben kein Wissen über ihn [oder: darüber], gehen vielmehr Vermutungen nach. Und sie haben ihn nicht mit Gewißheit getötet [d. h. sie können nicht mit Gewißheit sagen, daß sie ihn getötet haben]. Nein, Gott hat ihn zu sich [in den Himmel] erhoben. Gott ist mächtig und weise. Und es gibt keinen von den Leuten der Schrift, der nicht [noch] vor seinem [d. h. Jesu] Tod [der erst am Ende aller Tage eintreten wird] an ihn

glauben würde. Und am Tag der Auferstehung
wird er über sie Zeuge sein. (Koran 4:157-159)

Dieser Abschnitt hat viele verschiedene Erklärungen bei moslemischen und auch christlichen Theologen hervorgerufen. Al Baydawi zufolge, der eine moslemische Autorität auf diesem Gebiet ist und in George Sales Buch *The Koran* zitiert wird (1850:43), glaubten einige Moslems, daß Jesus sehr wohl am Kreuz starb, und stritten sich darüber, wie viele Stunden er dort gehangen hat. Andere, zumeist sehr viel spätere Kommentatoren meinen, daß Jesus nicht starb, sondern lebendig in den Himmel entrückt wurde, und jemand anders seinen Platz einnahm (Yusuf Ali, 1977:230).

Es ist zu bedauern, daß heutige Moslems fast überall auf der Welt leugnen, daß Jesus am Kreuz starb. Wie tragisch ist es doch, daß Mohammed wegen der Streitigkeiten unter Christen über das Wesen Christi, und wegen der Streitigkeiten zwischen Juden und Christen, eine Meinung vertrat, die nicht nur der Bibel widersprach, sondern dem Evangelium seine zentrale Aussage raubte.

Andererseits gibt es einige christliche Apologeten, die die gleiche Koranstelle (4:157) so deuten, daß sie lediglich besagt, daß die Juden Christus nicht getötet haben, weil es ihnen unter römischem Gesetz verboten war, jemand hinzurichten, und daß der Text nicht ausschließt, daß die Römer ihn durch Kreuzigung getötet haben. Formal erlaubt der erste Teil des zitierten Verses diese Auslegung, doch der letzte Teil des Verses spricht dagegen („Und sie haben ihn nicht mit Gewißheit getötet ...").

Es gibt zwei Koranstellen, die die Interpretation erlauben, daß Christus im Lauf seines natürlichen Lebens sterben würde. Mohammed schreibt die erste Gott zu, die zweite Jesus:

[Damals] als Gott sagte: Jesus! Ich werde dich
[nunmehr] abberufen und zu mir [in den Himmel] erheben und rein machen, so daß du den
Ungläubigen entrückt bist ... (Koran 3:55)
Heil sei über mir am Tag, da ich geboren wurde,

am Tag, da ich sterbe [in meiner natürlichen
Lebzeit], und am Tag, da ich [wieder] zum Le-
ben auferweckt werde [wieder: in meiner natür-
lichen Lebzeit]! (Koran 19:33)

Leider muß der Christ mit der arabischen Sprache vertraut sein,
um diese Texte einsetzen zu können und dadurch Moslems zu
zeigen, daß Jesus tatsächlich früh in seiner natürlichen Lebzeit
starb. Wiederum muß der Christ die Diskussion von den Stellen im Koran auf die Bibel lenken. Er muß mit den biblischen
Texten vom ersten Buch Mose bis zur Offenbarung bekannt
sein, die zeigen, daß das Kreuz von Anfang bis Ende das Herzstück des Erlösungswerkes Gottes war. Hier sind einige Vorschläge für Bibelstellen, die verwendet werden können:

Ich [Gott] will Feindschaft setzen zwischen dir
[Satan] und der Frau und zwischen deinem Nach-
kommen und ihren Nachkommen; der [zum
Schluß Christus] soll dir den Kopf zertreten [end-
gültig besiegen], und du wirst ihn in die Ferse ste-
chen [Christus tödlich verwunden]. (1 Mo 3:15)
... jeder Hausvater [nehme] ein Lamm, je ein
Lamm für ein Haus ... es ... schlachten ... und
... von seinem Blut nehmen und beide Pfosten
an der Tür und die obere Schwelle damit be-
streichen ... Wo ich das Blut sehe, will ich an
euch vorübergehen ... es ist des Herrn Passa.
(2 Mo 12:3,6,7,13,11)
... er ist um unserer Missetat verwundet ... der
Herr warf unser aller Sünde auf ihn ... wie ein
Lamm, das zur Schlachtbank geführt wird ... er
hat die Sünden der Vielen getragen und für die
Übeltäter gebeten. (Jes 53:5,6,7,12)
... Siehe, das ist das Lamm Gottes, welches der
Welt Sünde trägt! (Joh 1:29)
... der Sohn des Menschen ist nicht gekommen,
um bedient zu werden, sondern um zu dienen

und sein Leben zu geben als Lösegeld für viele.
(Mk 10:45)

... der unsere Sünden an seinem Leib selbst an
das Holz hinaufgetragen hat, damit wir, den
Sünden abgestorben, der Gerechtigkeit leben;
durch dessen Striemen ihr geheilt worden seid.
(1 Petr 2:24)

Du bist würdig, das Buch zu nehmen und seine
Siegel zu öffnen; denn du bist geschlachtet wor-
den und hast durch dein Blut für Gott erkauft
aus jedem Stamm und jeder Sprache und jedem
Volk und jeder Nation und hast sie unserem Gott
zu einem Königtum und zu Priestern gemacht,
und sie werden über die Erde herrschen.
(Offb 5:9,10)

6. Die Ablehnung der Dreieinigkeit

„Ihr Christen betet drei Götter an!" Wie oft haben Christen unter Moslems diese Kritik hören müssen! Und es ist auch kein
Wunder. Der Grund dafür liegt in Mohammeds Lehren im Koran. Hier sind einige ausgewählte Stellen, die das zeigen:

Ihr Leute der Schrift! Treibt es in eurer Religion
nicht zu weit und sagt gegen Gott nichts aus, als
die Wahrheit! Christus Jesus, der Sohn der Ma-
ria, ist nur der Gesandte Gottes und sein Wort,
das er der Maria entboten hat, und Geist von
ihm. Darum glaubt an Gott und seinen Gesand-
ten und sagt nicht [von Gott, daß er in einem]
drei [sei]! Hört auf [so etwas zu sagen]! Das ist
besser für euch. Gott ist nur ein einziger Gott.
Gepriesen sei er! [Er ist darüber erhaben] ein
Kind zu haben. (Koran 4:171)

Ungläubig sind diejenigen, die sagen: „Gott ist
Christus, der Sohn der Maria." Sag: Wer ver-

möchte gegen Gott etwas auszurichten, falls er
[etwa] Christus, den Sohn der Maria, und seine
Mutter und [überhaupt] alle, die auf der Erde
sind, zugrunde gehen lassen wollte. Gott hat die
Herrschaft über Himmel und Erde und [alles]
was dazwischen ist. Er schafft, was er will, und
hat zu allem die Macht. (Koran 5:17)
Ungläubig sind diejenigen, die sagen: „Gott ist
einer von dreien." Es gibt keinen Gott außer ei-
nem einzigen Gott. Und wenn sie mit dem, was
sie [da] sagen, nicht aufhören [haben sie nichts
Gutes zu erwarten]. Diejenigen von ihnen, die
ungläubig sind, wird [dereinst] eine schmerz-
hafte Strafe treffen. (Koran 5:73)

In anderen Versen erfahren wir, daß Mohammed den Eindruck
hatte, daß die Christen in Wirklichkeit Maria, Jesus und Gott
als getrennte Gottheiten anbeteten. In seiner Studie der apo-
kryphen Evangelien, die zu Mohammeds Zeiten in Arabien in
Umlauf waren, bestätigt Tisdall, daß Mohammed die Marien-
anbetung sah, und die Anbetung von Maria und Jesus, und
hörte, daß einige unbesonnen sagten: „Gott ist dreifältig" (1911:
179-182). Wiederum ist es tragisch, daß Mohammed scheinbar
nie jemand traf, der ihm eine deutliche Erklärung der Einheit
Gottes geben konnte, die den Vater, den Sohn und den Heiligen
Geist umschließt.

Für Christen, die unter Moslems arbeiten, ist es unerläßlich,
ein gründliches Wissen über die Einheit Gottes zu haben und
fähig zu sein, Moslems von der Bibel her zu überzeugen, daß
wir in Wirklichkeit einen wahren Gott anbeten, ohne ihn als
Vater, Sohn und Heiligen Geist zu verleugnen. Die folgenden
Verse können hilfreich sein:

Höre Israel: Der Herr ist unser Gott, der Herr
allein! Und du sollst den Herrn, deinen Gott,
lieben mit deinem ganzen Herzen und mit dei-

ner ganzen Seele und mit deiner ganzen Kraft.
(5 Mo 6:4-5)

Herr, Gott Israels! Kein Gott ist dir gleich im
Himmel oben und auf der Erde unten, der du
den Bund und die Gnade deinen Knechten be-
wahrst, die vor dir leben mit ihrem ganzen Her-
zen. (1 Kö 8:23)

Ich, der Herr, das ist mein Name, ich will meine
Ehre keinem andern geben noch meinen Ruhm
den Götzen. (Jes 42:8)

Denn wenn es auch sogenannte Götter gibt im
Himmel oder auf Erden – wie es ja viele Götter
und viele Herren gibt –, so ist doch für uns ein
Gott, der Vater, von dem alle Dinge sind und wir
auf ihn hin ... (1 Kor 8:5,6)

Dann das Ende, wenn er das Reich dem Gott
und Vater übergibt; wenn er alle Herrschaft und
alle Gewalt und Macht weggetan hat. Denn er
muß herrschen, bis er alle Feinde unter seine
Füße gelegt hat ... Wenn ihm aber alles unter-
worfen ist, dann wird auch der Sohn selbst dem
unterworfen sein, der ihm alles unterworfen hat,
damit Gott alles in allem sei.
(1 Kor 15:24,25,28)

Diese Reihe von Bibelstellen schließt einige schwierige Stellen
in der Bibel ein, die über den dreieinen Gott sprechen. Zweifellos gibt es Aussagen über Gott als den Vater, Sohn und Heiligen Geist, die man nur schwer verstehen oder erklären kann.
Es ist interessant zu bemerken, daß das Wort „Dreieinigkeit" an
sich nirgendwo in der Bibel auftaucht. Es ist ein Begriff aus der
griechischen Philosophie, der auf den in der Bibel offenbarten
Gott angewendet wird.

Es kann sein, daß die Bibel selbst einen Weg anbietet, wie
man dieses schwierige Thema angehen kann. In 1 Mose 1:26-
27 lesen wir: „Und Gott sprach: Laßt uns Menschen machen,
ein Bild, das uns gleich sei, ... Und Gott schuf den Menschen

nach seinem Bild, nach dem Bild Gottes schuf er ihn; und schuf sie als Mann und Frau." Es besteht die Möglichkeit, daß, wenn wir uns selbst betrachten, wir Hinweise auf das Wesen Gottes finden können, in dessen Bild wir geschaffen sind. Obwohl die Bibel von uns als „Geist, Seele und Leib" spricht (1 Thess 5:23), paßt diese Analogie nicht, weil der Vater, der Sohn und der Heilige Geist als getrennte Persönlichkeiten handeln, obwohl sie wesensgleich sind, wohingegen wir als eine einzige Persönlichkeit handeln, die Geist, Seele und Leib besitzt. Dennoch ist es interessant festzustellen, daß, obwohl wir jeder eine einzelne Person sind, wir bezüglich unseres Geistes, unserer Seele und unseres Leibes beschrieben werden können; und doch sind wir nicht drei Personen, sondern nur eine Person.

In gleicher Weise ist Gott einer, obwohl er sich uns als Vater, Sohn und Heiliger Geist offenbart hat. Gott könnte nicht Gott sein, ohne gleichzeitig Vater, Sohn und Heiliger Geist zu sein. Sie bilden eine untrennbare Einheit. Jeder ist nicht ein Drittel des Ganzen, sondern in sich selbst ein Ganzes. Sie handeln als Einheit, ein Verstand, ein Wille, ein Geist, ein Gott.

Der dreieinige Gott: Ein Liebestanz
Von der Vorstellung ausgehend, daß Gott Liebe ist, versuchte C. S. Lewis Gott als einen Liebestanz zu erklären. Dazu muß ein Liebhaber, eine Geliebte und das Phänomen der Liebe selbst vorhanden sein. Und doch, weil es Gott betrifft, geschieht der Tanz inwendig, innerhalb des allgenügenden Gottes, der in sich selbst in Liebe bestehen kann, weil er Vater, Sohn und Heiliger Geist ist (1943:152). Wie alle anderen ist auch diese Analogie ungenügend. In ihr wird der Vergleich mit dem „Phänomen der Liebe selbst" dem Geist nach nicht gerecht. Anders gesagt, er wird nicht als eine eigenständige Person dargestellt.

Der dreieinige Gott als der Meisterkünstler
In ihrem Buch *The Mind of the Maker* beschreibt Dorothy Sayers Gott als einen Künstler, der vollkommen und in sich selbst genügend ist. Sie vergleicht den Vater mit dem erfinderischen Verstand des Künstlers und beschreibt den Sohn als den

ewigen und vollkommenen Ausdruck des kreativen Genies des Künstlers. Und der Geist ist die schöpferische Energie Gottes in ihrem ganzen und ständigen Einsatz, wenn der Meisterkünstler die ganze Fülle seines Wesens in seinem Meisterwerk, das ewiglich geschaffen wird, ausdrückt: In seinem Sohn (1941:40 ff.). Wie bei der Illustration von C. S. Lewis wird auch diese Analogie dem Heiligen Geist nicht gerecht. Da wir begrenzt sind, können wir unmöglich alle Dimensionen erfassen, in denen sich Gott ausdrücken kann. Und doch, sogar mit unserem begrenzten Verstand, macht das Konzept von einem dreieinigen Gott mehr Sinn als alles andere.

Das Dilemma der Moslems

Man kann ohne Probleme sagen, daß Gott nur Sinn macht, wenn man ihn als Vater, Sohn und Heiligen Geist sieht! Die Moslems befinden sich in einem fürchterlichen Dilemma. Allah ist völlig allein. Die meisten Moslems bestätigen, daß das Wort Gottes ewig ist; doch es ist nicht Teil Allahs. Wenn Moslems sagen, daß das Wort nicht erschaffen wurde, dann gibt es wie gesagt zweierlei, das von Ewigkeit besteht, und nach moslemischen Maßstäben ist das eine untolerierbare Gotteslästerung. Wenn sie sagen, daß das Wort Gottes geschaffen ist, dann gab es eine Zeit, zu der Gott nicht sprechen konnte oder wollte, also war er ein stummer Gott. Als er anfing zu sprechen, veränderte er seinen Status, und das ist wiederum ein untolerierbarer Widerspruch zu ihrer Lehre von der Unveränderlichkeit Gottes.

Die gleichen Argumente gelten für den Geist Gottes. Wenn er von Ewigkeit an gemeinsam mit Allah existiert hat, dann entspricht das der unvergebbaren Sünde des *„Shirk"*, das heißt, ein anderes Wesen mit Gott in Verbindung zu bringen. Wenn der Geist erschaffen ist, dann gab es in der Vergangenheit eine Zeit, in der Gott tot war, also keinen Geist besaß. Man kann also sagen, daß es die Moslems sind, die unter der Last leiden, drei Götter zu haben: Allah, das Wort Gottes und den Geist Gottes, die als getrennte Einheiten existieren und auf keinerlei Weise zu einer Einheit gebracht werden können.

Im Gegensatz dazu befinden sich die Christen, verglichen

mit allen anderen Positionen, in einer sehr glücklichen Situation. Sie kennen Gott als einen liebenden Vater, als einen verständnisvollen Sohn und Mitmenschen, und als einen lebensspendenden Geist, die alle in der wunderbaren Einheit der Liebe zusammengehalten werden. Gott ist ewiglich lebendig in seinem Geist, vollkommen ausgedrückt in dem lebendigen Wort, seinem Sohn, und unser Vater.

Ich glaube, daß uns der Islam, mit seinen unhaltbaren Alternativen entweder drei „Götter" zu haben oder einen Allah, der irgendwann in der Vergangenheit einmal stumm und leblos war, eine wunderbare Grundlage gegeben hat, daß wir die wahre Genialität des einen dreieinigen Gottes zu schätzen wissen: Vater, Sohn (Wort) und Heiliger Geist.

O welch eine Tiefe des Reichtums, beides, der Weisheit und der Erkenntnis Gottes! Wie gar unbegreiflich sind seine Gerichte und unerforschlich seine Wege! Denn wer hat des Herrn Sinn erkannt, oder wer ist sein Ratgeber gewesen? Oder wer hat ihm etwas zuvor gegeben, daß ihm werde wiedervergolten? Denn von ihm und durch ihn und zu ihm sind alle Dinge. Ihm sei Ehre in Ewigkeit! Amen. (Röm 11:33-36)

Kapitel 32

Mohammeds Anspruch auf das Prophetenamt

Ich stand schwitzend in einem Kreis von einem Dutzend Polizisten, die mich anstarrten. Mir wurde soeben die Frage gestellt: „Herr McCurry, Sie sind seit langer Zeit Missionar in unserem Land. Sie kennen uns und unsere Religion. Was ist ihre Meinung über Mohammed?" Das geschah in Pakistan, einem Land, in dem es jetzt ein Kapitalverbrechen ist, sich gegen Mohammed zu äußern.

Der Herr Jesus Christus sagte, wir sollten uns nicht sorgen, was wir in solchen Situationen zu sagen hätten, der Heilige Geist würde uns sagen, wie wir reden sollen (siehe Mt 10:20). Ich betete und vertraute Gott wegen der Antwort: „Meine Herren, ich habe den Koran gelesen und das Leben Mohammeds studiert. Ich habe die Bibel studiert und kenne das Leben des Christus sehr gut. Und ich liebe Jesus Christus." Es herrschte Totenstille. Ich war nicht in die Falle getappt, mich entweder gegen Mohammed zu äußern oder ihn anzuerkennen, obwohl ich starke Vorbehalte gegen ihn hatte. Und ich hatte meinen Glauben an Jesus Christus bezeugt, eine Kühnheit, die von Moslems respektiert wird.

Doch es kommt die Zeit, in der man sich zumindest privat eine Meinung über Mohammed bilden muß. Durch seine gewagten Ansprüche zwingen Mohammed und seine Anhänger uns dazu, Stellung zu nehmen. Der Zweck einer solchen Stellungnahme ist, das schwammige Verständnis, das in christlichen Kreisen über Mohammed herrscht, aufzuklären. Viele gute Dinge können über Mohammed gesagt werden, und wir haben sie schon an anderer Stelle in diesem Buch erwähnt. An dieser Stelle wollen wir nur die widersprüchlichen Punkte behandeln, die die Moslems uns durch ihre Ansprüche aufzwingen.

1. Mohammeds Gleichstellung mit allen anderen

Hier sind einige ausgewählte Verse des Korans, in denen Mohammed Ansprüche für sich selbst geltend macht:

> Sag: „Ihr Menschen! Ich bin der Gesandte Gottes an euch alle, [desselben Gottes] der die Herrschaft über Himmel und Erde hat. Es gibt keinen Gott außer ihn. Er macht lebendig und läßt sterben. Darum glaubt an Gott und seinen Gesandten, den heidnischen Propheten, der [seinerseits] an Gott und seine Worte glaubt, und folgt ihm! Vielleicht werdet ihr euch [dann] recht leiten lassen." (Koran 7:158)
>
> Der Gesandte [Gottes] glaubt an das, was von seinem Herrn [als Offenbarung] zu ihm herabgesandt worden ist, und [mit ihm] die Gläubigen. Alle glauben an Gott, seine Engel, seine Schriften und seine Gesandten ... (Koran 2:285)
>
> Wir haben die [Offenbarungen] eingegeben [ebenso] wie [früher] dem Noah und den Propheten nach ihm: Abraham, Ismael, Isaak, Jakob und den Stämmen [Israels], Jesus, ... Ihr Menschen! Der Gesandte ist nunmehr von eurem Herrn mit der Wahrheit zu euch gekommen. Darum glaubt [an ihn und seine Botschaft]! Das ist besser für euch [als im Unglauben zu verharren]. (Koran 4:163,170)

378

Diese Zitate stellen für Moslems ein enormes Problem dar. Wir wollen zunächst sehen, welche Ansprüche Mohammed erhebt:

- Er beansprucht, ein Gesandter [Apostel] Gottes zu sein.
- Er verlangt, daß die ganze Welt ihm folgt.
- Er erklärt seinen Glauben an die „Bücher" und die Apostel vor ihm.
- Er beansprucht Gleichheit mit den biblischen Propheten.
- Er beansprucht das gleiche Niveau der Inspiration wie Jesus.
- Er führt Ismael als einen Propheten auf.

Das sind recht hohe Ansprüche, und weil sie von Millionen von Moslems so ernst genommen werden, müssen wir diese Ansprüche auf ihren Wahrheitsgehalt überprüfen. Zuerst einmal besteht die wirkliche Prüfung ganz einfach in der Beantwortung einer Frage: „Stimmt die Lehre Mohammeds mit der Bibel überein, an die er seiner Aussage zufolge glaubt?" Die Antwort lautet, daß angefangen mit Abraham, über Mose, David und die Propheten bis hin zu den Evangelien, die das Herzstück des Erlösungsplans Gottes für die Menschen sind, Mohammeds Lehren von dem eigentlichen Anliegen Gottes und seinem Wort abweichen.

An anderer Stelle habe ich schon darauf aufmerksam gemacht, daß Mohammed im Koran sagt, Jesus war nicht der Sohn Gottes, daß Gott nicht Mensch werden konnte, daß keiner an Stelle eines anderen sterben könne, und daß Jesus nicht gekreuzigt wurde, sondern vorher von Gott gerettet und lebendig in den Himmel geholt wurde, ohne Tod und Auferstehung. Allen anderen Übereinstimmungen zwischen der Bibel und dem Koran zum Trotz, bewirken diese entscheidenden Angriffe Mohammeds gegen die Hauptpunkte des Glaubens und der Offenbarung der Bibel, daß er nicht in die Kategorie biblischer Propheten oder Apostel eingeordnet werden kann. Es geht nicht darum, ob Mohammed weniger wert war als die wahren biblischen Propheten und Apostel, sondern darum, daß sich Mohammed völlig gegen das zentrale Anliegen Gottes stellt, weshalb er Christus als Erlöser und Herrn der gesamten Menschheit zu uns gesandt hat.

Das Hauptthema der Bibel, vom ersten Buch Mose bis hin zur Offenbarung, ist Gottes großer Erlösungsplan, um Menschen von Sünde, Satan und dem Tod zu erretten, ein Plan, in dem Jesus Christus die zentrale Rolle spielt. Jesus wird eindeutig als göttlich dargestellt, als ein integraler Teil der Gottheit, neben dem Vater und dem Heiligen Geist. Die alttestamentlichen Propheten vertraten alle das mosaische Gesetz mit seinem Opfersystem. Diese Opfer deuteten auf Jesus Christus hin, dem Lamm Gottes, das die Sünde der Welt hinwegnehmen würde. Im Islam gibt es kein Opfersystem, durch das das vergossene Blut eines Opfers jemandes Sünde sühnt. Die ersten Apostel bezeugten die Kreuzigung und Auferstehung Christi. Spätere Apostel bezeugten die zentralen Ereignisse der Kreuzigung und Auferstehung in allen ihren Lehren. Mohammed leugnet die Kreuzigung in seinen Lehren (siehe Koran 4:157) und erwähnt deshalb auch nicht die leibliche Auferstehung Christi von den Toten.

Wenn man die Lehren Mohammeds genauer betrachtet, stellt man nicht nur fest, daß er nicht die Qualifikationen eines biblischen Propheten oder Apostels hat, sondern auch, daß er sich völlig gegen die zentrale Aussage des Evangeliums wendet. Nach biblischen Gesichtspunkten ist er weder ein Prophet noch ein Apostel. Der Apostel Johannes sagte, daß, wer den Sohn leugnet, auch den Vater leugnet, und er nennt eine solche Person einen Antichristen (siehe 1 Joh 2:18-23, 1 Joh 4:15). Für meine moslemischen Leser möchte ich anmerken, daß diese Einschätzung aufgrund der Bibel geschieht und nicht die Meinung eines einzelnen Gläubigen darstellt. Ein Moslem, der dieser Bibelstelle widerspricht, widerspricht damit der gesamten christlichen Geschichte der letzten zwanzig Jahrhunderte.

Wir können hinzufügen, daß Mohammed eine völlige Unkenntnis der Bibel beweist, indem er Ismael als einen Propheten auflistet. In der Bibel ist das an keiner Stelle zu finden. Im übrigen sagt Gott in 1 Mose 17:19 ausdrücklich, daß er seinen Missionsbund mit Isaak eingehen wird. Isaak wird demnach die prophetische Rolle für die Welt und für alle Völker spielen. Und Ismael und seine Nachkommen werden zu denen gehören, an die sich diese prophetisch missionarische Aktivität richtet.

2. Mohammeds Behauptung, daß Jesus Mohammeds Kommen ankündigte

> *Und [damals] als Jesus, der Sohn der Maria, sagte: „Ihr Kinder Israels! Ich bin von Gott zu euch gesandt, um zu bestätigen, was von der Thora vor mir da war, und einen Gesandten mit einem hochlöblichen Namen zu verkünden, der nach mir kommen wird." (Koran 61:6)*

Zu Mohammeds Zeiten herrschte in Arabien die Meinung, daß jeder Prophet vor seinem Tod prophezeien würde, wer der nächste Prophet sein würde. „Ahmad" wird übrigens von den meisten Moslems als eine Variante von „Mohammed" angesehen. Beide Worte sind von der gleichen dreibuchstabigen arabischen Wurzel „h-m-d" abgeleitet, dem Wort für Lobpreis. Obwohl die beiden Worte nicht genau die gleiche Bedeutung haben (Ahmad = Sein Name ist gepriesen; Mohammed = Der Gepriesene), scheint das nichts auszumachen. Die meisten Moslems sehen sie als gleichbedeutend an.

Es ist interessant festzustellen, daß die Moslems die Evangelien gründlich durchforscht haben, um eine Stelle zu finden, die ihre Vorstellung unterstützt, daß Jesus das Kommen Mohammeds angekündigt hat. Und sie haben sie dann schließlich auch gefunden, glaube ich. Um ihrem Argument zu folgen, muß man das Griechische benutzen. In Johannes 14:16 lesen wir: „Und ich werde den Vater bitten, und er wird euch einen anderen Beistand [griechisch *parakletos*] geben, daß er bei euch sei in Ewigkeit." Im Griechischen gibt es ein ähnlich geschriebenes Wort mit anderen Vokalen: *periklutos*. Dieses Wort kann man übersetzen als „der Gepriesene", also „Mohammed" im Arabischen.

Als griechische Theologen die Moslems darauf aufmerksam machten, daß die beiden Worte verschieden sind und daß es keine historischen Nachweise dafür gibt, daß das Wort *periklutos* je im Bibeltext gestanden hat, haben die Moslems damit geantwortet, die Christen zu beschuldigen, den Text und die Vokale verändert zu haben. Jegliche Bemühung, Moslems auf den Kontext aufmerksam zu machen, damit sie feststellen können, daß Mohammed unmöglich alle Funktionen erfüllen kann, die dem Heiligen Geist in diesen Bibelstellen zugeschrieben werden (siehe Joh 14:16,17,26, 16:7-11,13-15), ist unnütz. Solange Moslems in ihrem Glauben an den Koran gefangen sind, werden sie nicht für die Vernunft zugänglich sein. Sollten sie sich je der Vernunft öffnen, wird die Unhaltbarkeit dieser Ansprüche sehr schnell im Licht der Lehren Jesu in den Evangelien sichtbar.

Nur wenn ein Moslem bereit ist, die Bibel zu lesen und ihr zu vertrauen, kann er merken, daß mit dem Koran etwas nicht stimmt. Viel Geduld ist erforderlich, um mit unseren moslemischen Freunden diese Probleme zu überwinden. Man muß sich vor Augen halten, daß man damit ihre gesamte Weltsicht zerstört, und das ist eine erschreckende Sache für jede Person. Am Anfang der Beziehung können sie die Wahrheit der Bibel vielleicht noch nicht sehen. An dieser Stelle muß sich die Freundschaft und das Fürbittegebet stark erweisen, und sie durch die traumatische Erfahrung hindurchtragen, ihre gewohnte moslemische Weltsicht abzulegen und eine biblische Weltsicht anzunehmen.

3. Mohammeds Anspruch, das Siegel der Propheten zu sein

Es war eine erschreckende Szene: Eine Handvoll junger Leute rannte mit Benzinkanistern in ihren Händen auf das kleine Büchereigebäude zu, das sich direkt neben unserem Anwesen befand. Sie riefen mit aller Kraft „Allah Akbar" (Gott ist größer). Dann übergossen sie das Gebäude mit Benzin und brannten es nieder. Es gehörte der häretischen moslemischen Sekte der Ahmadis. Man mag sich daran erinnern, daß diese Sekte glaubt, daß ihr Gründer, Mirza Ghulam Ahmad, im letzten Jahrhundert als ein Reformprophet Gottes eingesetzt worden sei, um eine neue „messianische" Bewegung im Islam anzuführen. Der pakistanische Oberste Gerichtshof hatte die Ahmadi-Bewegung gerade für nicht-moslemisch erklärt (1974), und die orthodoxen Moslems waren überall auf die Straßen gegangen und brannten Ahmadi-Besitz nieder. Man mußte nicht lange suchen, um zu verstehen, warum.

Die Ahmadis griffen die uralte orthodox-islamische Überzeugung an, daß Mohammed der letzte und größte aller Propheten war, und daß es nach ihm keine anderen Propheten mehr geben könnte. Diese Überzeugung gründet sich auf eine Schlüsselstelle im Koran (33:41): „Mohammed ist nicht der Vater von [irgend]einem eurer Männer [auch wenn dieser sein Nennsohn ist]. Er ist vielmehr der Gesandte Gottes und das Siegel aller Propheten [d. h. der Beglaubiger der früheren Propheten, oder der letzte der Propheten]. Gott weiß über alles Bescheid." Yusuf Alis Kommentar zu diesem Vers ist sehr interessant. Er sagt: „Der Heilige Prophet Mohammed ist der Letzte in der langen Reihe der Apostel ..." (1977:1119).

Das zeigt, daß die orthodoxen Moslems darauf bestehen, daß Mohammed tatsächlich das „Siegel der Propheten" ist, und daß nach ihm kein weiterer Prophet mehr kommen kann. Doch ist dieser Anspruch gerechtfertigt? Steht Mohammed tatsächlich in der Reihe der biblischen Propheten, und nebenbei mit Jesus, der zu einem von ihnen degradiert wird, und ist er wirklich Gottes letztes „Wort" an die Menschheit? Denn das Wort „Siegel" wird im Sinne von „der letzte in einer Reihe" benutzt.

Wie schon vorher erwähnt, hat Mohammed weder die Qualifikation für einen alttestamentlichen Propheten noch für einen neutestamentlichen Apostel (siehe Anhang C). Er vertritt nicht Gottes großes Erlösungswerk, in dem Jesus Christus sowohl Herr als auch Erlöser ist. Mohammed kann unmöglich das „Siegel" in der Reihe biblischer Propheten sein, wenn er der zentralen Aussage und Ausrichtung der biblischen Botschaft widerspricht.

4. Mohammeds Forderung nach Gehorsam gegen seine Worte

Viele Stellen im Koran besitzen einen durchaus gefährlichen Aspekt, wobei Mohammed seinen Namen mit dem Namen Gottes in Verbindung bringt und dann entweder die Freuden eines sinnlichen Paradieses denen verspricht, die ihm gehorchen, oder denen, die nicht hören wollen, die Qualen der Hölle androht. Nachfolgend einige Beispiele:

> *Glaubt an Gott und seinen Gesandten ... Diejenigen von euch, die glauben ... haben [dereinst] einen hohen Lohn zu erwarten ... Heute wird nun weder von euch noch von denen, die ungläubig sind, Lösegeld angenommen. Das Höllenfeuer, das für euch zuständig ist [wörtlich: das euer Herr ist] wird euch aufnehmen – ein schlimmes Ende! (Koran 57:7,15)*
>
> *... und gehorcht Gott und seinem Gesandten, wenn [anders] ihr gläubig seid. (Koran 8:1)*
>
> *Wenn jemand gegen Gott und seinen Gesandten Opposition treibt, [muß er dafür büßen]. Gott verhängt schwere Strafen. (Koran 8:13)*
>
> *... gehorcht Gott und seinem Gesandten, und wendet euch nicht von ihm ab, wo ihr doch hört. (Koran 8:20)*
>
> *Und gehorchet Gott und seinem Gesandten ... (Koran 8:46)*
>
> *Kämpft gegen diejenigen, die nicht an Gott und den jüngsten Tag glauben und nicht verbieten [oder: für verboten erklären], was Gott und sein Gesandter verboten haben, und nicht der wahren Religion angehören – von denen, die die*

Schrift erhalten haben [d. h. Christen und Ju-
den] – [kämpft gegen sie], bis sie kleinlaut aus
der Hand Tribut [Jizya, eine besondere Steuer
für Nicht-Moslems] entrichten. (Koran 9:29)

Das ist wirklich eine beängstigende Lehre. Im großen und
ganzen heißt das, man wird eine große Belohnung erhalten,
wenn man dem Gesandten [Apostel] Mohammed gehorcht. Und
wenn man es nicht tut, wird man bekämpft und unterworfen und
muß obendrein noch eine besondere Steuer als Strafe zahlen;
schließlich wird man im Feuer der Hölle landen. Was noch
beängstigender ist, ist die Tatsache, daß Mohammed sich selbst
zur Stimme Gottes macht. Letztlich ist die Frage dann, ob man
Mohammed gehorcht oder nicht. Für einen Christen ist das
nicht annehmbar, denn die Worte Mohammeds widersprechen
ganz klar dem Wort Gottes, besonders hinsichtlich der zentralen Aussage der Evangeliumsbotschaft.

Ein Wort zur Umsicht
Moslems sind unglaublich empfindsam über das, was wir von
Mohammed sagen. Ob man meint, es sei aufgrund ihres großen
Unsicherheitsempfindens oder aufgrund der dämonischen Belastung in den kultischen Tendenzen der Nachfolger Mohammeds, ist dabei unwichtig. Allgemein gesagt haben Moslems
in ihrer Wissenschaft noch nicht die Toleranz und Objektivität
erlangt, die es erlaubt, das Leben Mohammeds und die ihn um-
gebenden Legenden offen zu untersuchen. Deshalb, auch wenn
man das Leben Mohammeds mit dem Leben Christi vergleicht,
und seine Lehren an biblischen Kriterien geprüft, und daraus
seine Schlußfolgerungen gezogen hat, sollte man es besser für
sich behalten, wenn man mit seinen moslemischen Freunden
zusammen ist. Vielleicht werden sie eines Tages in ihrem
Leben an den Punkt kommen, an dem sie feststellen, daß Christus größer ist als Mohammed, sogar im Koran, und dann bereit sein, ihre eigenen Schlußfolgerungen zu ziehen. Das Beste, was wir aus Liebe zu den Moslems tun können, ist, sie
vorsichtig zu ermutigen, selbst eine solche Studie durchzu-

führen. In der Zwischenzeit sollte man weiter beten und Gott bitten, den Schleier von ihrem Verstand zu entfernen, damit sie die Herrlichkeit Gottes im Angesicht Jesu Christi sehen können. Man sollte sein Bestes tun, um sie auf Christus hinzuweisen.

5. Der Bezug vieler biblischer Prophetien auf Mohammed

Wir haben schon vorher gesehen, daß Mohammed im Koran Jesus Worte in den Mund legt, mit denen Jesus das Kommen einer Person namens „Ahmad" angekündigt haben soll. Und ich habe darauf hingewiesen, daß Moslems diesen Namen als ein Synonym für Mohammed nehmen. Jetzt, da sie Zugang zur Bibel haben, haben Nachfolger Mohammeds sehr fleißig versucht, Prophetien im Alten und im Neuen Testament ausfindig zu machen, die zeigen sollen, daß Mohammed die Erfüllung dieser Prophetien ist, und nicht Jesus. Ich will nur einen der vielen seltsamen Versuche aufzeigen, diese biblischen Prophetien für Mohammed in Anspruch zu nehmen, der am häufigsten vorgetragen wird. Man findet die Prophetie in 5 Mose 18:15,18-19, wo es heißt:

> *Einen Propheten wie mich wird dir der Herr, dein Gott, aus deiner Mitte, aus deinen Brüdern erstehen lassen. Auf ihn sollt ihr hören ... Ich will meine Worte in seinen Mund legen, und er wird zu ihnen alles reden, was ich ihm befehle. Und es wird geschehen, der Mann, der nicht auf meine Worte hört, die er in meinem Namen reden wird, von dem werde ich Rechenschaft fordern.*

Diese Prophetie wird im Neuen Testament ausschließlich auf Jesus Christus bezogen (siehe Apg 3:22 und 7:37). Trotzdem bestehen Moslems darauf, daß sich diese Prophetie von Mose auf Mohammed bezieht. Als Gründe geben sie in etwa folgendes an:

Mose und Mohammed waren beide verheiratet.
Mose und Mohammed führten Armeen zum Sieg.
Mose und Mohammed gaben beide der Welt ein „Gesetz".
Mohammed stammte von Ismael ab, ein Bruder Isaaks; Jesus stammte nicht von den Brüdern ab, das heißt nicht von Ismael.
Mose und Mohammed befreiten beide ihre Volk von dem Joch der Unterdrückung.

Außer der Anwendung dieser Prophetie auf Jesus, um sich so an die Autorität des Wortes Gottes zu halten, kann man unseren moslemischen Freunden leicht zeigen, daß Jesus in Wirklichkeit die Erfüllung dieser Prophetie ist. Zum Beispiel gaben uns sowohl Mose als auch Jesus einen „Bund", der mit Blut besiegelt wurde. Das Gesetz Jesu war die Erfüllung des mosaischen Gesetzes. Beide taten außergewöhnliche Wunder, Mohammed nicht. Sowohl Mose als auch Jesus wurden dazu benutzt, Brot in der Wüste zu geben. Sie erwiesen Macht über das Meer: Der eine teilte es, der andere wandelte auf ihm. Doch vor allem sollte man zeigen, daß Jesus der einzige Erlöser der Menschheit ist, der einzige, der zum „Stein, der zu Fall bringt" und zum „Stein des Anstoßes" geworden ist, von dem viele biblische Propheten sprachen.

Für den christlichen Arbeiter, der gern mehr über die Bemühungen der Moslems wissen will, biblische Prophetien auf Mohammed zu beziehen, gibt es entsprechende Literatur.

6. Die Verwendung des Evangeliums von Barnabas für die Rechtfertigung Mohammeds

Ich hörte zum ersten Mal vom *Evangelium des Barnabas* unter Moslems, als ich noch in Pakistan arbeitete. Meine moslemischen Studenten brachten mir das Buch und zeigten mir, daß

Jesus in diesem „Evangelium" ganz klar das Kommen Mohammeds voraussagt. In seiner heutigen Form ist dieses Buch über 270 Seiten dick und wurde 1973 in Karachi in Pakistan gedruckt. Es bestätigt die moslemischen Behauptungen, daß Jesus nicht der Sohn Gottes ist, daß er nicht am Kreuz starb und, wie schon vorher erwähnt, daß Jesus das Kommen Mohammeds prophezeite.

Von einem literaturkritischen Standpunkt aus kann bewiesen werden, daß dieses sogenannte „Evangelium" irgendwann nach 1300 geschrieben worden (McDowell 1983:99) und voller Anachronismen ist. Der Autor beging schwerwiegende Fehler bei der Geographie Palästinas und zeigt damit, daß er selbst nie dort war. Einige Zitate in diesem Buch stammen von der Dichtung des italienischen Dichters Dante (1245–1321). Der Autor leugnet, daß Jesus der Messias war und schreibt diesen Titel Mohammed zu. Diese Fälschung stimmte also weder mit der Bibel noch mit dem Koran überein! Eine Analyse des Literaturstils zeigt, daß, wer auch immer diese Fälschung schrieb, fließend Italienisch sprach (sie wurde zuerst in Italienisch geschrieben), jedoch wahrscheinlich in Spanien lebte. Josh McDowell kommt zu dem Schluß, daß es ein „... Versuch [war], das Leben Jesu in die koranischen und islamischen Traditionen einzufügen" (1983:103).

Für die folgende Beurteilung des *Barnabas-Evangeliums* bin ich Dr. Youssef Kamell vom Colorado College dankbar. Sie ist seiner unveröffentlichten Studie zu diesem Thema entnommen, in der er zwei berühmte ägyptische moslemische Theologen zitiert: „Ein falsches Evangelium, zusammengestellt im fünfzehnten Jahrhundert von einem Europäer, das schwerwiegende Fehler bei der Beschreibung der politischen und religiösen Situation in Jerusalem [zur Zeit Jesu Christi] enthält" (Professor Muhammad Shafik Ghorbal aus Kairo). „Dieses Evangelium ist voller Fehler und würde von keinem Moslem akzeptiert werden, wenn er verstehen würde, in welcher Weise es dem Koran widerspricht" (Abbas Mahmood Al-Accad).

Auch wenn es dem Christen sehr mühsam erscheint, ist es wiederum wichtig, daß man seine Hausaufgaben macht, damit man in der Lage ist, solche unwürdigen Anstrengungen zurückzuweisen, die die Behauptung Mohammeds unterstützen, Jesus hätte Mohammeds Kommen vorausgesagt. Ich verweise dabei wieder auf den Rat des Apostels Paulus in dieser Hinsicht: „Ein Knecht des Herrn aber soll nicht streiten, sondern gegen alle milde sein, lehrfähig, duldsam, und die Widersacher in Sanftmut zurechtweisen und hoffen, ob Gott nicht etwa Buße gebe" (2 Tim 2:24,25).

Kapitel 33

Mohammeds Ansprüche aus dem Koran

[Nein] es ist eine Mahnung für die Menschen in aller Welt – für [alle] diejenigen von euch, die geraden Kurs halten wollen. (Koran 81:27,28)

Die Ansprüche, die Mohammed über den Koran im Koran selbst erhebt, darf man nicht auf die leichte Schulter nehmen. In der gesamten moslemischen Welt, mit ihrer über eine Milliarde Menschen, ist es das Buch, das den Weg zum Himmel oder zur Hölle weist. In dem vorstehenden Zitat sehen wir, daß Mohammed sich damit an die ganze Welt wendet. Und die im Text genannte Bedingung ist, daß es eine Botschaft für die sei, die „geraden Kurs halten wollen". Ich bin davon überzeugt, daß die meisten Menschen geraden Kurs halten wollen. Wir wollen darum Mohammeds Ansprüche prüfen, um herauszufinden, ob dieses Buch uns auf den rechten Weg führen wird.

1. Der Koran bestätigt alle vorigen Schriften

Für die Christen unter uns ist die wichtigste Frage: „Stimmt die Lehre des Korans mit der Lehre der Bibel überein?" Mohammed behauptete es wiederholt, zum Beispiel in den folgenden Versen: „Und wir haben [schließlich] die Schrift [d. h. den Koran] mit der Wahrheit zu dir herabgesandt, damit sie bestätige, was von der Schrift vor ihr da war, und darüber Gewißheit gebe" (Koran 5:48). „Dieser Koran ist doch nicht einfach aus der Luft gegriffen [wörtlich: ausgeheckt], [eine freie Erfindung] ohne [daß] Gott [dahinter stünde. Er ist] vielmehr eine Bestätigung dessen, was [an Offenbarung] vor ihm da war. Er setzt die Schrift, an der nicht zu zweifeln ist, [im einzelnen] auseinander [und kommt] vom Herrn der Menschen in aller Welt" (Koran 10:37). „Die Schrift Moses ist ihm als Richtschnur [wörtlich: Vorbild] und [Erweis der göttlichen] Barmherzigkeit vorausgegangen. Und dies [d. h. der Koran] ist eine Schrift in arabischer Sprache, um die Frevler zu warnen, und als Frohbotschaft für die Rechtschaffenen" (Koran 46:12).

Wenn man diese Verse zusammenfaßt, kommt man zu folgenden Aussagen:

Der Koran bestätigt alle Offenbarungen,
die vor ihm existierten.
Der Koran wacht über alle Offenbarungen,
die vor ihm existierten.
Der Koran ist von Gott – dem Herrn der Welten.
Der Koran ist eine Erläuterung dessen, was vor ihm geschah.
Der Koran ist eine Warnung an die Übeltäter.
Der Koran ist eine frohe Botschaft für die, die Gutes tun.

Wenn wir den Koran betrachten, um zu sehen, ob er diese Ansprüche erfüllt, finden wir das Gegenteil. Zunächst einmal weist er sehr wenige alt- und neutestamentliche Quellen auf. Und wenn man die Themen prüft, die in beiden genannt werden, findet man Unstimmigkeiten, zum Beispiel über das Leben Abrahams, das Leben Josefs, die Familie Jesu, die Umstände bei der Geburt Jesu, das Stummsein von Zacharias, und vor allem die Ablehnung der Sohnschaft Jesu, seiner Kreuzigung, seines sühnenden Todes, seiner Auferstehung und seiner Göttlichkeit.

Anstelle einer tieferen Erläuterung der wahren Schrift, findet man nur allgemeiner gehaltene Berichte, und selbst diese sind falsch. Über die wichtigsten Ereignisse im Leben Jesu sind die Aussagen im Koran der zentralen Aussage des Evangeliums völlig entgegengesetzt.

Man kann daraus schließen, daß Mohammed niemals eine echte Bibel gesehen hat. Nach einer Untersuchung des Korans nach literaturkritischen Methoden, finde ich, kann man erkennen, daß Mohammed seine Informationen aus mündlichen Quellen erhielt, durch ihm bekannte Juden und Christen, von denen keiner Zugang zur kanonischen Bibel hatte.

Man kann die Behauptungen, die Mohammed und seine Anhänger über den Koran machen, nicht gelten lassen. Wenn sie auf ihren Behauptungen bestehen, dann müssen sie beweisen, daß der Koran das biblische Material bestätigt, darüber wacht und näher erläutert. Sie müssen Beweise liefern, um diese Aussage glaubhaft zu machen.

2. Der Koran ist allen vorigen Schriften gleichgestellt

Im folgenden Zitat behauptet Mohammed, daß es „keinen Unterschied zwischen ihnen" gibt, wobei er sich auf die Offenbarungen bezieht, die verschiedenen Personen in der Bibel gegeben wurden, angefangen mit Abraham bis hin zu Jesus. Hier der gesamte Vers:

> *Wir glauben an Gott und [an das] was [als Offenbarung] zu uns und was zu Abraham, Ismael, Isaak, Jakob und den Stämmen [Israels] herabgesandt worden ist, und was Mose und Jesus und die Propheten von ihrem Herrn erhalten haben, ohne daß wir bei einem von ihnen [den anderen gegenüber] einen Unterschied machen. Ihm sind wir ergeben. (Koran 2:136)*

Wiederum gibt es einiges, das diese Behauptung erschüttert. Wenn wir Mohammeds Ausdruck „die Offenbarung", die den verschiedenen biblischen und außerbiblischen Propheten gegeben wurde, die im Koran aufgezählt sind, nehmen und ihn genauso anwenden, wie Mohammed seine Offenbarung erhalten hat, dann stellen wir fest, daß sich Mohammed in einer heiklen Position befindet. Zum Beispiel gibt es in der Bibel keinen Hinweis darauf, daß Gott oder der Engel Gabriel direkt zu Ismael gesprochen hat, wie er es angeblich mit Mohammed gemacht hat. Ebensowenig findet man Hinweise darauf, daß Gott irgendwelche „Offenbarungen" an die „Stämme" gegeben hat, womit wahrscheinlich die direkten Nachkommen der zwölf Söhne Jakobs gemeint sind.

Mohammed gerät weiter in Schwierigkeiten, wenn er zum Beispiel Adam und Lot zu den biblischen Propheten zählt. Nirgendwo in der Bibel werden sie als Propheten erwähnt und hatten auch niemals eine prophetische Funktion. Insgesamt gesehen stellen wir fest, daß Mohammed nicht wußte, was unter einer biblischen Offenbarung zu verstehen ist. Aus diesen und anderen Gründen, die sich mehr auf die Ethik beziehen, und auf die ich an dieser Stelle nicht weiter eingehen will, stellen wir fest, daß der Koran nicht mit der wahren biblischen Offenbarung gleichgestellt werden kann; im Gegenteil, er steht sogar im Gegensatz zur wahren biblischen Offenbarung. Wieder sind die Moslems gefragt, das biblische Material zu studieren und es mit dem Koran zu vergleichen, um zu sehen, ob die Behauptungen Mohammeds wirklich Gültigkeit haben.

3. Der Koran ersetzt alle früheren Offenbarungen

Mohammeds Behauptung, das „Siegel der Propheten" zu sein, schließt gleichzeitig die Vorstellung ein, daß der Koran als die letzte auch die wichtigste Offenbarung ist. Es ist schwierig Koranverse zu finden, die das in Worten ausdrücken. Doch der nachfolgende Vers weist möglicherweise auf diese Annahme der Moslems hin, daß der Koran vor allen anderen heiligen Schriften den Vorrang hat:

Ihr Leute der Schrift [Juden und Christen]! Unser Gesandter ist nunmehr zu euch gekommen, um euch [aufgrund der Offenbarung, die er erhalten hat] vieles von der Schrift klarzumachen, was ihr [bisher] geheimgehalten habt, während er [gleichzeitig] gegen vieles nachsichtig ist [und es auf sich beruhen läßt]. Gott leitet damit diejenigen, die nach seinem Wohlgefallen streben [wörtlich: seinem Wohlgefallen folgen], die Wege des Friedens [oder: des Heils] und bringt sie – mit seiner Erlaubnis – aus der Finsternis heraus ins Licht und führt sie auf einen geraden Weg. (Koran 5:15-16)

Bei diesen Versen sind folgende Punkte von besonderem Interesse: Erstens. Mohammed beschuldigt Juden und Christen, Dinge in ihren heiligen Büchern zu verbergen. Zweitens bestätigt Mohammed, daß er jetzt vieles in ihren heiligen Büchern übergeht, das jetzt nicht mehr von Nutzen ist. Es könnte sich hierbei um einen Verweis darauf handeln, daß Christen die mosaischen Opfergesetze nicht länger einhalten, einschließlich des Opfers und allem, was mit der Zerstörung des Tempels verschwand. Drittens behauptete Mohammed, daß er mit seinen Lehren „vieles von der Schrift klarmacht" (und zwar in Form des Korans). Yusuf Ali widmet dem Wort „klar" an dieser Stelle eine umfangreiche Fußnote (1977:246, Fußnote 716). Zusammengefaßt bedeutet dieses Wort in seiner Erklärung so etwas wie ein „scheinendes Licht", das die Dinge aufklärt und hilft, wahr und falsch zu unterscheiden. Viertens. Gott führt das „Volk des Buches" („diejenigen, die nach seinem Wohlgefallen streben") durch den Koran aus der Finsternis ins Licht, was bedeutet, daß Christen und Juden mehr Licht oder „neues Licht" benötigten, das nur im Koran zu finden ist. Und schließlich, der Koran wird das „Volk des Buches" (schließlich) auf „den geraden Weg" führen. Auch daraus ist zu verstehen, daß es sich auf einem krummen Pfad befand.

Man könnte meinen, daß Mohammed sich nur auf die häre-

tischen Auswüchse bezog, die er sowohl bei Juden als auch bei
Christen feststellte. Doch leider hielt Mohammed die zentrale
Aussage des Evangeliums für eine Irrlehre. Das Resultat dieser
Lehre ist heute, daß Moslems dahin geführt werden zu glauben,
daß sie die Bibel nicht wirklich kennen müssen, daß Mohammed die Botschaft der Bibel richtig für sie zusammengefaßt hat
und sogar Korrekturen anbrachte, wo sie von Juden und Christen nicht richtig gehandhabt wurde. Wir können damit verstehen, warum Moslems der Überzeugung sind, daß der Koran die
Bibel ersetzt hat.

Die Aufgabe des christlichen Arbeiters ist es, Wege zu finden, wie man die ganze Lehre der Bibel bekanntmachen kann,
um die Echtheit der Bibel zu beweisen und ihre eigene Schön-
heit zu zeigen, und daß sie ausreicht, um jemand, der in Wahrheit nach Gott sucht, in jeder Weise zufriedenzustellen. Auch
das verlangt viel Geduld, eine gründliche Kenntnis der Bibel
und die Fähigkeit, sie seinen moslemischen Freunden beizu-
bringen.

4. Die Worte des Korans stammen von Gott und nicht von Mohammed

Eines der ständigen Hindernisse für Christen, die das Evangelium an Moslems weitergeben wollen, ist die Vorstellung, daß
der Koran wirklich das Wort Gottes und sogar ewig ist, und daß
es durch einen Engel (möglicherweise Gabriel) auf die Erde gebracht und Mohammed gegeben wurde, in dem Maß, wie er es
für die Ausübung seines Prophetenamtes benötigte. Verschiedene Stellen im Koran vertreten diese Auffassung, wie die folgende zeigt, die schon erwähnt wurde:

> *Dieser Koran ist doch nicht einfach aus der Luft
> gegriffen [wörtlich: ausgeheckt], [eine freie Er-
> findung] ohne [daß] Gott [dahinter stünde. Er
> ist] vielmehr eine Bestätigung dessen, was [an*

Offenbarung] vor ihm da war. Er setzt die
Schrift, an der nicht zu zweifeln ist, [im einzel-
nen] auseinander [und kommt] vom Herrn der
Menschen in aller Welt. (Koran 10:37)

Der wahre Moslem ist davon überzeugt, daß der Koran wirklich das Wort Gottes ist. Wenn er sich an diese Annahme hält
und dann mit dem biblischen Material konfrontiert wird, das
dem Koran widerspricht, nimmt er eine von zwei Haltungen an.
Entweder schließt er daraus, daß der Koran auf jeden Fall
genügt und deshalb kein Anlaß dazu besteht, die Bibel zu lesen oder daß die Christen die Bibel verändert haben müssen. Es
gibt für ihn keine andere Erklärung dafür, daß der Koran mit
der Bibel nicht übereinstimmt.

Der christliche Arbeiter sieht sich dabei einem zweifachen
Problem gegenüber. Erstens muß er zeigen, daß die Bibel, so
wie wir sie heute haben, glaubwürdig, echt, verläßlich, angemessen und ein wahrer Führer hin zur Erlösung der Menschen
ist. Die zweite Aufgabe ist nicht so angenehm, denn es geht
darum zu zeigen, aus welchen menschlichen und möglicherweise fremden geistlichen Quellen Mohammed seine Ideen ge-
schöpft hat. Es wurde schon erwähnt, welches Material Mohammed benutzte, und zwar jüdische Quellen aus dem Talmud
und der Mischna, gefälschte, außerkanonische Evangelien, die
zur damaligen Zeit in Arabien in Umlauf waren, die Lehren der
Parsisten aus dem nahen Persien und andere verschiedene Teil-
konzepte aus der vorislamischen Beduinenkultur, bis hin zu
Konzepten, die aus Ägypten, Äthiopien und sogar Indien
stammten. Man wird durch das Studium dieser Dinge belohnt
werden, denn sie lüften das Geheimnis darüber, woher Mohammed seine Ideen nahm. Fast der gesamte Koran kann auf
Quellen in Mohammeds Umgebung zurückgeführt werden.

Daß der Koran so einzigartig ist, kann dadurch erklärt
werden, daß Mohammed sehr redebegabt war. Er forderte oft
andere heraus, ihn zu imitieren. Er hatte die erstaunliche Fähigkeit, das aus seinen Quellen geschöpfte Material in halbpoetischen, ekstatischen, religiösen Reden zusammenzufügen,

die seine Zuhörer in Bann hielten. Und er bewies eine einzigartige Fähigkeit, sein Material an die Erfordernisse aller Situationen in seinem Leben anzupassen.

Erneut ein Wort der Warnung an den christlichen Arbeiter, denn es handelt sich hier um hochexplosive Themen. Es stimmt, daß wir den Auftrag haben „. . . Vernünfteleien und jede Höhe, die sich gegen die Erkenntnis Gottes erhebt" zu zerstören (2 Kor 10:5). Doch daraus folgt auch, daß wir versuchen sollen, so viele wie möglich zu gewinnen. Wir müssen dem Heiligen Geist vertrauen, damit er uns mit Liebe und Weisheit erfüllt, wenn wir mit diesen heiklen Themen umgehen, in dem Versuch, mit Hilfe der Guten Nachricht von Jesus Christus Moslems zu umwerben, damit sie zu ihrem himmlischen Vater zurückfinden.

Teil Sieben

Versöhnung
in der Familie Abrahams

Ich sage euch aber, daß viele von Osten und Westen kommen und mit Abraham und Isaak und Jakob zu Tisch liegen werden in dem Reich der Himmel. (Mt 8:11)

Bevor aber der Glaube kam, wurden wir unter Gesetz verwahrt, eingeschlossen auf den Glauben hin, der geoffenbart werden sollte. Also ist das Gesetz unser Zuchtmeister auf Christus hin geworden, damit wir aus Glauben gerechtfertigt würden. Nachdem aber der Glaube gekommen ist, sind wir nicht mehr unter einem Zuchtmeister; denn ihr alle seid Söhne Gottes durch den Glauben an Jesus Christus. Denn ihr alle, die ihr auf Christus getauft worden seid, ihr habt Christus angezogen. Da ist nicht Jude noch Grieche, da ist nicht Sklave noch Freier, da ist nicht Mann und Frau; denn ihr alle seid einer in Jesus Christus. Wenn ihr aber zu Christus gehört, so seid ihr damit Abrahams Nachkommenschaft und nach der Verheißung Erben. (Gal 3:23-29)

Wir wollen noch einmal auf unseren Ausgangspunkt zurückblicken. Gott berief Abraham dazu, der menschliche Segensvermittler für die verdorbene Menschheit zu sein. „In dir sollen

gesegnet werden alle Geschlechter auf Erden" (1 Mo 12:3).
Doch ganz am Anfang dieses Missionsunterfangens ereignete
sich in Abrahams Familie eine Tragödie. Anstatt auf das wundersame Eingreifen Gottes zu warten, der ihnen einen Sohn versprochen hatte (Isaak), nahmen Abraham und Sara die Sache
selbst in die Hand und beschlossen, mit Hilfe einer Ersatzmut-
ter ein Kind zu bekommen, und zwar Saras ägyptische Skla-
venmagd. Das führte zu einer Rivalität zwischen Hagar und
Sara und zu mindestens zwei Spaltungen in der Familie. Die
erste geschah, als Hagar davonlief, die zweite, als sie davongetrieben wurde. Das Faszinierende daran ist festzustellen, daß
Gott sich aktiv für die Probleme Hagars und Ismaels interessierte. Auch Hagar sollte durch Ismael eine Mutter vieler
Nationen werden, mit unzählbaren Nachkommen. Mit allen
anderen Völkern der Menschheit sollten diese Nachkommen
das Ziel von Gottes großer erlösender Liebe sein.

Wir verfolgten die lose Verbindung von Hagar und Ismael
über Nebajot und Kedar, Ismaels Söhne, zu dem „Propheten"
des siebten Jahrhunderts: Mohammed. Wir erfuhren, wie er eine
neue Religion gründete, den Islam, und sie mit der alten Geschichte von Hagar und Ismael verknüpfte. Er ließ sogar die
Pilger die Suche nach Wasser nachvollziehen, indem er den Ort
der biblischen Geschichte von Beerscheba in die Nähe von
Mekka verlegte.

Als nächstes haben wir die von Mohammed gegründete Religion beschrieben sowie die verschiedenen Arten von Moslems
in einem theologischen Spektrum, und ich schlug vor, wie man
diese verschiedenen Moslems am besten erreichen kann.

Wir gehen dabei von der Annahme aus, daß es eine reiche
Ernte von Moslems geben wird, die zu Christus finden, aus
jeder Sprache, jedem ethnischen Hintergrund und jeder theologischen Überzeugung. Wir wissen auch, daß es gewaltsamen
Widerstand geben wird, unausweichliche Märtyrertode und
herzzerreißende Rückschläge.

Wir wollen jetzt einige wichtige Punkte behandeln, wie man
die zerbrochene Familie Abrahams wieder versöhnen kann. Ein
solches Unterfangen ist sehr kostspielig für jeden, der sich dafür

engagiert. Wir werden einen Preis zu zahlen haben, wenn wir Moslems zu Christus bringen wollen. Und auch die Moslems, die ihre Bindung zu Mohammed aufgeben und Christus die Treue schwören, werden einen Preis zu zahlen haben.

Kapitel 34

Das Trauma der Bekehrung

Meint nicht, daß ich gekommen sei, Frieden auf die Erde zu bringen; ich bin nicht gekommen, Frieden zu bringen, sondern das Schwert. Denn ich bin gekommen, den Menschen zu entzweien mit seinem Vater und die Tochter mit ihrer Mutter und die Schwiegertochter mit ihrer Schwiegermutter; und des Menschen Feinde werden seine eigenen Hausgenossen sein. Wer Vater oder Mutter mehr liebt als mich, ist meiner nicht würdig; und wer Sohn oder Tochter mehr liebt als mich, ist meiner nicht würdig; und wer nicht sein Kreuz aufnimmt und mir nachfolgt, ist meiner nicht würdig. Wer sein Leben findet, wird es verlieren, und wer sein Leben verliert um meinetwillen, wird es finden. (Mt 10:34-39)

In den meisten Fällen ist eine echte Bekehrung ein traumatisches Erlebnis. Zum einen das Trauma „von neuem geboren" zu werden (Joh 3:3), einen geistlichen Zustand zu verlassen, um in einen anderen einzutreten, einen Herrn zu verlassen, um einen anderen anzunehmen. Jesus selbst ging auf qualvolle Weise von einem Zustand (vor seiner Auferstehung) in einen anderen Zustand (nach seiner Auferstehung) über, und zwar durch unglaubliche Schmerzen und schließlich den Tod selbst. Jesus sagte über seinen bevorstehenden Tod und seine Auferstehung:

„... Der Sohn des Menschen muß vieles leiden und verworfen werden von den Ältesten und Hohenpriestern und Schriftgelehrten und getötet und am dritten Tag auferweckt werden" (Lk 9:22). Er gab uns ein wirkliches Beispiel dafür, was es heißt, von neuem geboren zu werden. Die Gefahren bei der Nachfolge beschrieb er seinen Jüngern so: „Wenn jemand mir nachfolgen will, verleugne er sich selbst und nehme sein Kreuz auf täglich und folge mir nach! Denn wer sein Leben retten will, wird es verlieren; wer aber sein Leben verliert um meinetwillen, der wird es retten" (Lk 9:23-24).

Hier im Westen, wo sehr viel Freiheit und Toleranz herrscht, scheinen diese Worte nicht so unheilvoll. Doch in vielen Teilen der moslemischen Welt wirken sie erschreckend. Obwohl es Ausnahmen gibt, wie zum Beispiel bis vor einiger Zeit Indonesien, wo die Menschen meist tolerant und sanftmütig sind und wo einige Millionen „Volksmoslems" Christen geworden sind, gibt es andere Teile der moslemischen Welt, wo der Islam sich von einer sehr viel unfreundlicheren Seite zeigt, wo jeder, der sich als Christ bekennt, normalerweise verfolgt wird, und je nachdem in welchem Land man sich befindet, kann es sogar das Leben kosten.

Zum Beispiel wurde in Pakistan, in den zwei Jahren von 1989 bis 1990, der führende bekehrte Christ, ein Afghane, zu Tode gefoltert, und zwar auf Anweisung des Anführers einer der Guerillagruppen. Die gleiche Gruppe soll einen wichtigen Arbeiter einer westlichen Hilfsorganisation entführt und zu Tode gefoltert haben. Seine einzige „Sünde" war, afghanischen Witwen und Waisen zu helfen und ihnen Bibeln zu beschaffen. In der Provinz Sind wurde der Sohn eines führenden, ehemals moslemischen Pastors zuerst gewarnt, und dann aus einem vorbeifahrenden Auto in den Straßen von Haiderabad niedergeschossen.

In Malaysia wurde ein vor kurzem bekehrter, ehemaliger Moslem ins Gefängnis gesperrt, zusammen mit denen, die ihn zu Jesus Christus geführt hatten. Später wurde er wieder freigelassen, weil die bestehenden Gesetze seine Verhaftung nicht unterstützten. Seitdem hat die Regierung das Gesetz geändert, um solche Verhaftungen zu „legalisieren".

In Ägypten wurden drei Bekehrte im Jahre 1990 ins Gefängnis gebracht. Ein weiterer war ein Jahr davor zu Tode gefoltert worden. Die drei Gefangenen, die man schwer prügelte, wurden nur entlassen, nachdem sie sich unter Folter wieder zum Islam bekannt hatten. Gott sei Dank für all die anderen, die, aus welchen Gründen auch immer, nicht verhaftet worden sind, wahrscheinlich nur deshalb, weil die Regierung keine Kenntnis von ihnen hat. Sobald es der Regierung bekannt wird, daß ein christlicher Arbeiter erfolgreich Moslems zu Christus führt, wird er normalerweise verhaftet oder, wenn es sich um einen Ausländer handelt, angewiesen, das Land zu verlassen.

Woher kommt diese Intoleranz und dieser Haß? Der Ursprung liegt im Koran und in den Traditionsschriften (Hadith). Wir wollen noch einmal die Stellen im Koran betrachten, die die Grundlage für die Verhaftung, Folterung und sogar Ermordung von ehemals moslemischen Christen bildet.

Wie könnt ihr hinsichtlich der Heuchler unterschiedlicher Meinung [wörtlich in zwei Gruppen] sein, wo doch Gott sie wegen dessen, was sie [an Sünden] begangen haben, zu Fall gebracht hat! Wollt ihr denn recht leiten, wen Gott irregeführt hat? Wen Gott irreführt, für den findest du keinen Weg. Sie möchten gern, ihr wäret [oder: würden] ungläubig, so wie sie [selber] ungläubig sind, damit ihr [alle] gleich wäret. Nehmt euch daher niemand von ihnen zu Freunden, solange sie nicht [ihrerseits] um Gottes willen auswandern! Und wenn sie sich abwenden [und eurer Aufforderung zum Glauben kein Gehör schenken], dann greift sie und tötet sie, wo [immer] ihr sie findet, und nehmt euch niemand von ihnen zum Freund oder Helfer!
(Koran 4:88,89)
Ihr Gläubigen! Wenn sich jemand von euch von seiner Religion abbringen läßt [und ungläubig wird, hat das nichts zu sagen]. Gott wird [zum

407

Ersatz dafür] Leute [auf eure Seite] bringen, die
er liebt, und die ihn lieben, [Leute] die den
Gläubigen gegenüber bescheiden sind, jedoch
die Ungläubigen ihre Macht fühlen lassen, und
die um Gottes willen kämpfen [wörtlich: sich
abmühen] und sich [dabei] vor keinem Tadel
fürchten. Das ist die Huld Gottes. Er gibt sie,
wem er will. Gott umfaßt [alles] und weiß Be-
scheid. (Koran 5:54)
Diejenigen, die an Gott nicht glauben, nachdem
sie gläubig waren – außer wenn einer [äußer-
lich zum Unglauben] gezwungen wird, während
sein Herz [endgültig] im Glauben Ruhe gefun-
den hat –, nein, diejenigen, die [frei und unge-
zwungen] dem Unglauben in sich Raum geben,
über die kommt Gottes Zorn, und sie haben
[dereinst] eine gewaltige Strafe zu erwarten.
(Koran 16:106)

Während der Zeit, in der Mohammed in Medina herrschte (622–632), wurden diese Verse benutzt, um Männer zu bedrohen, die sich entweder wieder ihren alten Wegen des Götzendienstes zuwenden oder die aus der Armee Mohammeds in der Wüste desertieren wollten. Anscheinend wurden sie nicht auf Moslems angewandt, die Christen wurden (Woodberry 1992:28-31). Später jedoch, nach dem Tod Mohammeds, wurden diese Verse auf Moslems angewandt, die sich zu Christus bekehrten. Fast alle wichtigen moslemischen Kommentatoren interpretieren diese Verse so, daß jeder Moslem, der den Islam verläßt (und Christ wird), getötet werden sollte. Zwemer zitiert Al-Baydawi (gest. 1921), der unter den moslemischen Kommentatoren als der gründlichste und zuverlässigste gilt, und der in seinem Buch *The Lights of Revelation and the Secrets of Interpretation* schrieb:

Wer auch immer sich von seinem Glauben ab-
wendet, sei es öffentlich oder heimlich, den sollt

ihr ergreifen und töten, wo immer ihr ihn findet,
wie jeden anderen Ungläubigen auch. Akzeptiert
keine Fürbitte für ihn (Zwemer 1924:33,34).

Zwei der ursprünglichen Chronisten der Hadith, Bukhari (gest. 870) und Muslim (gest. 875), werden in *Mishkat Al-Masabih* zitiert. Sie berichteten, der Prophet habe gesagt: „... Tötet die, die ihre Religion ändern" (James Robson 1975:752). Allgemein kann man sagen, daß, je fundamentalistischer ein Moslem, desto eher ist er dazu geneigt, diese radikale Haltung einzunehmen, und je synkretistischer, desto toleranter ist er in dieser Hinsicht. Aufgrund der weitverbreiteten Annahme dieses „Abtrünnigkeitsgesetzes" unter Moslems, wird der gesamte Entscheidungsprozeß, den ein Moslem durchläuft, wenn er Christ wird, von einer großen Angst begleitet. In den meisten Fällen ist diese Angst völlig begründet, und es ist wahrscheinlich der häufigste Grund, warum nicht mehr Moslems Christen werden.

Obwohl es im Koran einen Vers gibt, der lautet: „In der Religion gibt es keinen Zwang [d. h., man kann niemand zum [rechten] Glauben zwingen]" (Koran 2:256), widerspricht er dennoch nicht den vorher erwähnten Autoritäten, die raten, einen Moslem, der Christ wird, zu töten. Wenn übrigens orthodoxe Moslems von der „Religionsfreiheit" sprechen, meinen sie, daß alle anderen die Freiheit haben, Moslems zu werden, aber Moslems haben nicht die Freiheit, ihre Religion zu ändern.

Wenn wir uns wieder der Frage der Bekehrung zuwenden, dann sollten wir uns daran erinnern, daß es für den fragenden Moslem von Anfang an eine Frage von Leben und Tod ist. Gott sei Dank dafür, daß in einem Land wie Indonesien Millionen von Moslems zu Christus gefunden haben, ohne ihr Leben zu lassen. Trotzdem ist die Bedrohung allgegenwärtig und hängt wie eine dunkle Wolke über dem Moslem, der sich nach dem Glauben zu Christus ausstreckt. Für Moslems, die Christen werden, ist es keine Seltenheit, daß, auch wenn ihr Leben nicht in Gefahr ist, sie doch von ihren Familien enteignet werden, ihre Arbeitsstelle verlieren oder aus der Universität hinausgeworfen werden. Falls sie verheiratet sind, können ihnen ihre Ehepartner und Kinder weggenommen werden, falls sie ledig sind, wird ihnen das Recht verweigert, jemand aus ihrem eigenen Volk zu heiraten, oder sie verlieren das Recht auf eine zukünftige Arbeitsstelle. Sie werden im allgemeinen von allen normalen familiären und gesellschaftlichen Beziehungen abgeschnitten. Anders ausgedrückt, sie werden aus der Gesellschaft ausgestoßen. Wir wollen uns Zeit nehmen, um die verschiedenen Ebenen des Traumas zu betrachten, die jemand möglicherweise durchlaufen muß, wenn er den Islam verläßt.

Das Trauma der Loyalitätsänderung

Als Paulus den Auftrag bekam, unter Nichtjuden zu arbeiten, sagte Jesus zu ihm:

> Ich ... sende [dich], ihre Augen zu öffnen, daß sie sich bekehren von der Finsternis zum Licht und von der Macht des Satans zu Gott, damit sie Vergebung der Sünden empfangen und ein Erbe unter denen, die durch den Glauben an mich geheiligt sind. (Apg 26:17-18)

Zunächst kommt es zu dem Schock, den Islam mit offenen Augen zu „sehen". Im Licht von Jesus Christus wird sein antichristliches Wesen offensichtlich. Die Funktion des christlichen Arbeiters besteht darin, dem Moslem mit Hilfe des Wortes Gottes und des Heiligen Geistes zu helfen, die Wahrheit in Jesus Christus zu „sehen", und ihn gleichzeitig mit den Unwahrheiten der Lehrsätze des Islam in Kontakt zu bringen. Das Resultat ist eine Kehrtwendung von der Macht Satans hin zu Gott. Es handelt sich also um das Trauma, sich einer Macht (Satan) zu entziehen und sich unter eine andere Macht (Christus) zu stellen. Dabei stachelt Satan meistens seine Leute auf, dem Neubekehrten körperlichen Schaden anzudrohen. Es kommt unweigerlich zu einem Schock, wenn der Neubekehrte feststellt,

410

daß das, was er vorher als eine annehmbare Religion angesehen hat, eigentlich eine Bindung an den Feind Gottes selbst ist. Das grundsätzliche Trauma besteht darin, der Hand Satans entrissen zu werden. Alle anderen Formen von Traumata haben darin ihren Ursprung.

Das Trauma des gebrochenen Stolzes

Als religiöses System spricht der Islam unterschwellig den menschlichen Stolz an. Wenn man alle geforderten Pflichten des Islam erfüllt, dann erlangt man angeblich durch seine eigenen Anstrengungen den Zutritt zum Paradies. Moslems glauben, daß der Mensch nicht als Sünder geboren wird, sondern lediglich schwach ist. Wenn Moslems Christen werden, geschieht es oft deshalb, weil sie sich darüber klar werden, daß sie in Wirklichkeit sündig sind und einen Erlöser benötigen. Der verstorbene Dr. Kamel Hussein, ein bekannter Chirurg und Schriftsteller aus Kairo, ist wahrscheinlich der erste Moslem von Rang, der sich darüber äußerte, was die Kreuzigung Jesu (oder versuchte Kreuzigung aus moslemischer Sicht) durch die religiösen Juden über ungerechtfertigten menschlichen Stolz und seine Unfähigkeit, einen gerechten Mann zu verteidigen, aussagt. In *City of Wrong: A Friday in Jerusalem* schreibt er:

> *Rein menschlich gesehen jedoch, gibt es keinen Zweifel darüber, daß sie einen Fehler begingen. Sie ließen es zu, daß das unmißverständliche Recht geschändet wurde. Sie öffneten ihre Religion dem Aussterben, ihren Propheten (Jesus) üblem Unrecht und sich selbst der Vernichtung ... sowohl ihre Vorgehensweise, die von ihrer Vernunft gutgeheißen wurde, als auch die Führung, die sie von ihren Überlegungen und Intuitionen ableiteten, erwiesen sich beide als wertlos (Hussein 1959:120). Trotz des Wissens, daß sie zu dem geschehenen*

Unrecht beigetragen hatten, und daß sie einer gemeinsamen Vereinbarung zufolge handelten, litten die Jünger unter Selbstvorwürfen, denn sie sahen sich selbst als individuell verantwortlich (Hussein 1959:123).

Für eine sensible Person wie Hussein gab es nur eine Schlußfolgerung. Religiöse Männer und Frauen, die ihr Bestes taten, versagten und entzogen so dem menschlichen Stolz jede Grundlage. Für einen Moslem beinhaltet die Bekehrung demnach ein Brechen mit dem religiösen Stolz. Leider vertreten die meisten Moslems eine andere Meinung, und zwar, daß sich der Mensch durch seine guten Werke selbst retten kann und daß Jesus nicht für die Sünden der Menschen gekreuzigt wurde, sondern daß Gott Jesus rettete und ihn lebendig in den Himmel holte, bevor er sterben konnte.

Das Trauma des Sich-selbst-Sterbens

Wenn jemand mir nachkommen will, verleugne er sich selbst und nehme sein Kreuz auf täglich und folge mir nach! (Lk 9:23)

In all den Jahren meines Dienstes unter Moslems habe ich sehr oft diese Worte gehört: „Herr McCurry, die Lehre des Christentums ist unpraktisch, ja sogar unmöglich. Es ist nicht ‚natürlich‘, reine Gedanken zu haben. Die Menschen können nichts dagegen tun, andauernd sexuelle Gedanken zu haben. Es ist unmöglich, seine Feinde zu lieben. Man muß sie hassen und sich an ihnen rächen wollen. Kommen Sie doch zum Islam. Es ist die Religion des natürlichen Menschen. Sie ist auf Menschen wie uns zugeschnitten." Die Vorstellung der „Neugeburt" ist dem Islam völlig fremd. „Komme, wie du bist. Bekenne nur: ‚Es ist kein Gott außer Allah, und Mohammed ist sein Prophet‘, und du bist o.k." Ein Moslem zu werden, ist sehr leicht, ohne jegliche Anstrengung; aus dieser Religion wieder auszutreten, ist jedoch etwas ganz anderes, wie wir schon vorher gesehen haben.

Die „Neugeburt" beinhaltet, eine Welt zu verlassen und in eine neue Welt einzutreten; das Reich der Finsternis zu verlassen und in das Reich des geliebten Sohnes Gottes zu kommen. Es bedeutet zuzugeben, daß man nicht fähig ist, sich selbst vor Gott zu rechtfertigen, daß die Familie, die Gemeinschaft und die Nation alle versagt haben, um einen „richtigen" Lebensweg zu weisen. Der Ruf nach einer Neumachung und Neuerschaffung im Bilde Gottes ist ein traumatisches Erlebnis und ein niederschmetternder Schlag für alle, die davor versucht haben, sich durch ihre „guten" Werke selbst zu rechtfertigen.

Das Trauma,
Gott über die Familie zu stellen

Für den Durchschnittsmoslem bedeutet die Familie alles, zumindest im Mittleren Osten. Die Vorstellung des extremen Individualismus, wie wir ihn im Westen kennen, ist dem Islam völlig fremd. Die Familie trifft die Entscheidungen, das Heiraten wird arrangiert. Neben der Großfamilie wird erwartet, daß man der Dorfgemeinschaft seine Loyalität gibt. Im Islam kommt es praktisch nie vor, daß ein Moslem daran denkt, sich von seiner Familie oder Gemeinschaft zu trennen. Wo soll er sonst hingehen? Worin findet er sonst seine Sicherheit? Zu wem gehört er? Woher bekommt er sonst seine Bedeutung? Was ist seine Identität? Menschlich gesehen finden Moslems ihre Bedeutung letztlich in der Zugehörigkeit zum Haushalt des Islam (*Dar Al-Islam*). Eine der Fragen, die sich ein Moslem stellt, wenn er sich mit der Frage der Bekehrung beschäftigt, ist: „Wer wird meine neue Gemeinschaft sein, meine neue Familie, mein neuer gesellschaftlicher Kontext?" Für den normalen Moslem ist das Trauma, Vater, Mutter, Frau, Kinder oder Land zu verlassen, tatsächlich sehr groß. „Wollt ihr denn recht leiten, wen Gott irregeführt hat?" Diese Worte aus dem vorher zitierten Vers (Koran 4:88) verbieten den Angehörigen einer moslemischen

Gemeinschaft, Familienmitgliedern oder ehemaligen Freunden, die Christ geworden sind, zu helfen.

Die Fälle von drei jungen Männern aus Saudi-Arabien, die Christen wurden, sollen das illustrieren. Alle drei bekehrten sich, als sie außer Landes waren, und alle waren so klug, nach Hause zu telefonieren, um ihren jeweiligen Vätern zu erzählen, was geschehen war. Das sind die Antworten, die die drei Väter gaben:

- „Komm nie wieder nach Hause. Falls du kommst, müssen wir dich töten."
- „Komm nach Hause, pack all deine persönlichen Sachen zusammen und verlasse das Land. Wir haben hier keinen Platz für dich."
- „Du kannst nach Hause kommen und deinen Glauben für dich ausüben, wenn du versprichst, niemand davon zu erzählen." (Das hat er dann auch gemacht.)

Falls man innerhalb des Landes überlebt, ist das Gefühl der Entfremdung allerdings überwältigend. Sehr wenige in Saudi-Arabien hatten bis vor kurzem den Mut oder die Ausdauer, ihren Glauben in dieser Atmosphäre der Ablehnung aufrechtzuerhalten. Die Antwort des dritten Vaters wirft die Frage nach den „heimlichen Gläubigen" auf. Ist jemand, der sich nicht über seinen Glauben äußert, wirklich ein Glaubender? Ich möchte in einer derartigen Situation nicht zu richten haben. Doch ich weiß, daß Jesus keine Kompromisse zuließ, als es darum ging, ihn öffentlich zu bezeugen:

Wenn jemand mir nachkommen will, verleugne er sich selbst und nehme sein Kreuz auf sich und folge mir nach! Denn wer sein Leben erretten will, der wird es verlieren; wer aber sein Leben verliert um meinetwillen und um des Evangeliums willen, der wird es erretten. Denn was nützt es einem Menschen, die ganze Welt zu gewinnen und sein Leben einzubüßen? Denn was könnte

ein Mensch als Lösegeld für sein Leben geben?
Denn wer sich meiner und meiner Worte schämt
unter diesem ehebrecherischen und sündigen
Geschlecht, dessen wird sich auch der Sohn des
Menschen schämen, wenn er kommen wird in
der Herrlichkeit seines Vaters mit den heiligen
Engeln. (Mk 8:34-38)

Das Trauma des Verlusts von Ehepartner und/oder Kindern

In der Hadith steht ganz deutlich, daß, wenn sich ein verheirateter Mann vom Islam abwendet, ihm die Ehefrau und die Kinder genommen werden müssen. Wenn eine verheiratete Frau Christ wird, kann der Mann mit ihr machen, was er will, das heißt, sie entweder behalten oder sich von ihr scheiden lassen (Zwemer 1924:34). Im Fall einer unverheirateten Person hat diese praktisch keine Aussicht, einen Ehepartner zu finden. Die Konsequenz des Christwerdens ist sehr grausam. Der oder die Neubekehrte befindet sich plötzlich in einer völlig unnatürlichen Situation, muß das Leben ohne Ehepartner meistern und hat keine Aussicht, je eine Familie zu gründen.

Der Dienst an den traumatisierten Menschen

Ein Angehöriger der moslemischen Gemeinschaft darf Moslems, die den Glauben verlassen, in keiner Weise helfen oder für sie Fürbitte tun (Koran 4:89). Sie werden als Verräter der Gemeinschaft und Abtrünnige betrachtet. Man darf keine Barmherzigkeit zeigen. Der Zutritt zu Bildungsinstituten wird ihnen verweigert, ihre berufliche Karriere darf auf keinen Fall gefördert werden. Eine der unheilvollen Entwicklungen in der arabischen Welt von heute ist die Zunahme des Fundamentalismus. In Ägypten sagte ein Sprecher dieser Partei in aller Öffentlichkeit, daß sie die Christen aus dem Land vetreiben werden. Gaddafi aus Libyen sagte, daß es so etwas wie einen arabischen Christen nicht geben dürfe. Sein Rezept für den Frieden im Libanon war, wie man sich erinnert, alle zum Christentum Bekehrten zu töten oder alle arabischen Christen aus dem Libanon zu vertreiben. Alles das stellt natürlich den „schlimmsten möglichen Fall" dar, und wenn die islamischen Fundamentalisten an die Macht kommen, wird es sich im Herzen der arabischen Welt auch so abspielen. Doch das Erstaunliche ist, daß Moslems sogar in diesen überaus schwierigen Umständen zu Christus finden, sogar in Saudi-Arabien. Der christliche Arbeiter muß sich bewußt sein, welch großes Risiko ein Moslem eingeht, wenn er zu Christus kommt, und muß, soweit möglich, alles in seiner Macht stehende tun, diesen Opfern eines der schlimmsten totalitären Systeme der Welt zu dienen.

Kapitel 35

Die Kosten der Jüngerschulung

Wir sind in eurer Mitte zart gewesen, wie eine stillende Mutter, die ihre Kinder pflegt. So, in Liebe zu euch hingezogen, waren wir willig, euch nicht allein das Evangelium Gottes, sondern auch unser eigenes Leben mitzuteilen, weil ihr uns lieb geworden wart. (1 Thess 2:7,8)

Für einen Christen, der andere zu Jüngern macht, und in einer wunderbar freien, westlichen Gesellschaft lebt, hat Jüngerschulung seinen Preis, wie der oben zitierte Vers zeigt. Es bedeutet, viel Zeit und Energie zu investieren, doch es spielt sich im normalen täglichen Leben ab. Man riskiert keine Nachforschungen durch die Polizei, keine besonderen Krisen, vielleicht nicht einmal eine finanzielle Belastung, und wahrscheinlich bekommt man keinen schlechten Ruf, keine Schande und vor allem schwebt man nicht in Gefahr. In einer geschlossenen, totalitären Gesellschaft kann sich alles das plötzlich radikal ändern. Verwandte deines Jüngers informieren die Polizei über verdächtige Aktivitäten. Die Polizei sucht ihn auf, er wird verhört, es kann sein, daß dein Name fällt. Der Arbeitgeber wird verständigt, und dein Jünger verliert seinen Arbeitsplatz. Die Schwiegereltern versuchen, ihm oder ihr die Kinder wegzunehmen, und falls es sich um einen männlichen Bekehrten handelt, wird auch versucht, ihm die Frau wegzunehmen. Dein Schüler fällt in eine tiefe Depression, und deine Karriere als Missionar oder Zeltmacher könnte gefährdet sein. Diese Geschichte kann sich in vielen verschiedenen Variationen ereignen.

Welche Rolle soll man einnehmen? Wie kann man unterstützend tätig sein? Man stelle sich vor, man lebt in dem gleichen Land oder sogar in der gleichen Stadt. Wird der Schüler mich sehen wollen? Wird er durch mich in Schwierigkeiten kommen? Wie kann man den Kontakt aufrechterhalten? Was ist, wenn man außerhalb des Landes lebt, als ein nicht vor Ort lebender Ausbilder von Jüngern? Wie wird man vorgehen? Vielleicht ist man auch selbst ein Bruder oder eine Schwester mit gleicher Staatsangehörigkeit und wohnt in der Nähe. Weitere Aktivitäten könnten dann auch dich in Schwierigkeiten mit der Polizei bringen. Wird man das riskieren, um weiter Hilfe zu leisten? Das sind Fragen, mit denen ein christlicher Arbeiter in einem geschlossenen, totalitären, moslemischen Land eventuell leben muß. Hier einige Beispiele, die sich tatsächlich ereignet haben.

In Malaysia wurden die chinesischen Christen, die eine wichtige Rolle dabei spielten, Moslems zu Jesus zu führen, gemeinsam mit den Neubekehrten ins Gefängnis geworfen. Wer aus dem Netz der Polizei entkam, wanderte aus. In Marokko werden die ausländischen christlichen Arbeiter in regelmäßigen Abständen aus dem Land vertrieben (Gott sendet dann später neue). In der Türkei sind Moslems, die zu Christus gefunden haben, in einigen Großstädten in gewaltige Rechtskämpfe verwickelt. Ausländische Arbeiter werden ständig überprüft. In den nördlichen moslemischen Teilen von Nigeria wurde eine Unmenge von Kirchen niedergebrannt und Pastoren wurden ermordet. In Saudi-Arabien beschlagnahmt die Religionspolizei Bibeln, beendet Gebetsversammlungen und verbietet Gottesdienste für ausländische Christen. Die Spannung steigt auch in dem von Armut geschlagenen Ägypten. Tausende von orthodox-koptischen Christen haben unter dem harten wirtschaftlichen Druck der Moslems, die unter anderem androhen, die Bewässerungsleitungen für ihre Farmen zuzudrehen, klein beigegeben und werden Moslems. Ein erst vor kurzem vom Islam zum Christentum Bekehrter starb unter Folter in diesem Land.

Darüber hinaus fragen sich die ausländischen Arbeiter, wann einer ihrer Schüler der Polizei im Verhör preisgeben wird, wer ihnen dabei geholfen hat, Christ zu werden.

So unglaublich es auch scheinen mag, trotz der aufgeführten Beispiele werden nicht nur in den genannten Ländern, sondern in buchstäblich jedem moslemischen Land der Welt, und sogar unter den moslemischen Minderheiten in nicht-moslemischen Ländern, Menschen in der Jüngerschaft geschult. Es ist ein Zeichen der universalen Liebe Gottes für diese verlorenen Völker, daß er für seine Arbeiter oder Arbeiterinnen Wege findet, wie sie hingehen und evangelisieren und zu Jüngern machen können, selbst angesichts eines solchen Widerstands.

Das führt uns zu der Frage, was unter solch widrigen Umständen überhaupt getan werden kann. Ich werde einige Ideen geben und Vorschläge machen, die hilfreich sein können. Einige davon sind allgemeingültig und sollten in allen Umständen betont werden, gleichgültig ob man mit Einschränkungen oder in relativer Freiheit lebt. Andere sind in Gesellschaften, wo mehr Freiheit und Toleranz herrscht, nicht notwendig. Wir wollen nun einige Vorschläge betrachten, wie man in diesen Ländern mit beschränktem Zugang Menschen zu Jüngern machen kann.

Die absolute Notwendigkeit der Fürbitte im Leben eines Christen, der Jünger schult

Ehe wir darauf eingehen, wie man sich in einer persönlichen Jüngerschulung verhalten sollte, müssen wir etwas ansprechen, das vielleicht von allen Dingen, die man tun kann, das wichtigste ist, und zwar das Fürbittegebet.

Eine der faszinierenden Geschichten aus dem Leben von Missionaren der alten China-Inland-Mission handelt von dem Missionar, der ein sehr großes, schwer zugängliches Gebiet in den Bergen abzudecken hatte. Gott gab ihm in seiner Gnade einen sehr fruchtbaren Dienst in verschiedenen Dörfern und Städten in diesem weiten Gebiet. Aufgrund der Schwierigkeiten mit den Reisen und der Zeit konnte er die neubekehrten Christen nicht so oft besuchen, wie er es gern gewollt hätte. Er beschloß, für diejenigen, die er nicht sehr oft besuchen konnte, mehr Zeit im Gebet zu verbringen. Nach einigen Monaten wurde es offensichtlich, daß die Christen, für die er mehr gebetet hatte, besser zurechtkamen als die, die er öfter hatte besuchen können. Natürlich kann man aus dieser Geschichte ganz subjektive Schlußfolgerungen ziehen, doch ich neige dazu zu glauben, daß das größere Wachstum direkt mit der ernsthaften Fürbitte zu tun hatte, die dort investiert worden war. Letztlich ist es Gott, der für das Wachstum eines Christen verantwortlich ist. Wenn wir beten, lassen wir Gott tun, was er von Herzen selber tun will. Wir wollen uns das Beispiel von Jesus anschauen.

Jesus wußte sehr wohl, wie seine Jünger waren, und da er im Fall von Petrus das Schlimmste voraussah, betete er für ihn. Man erinnert sich, was damals geschah: Petrus, der „Fels", geriet ins Wanken, als Jesus verhaftet wurde. Nachdem Petrus damit geprahlt hatte, daß selbst wenn alle anderen Jünger Jesus verlassen würden, er das auf keinen Fall täte, verleugnete er Jesus dreimal! Doch noch war nicht alles verloren. Petrus selbst hielt die kraftvolle Predigt am Pfingsttag, als dreitausend Männer ihr Leben Jesus Christus anvertrauten. Wodurch wurde diese bemerkenswerte Verwandlung möglich? Jesus hatte für ihn gebetet, noch ehe die Verleugnung geschah: „Simon, Simon! Siehe, der Satan hat euer begehrt, euch zu sichten wie den Weizen. Ich aber habe für dich gebetet, daß dein Glaube nicht aufhöre. Wenn du einst zurückgekehrt bist, so stärke deine Brüder!" (Lk 22:31,32). „Ich habe für dich gebetet, Simon, daß dein Glaube nicht aufhöre." Sein Glaube geriet eine kurze Zeit ins Wanken, aber dennoch hörte er nicht auf. Petrus war nicht verloren; Jesus sah den Fall von Petrus voraus; er erwartete ihn. Er betete für ihn, ging zu ihm zurück, befragte ihn vor allen anderen Aposteln und erhielt von ihm eine dreifache Bestätigung seines Glaubens, die jedesmal von einer Bestätigung seines Auftrags begleitet wurde: „Weide meine Lämmer! ... Hüte meine Schafe! ... Weide meine Schafe!" (Joh 21:15-17). Jesus verstand ihn, er fing Petrus auf. Doch noch ehe er ihn wieder einsetzte, betete er: „Ich habe für dich gebetet." Die Bibel sagt uns nicht viel über den Inhalt der Gebete Jesu. Deshalb ist die Erwähnung dieses bestimmten Gebets so wichtig.

In der Arbeit unter Moslems, wo eine sehr grausame Verfolgung herrscht, sollte es da nicht eine unserer grundlegenden Aktivitäten sein, zu beten, daß der Glaube unserer Jünger nicht aufhört, sondern bleibt? Im Leben von Paulus gibt es verschiedene Passagen, die uns sein Herz und die Bedeutung der Fürbitte für seine Jünger zeigen:

> ... wie unablässig ich euch erwähne allezeit in meinen Gebeten. (Röm 1:9)
>
> Deshalb höre auch ich ... nicht auf, für euch zu danken, und ich gedenke euer in meinen Gebeten, daß der Gott unseres Herrn Jesus Christus, der Vater der Herrlichkeit, euch gebe den Geist der Weisheit und der Offenbarung in der Erkenntnis seiner selbst. Er erleuchte die Augen eures Herzens, damit ihr wißt, was die Hoffnung seiner Berufung, was der Reichtum der Herrlichkeit seines Erbes in den Heiligen und was die überragende Größe seiner Kraft an uns, den Glaubenden, ist, nach der Wirksamkeit der Macht seiner Stärke. (Eph 1:15-19)
>
> Er gebe euch nach dem Reichtum seiner Herrlichkeit, mit Kraft gestärkt zu werden durch seinen Geist an dem inneren Menschen; daß der Christus durch den Glauben in euren Herzen wohne und ihr in Liebe gewurzelt und gegründet seid, damit ihr imstande seid, mit allen Heiligen völlig zu erfassen, was die Breite und Länge und Höhe und Tiefe ist, und zu erkennen die Erkenntnis übersteigende Liebe von Christus, damit ihr erfüllt werdet zur ganzen Fülle Gottes. (Eph 3:16-19)
>
> Ich danke meinem Gott bei jeder Erinnerung an euch allezeit in jedem meiner Gebete und bete

für euch alle mit Freuden wegen eurer Teil-
nahme am Evangelium vom ersten Tag an bis
jetzt. Ich bin ebenso in guter Zuversicht, daß der,
der ein gutes Werk in euch angefangen hat, es
vollenden wird bis auf den Tag Jesu Christi. So
ist es für mich recht, daß ich dies im Blick auf
euch alle denke, weil ich euch im Herzen habe
... wie ich mich nach euch allen sehne mit der
herzlichen Liebe Jesu Christi. (Phil 1:3-8)

Paulus hatte wirklich ein Herz für seine Jünger! Er dankte Gott
für sie. Sein Ziel ist, sie mit der ganzen Fülle Gottes erfüllt zu
sehen. Er möchte, daß sie voller Hoffnung sind, Gottes Liebe
verstehen, fähig sind, in der Kraft Gottes zu handeln. Er wollte,
daß sie Gott besser kennenlernen. Er wollte, daß Christus durch
den Glauben in ihren Herzen wohnt. Er opferte seine Zeit, um
für diese Qualitäten im Leben seiner Jünger zu beten. Und er
war sicher, daß Gott diese Gebete erhören würde, weil er seine
Jünger „in seinem Herzen" hatte.

Die Notwendigkeit, Liebe zu zeigen

Zusätzlich zu dieser Gewohnheit der Fürbitte, zeigte Paulus
eine persönliche Fürsorge und Liebe für seine Jünger. Der Teufel weiß, wie er aus dem Leid der Menschen Kapital schlagen
kann, indem er in ihnen ein Gefühl der Einsamkeit, Entfremdung und Ablehnung erzeugt. „Keiner kümmert sich um dich.
Kehre um, dort wird man dich akzeptieren. Dieses Leid wird
vorbei sein, wenn du dich wieder dem Islam zuwendest." Wo
keine Liebe und kein sich kümmernder Mentor oder keine sich
kümmernde Gemeinschaft vorhanden ist, können sich Mißverständnisse, Bitterkeit oder Wut im Herzen eines neubekehrten
Christen breitmachen und damit dem Teufel die Tür öffnen.

So unglaublich es auch scheinen mag, Gott hat uns anscheinend das Vorrecht und die Verantwortung gegeben, uns um
diese jungen Christen zu kümmern. Und was wir tun, hat eine

Bedeutung. Man kann diese vielleicht am besten durch einen Vergleich mit neugeborenen Babys illustrieren. Wenn Liebe und Fürsorge, Berührung und Zuneigung vorhanden sind, blühen Babys auf. Bleiben sie sich selbst überlassen, werden sie meist kränklich und sterben sogar. Ist es möglich, daß Menschen auf geistlicher Ebene genauso reagieren? Ich denke schon. Leider kenne ich kein Dokument oder keine Studie, die das beweist, lediglich meine eigenen Beobachtungen über eine lange Zeit. Menschen brauchen Liebe, Bestätigung, Zuneigung, Berührung, ein Gefühl, daß jemand für sie sorgt, ein Gefühl der Bedeutsamkeit und die Gewißheit, daß sich jemand dafür interessiert, was mit ihnen geschieht. Für Menschen, die aus dem feindseligen Islam kommen, ist das vielleicht sogar noch wichtiger.

Es stimmt, daß Jesus gesagt hat, daß er uns nie verlassen oder aufgeben wird (siehe Hebr 13:5). Einige Neubekehrte haben dieses Gefühl der Gegenwart des Herrn von Anfang an und verlieren es scheinbar nie. Andere müssen da erst hineinwachsen, meistens, indem sie es von einem älteren reiferen Christen lernen. Im Leben unseres Herrn Jesus Christus sehen wir, daß er die Jünger einlud, mit ihm zu sein. Sie konnten seine Fürsorge und seine Liebe zu jeder Zeit spüren. Er hörte nicht auf, sie zu lehren, zu unterweisen, ihnen seine Kraft, Weisheit und Vision mitzuteilen. Er wusch ihre Füße, und am Ende starb er sogar für sie.

Damit wir nicht denken, daß Jesus eine Ausnahme war, und sein Beispiel nicht nachgeahmt werden kann, wählte Gott einen gewöhnlichen Mann, den Rabbi Saulus von Tarsus, der sogar Christen ermordet hatte, jemand, der aus dem gleichen Holz geschnitzt war wie wir, und setzte ihn uns als ein Beispiel für diese gleiche liebende Fürsorge.

Am Anfang dieses Kapitels haben wir aus dem Brief von Paulus an die Thessalonicher zitiert. Dabei erfuhren wir, daß Paulus sanft war wie eine Mutter mit ihren Kindern, der für sie sorgt und sie so sehr liebt, daß er bereit war, sein Leben für sie zu geben. Er sagte: „Ich sehne mich nach euch mit der herzlichen Liebe Jesu Christi" (Phil 1:8). Jesus hat sich für uns alle hingegeben und sein Geist lebte in Paulus, wie er auch in Christen heute lebt. Paulus hatte eine große Liebe für seine Jünger, die ihn dazu bewegte, sie aufzusuchen: „Nach einigen Tagen aber sprach Paulus zu Barnabas: Laß uns zurückkehren und die Brüder besuchen in jeder Stadt, in der wir das Wort des Herrn verkündigt haben, und sehen, wie es ihnen geht" (Apg 15:36). Wenn Paulus die Menschen nicht persönlich besuchen konnte, sandte er entweder jemand an seiner Stelle oder schrieb Briefe. Die folgenden Zitate sind Beispiele dafür, daß er andere an seiner Statt sandte:

An die Jünger in Ephesus

Damit aber auch ihr meine Umstände wißt, wie es mir geht, wird Tychikus, der geliebte Bruder und treue Diener im Herrn, euch alles berichten. Eben deshalb habe ich ihn zu euch gesandt, damit ihr unsere Umstände erfahrt und er eure Herzen tröste. (Eph 6:21,22)

An die Jünger in Kolossä

Alles, was mich angeht, wird euch Tychikus mitteilen, der geliebte Bruder und treue Diener und Mitknecht im Herrn. Ihn habe ich eben deshalb zu euch gesandt, daß ihr unsere Umstände erfahrt und er eure Herzen tröste. (Kol 4:7,8)

An die Jünger in Philippi

Ich hoffe aber im Herrn Jesus, Timotheus bald zu euch zu senden, damit auch ich guten Mutes sei, wenn ich um euer Ergehen weiß ... Diesen nun hoffe ich sofort zu senden, wenn ich meine Lage übersehe. (Phil 2:19,23)

Außer persönliche Boten zu senden, um zu trösten und zu ermutigen, nahm sich Paulus auch die Zeit, Briefe an einzelne Personen zu schreiben (Timotheus, Titus, Philemon), an Gemeinden, die er gegründet hatte (Galater, Epheser, Philipper, Thessalonicher) und an Gruppen von Christen an Orten, die er noch nicht besucht hatte (Kolossä, Rom). Es benötigte Zeit, um diese Briefe zu schreiben. Obwohl es nur Briefe sind, wurden sie zu einer Schatzkammer für praktischen pastoralen Rat, theologische Abhandlungen erster Güte und Lektionen in Missionsphilosophie und -strategie. Paulus benutzte diese Briefe auch, um mit allen möglichen Leuten Grüße auszutauschen, und gab sogar die Grüße anderer an seine Leserschaft weiter. Damit vermittelte er ein Gefühl der Einheit und gegenseitiger Fürsorge in dem wachsenden Leib Christi. Diese letzte Funktion der Briefe kann einen sehr stabilisierenden Effekt auf isolierte Gläubige haben, die sich wundern, welche Bedeutung die Bewegung hat, der sie beigetreten sind. Alles das erfordert eine enorme Investition an Energie und Zeit und wird in der Tat zu einer Vollzeitbeschäftigung.

Das Gewinnen und Schulen neuer Christen birgt jegliche Art von Risiko. Man betrachte nur eingehend diese Liste von Bedrängnissen, die Paulus als „Kosten der Jüngerschulung" aufführt:

> ... *ich bin öfter gefangen gewesen, ich habe mehr Schläge erlitten, ich bin oft in Todesnöten gewesen; von den Juden habe ich fünfmal empfangen vierzig Schläge weniger einen; ich bin dreimal mit Ruten geschlagen, einmal gesteinigt worden; dreimal habe ich Schiffbruch erlitten, einen Tag und eine Nacht trieb ich auf dem tiefen Meer; ich bin oft gereist, ich bin in Gefahr gewesen durch die Flüsse, in Gefahr unter den Räubern, in Gefahr unter den Juden, in Gefahr unter den Heiden, in Gefahr in den Städten, in Gefahr in den Wüsten, in Gefahr auf dem Meer, in Gefahr unter den falschen Brüdern; in Mühe und Arbeit, in viel Wachen, in Hunger und Durst, in viel Fasten, in Frost und Blöße; ohne was sich sonst zuträgt, nämlich daß ich täglich werde angelaufen und trage Sorge für alle Gemeinden. (2 Kor 11:23-28)*

Das alles hat damit zu tun, auf welche Weise und in welchem Ausmaß man sich dafür einsetzt, junge Gläubige in der Jüngerschaft zu schulen. Zu sagen, daß es viel kostet, ist zu flach ausgedrückt. Es könnte das Leben kosten. Die Frucht deiner Liebe und Hingabe an deinen Schüler wird sein, daß er dir vertraut und auf deine Leitung und Lehre eingehen wird. Ohne diese Verbindung des Vertrauens, besonders in einer so feindlichen Umgebung, kann eine Jüngerschulung nicht geschehen.

Diesen Dienst in bestimmten moslemischen Ländern mit „beschränktem Zugang" auszuführen, mag wohl schwierig sein, aber nicht unmöglich. Wo moslemische Regierungen die Visas kontrollieren, wo die Geheimpolizei allgegenwärtig ist, und wo „gute" moslemische Nachbarn und Verwandte als Informanten für die Polizei agieren, kann es sehr hart sein. Doch überraschenderweise werden trotzdem weiterhin Jünger geschult. Der Einfallsreichtum der Diener Gottes ist unglaublich. Sowohl männliche als auch weibliche Jüngerschaftslehrer können als Touristen, Geschäftsleute oder Leute mit beruflichen Fähigkeiten oder als Studenten oder Lehrer auftreten. Sie können auch über ausgebildete Einheimische arbeiten, die bereit sind, in diesen „verschlossenen" Ländern ein- und auszugehen. Der Einsatz von Radioprogrammen, Post, Audio- und Videokassetten und von Hand überliefertem Material ist von großem Nutzen. Das Wichtigste im Leben eines Jüngerschaftslehrers ist, das Herz dafür zu haben. Wenn ein solches Herz vorhanden ist, wird auch ein Weg gefunden werden.

Vielleicht sollten wir uns an dieser Stelle erinnern, daß Gott selbst eine aktive Rolle in der Jüngerschulung spielt. Paulus schrieb in 1 Korinther 3:6: „Ich habe gepflanzt, Apollo hat begossen, Gott aber hat das Wachstum gegeben." Und Gott hat seine eigenen Wege, seine Jünger zum Wachstum zu befähigen: Träume, Visionen, die Eindrücke des Heiligen Geistes, das Aufmerken auf eine Stelle im Wort Gottes, und einfach dadurch, daß er seine wunderbare Gegenwart offenbart. In all dem bin ich sicher, daß diese Dinge eine Frucht unseres Gebets für die jungen Gläubigen sind. Doch soweit wie möglich wird von uns erwartet, daß wir unseren Teil beitragen. Sogar unter idealen

Umständen, in einer freien Gesellschaft, kostet es viel, jemanden in der Jüngerschaft zu schulen. Es bedeutet, sein Leben in eine andere Person zu investieren. Wir können an dieser Stelle keine besseren Worte wählen als die Worte Jesu, in denen er den Sinn und Zweck seines Lebens erklärte: „Denn auch der Sohn des Menschen ist nicht gekommen, um bedient zu werden, sondern um zu dienen und sein Leben zu geben als Lösegeld für viele" (Mk 10:45).

Kapitel 36

Klare Ziele in der Jüngerschulung

Meine Kinder, um die ich abermals Geburts-
wehen erleide, bis Christus in euch Gestalt ge-
wonnen hat. (Gal 4:19)

Paulus drückt sein Anliegen für die Christen in Galatien auf
eine wunderbare Weise aus: „... bis Christus in euch Gestalt
gewonnen hat." Was bedeutet das in Wirklichkeit? Worum geht
es? Wie kann es geschehen? Und wie sehr unterscheidet sich
dieser Ansatz vom Islam! Moslems sind davon besessen, was
zu tun ist: „Wie übe ich diese Religion aus?" „Was ist die richtige Haltung beim Gebet?" „Wie nehme ich die rituelle Reini-
gung vor?" „Was sind genau die guten Taten, mit denen ich mir
das Paradies verdienen kann?" Dahinter steht eine noch tiefere
Frage: „Wie würde Mohammed es tun?" Unbewußt nimmt der
Moslem etwas vom Charakter Mohammeds und von dem Geist,
der ihn inspirierte, auf. Bei der Jüngerschulung eines Moslems,
der Christ wird, geht es darum, ihn von den Lehren und dem
Geist Mohammeds zu entwöhnen und zu ermöglichen, daß
Christus in dem jungen Gläubigen Gestalt gewinnt.

Das Bild Gottes

Um es zu verstehen, müssen wir zum ersten Kapitel der Bibel zurückkehren. Dort lesen wir: „Und Gott schuf den Men-

schen nach seinem Bild, nach dem Bild Gottes schuf er ihn; als Mann und Frau schuf er sie" (1 Mo 1:27). Als ich einmal zu einer Versammlung in einem Land mit beschränktem Zugang zu sprechen hatte, bemerkte ich einen malaysischen jungen Mann in der Versammlung chinesischer und indischer Christen. Ich fragte ihn später, wie er Christ geworden war. Mit einem Augenzwinkern antwortete er: „Indem ich das erste Kapitel der Genesis las." Das verlangte natürlich nach einer Erklärung, und hier ist das Wesentliche seiner Antwort:

Im gesamten Islam gibt es keine Lehre darüber, daß der Mensch nach dem Bild Gottes geschaffen ist. Der Islam lehrt uns, daß Gott hoch erhaben, transzendent, unerforschlich ist. Im Islam weiß niemand, wie Gott wirklich ist. Diese Worte „den Menschen nach dem Bild Gottes" faszinierten mich. Mit einem christlichen Freund und einer Bibel studierten wir dieses Thema. Wir entdeckten, daß Jesus die „Ausstrahlung der Herrlichkeit Gottes und Abdruck seines Wesens" ist (Hebr 1:3).

Jesus sagte selbst: „Wer mich gesehen hat, hat den Vater gesehen" (Joh 14:9).

Gott kann durch das Leben Jesu, den Messias, gesehen, verstanden und erkannt werden. Jesus wurde sowohl „Sohn Gottes" als auch „Sohn des Menschen" genannt. Jesus war das lebendige Beispiel des „Bildes Gottes" in menschlicher Form. Er war das Beispiel für das, was ich sein sollte.

Wir entdeckten auch die Worte von Paulus: „... bis wir alle hingelangen zur Einheit des Glaubens und der Erkenntnis des Sohnes Gottes, zur vollen Mannesreife, zum Vollmaß des Wuchses der Fülle Christi" (Eph 4:13). Und: „Denn in ihm wohnt die ganze Fülle der Gott-

heit leibhaftig; und ihr seid in ihm zur Fülle gebracht ..." (Kol 2:9,10).

Das gleiche Konzept lasen wir in 2 Kor 3:18: „Wir alle aber schauen mit aufgedecktem Angesicht die Herrlichkeit des Herrn an und werden so verwandelt in dasselbe Bild von Herrlichkeit zu Herrlichkeit, wie es vom Herrn, dem Geist geschieht."

Aus anderen Bibelstellen erfuhren wir, daß Christus selbst sagte, daß er in uns bleiben will (Joh 15:5), daß unsere Körper Tempel des Heiligen Geistes sind (1 Kor 3:16), daß der Heilige Geist auch der „Geist Gottes" und der „Geist Christi" genannt wird (Röm 8:9).

Das alles wurde zu einer überwältigenden, atemberaubenden Offenbarung. Gott schuf den Menschen ursprünglich nach seinem Bild. Das wurde durch die Rebellion des Menschen zerstört. Christus kam, um Gottes Bild in uns wiederherzustellen. Gott selbst wollte in uns bleiben. Alles kam zusammen. Auf einmal wußte ich, wer ich war und was ich sein sollte. Ich erkannte, daß Gott alles durch den Heiligen Geist, den Geist Christi, der in mir wohnt, bereitgestellt hatte, damit das geschehen konnte. Ich erkannte, daß Christus die absolut zentrale Rolle spielte und der Schlüssel dazu war, daß ich das werden konnte, wofür Gott mich ausersehen hatte und daß ich nur durch ihn Gott selbst verstehen kann. Er will in mir leben. Er möchte, daß das Bild seines Sohnes in mir Gestalt gewinnt. Er, der „Abdruck des Wesens Gottes", ist mein Vorbild, und noch mehr als das. Durch seinen Geist ist er die innere Dynamik meiner Verwandlung, der Wiederherstellung des Bildes Gottes in mir. Er ist derjenige, der die Tür zur Gemeinschaft mit Gott selbst öffnet.

Ich könnte noch hinzufügen, daß, obwohl wir nicht über den Tod und die Auferstehung Christi sprachen, es doch mit eingeschlossen war, als das große zentrale Ereignis, durch das alles andere erst möglich wurde.

Dieser junge Christ, der nicht wußte, wo er anfangen sollte, las das erste Buch Mose und entdeckte im ersten Kapitel, wer er war. Das führte ihn zu weiteren Nachforschungen darüber, was es bedeutet, nach dem Bild Gottes erschaffen oder wiedererschaffen zu werden, und er entdeckte die Notwendigkeit und die zentrale Rolle von Jesus im Plan Gottes für die Menschen. Er sah auch die austauschbaren Rollen von Gott, dem Vater, von Jesus und dem Heiligen Geist in diesem Erlösungsprozeß, weil verschiedene Stellen den einen oder den anderen Begriff benutzten, um Gottes innewohnende Gegenwart zu beschreiben. Das half ihm, die Einheit Gottes zu verstehen, ein Problem, das besonders Menschen moslemischer Prägung betrifft. Wie man sich erinnert, sind Moslems völlig überzeugt von der „Einheit" Gottes und haben große Schwierigkeiten zu verstehen, wie Vater, Sohn und Heiliger Geist eins sein können.

Das endgültige Ziel in der Jüngerschulung ist also Gott selbst, nach seinem Bild wiedererschaffen zu werden, ja sogar von ihm bewohnt zu werden. Dem jungen Christen muß deshalb geholfen werden, die Beziehung zu Gott und das Leben mit ihm zu entwickeln, so daß Christus in uns bleibt und wir in ihm (siehe Joh 15:5). Alle anderen Aspekte der Jüngerschulung drehen sich um das zentrale Ziel, daß Christus in uns lebt. Das wollen wir vermitteln, lehren und in das Leben unserer jungen Schüler hineinbauen. Sie müssen den Abglanz des in uns wohnenden Christus sehen. Durch die Kraft des Heiligen Geistes erzeugen wir das wiederum in unseren Schülern.

Die Rolle des Heiligen Geistes

Das erste Anliegen ist demnach, den jungen Christen die Notwendigkeit zu zeigen, mit dem Heiligen Geist erfüllt zu werden. Paulus schrieb an die Gläubigen in Korinth: „Oder wißt ihr nicht, daß euer Leib ein Tempel des Heiligen Geistes in euch ist, den ihr von Gott habt ...?" (1 Kor 6:19). Am Pfingsttag erklärte Petrus ganz deutlich: „Tut Buße, und jeder von euch lasse sich taufen auf den Namen Jesu Christi zur Vergebung eurer Sünden! Und ihr werdet die Gabe des Heiligen Geistes empfangen" (Apg 2:38). Jesus gab seiner ersten Gruppe von Jüngern die Anweisung, in Jerusalem zu warten, bis sie „mit der Kraft von oben bekleidet" würden (Lk 24:49). Bei einer anderen Gelegenheit sagte er: „Aber ihr werdet Kraft empfangen, wenn der Heilige Geist auf euch gekommen ist; und ihr werdet meine Zeugen sein ... bis an das Ende der Erde" (Apg 1:8). Es geht hier nicht um die Lehre, oder wie man dies oder jenes tut. Es geht um Gottes Gegenwart und Kraft. Jesus sagte: „Getrennt von mir könnt ihr nichts tun" (Joh 15:5).

Das ist deshalb so wichtig, weil es in dieser Welt nur zwei Mächte gibt, und wir entweder unter dem Einfluß der einen oder der anderen Macht stehen. Der Apostel Johannes schrieb: „Wir wissen, daß die ganze Welt in dem Bösen liegt" (1 Joh 5:19). Es geht also um die Frage: „Unter welcher Macht wollen wir leben?" Da die ganze Welt unter der Macht des Bösen steht, ist es absolut notwendig, die neuen Christen zu lehren, wie sie Christus in sich tragen und mit der Gegenwart und Kraft des Geistes Gottes erfüllt werden können.

Als Lehrer eines jungen Christen muß man ihn über die Kraftquellen des Heiligen Geistes unterrichten. Wenn der junge Christ anfangs eine Erfüllung mit dem Heiligen Geist erlebt hat, braucht man es nicht zu lehren, denn er hat den Heiligen Geist selbst erlebt. Doch wenn sich diese Erfüllung nicht sichtbar geäußert hat, dann muß man ihn lehren, den Heiligen Geist durch den Glauben zu empfangen, in der gleichen Weise, wie wir Christus empfangen haben. Es ist wichtig, ja sogar unerläßlich, daß der junge Christ die Verheißung des Heiligen Geistes versteht und empfängt, denn er ist eine große Kraftquelle. Und er muß gelehrt werden, daß man immer wieder vom Heiligen Geist erfüllt werden muß (Eph 5:18).

Man muß junge Christen anweisen, im Glauben das zu suchen, zu pflegen, dafür zu beten und zu empfangen, was Gott uns durch seinen Heiligen Geist geben will:

Jesus kommt zu uns und lebt in uns durch den Heiligen Geist (Joh 4:17,18).

Der Heilige Geist lehrt uns alle Dinge und erinnert uns an alles, was Jesus gesagt hat (Joh 14:26).

Der Heilige Geist bezeugt unserem Geist, und durch uns auch anderen, die Realität Jesu (Joh 15:26).

Der Heilige Geist überführt die Welt von Sünde, Gerechtigkeit und Gericht (Joh 16:8-11).

Der Heilige Geist wird uns in alle Wahrheit führen, er wird uns von Zukünftigem Kenntnis geben und den Gläubigen die Dinge Christi offenbaren (Joh 16:13).

Der Heilige Geist bringt in uns die „Frucht des Geistes" hervor, die sichtbare Offenbarung des Bildes Christi (Gal 5:22,23).

Der Heilige Geist beruft Menschen in die verschiedenen Dienste der Gemeinde (Eph 4:11).

Der Heilige Geist schenkt geistliche Gaben (1 Kor 12:28-30).

Der Heilige Geist salbt uns mit der Kraft, Zeugen zu sein (Apg 1:8, 4:31, 5:32).

Der Heilige Geist gibt die Visionen und Träume, aus denen die Vorstöße in der Arbeit für das Reich Gottes resultieren (Joel 2:28).

Es ist interessant, die Rolle des Heiligen Geistes im Leben und in der Lehre Jesu zu beobachten. Er verstand offensichtlich, auf welche Weise Gottes Reich funktioniert. Gott selbst, Gott, der Heilige Geist, wirkt durch erfüllte Gläubige. Bei der Taufe Jesu zum Beispiel wurde der Himmel aufgetan und der Geist Gottes kam auf ihn herab. Im Johannesevangelium heißt es sogar: „Denn der, den Gott gesandt hat, redet die Worte Gottes; denn er gibt den Geist nicht nach dem Maß" (3:34). Das verdeutlicht, was Sacharja Hunderte von Jahren vor dem Kommen Jesu prophezeit hatte: „Das ist das Wort des Herrn ...: Nicht durch Macht und nicht durch Kraft, sondern durch meinen Geist, spricht der Herr der Heerscharen" (4:6).

Geistlicher Kampf

Direkt nach der Unterweisung über den Heiligen Geist sollte eine Unterweisung über die Realität des geistlichen Kampfes erfolgen. Man würde dem jungen Christen einen sehr schlechten Dienst erweisen, wenn man ihn nicht über die geistlichen Kämpfe informierte, die um seine Seele und seinen Stamm, Clan, sein Volk oder seine Nation, ja sogar um die ganze Welt ausgefochten wurden und werden.

Wie schon dargestellt, war der Teufel hier auf der Erde als Adam und Eva erschaffen wurden und spielte eine wichtige Rolle bei ihrem Sündenfall, indem er sie betrog und dazu brachte, an der Güte und Weisheit Gottes zu zweifeln und sein Wort zu mißachten (1 Mo 3:1-5). Gott erklärte eine ewige Feindschaft zwischen Satan und der Menschheit und wies damit auf den Kampf hin, der zu der Zeit begann und in dem der Sohn des Menschen (Jesus) am Ende von Satan tödlich verwundet werden sollte, aber er prophezeite auch, daß Satan unter den Füßen Jesu zertreten werden würde, was sich in zwei Phasen abspielen sollte. Die erste Phase war, als Christus am Kreuz für die Sünden der ganzen Welt starb und Satan auf diese Weise jegliche Macht raubte, die Gläubigen anzuklagen und zu verdammen (siehe 2 Kor 2:14,15). Die zweite Phase wird sein, wenn der Herr Jesus Christus wiederkommen und das letzte und unwiderrufliche Gerichtsurteil gegen Satan aussprechen wird (siehe 2 Thess 2:8).

Durch den großen Sieg des Herrn Jesus Christus über Satan am Kreuz, und durch seine in uns wohnende Gegenwart durch seinen Geist haben wir eine gewisse Autorität und Macht über die Mächte der Finsternis; Macht, Dämonen auszutreiben und zu heilen (siehe Mt 10:1); Macht, dem Teufel zu widerstehen und ihn vor uns fliehen zu sehen (siehe Jak 4:7); göttliche Macht, Festungen zu zerstören und Vernünfteleien und jede Höhe, die sich gegen die Erkenntnis Gottes erhebt (siehe 2 Kor 10:4,5); und schließlich Macht, Satan am Ende unter unsere Füße zu treten (siehe Röm 16:20). Doch noch ist er nicht unter unseren Füßen zertreten, sondern der Kampf geht weiter. Wir

435

kämpfen nicht „gegen Fleisch und Blut" (Eph 6:12). Die Waffen unseres Kampfes sind nicht die Waffen dieser Welt, sie sind mächtig für Gott zur Zerstörung von Festungen (siehe 2 Kor 10:4). Uns wurde gesagt, daß der in uns (Jesus) stärker ist als der, der in der Welt ist (Satan) (siehe 1 Joh 4:4). Wir können ihm aktiv widerstehen (siehe Jak 4:7). Wir sind gewarnt worden, daß der Teufel umhergeht wie ein brüllender Löwe, der sucht, wen er verschlingen kann (siehe 1 Petr 5:8). Wir müssen unseren Jüngern das Wesen des geistlichen Kampfes zeigen, die Realität des geistlichen Feindes aller Menschen und wie man im Namen Jesu Autorität und Macht darüber ausüben kann.

Die unersetzliche Rolle des Wortes Gottes

Wenn man den Bericht von der Versuchung Jesu untersucht, stellt man fest, daß Jesus, statt seinen eigenen Namen und seine eigene Autorität zu benutzen, uns als Menschen zeigte, wie wir die Bibel benutzen sollen. Auf jede Versuchung Satans antwortete er mit: „Es steht geschrieben ...", und zitierte dann eine angemessene Antwort aus dem Wort Gottes (Mt 4:1-11). Im Garten Eden versagten Adam und Eva an dieser Stelle („Hat Gott wirklich gesagt ...?", 1 Mo 3:1). Bei Jesus geschah es nicht in einem Garten, sondern in einer kargen Wüste, wo Jesus Satan traf und ihm erfolgreich Widerstand leistete, indem er Gottes Wort zitierte.

Hier ein Beispiel der Antworten Jesu: „... nicht vom Brot allein soll der Mensch leben, sondern von jedem Wort, daß von dem Mund Gottes ausgeht" (Mt 4:4, ein Zitat aus 5 Mo 8:3).

Etwa um 1400 v. Chr. sprach Gott zu Josua (der hebräischen Form des Namens Jesus) folgende Worte: „Dieses Buch des Gesetzes soll nicht von deinem Mund weichen, und du sollst Tag und Nacht darüber nachsinnen, damit du darauf achtest, nach alledem zu handeln, was darin geschrieben ist; denn dann wirst du auf deinen Wegen zum Ziel gelangen, und dann wirst du Erfolg haben" (Jos 1:8). Vierhundert Jahre später (etwa 1000 v. Chr.) wird diese grundlegende Unterweisung von König David, dem Mann, der uns die Psalmen gab, wieder aufgenommen, als er darüber schreibt, wie sich der Gerechte verhalten soll: „... sondern seine Lust hat am Gesetz des Herrn und über sein Gesetz sinnt Tag und Nacht! Er ist wie ein Baum, gepflanzt an Wasserbächen, der seine Frucht bringt zu seiner Zeit, und dessen Laub nicht verwelkt; alles was er tut, gelingt ihm" (Ps 1:2,3). Ungefähr dreihundert Jahre nach David, etwa um 700 v. Chr., schreibt der Prophet Jesaja: „... Aber auf den will ich blicken: auf den Elenden und den, der zerschlagenen Geistes ist und der da zittert vor meinem Wort" (Jes 66:2).

Jesus sagte, als er seine Jünger, und damit auch uns alle, lehrte: „Wenn ihr in mir bleibt und meine Worte in euch bleiben, so werdet ihr bitten, was ihr wollt, und es wird euch geschehen" (Joh 15:7). Etwa dreißig Jahre nach Jesu Himmelfahrt schrieb Paulus an die Kolosser (3:16): „Lasset das Wort Christi reichlich wohnen in euch: lehrt und vermahnt euch selbst in aller Weisheit mit Psalmen und Lobgesängen und geistlichen Liedern und singt Gott dankbar in euren Herzen." Zu diesen Zitaten aus der Bibel können noch viele weitere hinzugefügt werden, die von der unbedingten Notwendigkeit des Wortes Gottes im Leben des Christen sprechen.

Praktisch gesehen geht es dann darum, wie man das Wort Gottes für die jungen Christen verfügbar macht und wie man sie befähigt, das Wort Gottes so in sich aufzunehmen, daß sie darüber nachsinnen und es als lebendiges Wort in ihrem Innersten bewahren können. Diese Herausforderung wollen wir unter zwei Aspekten betrachten. Der erste Aspekt ist, daß es viele Möglichkeiten gibt, das Wort Gottes zu vermitteln, wie zum Beispiel durch Übersetzung, Veröffentlichung und Verkauf des gedruckten Wortes, durch den Gebrauch von Audiokassetten, das Singen des Wortes Gottes im Radio, und das auswendige Weitergeben von Person zu Person. Jede Situation verlangt ihre eigene Lösung, wie man das Wort Gottes weitergeben kann. Der zweite Aspekt besteht darin, nach einem Programm zu arbeiten, das den Bedürfnissen der jungen Christen angepaßt ist und gleichzeitig neue Verhaltensweisen in ihr Leben einbaut, die, wenn möglich, bleibend sind.

In weiten Teilen der moslemischen Welt haben die Menschen ein außergewöhnliches Gedächtnis. Ich empfehle nicht nur das Auswendiglernen von einzelnen Bibelversen, sondern auch von ganzen Passagen, damit der Gläubige auch dann noch daraus schöpfen kann, wenn seine Bibel konfisziert wird oder wenn er ins Gefängnis kommt und in Einzelhaft gesteckt wird. Der Zweck des Nachsinnens ist natürlich, den Christen dahin zu bringen, das Wort in seinem Leben anzuwenden.

In Situationen, wo mehr Freiheit herrscht, sich mit dem jungen Christen regelmäßig zu treffen, kann man systematisch bestimmte Bücher der Bibel durchgehen, doch es sollte immer auf eine Weise geschehen, daß die darin enthaltenen Wahrheiten in seinem Leben zur Anwendung kommen. Man kann sich Zeit nehmen, um seinen Schülern die Struktur der ganzen Bibel zu erklären und ihnen ausgewählte Teile zu lesen geben, um die wichtigen Stellen abzudecken. Ich selbst ziehe es vor, mit einem Evangelium anzufangen, und nach den Evangelien würde ich das Studium der Apostelgeschichte vorschlagen, gefolgt von ausgewählten Briefen, die sich eventuell auf die Situation des jungen Gläubigen beziehen. Danach würde ich ihn dazu anleiten, sich mit dem ersten, zweiten und fünften Buch Mose vertraut zu machen. Gleichzeitig würde ich die Psalmen und Sprüche vorstellen und zeigen, wie man sie einmal pro Monat ganz lesen kann. Danach bleibt es einem selbst überlassen, wie man eine Vertrautheit mit der Bibel entwickeln kann.

Während man seine Jünger lehrt, wie man mit dem Wort Gottes umgeht, sollte man immer das Ziel im Auge behalten, daß nämlich Christus in ihnen Gestalt gewinnt. Da man weiß, daß dies nur durch die Kraft des Heiligen Geistes geschieht, sollte man das Leben im Heiligen Geist lehren und selbst praktizieren. Man muß darauf achten, wie man das Wort Gottes lehrt, denn es ist nicht dazu da, eine neue Gesetzlichkeit mitzuteilen, sondern dazu, daß Christus in den Jüngern Gestalt gewinnt, und dann erst, daß das Wort Gottes in allen Beziehungen und Verantwortungen des Lebens angewendet wird. Der gesamte Vorgang muß immer vom Fürbittegebet begleitet werden.

Die Kunst und Praxis des Gebets

Das Gebet sollte nicht nur im Leben desjenigen eine Rolle spielen, der die Jünger schult, sondern man hat auch das Vorrecht, seine Jünger zu lehren, wie man betet. Man muß sich daran erinnern, daß es nicht darum geht, eine Menge Wissen von seinem eigenen Gehirn auf das Gehirn des Jüngers zu übertragen. Christus soll in ihrem Leben Gestalt gewinnen, und das Gebet ist ein integraler Bestandteil davon. Wir wollen einige Hinweise über das Gebet in der Bibel betrachten:

„Rufe mich an, dann will ich dir antworten und will dir Großes und Unfaßbares mitteilen, das du nicht kennst" (Jer 33:3). „Er [Jesus] sagte ihnen aber auch ein Gleichnis dafür, daß sie allezeit beten und nicht ermatten sollten" (Lk 18:1). „Bis jetzt habt ihr nichts gebeten in meinem Namen. Bittet, und ihr werdet empfangen, damit eure Freude völlig sei!" (Joh 16:24). „Seid um nichts besorgt, sondern in allem sollen durch Gebet und Flehen mit Danksagung eure Anliegen vor Gott kundwerden; und der Friede Gottes, der allen Verstand übersteigt, wird eure Herzen und eure Gedanken bewahren in Christus Jesus" (Phil 4:6,7). „Betet zu jeder Zeit im Geist, und wachet hierzu in allem Anhalten und Flehen für alle Heiligen" (Eph 6:18). „Freut euch allezeit! Betet unablässig! Sagt in allem Dank! Denn dies ist der Wille Gottes in Christus Jesus für euch" (1 Thess 5:16-18).

Gott lädt uns ein, ihn „anzurufen", zu ihm zu beten. Jesus lehrte uns, zu beten und nicht aufzugeben. Er schlug vor, daß wir es lernen, in seinem Namen zu beten. Wir sollen alle unsere Bitten mit Danksagung vor Gott kundwerden lassen. Wir sollen mit der Energie und der Kraft des Heiligen Geistes beten. Und wir sollen uns an Gottes Gegenwart freuen, während wir im Gebet bleiben. Das Ergebnis unserer Gebete ist, daß Gott uns „Großes und Unfaßbares" zeigen wird. Er gibt uns Frieden, der allen Verstand übersteigt. Unsere Herzen und Sinne werden in Jesus Christus bewahrt, und wir können sicher sein, wenn wir uns an dem Herrn freuen und fortwährend beten, daß wir uns im Zentrum seines Willens befinden.

Und natürlich wird Gott unsere Gebete nach seinem Willen erhören.

Der Jünger muß das in unserem Leben sehen. Er wird lernen, indem er mit uns betet. Wir werden ihn ermutigen, indem wir mit ihm beten und ihn darin anleiten, während er mehr und mehr in seinem Beten wächst. Wenn man nicht in der Lage ist, es persönlich zu tun, muß man Kassetten oder schriftliche Anweisungen geben, damit er die Gewohnheit des Gebets erlernen kann. Nach einer gewissen Zeit werden die Jünger die großen Gebete in der Bibel entdecken und sie als Vorbilder nehmen. Angenommen es war möglich, ihnen die Gewohnheit des Nachsinnens über das Wort Gottes bei Tag und bei Nacht zu vermitteln, dann werden sie genügend biblisches Material haben, aus dem sie inhaltlich schöpfen und Inspiration erhalten können, während sie in ihrem Beten wachsen.

Die Rolle von Musik und Anbetung

Theoretisch gehören Musik und Anbetung eher in das nächste Kapitel über die Eingliederung der neuen Gläubigen in den Leib Christi. Doch die einzelne Person kann durch den persönlichen Kontakt mit uns das Singen und Anbeten lernen. Es kann sein, daß man recht innovativ sein muß, um neue Texte in die jeweilige Sprache zu übersetzen, damit man die Gläubigen lehren kann, dem Herrn zu singen und ihn anzubeten. Man muß sich daran erinnern, daß Jüngerschulung mehr ist als nur Disziplin. Es bedeutet, einen jungen Gläubigen zu lehren, in der Gegenwart des Herrn zu leben, ihm zu danken, ihn zu preisen, anzubeten und sich an ihm zu freuen, während er betet und sich vom Wort Gottes ernährt. Wenn es stimmt, was jemand vor langer Zeit einmal sagte: „Das Hauptziel des Menschen ist, Gott zu verherrlichen und sich für immer an ihm zu freuen", dann ist die Anbetung, einschließlich des Gesangs, ein wichtiger Bestandteil davon. Wegen der unterdrückerischen Natur vieler moslemischer Regierungen mag es für den jungen Christen unmöglich sein, sich mit anderen Christen zu Anbetung und Gesang zu treffen. Deshalb empfehle ich, daß man das Singen von „Psalmen, Lobgesängen und geistlichen Liedern" als einen Teil der Jüngerschulung lehrt.

Die Notwendigkeit der Gemeinschaft

In einem der vorigen Kapitel sahen wir, daß Paulus die „Nacharbeit" für sehr wichtig hielt. Er wußte, daß neue Christen Ermutigung benötigen. Sie müssen wissen, daß sich jemand um sie kümmert und mit ihnen Kontakt hält. Es ist genauso wichtig, daß der junge Gläubige über die Notwendigkeit unterrichtet wird, selbst die Gemeinschaft zu suchen.

Kapitel 37

Modelle für das Gemeindeleben

So seid ihr nun nicht mehr Fremde und Nicht-
bürger, sondern ihr seid Mitbürger der Heiligen
und Gottes Hausgenossen. Ihr seid aufgebaut
auf der Grundlage der Apostel und Propheten,
wobei Christus Jesus selbst Eckstein ist. In ihm
zusammengefügt, wächst der ganze Bau zu ei-
nem heiligen Tempel im Herrn, und ihn ihm wer-
det auch ihr mitaufgebaut zu einer Behausung
Gottes im Geist. (Eph 2:19-22)

Dieser Text gibt uns eine große Offenbarung über das Herz Gottes für sein Volk. Es ist die Erfüllung seines Plans, daß Gott
selbst inmitten seines Volkes lebt. Gott hat seit Jahrtausenden
darauf hingearbeitet. Die Grundlage wurde mit Abraham gelegt;
Mose, der Gesetzgeber, spielte eine Schlüsselrolle; David gründete das Königreich; Propheten wie Jesaja, Jeremia und Daniel
gaben Hinweise auf das kommende Reich Gottes. Jesus wurde
der Eckstein im Fundament, gemeinsam mit den Aposteln.
Nach der Himmelfahrt Christi und der Ausgießung des Heiligen Geistes war die Welt durch die Jahrhunderte Zeuge des
Meisterstücks Gottes, und zwar eines generationsübergreifen-
den, multi-ethnischen Leibes, eines Tempels erlöster Menschen,
unter denen er nach seinem Willen durch seinen Geist für alle
Ewigkeit lebt.

In seiner Gemeinde, dem sichtbaren Ausdruck seines Reiches, sehen wir die Versöhnung aller Dinge durch das vergossene Blut Christi. Gott beruft für sich selbst eine neue Menschheit aus jeder Sprache, jedem Stamm, jedem Volk und jeder Nation, die an dieser immerwährenden Gemeinschaft teilhaben wird. Die Söhne Ismaels, die Moslems, haben ebenfalls Teil an diesem großen Erlösungswerk. Durch Jesus hat die zerbrochene Familie Abrahams Heilung erfahren. Durch sein großes Opfer am Kreuz aus Liebe hat Jesus alles mit Gott versöhnt. Der alte Tempel aus Stein ist nicht mehr. Jetzt gibt es den neuen Tempel, der aus glaubenden Menschen besteht. Die Pilgerfahrt findet nicht mehr zu einem festgelegten Ort statt, sondern zu Gott selbst. Anbetung ist nicht mehr ein leeres Wort, das von Gründern neuer Religionen gebraucht wird, sondern wird jetzt in Geist und Wahrheit vollzogen. Dieser neue lebendige Leib ist als Einheit zusammengefügt, obwohl die Gläubigen viele Sprachen sprechen und aus vielen verschiedenen Stämmen kommen. Die Versöhnung zwischen Gott und den Menschen und zwischen allen Menschen untereinander, einschließlich ehemaliger Moslems aus jeder Sprache, jedem Stamm, jedem Volk und jeder Nation, ist vollbracht worden. Die Trennung zwischen den Nachkommen Isaaks und Ismaels wurde durch das Erlösungswerk Jesu überwunden.

Das sollte nicht nur unsere Vision sein, sondern wir müssen es unseren jungen Gläubigen weitergeben. Sie müssen die Größe des Planes Gottes sehen, in dem auch sie ein fester Bestandteil sind. Es ist wichtig, daß der Gläubige über die lokale Gemeinde hinaussieht auf die weltweite, viele Generationen umfassende Gemeinde mit Menschen jeden Alters. Im Licht dieser Vision, dieser Realität, versteht der Gläubige, wer er ist und welche Bedeutung er im Reich Gottes hat.

Was Abraham als der Mann des Glaubens begann, findet seine Erfüllung im Volk des Glaubens. Und durch Jesus, seinen verheißenen Nachkommen, ist das Geschlecht der Gläubigen vereint. Die zerbrochene Familie Abrahams erfährt Heilung. Ismaels Kinder wurden und werden weiterhin für den Herrn gewonnen. Moslems, besonders arabische Moslems, die sich immer als stolz, distinguiert und zum Regieren bestimmt sahen, kehren jetzt zu einer göttlichen Demut zurück. Auch sie, die jetzt glauben, sind am Kreuz zerbrochen worden und werden nun in den Leib Christi eingefügt.

Man muß sich vergegenwärtigen, daß die jungen Gläubigen unter Umständen völlig von ihrer Familie abgeschnitten wurden und eventuell sogar verfolgt werden. Sie wundern sich bestimmt manchmal, wer sie sind, was ihre Bedeutung ist und zu wem oder was sie gehören. Deshalb ist es wichtig, ihnen zu zeigen, wie sie sich selbst aus der Perspektive des Wortes Gottes wahrnehmen müssen. Denn dort, in der weltweiten Gemeinde, einem Ausdruck des Reiches Gottes, geschieht die Heilung der zerbrochenen Familie Abrahams zuerst. Das Schandmal der Entfremdung Ismaels wird entfernt, und die Familie wird vereint. Vergebung, Versöhnung und Frieden sind die Frucht des großen Erlösungswerkes Gottes durch Christus am Kreuz.

Ehe wir näher auf dieses Thema eingehen, ist es gut, noch einmal die islamische Lehre über verwandte Themen anzuschauen und zu zeigen, daß die christliche Realität diese korrigiert und übersteigt. Trotz aller Behauptungen, daß der Islam alle vor ihm dagewesenen Religionen ersetzt, stellen wir fest, daß diese Behauptungen nicht bestätigt werden. Ein junger Christ, der gerade aus dem Islam kommt, muß das wissen. Andernfalls, wenn er diese Vision und Realität nicht versteht, läuft der junge Gläubige Gefahr, unter Druck wieder zu der alten gewohnten Denkweise des Islam zurückzukehren.

Zum Beispiel pflegte Mohammed zu Beginn in Richtung Jerusalem zu beten. Als die Juden ihn als Propheten ablehnten, wandte er sich in Richtung des heidnischen Schreins in seiner Heimatstadt Mekka. Das alte Götzenzentrum, die Kaaba, wurde von der Stimme, die zu Mohammed sprach, in „Mein Haus" umbenannt. Heute nennen die Moslems es das „Haus Gottes" (Koran 2:125). Mohammed wollte einen arabischen Ort als Zentrum der Erde und Wallfahrtsort bestimmen, doch er verstand nicht, worum es eigentlich ging. Der alte Tempel in Jerusalem war nur ein temporäres Anschauungsobjekt, das auf etwas weitaus Schöneres und Herrlicheres in der Zukunft hinwies, nämlich den lebendigen Tempel, gebaut aus Gläubigen aus allen Zeiten und Völkern. Gott will inmitten seines Volkes wohnen. Das hat Mohammed nie begriffen, und es ist auch nirgendwo in den Lehren des Islam zu finden. Da er also Gottes Plan nicht verstand, nahm er lediglich die Rolle eines Rivalen ein, der versuchte, eine Alternative zu Jerusalem zu bieten, ohne zu wissen, daß das irdische Jerusalem nur ein Hinweis auf das zukünftige, himmlische Jerusalem war (siehe Gal 4:26).

Mohammed verstand Gottes Plan auch an einer anderen Stelle nicht. Er erfaßte nicht die Weite von Gottes Erlösungsplan, der heute Christen aus allen Zeiten und aus jedem ethnolinguistischen Hintergrund umfaßt, die zusammen zu einem herrlichen lebendigen Tempel für Gott aufgebaut werden. Mohammed sah den Islam aus rein rassischem Blickwinkel: Ein arabischer Prophet, ein arabischer Koran, die Kaaba als das Zentrum der Erde, und die geographische Verlagerung der Szene, in der Hagar und Ismael dem Tod knapp entrannen, von der Wüste bei Beerscheba in die Gegend von Mekka. Anstatt des lebendigen Tempels erhalten wir ein Bild des arabischen Stolzes und den Wunsch, Mekka zum Zentrum der Welt zu machen.

Bei der Jüngerschulung muß man dem neuen Christen helfen, mit der Hoffnung und der Herrlichkeit dieser wunderbaren biblischen Vision erfüllt zu werden. Es versteht sich von selbst, daß man selbst auch von dieser Vision erfüllt sein muß, sonst wird man am Ende doch die lokale Gemeinde als die einzige Realität lehren. Bevor der neue Gläubige in eine Lokalgemeinde eingeführt wird, muß er wissen, daß es lediglich der Ausdruck einer größeren, universalen Gemeinde ist. Anstelle der *Umma* des Islam gibt es nun die wunderbare, weltweite Gemeinschaft der Gläubigen, in deren Mitte Gott selbst lebendig ist. Diese Realität zu verstehen, wird Neubekehrten helfen, das Auf und Ab in einer sich abmühenden Lokalgemeinde tolerieren zu können.

Von dem Konzept der universalen Gemeinde ausgehend, müssen wir nun die Frage aufgreifen, was eine Lokalgemeinde ist. Die kürzeste Definition einer Gemeinde sind vielleicht zwei oder mehr Gläubige, die sich treffen, um gemeinsam anzubeten und dem Herrn in der Kraft des Geistes und unter der Herrschaft Jesu Christi zu dienen. Das ist wohl wahr, aber sagt für die meisten Situationen nicht genug aus. Jede Mission und Kirche hat zweifellos ihre eigene Vorstellung davon, was eine Lokalgemeinde ist. Wir haben die Definition von *Arab World Ministries* als ein Beispiel ausgewählt. Sie haben eine Liste von Kriterien entwickelt, nach denen eine lokale Gemeinde definiert wird:

1. Ungefähr zehn getaufte Gläubige.
2. Es ist erwünscht,
   mit Familien zu beginnen statt mit Alleinstehenden.
3. Von der Bibel her qualifizierte und anerkannte Leiter
   vor Ort.
4. Einen eigenen Versammlungsort
   (nicht in einem Missionshaus).
5. Die örtliche Versammlung ist selbst verantwortlich
   für die Finanzen und die Verbreitung des Evangeliums.
   (Schlorff 1981:11)

Dem würde ich noch die Anbetung, das Bibelstudium, die Praxis der Taufe, das Abendmahl und die Ausübung von Gemeindezucht (wenn notwendig) hinzufügen. Eine Definition, die ins andere Extrem gleitet, würde besagen, einer alten, gigantischen, historischen Gemeinde beizutreten, die uralte Traditionen und einen gewaltigen Kirchenapparat hat, in die der Neubekehrte hineingesogen wird. Dazwischen liegen Hunderte von Varianten in der Größe, im Stil, in den Traditionen (oder dem Nichtvorhandensein derselben), und den Beispielen der internen Organisation. Diese Gemeinden können einen homogenen ethnischen Hintergrund haben oder aus vielen verschiedenen ethnischen Gruppen bestehen. Auf der ganzen Welt werden sie in Hunderten von Sprachen wirken, viele verschiedene Vorlieben für bestimmte Musikinstrumente und Musikkonzepte haben, in einigen wenigen wird sogar gar keine Musik gespielt. Es gibt endlose Variationen über die Wahl des Versammlungsortes, die Kleidung und der unterschiedlichen Konzepte von der Rolle der Frau in der Gemeinde.

Bevor wir über die verschiedenen Weisen sprechen, wie man sich in Gemeinden zusammenfindet, gibt es bestimmte Grundwahrheiten, die die Gruppe, die man selbst bildet, oder in die man den Neubekehrten einladen will, charakterisieren. Zuallererst stellt sich die Frage, wer das Haupt der Gemeinde ist. Allzuoft ersetzen menschliche Organisationen, was Gott als einen lebendigen Tempel mit ihm selbst als das Haupt bestimmt hat. Die Worte des Apostels Paulus an die Kolosser waren sehr deutlich: „Und er [Jesus] ist das Haupt des Leibes, der Gemeinde. Er ist der Anfang, der Erstgeborene aus den Toten, damit er in allem den Vorrang habe" (Kol 1:18). Jesus regiert durch seinen Geist. Unsere Anbetung soll in Geist und Wahrheit geschehen (siehe Joh 4:24). Ohne den Geist, ohne diese Ausrichtung auf Jesus als das Haupt, wird unsere Anbetung entweder sterben (Abwesenheit des Geistes) oder Kompromisse eingehen (unwahrhaftig sein). Wir müssen uns daran erinnern, daß die Lokalgemeinde ein lebendiger Leib von Gläubigen mit Jesus als Haupt ist, der durch seinen Geist regiert. Die Ältesten oder der Pastor einer Lokalgemeinde sind nicht ihr Haupt, sie sind Verwalter und Diener für den Rest des Leibes.

Trotz der großen Unterschiedlichkeit der Gemeinden in der ganzen Welt, sind sie doch durch eine wunderbare Einheit gekennzeichnet. Paulus schrieb an die Epheser: „Ein Leib und ein Geist, wie ihr auch berufen worden seid in einer Hoffnung eurer Berufung! Ein Herr, ein Glaube, eine Taufe, ein Gott und Vater aller, der über allen und durch alle und in allen ist" (Eph 4:2-4). Wenn man die Neubekehrten darüber nicht unterrichtet, werden sie nicht in der Lage sein, das verwirrende Bild der unterschiedlichen Gemeinden und Denominationen zu begreifen. Am besten erklärt man ihnen, warum so viele verschiedene Gemeinden existieren. Sie müssen die historischen Gründe kennen, die Funktion der Traditionen oder ihre Abwesenheit, die ethnischen, linguistischen und kulturellen Gründe, und welche Rolle das menschliche Versagen bei der Entwicklung einer Lokalgemeinde spielt. Eine Art, ihnen zu helfen und verstehen zu lernen, besteht darin, auf die Gründe für die große Anzahl moslemischer Sekten hinzuweisen.

Viele Neubekehrte werden wissen wollen, warum das Wort Gottes nicht genauer über eine einheitliche Form der Anbetung und Gemeindeorganisation lehrt. Man wird erklären müssen, warum die Bibel über diese Fragen schweigt. Meine Meinung dazu ist, daß Gott keine einheitliche Weise aufzwingen, sondern wollte, daß die Menschen frei, in ihrem jeweiligen kulturellen Kontext, auf das Evangelium eingehen können. Er wollte, daß sie frei verschiedene Musikstile, Architekturstile und Modelle für den Gottesdienst wählen können, die für ihre Situation angemessen sind. Bis zur Zeit der Reformation hatten die Christen im Westen keine Wahl. Die römisch-katholische Kirche zwang ihre romanischen Vorstellungen jedem und überall auf. Luther und seine Anhänger prüften viele Praktiken in der Kirche im Licht der Bibel. Wenn es die Bibel nicht verbot und es im Gottesdienst von Nutzen war, behielten sie es bei. Auf der anderen Seite sagten die Anabaptisten, daß, wenn die Bibel nicht ausdrücklich sagte, etwas in einer bestimmten Weise zu tun, sollte man es überhaupt nicht tun. Gott schwieg anscheinend zu diesem Thema, weil er den Gläubigen zu allen Zeiten und an allen Orten keine kulturelle Form absolutistisch aufzwingen wollte. Er erfreute sich wahrscheinlich an der üppigen Verschiedenheit der Kulturen und dachte sich, daß die Lokalgemeinden das widerspiegeln könnten, weil er wollte, daß sich die Gemeinde in allen Sprachen, Stämmen, Völkern und Nationen so weit wie möglich ausbreitet.

Zur Vorsicht sei daran erinnert, daß Gott uns in der Bibel genug gesagt hat, damit wir nicht in Synkretismus verfallen, also tödliche Kompromisse mit gottlosen Elementen des religiösen und kulturellen Hintergrunds von Neubekehrten eingehen. Aus diesem Grund ist es wichtig, den Islam gut zu kennen, sonst läuft man Gefahr Elemente zu verwenden, die einen Kompromiß mit dem Evangelium darstellen würden.

Es gibt vier oder fünf Modelle, wie man Gläubige in Gemeinden integriert, die, wie ich meine, die meisten Fälle in der Welt abdecken.

Modell eins: Völlige Integration

Die weitaus häufigste Weise, wie Neubekehrte in eine Gemeinde gebracht werden, ist das Modell, das wir als völlige Integration in einen bestehenden Leib von Gläubigen bezeichnen wollen. Ungeachtet des ethnischen oder linguistischen Hintergrunds der ehemaligen Moslems, werden sie in die bereits bestehende Lokalgemeinde gebracht. Die Neubekehrten müssen sich in allem anpassen. Sie müssen unter Umständen eine neue Sprache, fremde Musik, neue Bräuche, einen neuen Kleidungsstil und eine Menge anderer Dinge erlernen, wenn sie wahrhaft angenommen werden wollen. Im Grunde müssen die Neubekehrten zwei Bekehrungen durchlaufen. Erstens die geistliche Bekehrung zu Christus, und zweitens werden sie zur Kultur der sie aufnehmenden Lokalgemeinde bekehrt. Wenn sich der kulturelle Hintergrund der Bekehrten von dem der Lokalgemeinde unterscheidet, beschreiben wir das als ein „Herausziehen" des ehemaligen Moslems aus seinem kulturellen Kontext, um ihn in den Kontext der Lokalgemeinde zu integrieren.

Modell zwei: Mutter-Tochter-Gemeinden für unterschiedliche Kulturen

Das zweite Modell kann ein „Mutter-Tochter-Gemeinde"-Modell genannt werden, bei der die Muttergemeinde eine bestimmte ethnische Prägung hat und die Tochtergemeinde eine andere. In dieser Situation muß die Muttergemeinde anerkennen, daß es nicht richtig ist, den jungen Gläubigen eine kulturell-linguistische Bekehrung aufzuzwingen. Deshalb gründen die Mitglieder der Muttergemeinde absichtlich eine neue Gemeinde, die anders ausgerichtet ist und doch die Zustimmung und den Segen der Muttergemeinde hat. In diesem Modell kann es zum Beispiel sein, daß die Muttergemeinde die Organisation und Gottesdienstart festlegt und nur den Gebrauch einer anderen Sprache zuläßt, oder sie kann den Neubekehrten erlauben, eine neue Art zu entwickeln, die der Kultur, aus der sie stammen, mehr angepaßt ist. Nicht nur die Sprache, die Musik, die Art der Bekleidung wird dann unterschiedlich sein, sondern auch die Art und Weise, wie die Gemeinde organisiert ist und die Gottesdienste gefeiert werden.

Modell drei: Doppelte Mitgliedschaft

Ein drittes Muster, das ich beobachtet habe, nenne ich das Modell der doppelten Mitgliedschaft. Aus welchem Grund auch immer denken die Neubekehrten, daß sie zu einer schon bestehenden Gemeinde gehören müssen, auch wenn sie die Sprache des Gottesdienstes nicht ganz verstehen oder ihnen der Stil nicht ganz zusagt. Sie gehen trotzdem regelmäßig dort zum Gottesdienst. Doch zusätzlich haben sie noch eine andere Gemeinschaft, in der sie sich mit ihren eigenen Leuten treffen, die ihre Sprache sprechen und den Gottesdienst auf eine Weise feiern, die ihrer Kultur angemessener ist.

Modell vier: Die kontextualisierte Gemeinde

Das vierte Modell ist für Gläubige mit einem nicht-moslemischen Hintergrund das umstrittenste, denn es bietet den neubekehrten, ehemaligen Moslems recht viel Freiheit, ein eigenes Modell zu entwickeln, unabhängig von allen schon existierenden Modellen. Dafür kann es viele Gründe geben. Es kann sein, daß es in ihrer Nähe keine Gemeinde gibt, der sie beitreten könnten, oder die existierende Gemeinde oder Gemeinden haben eine andere ethnolinguistische Prägung und wollen nicht, daß diese ehemaligen Moslems zu ihnen in die Gottesdienste kommen. Vielleicht ist die existierende Gemeinde auch so verdorben, daß keiner mit ihr etwas zu tun haben und sie schon gar nicht nachahmen will.

Wer dieses Modell wählt, bei dem liegen einige fundamentale Annahmen zugrunde. Eine davon ist, daß das „Herausziehen" falsch ist, also daß neue Gläubige nicht aus ihrem kulturellen Kontext herausgerissen und in einen anderen hineingebracht werden sollten. Diese Menschen versuchen, sich dem kulturellen Imperialismus der bestehenden Gemeinde zu widersetzen. Die zweite Annahme bei diesem Modell ist, daß Gott allen Völkern die Freiheit gegeben hat, in einem ihrer Kultur angemessenen Gottesdienststil auf ihn einzugehen. Es beinhaltet, daß Gott nicht auf einer Einförmigkeit in Stil und Struktur besteht, obwohl er an der Einheit aller Gläubigen interessiert ist.

Allgemein gesagt, entwickelt sich dieses Modell so, daß sich der Christ in seinem eigenen kulturellen Kontext mit seiner aufgeschlagenen Bibel hinsetzt und dann versucht zu entscheiden, was mit dem Wort Gottes vereinbar ist. Bei dieser Art, an die Dinge heranzugehen, habe ich es hilfreich gefunden, die religiösen Elemente der bestehenden moslemischen Kultur in drei Kategorien einzuteilen: Solche, die mit der biblischen Lehre vereinbar sind, solche, die völlig unvereinbar sind und solche, die neutral sind, also keine Rolle spielen. Bei dieser Methode muß man sehr vorsichtig sein. Die Gefahr liegt in der Benutzung alter islamischer Formen, die eventuell unannehmbare islamische Bedeutungen in sich tragen. Man kann islamische Formen nur dann verwenden oder übernehmen, wenn diese Formen ihre alte Bedeutung völlig verlieren und eine vollkommen neue, christliche Bedeutung erhalten.

Denis Green hat uns allen einen großen Dienst erwiesen, indem er zeigte, daß der Hebräerbrief im Neuen Testament an bekehrte Juden geschrieben wurde, die zu viel von ihren alten religiösen Formen beibehalten hatten. Sie liefen Gefahr, in einen verhängnisvollen Synkretismus zu verfallen, indem sie an den alten judaistischen Modellen festhielten. In der neuen messianischen Gemeinschaft bestand die Gefahr, daß die alten judaistischen Bedeutungen die gewollten neuen christlichen Bedeutungen verdrängten (Green 1989:233-250).

Phil Parshall hingegen, einer der bekanntesten Vertreter der Kontextualisierung in der Arbeit mit Moslems, hat das erste moderne Buch über dieses Thema geschrieben: *New Paths in Muslim Evangelism* (1980) – (Neue Wege in der Evangelisation von Moslems). Die in diesem Buch erwähnte Lombaro-Fallstudie wurde fast genauso gehandhabt, wie zuvor beschrieben, also sich mit einer aufgeschlagenen Bibel hinzusetzen und zu entscheiden, was angemessen ist, was verworfen werden muß und was relativ neutral ist. Neun Jahre später schrieb Parshall einen Artikel mit dem Titel: „Lektionen aus der Kontextualisierung" (Parshall 1989:251-265). Obwohl der Artikel viele nützliche Kommentare und Erkenntnisse liefert, scheint der folgende Abschnitt die allgemeine Aussage zusammenzufassen:

> *Es ist bisher noch unmöglich, die unternommenen Anstrengungen gründlich auszuwerten. Doch man kann sagen, daß die ersten Berichte positiv waren. Die Bekehrten schätzen die Möglichkeit, gemeinsam mit anderen Christen mit islamischem Hintergrund Gottesdienst feiern zu können. Biblische Formen der Verneigung, das Singen des Wortes Gottes, Fasten und der Gebrauch bekannter Worte haben dazu beigetragen, daß die Gläubigen einen sanften Übergang in die neue Gemeinschaft erlebten. Vor allem ... sind die Bekehrten als Salz und Licht in der Mitte ihrer moslemischen Verwandten und Freunde geblieben. Sie wurden nicht zu den typischen, aus ihrem Kontext herausgerissenen, verfolgten Einzelgängern, über die man zwar eine faszinierende Biographie schreiben kann, sich aber für das Gemeindewachstum als nicht sehr effektiv erweisen (Parshall 1989:254).*

Ich möchte einige Anmerkungen machen, die sich auf mein eigenes Verständnis der Bibel und meine Beobachtungen dieser Arbeit in Bangladesch gründen. Zunächst, wie auch Parshall sagte, ist es zu früh für eine gründliche Einschätzung darüber, ob die in der Fallstudie erwähnte „kontextualisierte" Gemeinde die aktuelle Verfolgung überleben wird oder nicht, und selbst wenn sie überlebt, lautet die Frage, ob sie eine synkretistische Gemeinde werden wird, die zu viel von den alten islamischen Bedeutungen beibehält.

Eine der umstrittensten Aussagen dieser ehemals moslemischen Christen ist: „Wir sind keine Christen, wir sind Moslems, die dem Weg Isas folgen." Wer den arabischen Koran kennt, wird wissen, daß *Isa* die koranische Abwandlung des Namens Jesus ist (*Jeschua* im Hebräischen). Es gibt keinen Zweifel darüber, daß der koranische *Isa,* wie erwähnt, ein verzerrtes Bild von Christus, wie er in der Bibel beschrieben ist, darstellt. Ich frage mich, ob es weise ist, Jesus einen koranischen Namen zu geben. Das biblische Wort Jesus (oder Jeschua) hat die Grundbedeutung „Erlöser" und „Befreier". Das koranische Wort *Isa* steht in Wirklichkeit für nichts anderes als für einen Propheten, der von Mohammed abgelöst wurde. Naguib Mahfouz, der Nobelpreisträger für Literatur 1988, geht sogar so weit, Jesus in seiner Parodie in *Die Kinder von Gebelawi* zu einem schlangenbeschwörenden Exorzisten zu degradieren (1988:137-198). Früher oder später muß sich der ehemalig moslemische Christ mit der biblischen Bedeutung und Benennung auseinandersetzen. Warum also nicht von Anfang an? Wir würden es nicht wagen, die Schreibweise oder die Aussprache des Namens „Mohammed" zu ändern, warum sollten wir also Jesus mit weniger Respekt behandeln als Mohammed?

An zweiter Stelle steht der Gedanke, daß durch die Kontextualisierung eventuell Verfolgung vermieden werden kann. In Bangladesch stellt man interessanterweise fest, daß, obwohl die Leiter dieser neuen Bewegung sagten, daß sie keine Christen, sondern Nachfolger von *Isa* seien, der moslemische Vorsitzende des dortigen Gemeinschaftsrats das Neue Testament nahm, es in den See warf und sagte: „So lange ihr dieses Buch lest, seid ihr auf jeden Fall Christen" (Coke Newsletter, 6. Juli 1990). Sollten wir der Möglichkeit der Verfolgung nicht von Anfang an ins Gesicht sehen? Sollten wir uns nicht mehr an Gottes „Fallstudie", der Bibel, orientieren und über die Unausweichlichkeit von Verfolgung lehren? Wir wollen sehen, wie Lukas zuerst beschreibt, wie die Apostel über Verfolgung dachten:

> *Sie [die Apostel] gingen aus dem Hohen Rat*
> *fort, voller Freude, daß sie gewürdigt worden*

waren für den Namen Schmach zu leiden; und
sie hörten nicht auf, jeden Tag im Tempel und in
den Häusern zu lehren und Jesus als den Chri-
stus zu verkündigen. (Apg 5:41,42)

Später schrieb Petrus über das gleiche Thema: „. . . wenn er aber als Christ leidet, schäme er sich nicht, sondern verherrliche Gott in diesem Namen" (1 Petr 4:16).

Ein dritter Punkt ist, daß wir noch nicht wissen, ob die Neu-bekehrten, die in Parshalls Buch erwähnt werden, tatsächlich die alten islamischen Bedeutungen über Bord geworfen und ihre alten Formen wirklich mit einem neuen, christlichen Inhalt gefüllt haben.

Parshall deutet in einem anderen Buch, *Beyond the Mosque,* selbst an, daß, was auch immer Neues entsteht, wenn Tausende von Moslems zu Christus finden, wie zum Beispiel in Bangla-desch, es nicht in den alten Moscheen stattfinden, sondern wirk-lich etwas Neues sein wird, etwas, das „über die Moscheen hin-ausgeht" (1985:184).

Mein abschließender Gedanke zu diesem Modell hat damit zu tun, daß die neuen Gruppen Gefahr laufen, schismatisch zu werden, also sich nicht mit den anderen Teilen des Leibes Chri-sti identifizieren wollen. Für unser Beispiel in Bangladesch be-deutet das: Dadurch, daß die Neubekehrten, alle ehemalige Mos-lems, nicht als „Christen" bezeichnet werden wollten, sagten sie im Grunde: „Wir wollen uns nicht mit den bestehenden Christen identifizieren, weil sie alle aus der hinduistischen Kaste der Un-berührbaren stammen und durch den Kontakt mit Leuten aus dem Westen besudelt sind." Das spricht gegen den Geist des hohepriesterlichen Gebets Jesu in Johannes 17:20-21:

Aber nicht für diese allein bitte ich, sondern
auch für die, welche durch ihr Wort an mich
glauben, damit sie alle eins seien, wie du, Vater,
in mir und ich in dir, daß auch sie in uns eins
seien, damit die Welt glaube, daß du mich ge-
sandt hast.

Wenn wir keine Anstrengungen unternehmen, die Einheit des Leibes Christi durch das Band des Friedens zu bewahren, dann ist die Botschaft von der Einheit von Christus und dem Vater, der Einheit des Leibes und der Gemeinschaft von Gott und der Gemeinde hinfällig. Wir müssen sehr darauf achten, den Leib nicht zu spalten oder der nicht-christlichen Welt eine falsche Botschaft zu vermitteln.

Modell fünf: Im Islam bleiben

Vor kurzem hat es Experimente gegeben (die Durchführer dieser Experimente wollen lieber anonym bleiben), bei denen die Gläubigen dazu angehalten werden, im Islam zu bleiben. In diesem Modell bezeichnet sich der Gläubige immer noch als Moslem und meidet die Bezeichnung „Christ". Die betreffende Person behält fast alle islamischen Formen und Bräuche bei. Es scheint, daß sich in diesem Lager zwei Gruppen herausbilden. Die eine Gruppe möchte die Vorstellung beibehalten, daß Mohammed ein „Prophet" Gottes ist, aber ohne die biblische Bedeutung dieses Begriffs. Die andere erkennt nicht an, daß Mohammed ein Prophet Gottes ist und ersetzt beim Glaubensbekenntnis das Wort „Mohammed" durch „Jesus". Es gibt wiederum verschiedene Variationen. Die beiden Versionen des Bekenntnisses lauten in etwa:

Erstens. „Es gibt keinen Gott außer Gott, und Isa ist das Wort Gottes." Das erlaubt zumindest diesem „Gläubigen", Jesus als göttlich anzusehen.

Zweitens. „Es gibt keinen Gott außer Gott, und Jesus ist der Apostel Gottes." Diese Aussage ist in gewisser Weise zweideutig, weil der Moslem schon glaubt, daß Jesus ein Apostel ist, aber eben auch nicht mehr als ein Apostel. Der Christ hingegen kann glauben, daß Jesus zwar ein Apostel ist, aber noch viel mehr als ein Apostel, ohne es ausdrücklich zu sagen.

456

Mit dem letzten Modell bin ich aus zwei Gründen nicht einverstanden. Erstens ist durch die Beibehaltung aller islamischen Formen und Bräuche die Gefahr sehr groß, daß diese Formen auch die alte islamische Bedeutung beibehalten, so groß sogar, daß der Synkretismus unvermeidlich ist. Zweitens läßt dieses Modell zu viel Raum für eine Verführung. Der unbekehrte Moslem sieht die neuen „Gläubigen" als Moslems, während die neuen „Gläubigen" sich als Christen sehen, ohne dieses Etikett zu benutzen. Wie schon bei Modell vier erwähnt, scheint die Bibel darauf hinzuweisen, daß die Verfolgung eines der Kennzeichen eines wahren Christen und ein Vorrecht ist, für den Namen Christi und die Bezeichnung Christ Schmach zu leiden. Ein Modell zu entwerfen, nur um der Verfolgung zu entrinnen, kann deshalb keinen guten Beweggrund haben. Darüber hinaus erlaubt dieses Modell dem Neubekehrten nicht, sich wirklich von den alten islamischen Formen zu lösen. Das Zeugnis von der Wahrheit des Evangeliums verliert durch diese völlige Einbettung in die islamischen Formen seine Wirksamkeit; neuer Wein braucht neue Weinschläuche.

Kapitel 38

Die Aufgabe erfüllen

Und der Herr sprach zu Abraham: Geh aus deinem Land und aus deiner Verwandtschaft und aus dem Haus deines Vaters in das Land, das ich dir zeigen werde! Und ich will dich zu einer großen Nation machen, und ich will dich segnen, und ich will deinen Namen groß machen, und du sollst ein Segen sein! Und ich will segnen, die dich segnen, und wer dir flucht, den werde ich verfluchen; und in dir sollen gesegnet werden alle Geschlechter der Erde! (1 Mo 12:1-3)

Und sie singen ein neues Lied und sagen: Du bist würdig, das Buch zu nehmen und seine Siegel zu öffnen; denn du bist geschlachtet worden und hast durch dein Blut für Gott erkauft aus jedem Stamm und jeder Sprache und jedem Volk und jeder Nation und hast sie unserem Gott zu einem Königreich und zu Priestern gemacht, und sie werden über die Erde herrschen. (Offb 5:9,10)

Die Erfüllung der Missionsaufgabe

In dem ersten der beiden zitierten Bibeltexte gibt Gott Abraham die Aufgabe, allen Völkern der Erde Segen zu bringen. Im zweiten Text lesen wir von dem Loblied am Ende der Geschichte der Menschheit, das die Erfüllung dieser Mission durch Christus (Abrahams verheißenem „Nachkommen") feiert. Die Ernte besteht aus Männern, Frauen und Kindern aus jeder Sprache, jedem Stamm, jedem Volk und jeder Nation. Unter ihnen werden natürlich auch Nachkommen Ismaels sein, und damit alle Arten von Moslems.

In einer anderen Bibelstelle, die von Theologen als Teil der „Endzeitreden" bezeichnet wird, sprach Jesus davon, daß die Erfüllung der Missionsaufgabe die eine wichtige Bedingung für seine Wiederkunft ist: „Und dieses Evangelium des Reiches wird gepredigt werden auf dem ganzen Erdkreis, allen Nationen [griechisch *ta ethne*] zu einem Zeugnis, und dann wird das Ende kommen" (Mt 24:14). Man kann *ta ethne* berechtigterweise als „ethnische Volksgruppen" übersetzen, anstatt „Nationen". Noch einmal weise ich darauf hin, daß auch dabei Moslems aller möglichen ethnischen Abstammungen eingeschlossen sind. Wenn dies, wie wir glauben, der Wahrheit entspricht, dann kann man sagen, daß unser Zögern, zu den verschiedenen moslemischen Volksgruppen zu gehen, um sie zu Jüngern zu machen, eines der großen Hindernisse für die Wiederkunft Christi darstellt. (Wenn wir aus jeder Sprache, jedem Stamm, jedem Volk und jeder Nation, ob moslemisch oder nicht, Menschen für Christus gewonnen haben, dann ist alles bereit für die Wiederkunft Jesu.)

Die Rolle des Fürbittegebets

Die folgende schon angeführte Bibelstelle über das Fürbittegebet scheint, wie erwähnt, darauf hinzuweisen, daß das Gebet in direkter Verbindung mit Gottes Wunsch steht, alle Menschen errettet zu sehen:

> *Ich ermahne nun vor allen Dingen, daß Flehen, Gebete, Fürbitten, Danksagungen getan werden für alle Menschen, für Könige und alle, die in Hoheit sind, damit wir ein ruhiges und stilles*

Leben führen mögen in aller Gottseligkeit und Ehrbarkeit. Dies ist gut und angenehm vor unserem Heiland-Gott, welcher will, daß alle Menschen errettet werden und zur Erkenntnis der Wahrheit kommen. Denn einer ist Gott und einer ist Mittler zwischen Gott und Menschen, der Mensch Christus Jesus, der sich selbst als Lösegeld für alle gab, als das Zeugnis zur rechten Zeit. (1 Tim 2:1-6)

Paulus schrieb diese Worte, als die weltlichen Mächte Roms und die Juden sich anklagend gegen ihn stellten. Doch er verstand die untrennbare Verbindung zwischen dem Fürbittegebet (mit Danksagung) für die Regierenden und dem Wunsch Gottes, alle Menschen errettet zu sehen. Wir sollten daraus lernen, diesem Beispiel zu folgen. So unangenehm es auch sein mag, für moslemische Regenten, wie zum Beispiel Saddam Hussein im Irak oder Oberst Gaddafi in Libyen, zu beten, weil sie so viel Zerstörung verursacht haben, existiert eine Verbindung zwischen unseren im Gehorsam gesprochenen Gebeten und der Erlösung der Menschen im Irak und in Libyen. Das gleiche gilt für die übrigen fünfundvierzig moslemischen Länder dieser Erde.

Das Erntefeld braucht Arbeiter

Doch wir müssen noch mehr tun als beten. Wieder weise ich auf das Vorbild unseres Herrn Jesus Christus zur Zeit seines Wirkens auf der Erde hin. Das folgende Bibelzitat findet sich in Matthäus 9:35-38:

Und Jesus zog umher durch alle Städte und Dörfer und lehrte in ihren Synagogen und predigte das Evangelium des Reiches und heilte jede Krankheit und jedes Gebrechen. Als er aber die Volksmenge sah, wurde er innerlich bewegt über

sie, wie sie erschöpft und verschmachtet waren
wie Schafe, die keinen Hirten haben. Dann
spricht er zu seinen Jüngern: Die Ernte zwar ist
groß, die Arbeiter aber sind wenige. Bittet nun
den Herrn der Ernte, daß er Arbeiter aussende
in seine Ernte!

Eine umfassende Strategie ist notwendig

Von diesem kurzen Einblick in den Dienst unseres Herrn können einige wichtige Lektionen gelernt werden. Erstens bemerkt man, daß Jesu seinen Dienst in ganz Galiläa ausübte. Er „zog umher durch alle Städte und Dörfer". Bibellehrer bestätigen, daß es sich hierbei um über 250 Städte und Dörfer handelte, und Jesus ließ keinen Ort davon aus. Das ist ein Beispiel an Gründlichkeit. Wir können daraus lernen, daß wir in der moslemischen Welt mit der gleichen Gründlichkeit arbeiten müssen. Wir müssen zu den Moslems aus jeder Sprache, jedem Stamm, jedem Volk und jeder Nation gehen. Unsere Arbeit ist nicht beendet, bis wir das getan haben. Und nochmals sei gesagt, daß Jesus nicht wiederkommen wird, bis es getan ist (Mt 24:14).

In Synagogen und Moscheen lehren

Als nächstes fällt auf, daß Jesus in ihren Synagogen lehrte. Das Wort „Synagoge" kommt aus dem Griechischen und bedeutet einfach „Versammlungsort". Im Arabischen bedeutet das Wort *Jamia Masjid* der Versammlungsort derer, die sich vor Gott verneigen. Dieses Wort ist bei uns mehr unter der Bezeichnung „Moschee" bekannt. Was würde das bedeuten, wenn Jesus heute unter uns wäre? Ich denke, er würde in die Moscheen gehen (wenn man ihn dort hineinlassen würde), die Orte, in denen sich Moslems versammeln, um ihre Gebete zu sprechen und den Predigten aus dem Koran zuzuhören. Sobald er in der Moschee wäre, würde er über die Gute Nachricht vom Reich Gottes lehren.

An dieser Stelle müssen ein paar Worte über das arabische Wort für „Gute Nachricht" gesagt werden. Im Koran findet man seltsamerweise das Wort *Injil* für „Gute Nachricht". Es handelt sich dabei offensichtlich um eine arabische Verzerrung des griechischen Wortes *euangelion*, das „gute Nachricht" bedeutet. Weder Mohammed, noch die Moslems nach ihm, wußten oder wissen, was der Begriff „Gute Nachricht" im neutestamentlichen Sinn bedeutet. Ebenso wird der Begriff „Reich Gottes" mehrmals im Koran gebraucht, doch nichts weist darauf hin, daß Mohammed verstanden hätte, was das Reich Gottes mit dem Kommen und Wirken von Jesus Christus, dem König, zu tun hat.

Die Gute Nachricht vom Reich Gottes

Doch hier haben wir Christen eine Rolle zu spielen. Wir wissen sehr wohl, was das Reich Gottes ist, ja, wir besitzen sogar die „Schlüssel des Reiches". Uns wurde die Kraft des Reiches verliehen. Wir besitzen die Autorität und das Vorrecht, im Namen des Königs zu handeln. Wir kennen das Wesen des Reiches, die Prinzipien, nach denen es wirkt. Wir wissen, daß das Reich jetzt in den Herzen der Gläubigen an Jesus Christus gegenwärtig ist, und daß es bei der Wiederkunft des Königs völlig eingesetzt werden wird. Wir wissen, daß wir die Gute Nachricht vom Reich Gottes an die gesamte Menschheit weitersagen sollen, an Männer, Frauen und Kinder aus jeder Sprache, jedem Stamm, jedem Volk und jeder Nation. Wir wissen, daß Jesus, der König, sich danach sehnt, wiederzukommen, und kommen wird, wenn wir die uns gegebene Aufgabe erfüllt haben. Wir haben also keine andere Wahl, als zu allen Völkern dieser Erde zu gehen und die Gute Nachricht vom Reich Jesu Christi zu lehren und zu predigen.

Damit wir nicht in Versuchung geraten, den Begriff „Reich Gottes" zu leichtfertig zu benutzen, wollen wir uns daran erinnern, daß die Gute Nachricht davon handelt, daß Gott seinen einzigen Sohn als das Lamm Gottes zu uns sandte, um die

Sünde der Welt hinwegzunehmen, indem er sich selbst am Kreuz opferte. Für Moslems, und für den Rest der Menschheit, ist die Gute Nachricht, daß Jesus für ihre Sünden starb, für jeden einzelnen von ihnen den Tod schmeckte und dann den Tod besiegte, um gemeinsam mit allen, die glauben, die Früchte dieses herrlichen Sieges zu teilen: Das Recht auf ein ewiges Leben in der Gegenwart Gottes.

Wir haben das Vorrecht das zu lehren und zu predigen, sei es in einer Moschee oder auf dem Marktplatz, über Radio oder Kassetten, persönlich oder durch Literatur. Dieses Evangelium muß allen Moslems bekanntgemacht werden.

Die Kraft und die Autorität, zu heilen

Doch es gehört noch mehr dazu. Wenn wir weiterlesen, finden wir heraus, daß, wo immer Jesus hinging, er jede Krankheit und jedes Gebrechen heilte. Durch diese eindrücklichen Wunder zeigte Jesus sowohl die Liebe als auch die Kraft Gottes, er zeigte, daß das Reich Gottes in ihm selbst gegenwärtig war. Noch erstaunlicher ist, daß er uns heute seine Autorität und Kraft gegeben hat, um zu heilen und, wenn nötig, Menschen von dämonischen Mächten zu befreien. Diese „Zeichen und Wunder" dienen nicht nur dazu, zu beweisen, daß das Evangelium wahr ist. Sie sind Erweise der Liebe und der Kraft Gottes, die sich vereinen, um die Gegenwart des Königs zu vermitteln sowie die Realität seines Reichs inmitten der anderen Reiche dieser Welt. Das ist die letzte Erfüllung der uralten Prophetie, daß Abraham und sein Nachkomme allen Völkern dieser Erde ein Segen sein würde. Jesus gab uns durch sein Wirken in Galiläa ein wunderbares Beispiel dafür, wie wir das in der moslemischen Welt von heute auch sein können.

Barmherzigkeit mit den Erschöpften und Hilflosen

Doch aus dem genannten Bibelzitat können wir noch mehr lernen. Wie sah Jesus die Menschenmassen, die er an jedem Ort antraf? Wie sehen wir zum Beispiel die Massen von kreischenden Irakern in den Straßen von Bagdad? Oder von Iranern in den Straßen von Teheran? Oder die sich langsam dahinschleppenden Massen von Armen in Bangladesch? Als Jesus sich seinerzeit durch die Menschenmassen bewegte, war er nicht von Hoffnungslosigkeit überwältigt. Er kannte ihre Umstände, er durchschaute die sinnlosen Slogans und unangebrachten oder gar törichten Loyalitäten. Er sah, daß sie erschöpft und hilflos waren, wie Schafe, die keinen Hirten haben. Als der gute Hirte erkannte er die wahre Situation dieser verlorenen Schafe. Was er sah, erfüllte ihn mit Barmherzigkeit. Haben wir die Augen Jesu, um zu sehen wie er sah? Wir müssen den Wahnsinn der kreischenden Massen durchschauen und die Massen von Armen, Erschöpften und Hilflosen sehen, die ohne einen Erlöser sterben. Jesus würde wollen, daß wir zu ihnen hinausgehen. Er starb für sie, genauso wie für uns auch, und er erwartet, daß wir seinem Beispiel folgen, indem wir hingehen und in jeder dieser Massen von ethno-linguistischen Gruppen moslemischer Völker Menschen zu Jüngern machen (siehe Mt 28:18-20).

Augen für die Ernte

Man stellt auch fest, daß Jesus daran glaubte, daß eine Vielzahl von Menschen zu ihm kommen würde. Er sagte: „Die Ernte zwar ist groß, die Arbeiter aber sind wenige" (Mt 9:37). Gott sei Dank, daß Jesus ununterdrückbare Liebe, Hoffnung und Glauben besitzt, die sich gemeinsam bei seiner Einschätzung darüber zusammenfügen, wie empfänglich die Menschen sind. Jesus hatte eine, wie wir es nennen, „Erntementalität", und er glaubte Gott dafür. Er konnte Männer, Frauen und Kinder aus jeder Sprache, jedem Stamm, jedem Volk und jeder Nation sehen, die in sein ewiges und gesegnetes Reich kommen.

Das Gebet für Arbeiter

Doch Jesus bemerkte auch, daß es wenige Arbeiter gab. Das bedeutet, daß die Ernte ohne die notwendigen Arbeiter nicht eingebracht werden kann. Jesus und seine Gruppe von Jüngern hätten versuchen können, ihr Leben zu verlängern, um in ihrer eigenen Lebzeit so viel wie möglich von der Ernte einzubringen. Doch Jesus war nicht so kurzsichtig. Er sah eine große Ernte über die Jahrhunderte aus jedem Winkel der Erde. Er sagte einfach: „Bittet nun den Herrn der Ernte, daß er Arbeiter aussende in seine Ernte!" (Mt 9:38).

Vor einigen Jahren war es mein Vorrecht, in Guinea zu sein, als es noch ein „verschlossenes" Land war. Zu jener Zeit wurde das Land von einem korrupten Diktator namens Seko Toure regiert. Als wir durch die Stadt Conakry gingen, kamen wir am Stadtgefängnis vorbei. Dabei konnten wir die Schreie der politischen Gefangenen hören, die gefoltert wurden. Gerade zu der Zeit fand ein Nationalfeiertag zu Ehren der Machtergreifung Präsident Toures statt. Als wir im Stadion saßen und den Kundgebungen des Selbstlobs zusahen, klangen die Schreie der Gefolterten immer noch in unseren Ohren. Der Geist Gottes bewegte uns alle drei dazu, die Tribüne zu verlassen und einen ruhigen Ort aufzusuchen, um zu beten. Wir beteten etwa folgendes: „Gott, wenn dieser Mann die Fähigkeit zur Buße hat, dann bitten wir dich, daß du sein Herz erweichst, seiner Grausamkeit ein Ende machst und ihn dazu bringst, sein Land für das Evangelium zu öffnen. Doch wenn er ein ‚Pharao' ist, der keine Buße tun will, dann setze ihn bitte ab und laß einen anderen, gütigeren Mann an die Macht kommen, der dieses Land für das Evangelium öffnen wird."

Innerhalb eines Jahres starb dieser Diktator eines natürlichen Todes und wurde durch einen Mann ersetzt, der Missionaren den Zugang nach Guinea ermöglichte.

Auf derselben Reise fuhren wir auch landeinwärts zum Telakoro-Bibelseminar, wo wir eine kleine Gruppe von Pastoren trafen. Während unseres Zusammentreffens wurden Karten an die Wand der Kapelle gehängt, auf denen die verschiedenen ethno-linguistischen Volksgruppen eingezeichnet wurden. Anschließend beteten wir zum Herrn der Ernte, daß er Arbeiter in jede dieser Gruppen senden möge. Heute arbeiten entweder nationale oder ausländische Arbeiter auf jedem einzelnen dieser Erntefelder. Wenn Gott die Dinge für Guinea auf diese Weise in Ordnung bringen konnte, sollte er es nicht auch für jedes moslemische Land tun können?

Weil wir von der Arbeit unter Moslems sprechen, und Moslems sich mit Abraham identifizieren, wollen wir auf die Heilung der zerbrochenen Familie Abrahams hinarbeiten, bis die volle Zahl von Moslems, die gerettet werden können, errettet sind. Durch das Evangelium von Jesus Christus werden wir die Heilung der zerbrochenen Familie Abrahams erleben.

ANHANG A

Die Demographie der moslemischen Welt

Eine Reihe von Quellen wurde zu Rate gezogen, um die Bevölkerung der moslemischen Welt zu bestimmen. Die Hauptquelle war das Datenblatt der Weltbevölkerung von 1995. Das 1988 erschienene Buch *Demography of Islamic Nations* (Demographie Islamischer Nationen) von John Weeks war eine große Hilfe, ebenso das zweibändige Werk *Muslim Peoples* (Moslemische Völker) von Richard Weekes (1983) und Patrick Johnstones *Gebet für die Welt* (1986).

Für Zentralasien war ich auf die von „Offene Türen" erstellten Profile angewiesen, und für Spanien auf die Nachforschungen von „Projekt Maghreb". Im allgemeinen habe ich die Zahlen auf das nächste Tausend gerundet und kein Land aufgelistet, in dem es weniger als 10.000 Moslems gibt.

Bei der Durchsicht dieser Zahlen muß man bedenken, daß es sich um ungefähre Zahlen handelt. In vielen Ländern ist seit Jahren keine Zählung durchgeführt worden. In anderen wurden die Zahlen für politische Zwecke verfälscht. Was Europa und Nordamerika angeht, habe ich meistens die Zahlen von Johnstone als der Realität am meisten entsprechend angenommen. Im Anschluß sind die moslemischen Bevölkerungen aufgelistet, angeordnet nach den Hauptregionen der Erde. Die Summe aller Moslems beläuft sich auf 1.084.108.000, das sind etwa 20 Prozent der Erdbevölkerung (August 1993).

469

Land	Anteil der Moslems in Prozent	Moslemische Bevölkerung
Indonesien	88	165.090.000
Indien	11	98.710.000
Pakistan	97	118.730.000
Bangladesch	85	96.820.000
China	1,5	17.680.000
Usbekistan	80	17.360.000
Afghanistan	99	17.230.000
Malaysia	55	10.120.000
Kasachstan	48	8.260.000
ehem. UdSSR, westl.	2,8	6.290.000
ehem. UdSSR, Zentr.-Asien	78	5.620.000
Aserbaidschan	83	4.730.000
Tadschikistan	6	3.880.000
Philippinen	70	3.220.000
Kurgistan	79	3.160.000
Turkmenistan	4	2.290.000
Thailand	3,6	1.570.000
Myanmar (Burma)	8	1.420.000
Sri Lanka	5	1.020.000
Nepal	1	718.000
Vietnam	19	532.000
Singapur	9,5	218.000
Mongolei	2,4	216.000
Kambodscha	100	200.000
Malediven	64	192.000
Brunei	0,5	104.000
Taiwan	1	58.000
Hongkong	0,1	45.000
Korea	5	40.000
Bhutan	5	40.000
Gesamtsumme		585.523.000

OZEANIEN

Land	Anteil der Moslems in Prozent	Moslemische Bevölkerung
Australien	1,5	270.000
Fidji	7,8	62.000
Gesamtsumme		332.000

MITTLERER OSTEN
ARABISCHER MITTLERER OSTEN OHNE NORDAFRIKA

Land	Anteil der Moslems in Prozent	Moslemische Bevölkerung
Irak	96	18.430.000
Saudi-Arabien	99	17.730.000
Syrien	87	11.750.000
Jemen	99	11.190.000
Jordanien	93	3.530.000
Libanon	60	2.160.000
Vereinigte Arabische Emirate	90	2.020.000
Kuwait	96	1.630.000
Oman	99	1.580.000
Gaza	98	690.000
Israel	12,5	660.000
Bahrain	99,3	495.000
Katar	95	480.000
Gesamtsumme		72.345.000

NORDAFRIKA

Land	Anteil der Moslems in Prozent	Moslemische Bevölkerung
Ägypten	91	93.050.000
Marokko	99	27.720.000
Algerien	99	27.030.000
Sudan	72	19.730.000
Tunesien	99	8.510.000
Libyen	98	4.800.000
Westl. Sahara	100	200.000
Gesamtsumme		141.040.000
Gesamte arabische Welt (Mittlerer Osten und Nordafrika)		213.385.000

NICHT-ARABISCHE LÄNDER IM MITTLEREN OSTEN

Land	Anteil der Moslems in Prozent	Moslemische Bevölkerung
Iran	98	61.540.000
Türkei	99	60.090.000
Zypern	18,55	130.000
Gesamtsumme		121.760.000
Gesamter Mittlerer Osten und Nordafrika		335.145.000

AFRIKA (südlich der Sahara)

Land	Anteil der Moslems in Prozent	Moslemische Bevölkerung
Nigeria	45	42.800.000
Äthiopien	35	19.850.000
Somalia	99	9.410.000
Tansania	30	8.340.000
Niger	87	7.400.000
Senegal	91	7.190.000
Mali	80	7.120.000
Burkina Faso	44	4.400.000
Guinea	69	4.280.000
Zaire	10	4.120.000
Elfenbeinküste	25	3.350.000
Kamerun	22	2.820.000
Tschad	51	2.750.000
Ghana	15	2.460.000
Sierra Leone	50	2.250.000
Mosambik	13	2.180.000
Mauretanien	99	2.180.000
Kenia	6	1.660.000
Malawi	16	1.600.000
Uganda	6,6	1.190.000
Benin	16	820.000
Gambia	87	780.000
Togo	16	660.000
Ruanda	8,6	640.000
Liberia	21	590.000
Komoren	100	500.000
Südafrika	1,2	470.000
Dschibuti	90	450.000
Guinea-Bissau	38	380.000
Madagaskar	2	270.000
Zentralafrikanische Republik	8	250.000

Land	Anteil der Moslems in Prozent	Moslemische Bevölkerung
Mauritius	17	190.000
Simbabwe	0,9	100.000
Sambia	1	86.000
Burundi	1	58.000
Mayotte	98	48.000
Reunion	2,4	14.000
Gabun	1	11.000
Gesamtsumme		143.667.000
Gesamt Nordafrika		141.040.000
Gesamt Afrika		284.707.000

EUROPA
Ost- und Südeuropa

Land	Anteil der Moslems in Prozent	Moslemische Bevölkerung
Jugoslawien (vor der Aufteilung)*	16	3.550.000
Albanien	70	2.310.000
Bulgarien	11	990.000
Spanien	0,77	300.000
Rumänien	1,2	280.000
Griechenland	2,5	260.000
Gesamtsumme		7.690.000

* Das ehemalige Jugoslawien ist jetzt in fünf Staaten aufgeteilt. 16 Prozent der gesamten Bevölkerung sind Moslems. Es sind keine Zahlen verfügbar, die über die Verteilung dieser Moslems in den fünf Staaten Auskunft geben.

WESTEUROPA

Land	Anteil der Moslems in Prozent	Moslemische Bevölkerung
Frankreich	4,6	2.650.000
Deutschland	3	2.430.000
Großbritannien	2,7	1.570.000
Niederlande	2,1	320.000
Belgien	2,9	290.000
Italien	0,35	202.000
Österreich	1,3	103.000
Portugal	0,1	98.000
Dänemark	1,3	68.000
Schweiz	0,9	63.000
Schweden	0,4	35.000
Norwegen	0,4	17.000
Gesamtsumme		7.846.000
Gesamt in Europa		15.536.000

NORDAMERIKA

Land	Anteil der Moslems in Prozent	Moslemische Bevölkerung
USA	1	2.583.000
Kanada	1,5	422.000
Gesamtsumme		3.005.000

LATEINAMERIKA

Land	Anteil der Moslems in Prozent	Moslemische Bevölkerung
Mexiko	0,2	180.000
Brasilien	0,1	152.000
Panama	4,5	113.000
Trinidad-Tobago	6,5	85.000
Venezuela	0,4	83.000
Guyana	9	72.000
Kolumbien	0,2	70.000
Argentinien	0,2	67.000
Surinam	14	56.000
Honduras	0,4	22.000
Gesamtsumme		900.000
Gesamte westliche Welt		3.905.000
Gesamte Welt	20 Prozent	1.084.108.000

ANHANG B

Moslemische Länder der Erde

Anschließend aufgelistet sind die siebenundvierzig Länder der Erde, deren moslemischer Bevölkerungsanteil mindestens fünfzig Prozent beträgt oder in denen der moslemische Anteil der größere ist. Die Gesamtbevölkerung dieser Länder beträgt 874.105.000 oder 81 Prozent aller Moslems weltweit. Die Länder sind nach der Zahl der in ihnen lebenden Moslems aufgelistet, nicht nach dem Umfang ihrer Gesamtbevölkerung.

Land	Anteil der Moslems in Prozent	Moslemische Bevölkerung
Indonesien	88	165.090.000
Pakistan	97	118.730.000
Bangladesch	85	96.820.000
Iran	98	61.540.000
Türkei	99	60.090.000
Ägypten	91	53.050.000
Nigeria*	45	42.800.000
Marokko	99	27.720.000
Algerien	99	27.030.000
Sudan	72	19.730.000
Irak	96	18.430.000
Usbekistan	80	17.360.000
Saudi-Arabien	99	17.330.000
Afghanistan	99	17.230.000
Syrien	87	11.750.000
Jemen	99	11.190.000
Malaysia	55	10.120.000

Land	Anteil der Moslems in Prozent	Moslemische Bevölkerung
Somalia	99	9.410.000
Tunesien	99	8.510.000
Kasachstan	48	8.260.000
Niger	87	7.400.000
Senegal	91	7.190.000
Mali	80	7.120.000
Aserbaidschan	78	5.620.000
Libyen	98	4.800.000
Tadschikistan	83	4.730.000
Guinea	69	4.280.000
Jordanien	93	3.530.000
Kurdistan	70	3.220.000
Turkmenistan	79	3.160.000
Tschad	51	2.750.000
Albanien	70	2.310.000
Sierra Leone	50	2.250.000
Mauretanien	99	2.180.000
Libanon	60	2.160.000
Vereinigte Arab. Emirate	96	2.020.000
Kuwait	96	1.630.000
Oman	99	1.580.000
Gambia	87	780.000
Gaza **	98	690.000
Komoren	100	500.000
Bahrain	99	495.000
Katar	95	480.000
Dschibuti	90	450.000
Westl. Sahara ***	100	200.000
Malediven	100	200.000
Brunei	64	192.000
Gesamt	81 Prozent aller Moslems	874.105.000

* Nigeria: Moslems kontrollieren die Regierung mit einer 45-Prozent-Mehrheit.
** Gaza: Von Israel besetzt.
*** Westl. Sahara: Von Marokko besetzt, wird möglicherweise annektiert.

ANHANG C

Kennzeichen eines biblischen Propheten

Wenn wir uns mit der Frage beschäftigen, ob Mohammed in die
Reihe von biblischen Propheten eingefügt werden kann, wie er
es von sich selbst im Koran behauptete, müssen wir bei der
Überprüfung seiner Behauptung folgendes beachten:

Kriterien
Zunächst müssen wir uns mit der zentralen Aussage und Funktion des Erlösungsplanes Gottes in der Bibel von Anfang bis
Ende auseinandersetzen. Dabei werden wir feststellen, daß sich
diese Aussage mit einer erstaunlichen Kontinuität durch die
ganze Bibel hindurchzieht. Angefangen mit dem „Sündenfall"
des Menschen im Garten Eden, bemerken wir, daß der Herr
selbst gegenwärtig war und prophezeite, daß der „Nachkomme"
der Frau der Schlange (Satan) den Kopf zertreten, und daß die
Schlange in die Ferse dieser Person stechen würde (siehe 1 Mo
3:15). Die inspirierten Schreiber der Bibel bemerkten dann, daß
dieser „Nachkomme der Frau" Jesus, der Messias, war und daß
es sich um eine Prophetie über seinen Tod am Kreuz handelte,
durch den er über die satanischen Mächte triumphierte (Kol
2:15). Der Apostel Johannes schrieb: „Hierzu ist der Sohn Gottes geoffenbart worden, daß er die Werke des Teufels vernichte"
(1 Joh 3:8). Das letzte Buch der Bibel endet mit einem Bild, in
dem Gott den Teufel in den Feuersee wirft, wo er für alle Ewigkeit brennen wird (siehe Offb 20:10).

Jesus ist also die zentrale Gestalt der Bibel, die es mit unserem Todfeind, Satan, aufnimmt und ihn besiegt, ein Feind, der
Adam und Eva getäuscht hatte, und die Menschheit dazu
brachte, sich von Gott abzuwenden. Christus setzt uns frei von

der Macht der Sünde, und damit auch von Satan (siehe Joh 8:36). Das zentrale Ereignis, wodurch das geschieht, ist der Tod Christi am Kreuz. Dort erfüllt er das ganze Gesetz an Stelle von schuldigen Sündern und bricht gleichzeitig die Macht Satans, der durch unsere Sündhaftigkeit wirkt, um uns in seiner Gewalt zu halten.

Biblische Propheten
Biblische Propheten haben verschiedene Funktionen, die wie folgt zusammengefaßt werden können:

1. Aus ihrer persönlichen Beziehung mit Gott reden sie in seinem Auftrag, entweder um uns sein Wort mitzuteilen, wie zum Beispiel das Gesetz von Mose, oder um uns zurück zum Wort des Herrn zu rufen.
2. Ihre zweite Funktion war, Gläubige auf den kommenden Christus hinzuweisen; er kam zuerst, um für die Sünden der ganzen Welt zu sterben und die Ereignisse zu prophezeien, die sein zweites und letztes Erscheinen begleiten werden, wenn er denen, die an ihn glauben, die volle Erlösung zuteil werden läßt und den Rest der Menschheit richten wird, die ihn als ihren Erlöser und Herrn, als den Sohn Gottes, ablehnten.
3. Eine dritte Funktion war, Weisungen für die Zukunft zu geben, vor drohenden Verhängnissen zu warnen oder das Volk Gottes auf bevorstehende Katastrophen vorzubereiten.
4. Außerdem gab es während der gesamten Zeit der biblischen Offenbarung hin und wieder Zeichen und Wunder oder andere wundersame Ereignisse, die das Leben verschiedener Propheten begleiteten. Das ist besonders wichtig, wenn man feststellt, daß keines dieser Zeichen und Wunder die „Offenbarung" begleitete, die Gott angeblich durch den Engel Gabriel an Mohammed weitergab.
5. Der letzte Punkt ist etwas seltsam, weil wir bisher nur über einzelne Propheten gesprochen haben. Seit der Geburt der Gemeinde stellt man fest, daß der Geist Gottes in allen Gläubigen lebendig ist und daß in gewissem Sinn die Ge-

meinde als Ganzes eine prophetische Funktion ausübt, als Stimme Gottes an die Welt, sowie einzelne Personen, die prophetische Gaben besitzen und sie in ihrer jeweiligen Gemeinde ausüben. Das widerspricht natürlich vollkommen der Behauptung Mohammeds, er sei das „Siegel" (der letzte) der Propheten. Das Neue Testament zeigt, daß diese Gabe immer noch ausgeübt wird, und zwar so lange, bis Christus wiederkommt.

Erfüllt Mohammed diese Kriterien?

Bevor wir prüfen, ob Mohammed in diese lange Reihe biblischer Propheten hineinpaßt, müssen wir noch einmal betonen, daß das vorher Gesagte eine gewisse Kontinuität aufweist. Obwohl manchmal zwischen verschiedenen Propheten lange zeitliche Lücken bestehen, zum Beispiel zwischen Maleachi und Johannes dem Täufer, fügen sie sich alle in den großen Erlösungsplan Gottes ein. Man stellt nicht nur eine Weiterentwicklung der zentralen Aussage fest, sondern auch eine erstaunliche Einheit des Ganzen. Darüber hinaus muß nichts Weiteres mehr aufgeschrieben werden. Die Bibel sagt von sich selbst, daß sie für unsere Erlösung genügt (siehe Joh 20:30-31). Und im letzten Buch der Bibel (Offenbarung) wird eine scharfe Warnung gegen jeden ausgesprochen, der etwas hinzufügen oder wegnehmen will (siehe Offb 22:18,19).

Wir prüfen die Behauptungen Mohammeds unter der Beachtung verschiedener Kriterien:

1. Sie sollten mit dem zentralen Plan Gottes für die Erlösung der Menschen übereinstimmen. Mit anderen Worten, Mohammed hätte die zentrale Aussage der Bibel unterstützen sollen, nämlich daß Jesus, der Messias, dazu bestimmt worden war, der Heiland der Welt zu sein, sowie unser König und Herr.

2. Sollten Mohammeds Worte in irgendwelchen Punkten von den alten Schriften abweichen, dann sollten sie ein höheres Niveau der Moralität oder Ethik aufweisen, als das, was vorher gesagt wurde.

3. Sollte Mohammed Prophetien über die Zukunft geäußert haben, dann sollten sie zumindest das, was wir schon wissen, überragen, indem sie zusätzliche, konkrete Einzelheiten über die Zukunft geben.
4. Wenn die Worte Mohammeds tatsächlich von Gott stammen, können wir erwarten, daß irgendein übernatürliches Zeichen oder Wunder geschehen wäre, das die Worte bestätigte.

Wenn wir den Koran daraufhin untersuchen, stellen wir fest, daß keines der erwähnten Kriterien erfüllt wird. Er stimmt nicht nur nicht vollständig mit dem Gesetz von Mose im Alten Testament überein, sondern greift darüber hinaus die zentrale Aussage der Evangeliumsbotschaft im Neuen Testament an. Zum Beispiel, daß Gott keinen Sohn haben konnte, daß Jesus nicht gekreuzigt wurde, daß es keine Möglichkeit der Menschwerdung oder Sühne gibt, und daß Gott sich unmöglich als ein dreieiniger Gott, Vater, Sohn und Heiliger Geist, offenbaren kann, bedeutet, daß Mohammed sich in direktem Widerspruch dazu befindet, was Gott durch alle vorherigen Propheten und durch seinen Sohn Jesus Christus zu vermitteln suchte.

Selbst wenn wir diese verhängnisvollen Unstimmigkeiten beiseite lassen und uns auf den moralischen und ethischen Inhalt des Korans beschränken, stellen wir fest, daß er den biblischen Maßstäben nicht gleichkommt, und an die von Jesus verkündeten und vorgelebten Ideale lange nicht heranreicht.

Bezüglich der Stellen im Koran, die sich mit der Zukunft befassen, stellen wir fest, daß sie alle auf einen „Jüngsten Tag" hinweisen, ein Begriff, der mit großer Wahrscheinlichkeit von christlichen Predigern auf den Marktplätzen zu Mohammeds Zeiten oft benutzt wurde.

An keiner Stelle ist jedoch von einer göttlichen Bestätigung die Rede, die beweisen kann, daß Mohammeds Worte von demselben Gott kamen, der uns die verschiedenen Prophetien im Alten und Neuen Testament gegeben hat.

Aus diesen Beobachtungen müssen wir schließen, daß Mohammeds Behauptungen über sich selbst, nämlich, daß er in die lange Reihe der biblischen Propheten gehört, einem Test nach diesen einfachen Kriterien nicht standhält.

Tatsächlich stellen wir fest, daß Mohammed bei den zentralen Aussagen der Bibel absolut nicht mit dem Plan Gottes zur Errettung der Menschheit übereinstimmt, also durch das Sühneopfer Jesu Christi am Kreuz. Ebensowenig findet man einen ernstzunehmenden Versuch, das Problem des Überwindens und schließlichen Sieges über Satan zu lösen.

Statt das Gesetz von Mose zu bestätigen, das Christus durch sein Kommen erfüllte, stellen wir fest, daß Mohammed es durch ein selbstentworfenes Gesetz ersetzen wollte. Außerdem wollte er, daß die Menschen glaubten, ihr zukünftiger Status in der Ewigkeit hänge völlig davon ab, was sie mit seinen, also Mohammeds, Worten machen.

Wenn man moralische und ethische Themen vergleichend studiert, stellt man fest, daß die Lehren Mohammeds, zum Beispiel über Ehe, Scheidung, Vergebung und Friedensstiftung, um nur einige zu nennen, bei weitem nicht an das heranreichen, was in der Bibel gelehrt wird.

Schließlich stellt man im Koran eine völlige Abwesenheit von Wundern und Vorhersagen fest. Es existiert keine übernatürliche Bestätigung dieser sogenannten „Offenbarung".

Insgesamt gesehen gibt es demnach keinen Beweis oder Grund, Mohammed in die Reihe biblischer Propheten einzureihen.

ANHANG D

Entwicklung der Gesetzesschulen und der Hadith

Der gesamte Islam hat seinen Ursprung in einem einzigen Mann: Mohammed. Ihm allein wurden die Worte gegeben, die letztlich in dem Buch, das heute der Koran genannt wird, gesammelt wurden. Für die, die ihm glaubten, wurden diese Worte zum „Wort Gottes".

Mohammed war also, zumindest zu seiner Lebzeit, der einzige, der die Bedeutung dieser Worte ermitteln konnte. Seine Anhänger glaubten nicht nur, daß ihm alles, was er sagte, in diesen besonderen Augenblicken der Offenbarung gegeben wurde, sondern verehrten auch seine „nichtinspirierten" Bemerkungen über die Bedeutung dieser Worte sowie über eine Vielzahl von anderen Themen, die im Koran nicht erwähnt werden. Nach einiger Zeit wurden diese Aussagen gemeinsam mit Mohammeds Lebensbeispiel mit der gleichen Verehrung behandelt, die Moslems dem Koran erweisen.

Da der Islam eine Religion der Tat ist, wollten Mohammeds Anhänger auch von ihm lernen, wie man praktisch lebt. Sie beobachteten ihn, sie imitierten ihn. Sein Leben wurde damit die Norm für alle, die an ihn glaubten. Die Kraft seiner Persönlichkeit war so groß, daß er den Lebensstil der Araber, die ihn als einen Propheten Gottes anerkannten, für immer veränderte.

Die Sunna
Bevor Mohammed auf der Bildfläche erschien, hatten die Araber schon eine Sammlung von traditionellen Bräuchen, die „Sunna" genannt wurden. Mit der Entstehung des Islam wurde Mohammeds Lebensbeispiel die neue Sunna der arabischen

Gläubigen. Auf diese Weise wurde Mohammed zum alleinigen Gründer des Islam.

Solange Mohammed lebte, tat jeder das, was Mohammed sagte, oder erinnerte sich an das, was er gesagt hatte, oder imitierte ihn in allem, was er tat. Nach seinem Tod folgten seine Freunde weiterhin seiner Sunna (seinem Lebensbeispiel), und nach ihrem Tod war auch die nachfolgende Generation noch in der Lage, diese Traditionen sehr treu einzuhalten.

Doch es kam die Zeit, daß diese ersten Generationen von Gläubigen nicht mehr existierten, und das Gedächtnis der Menschen begann nachzulassen. Mit dem militärischen Erfolg der moslemischen Armeen wurden riesige Gebiete besiegter Völker in das Dar al-Islam, das „Haus des Islam", hineingeschwemmt. Diese neuen Gläubigen mußten in den Wegen des Islam unterwiesen werden, die sich auf die Gebräuche des Lebens Mohammeds aufbauten. Es war darum unbedingt notwendig, die Sunna oder „Lebensbräuche" Mohammeds aufzuschreiben, damit das Andenken an Mohammeds Lebensbeispiel, als der vorrangige oder „erste" Moslem, bewahrt werden konnte.

Die Hadith

Das Aufschreiben dieser Traditionen wurde zu einer besonderen „Wissenschaft", und das niedergeschriebene Material wurde in arabischer Sprache „Hadith" oder „Geschriebene Traditionen" genannt. Diese gründeten sich auf die „Lebendigen Traditionen", der Sunna. Die Hadith wurde gemeinsam mit dem Koran die wichtigste Quelle, die den anfänglichen Islam formte.

Bei der Niederschrift dieser Traditionen gab es zwei Dinge, auf die die Schreiber bedacht waren. Erstens, die Zuverlässigkeit der „Kette der Zeugen", deren Zeugnis die Basis für diese „Reden" bildete. Das wurde *Isnad* genannt. Zweitens, die Übereinstimmung des Textes mit der vorigen „Offenbarung", also dem Koran. Das Wort für Text in Arabisch lautet *Matn*. Die „Wissenschaft" der Bewahrung der Traditionen Mohammeds (welche schließlich auch die seiner direkten „Freunde" und „Nachfolger" einschloß) beschäftigte sich mit der Überprüfung der Kette der Zeugen, dem *Isnad*, und des Textes, dem *Matn*, hinsichtlich ihrer Glaubwürdigkeit, Echtheit, Zuverlässigkeit und Vertrauenswürdigkeit.

Die Entwicklung des Gesetzes (Scharia)

Als erstes vermittelte Mohammed seinen Nachfolgern ein leidenschaftliches Bewußtsein vom Gesetz. Sie wollten wissen, wie man alles „richtig" macht. Während die Traditionen noch gesammelt wurden, beschäftigten sich gesetzesbewußte Rechtsgelehrte damit, eine große Anzahl von Gesetzen zu entwickeln, die jeden Aspekt des Lebens regieren sollten. Das moslemische Verständnis war, daß diese Gesetze der Weg zum Leben sein würden, daß man sich also durch die Einhaltung dieser Gesetze einen Platz im Paradies sichern könnte.

In Arabien, einer Region, die durch sehr viel Wüste gekennzeichnet ist, bedeutet Wasser alles. Der Weg zum Wasser ist buchstäblich der Weg zum Leben. Das arabische Wort für den Weg zum Wasser lautet „scharia", und aus diesem Grund wurden diese Gesetze Scharia genannt. Mohammed und alle Moslems nach ihm sind schon immer der Überzeugung gewesen, daß das Einhalten dieser Gesetze zum Leben führt. Sie wissen nicht, daß Gesetze dazu da sind, uns zu richten und letztlich schuldig zu sprechen, und darum nicht zum Leben, sondern zum ewigen Tod führen.

In der Zeit, in der die Rechtsgelehrten diese Gesetze entwickelten, wurde die Hadith interessanterweise immer umfangreicher. Nur etwas mehr als einhundert Jahre nach Mohammeds Tod umfaßte diese Hadith in der Tat mehr als 500 000 einzelne Aussprüche, die Mohammed zugeschrieben wurden. Diese wurden schließlich von mehreren angesehenen moslemischen Gelehrten geprüft, die alle Aussprüche entfernten, die nicht annehmbar erschienen, bei denen also die Glaubwürdigkeit der Kette der Zeugen fraglich erschien, oder deren Inhalt nicht mit dem Koran oder anderen Traditionen, die als echt angesehen wurden, übereinstimmten. Das Interessante dabei ist jedoch, daß das Gesetz vor der Standardisierung der Hadith kanonisiert wurde, wie man aus dem folgenden Abschnitt entnehmen kann.

Die vier Gesetzesschulen

In verschiedenen Teilen des wachsenden moslemischen Reichs kamen Gesetzesgelehrte auf. Unter ihnen traten vier als anerkannte Autoritäten hervor. Die Folge war, daß anstatt einer einzigen standardisierten Fassung des Gesetzes vier offiziell anerkannte Gesetzesschulen entstanden. Diese Gesetzesschulen unterschieden sich nicht wesentlich in den meisten Regeln und Gesetzen. Heute mischen sich die moslemischen Völker, da mehr Reisemöglichkeiten bestehen, und es herrscht eine große Toleranz zwischen den Anhängern jeder dieser Gesetzesschulen.

Die Daten dieser vier Männer geben uns eine Vorstellung davon, wie lange der Islam brauchte, um seine Gesetze zu entwickeln. Der erste von ihnen starb 767, etwa 145 Jahre nach dem Tod Mohammeds, und der letzte 855, etwa 232 Jahre nach dem Tod Mohammeds. Die Namen und Daten dieser Gründer der Gesetzesschulen sind:

Hanifa, gestorben 767, sein Gesetz
    wird in Westasien, Unterägypten und Pakistan befolgt.
Malik, gestorben 795, seinem Gesetz
    folgt man in Oberägypten, Nord- und Westafrika.
Schaffi, gestorben 819, sein Gesetz wird in Indonesien befolgt.
Hanbal, gestorben 855, in Zentral- und Nordarabien.

Die Standardisierung der Hadith

Wie schon vorher erwähnt, nahm die Hadith immer gewaltigere Ausmaße an, bis sechs bekannte Gelehrte diese wilde Wucherung der angeblichen „Traditionen" stoppte. Als der erste von ihnen seine Arbeit begann, gab es über eine halbe Million dieser sogenannten „Aussprüche" Mohammeds. Die Namen und Daten dieser sechs anerkannten Verfasser der Hadith sind:

Bukhari, gestorben 870
Muslim, gestorben 875
Ibn Maja, gestorben 886
Abu Daud, gestorben 888
Al-Tirmidhi, gestorben 892
Al-Nasai, gestorben 916

Von diesen sechs werden Bukhari und Muslim als die autorisiertesten angesehen. Bukharis Sammlung ist die weitaus umfangreichste. Von den etwa eine halbe Million „Aussprüchen", die er überprüfte, behielt er über 7000 als echt. Die anderen Sammler stimmen im großen und ganzen mit Bukhari überein, doch jeder schließt einige Aussprüche ein, die bei den anderen nicht zu finden sind.

Das Erstaunliche an dem Ganzen ist die leidenschaftliche Bemühung, Mohammed zum Beispiel für die gesamte Menschheit zu machen. Der moslemischen Lehre zufolge soll die ganze Welt für den Islam gewonnen werden, und alle sollen sich so verhalten, wie es das Beispiel der Worte und Taten dieses arabischen Mannes aus dem siebten Jahrhundert vorschreiben.

Im heutigen Islam gibt es Strömungen, die den Platz der Hadith in der modernen Welt in Frage stellen. Gaddafi in Libyen ging sogar so weit, die gesamte Hadith abzuschaffen und durch seine eigenen Ideen zu ersetzen, die er in seinem berühmten „Grünen Buch" festhielt. Bei einem Besuch in Ägypten erfuhr ich vor kurzem, daß vieles in der Hadith heute als nicht glaubwürdig angesehen und deshalb nicht beachtet wird.

Auf jeden Fall trifft zu, daß, solange die moslemische Welt nicht durch drastische Reformen verändert wird, alle Moslems an den Koran und der von ihm abgeleiteten Hadith und an das Scharia-Gesetz gebunden sind.

Anhang E

Zeittafel der Unabhängigkeit
besetzter moslemischer Staaten

Name des Staates	Besetzt von	Jahr der Unabhängigkeit
1. Afghanistan	Sowjetunion	1989
2. Ägypten	Großbritannien	1956
3. Albanien	Italien	1945
4. Algerien	Frankreich	1962
5. Aserbaidschan	Rußland	1991
6. Bahrain	Großbritannien	1971
7. Bangladesch	Großbritannien	1947
8. Brunei	Großbritannien	1984
9. Dschibuti	Frankreich	1977
10. Gambia	Großbritannien	1965
11. Gaza	Israel	(noch besetzt)
12. Guinea	Frankreich	1958
13. Indonesien	Niederlande	1949
14. Irak	Großbritannien	1921
15. Iran	Großbritannien	1921
16. Jemen	Großbritannien	1967
17. Jordanien	Großbritannien	1946
18. Kasachstan	Rußland	1991
19. Katar	Großbritannien	1974
20. Komoren	Frankreich	1975
21. Kurdistan	Rußland	1991
22. Kuwait	Großbritannien	1961
23. Libanon	Frankreich	1943
24. Libyen	Großbritannien/Italien	1951

Name des Staates	Besetzt von	Jahr der Unabhängigkeit
25. Malaysia	Großbritannien	1963
26. Malediven	Großbritannien	1975
27. Mali	Großbritannien	1960
28. Mauretanien	Frankreich	1960
29. Mayotte	Frankreich	(noch besetzt)
30. Marokko	Frankreich	1956
31. Niger	Frankreich	1960
32. Nigeria*	Frankreich	1960
33. Oman	Großbritannien	1970
34. Pakistan	Großbritannien	1947
35. Saudi-Arabien**	Türkei/Großbritannien	1918
36. Senegal	Frankreich	1960
37. Somalia	Großbritannien/Italien	1960
38. Sudan	Großbritannien/Ägypten	1956
39. Syrien	Frankreich	1943
40. Tadschikistan	Rußland	1991
41. Tschad	Frankreich	1960
42. Tunesien	Frankreich	1956
43. Türkei	Großbritannien/Griechenland	1921
44. Turkmenistan	Rußland	1922
45. Usbekistan	Rußland	1991
46. Ver. Arab. Emirate	Großbritannien	1984
47. Westliche Sahara	Spanien (dann Marokko)	(noch besetzt)

*   In Nigeria besteht eine moslemische Minderheitsregierung, doch weniger als 50 Prozent der Bevölkerung sind Moslems.
** Die Türkei ist keine Westmacht, doch sie herrschte für eine lange Zeit in Saudi-Arabien, und wurde schließlich mit der Hilfe Großbritanniens vertrieben.

Anmerkung: Es besteht die Möglichkeit, daß weitere moslemische Gebiete innerhalb Rußlands sich um die Unabhängigkeit bemühen werden, wie zum Beispiel Tschetschenien und die Tartaren. Zur Zeit der Entstehung dieses Buches war die Situation unbestimmt.

Desgleichen besteht die Möglichkeit, daß der Staat Kossovo zu einem unabhängigen moslemischen Land wird, man muß die Entwicklung abwarten.

Formal gesehen sollte kein Moslem unter nicht-moslemischer Herrschaft leben. Es ist durchaus möglich, daß viele andere moslemische Gebiete auf der ganzen Welt versuchen werden, die Unabhängigkeit zu erlangen.

ANHANG F

Das moslemische Mondjahr

Das Mondjahr dauert nur 354 Tage, also etwa 11 Tage weniger
als das Sonnenjahr. Die Mondjahre rücken deshalb in unserem
Kalender jedes Jahr um 11 Tage vor, und etwa alle 33 Jahre gewinnen die Mondjahre ein Jahr gegenüber dem Sonnenjahr. Da
der moslemische Kalender mit dem christlichen Jahr 622 n. Chr.
beginnt, kann man erwarten, daß 1990 n. Chr. 1369 AH entspricht, doch es entspricht 1410 AH, also 1369 plus 41 zusätzliche Jahre im Mondkalender.

Die Buchstaben „AH" nach dem moslemischen Mondjahr
stehen für *Anno Hijra*, das Jahr der Flucht Mohammeds von
Mekka nach Medina, die sich 622 n. Chr. ereignete.

Die Monate des moslemischen Mondkalenders

1. Muharram
2. Safar
3. Rabi-al-Awwal
4. Rabi-ath-Thani
5. Jumada-l-Ula
6. Jumada-th-Thaniyyah
7. Rajab
8. Shaban
9. Ramadan
10. Shawwal
11. Dhu-l-Qadah
12. Dhu-l-Hijjah

ANHANG G

Die wichtigsten Feste im moslemischen Kalender

1. Erster Muharram = Neujahr
2. Zehnter Muharram =
   Ashura, fällt zusammen mit dem jüdischen Versöhnungstag
3. Zwölfter Rabi al-Awwal =
   Mawlid an-Nabi, Geburtstag Mohammeds
4. Siebenundzwanzigster Rajab =
   Laylat al-Miraj, Die Nachtfahrt
5. Fünfzehnter Shaban =
   Laylat al-Baraah, Die Nacht der Schicksale
6. Ramadan = Fastenmonat
7. Siebenundzwanzigster Ramadan =
   Laylat al-Qadr, Die Nacht des Herabsteigens
8. Erster Shawwal =
   Id al-Fitr, Das Fest des Fastenbrechens (3 Tage)
9. Achter, neunter, zehnter Dhu-l-Hidscha =
   Id al-Adha, Das Fest des Opfers Abrahams

Anmerkung: Diese Feste werden von den meisten Moslems überall auf der Welt gefeiert. Die Schiiten haben zusätzliche besondere Festtage, und in verschiedenen Ländern gibt es unter dem Schirm des „Volksislam" normalerweise zusätzliche jahreszeitliche Feiertage, die mit dem Sonnenkalender zu tun haben, und besondere Feiertage, verbunden mit den Geburts- oder Todestagen verschiedener Heiliger.

ANHANG H

Lebensstandard in moslemischen Ländern

Moslemische Länder mit Ölvorkommen

Lebensstandard im prozentualen Vergleich mit den USA

Vereinigte Arabische Emirate	151
Brunei	150
Katar	150
Kuwait	129
Saudi-Arabien	86
Bahrain	73
Libyen	53
Oman	44
Iran	18
Algerien	17
Malaysia	13

Moslemische Länder ohne Ölvorkommen

Lebensstandard im prozentualen Vergleich mit den USA

Jordanien	14
Syrien	12
Albanien	9
Tunesien	9
Türkei	9
Libanon	8
Dschibuti	7

Lebensstandard im prozentualen Vergleich mit den USA

Westliche Sahara	6
Ägypten	5
Gaza	5
Marokko	5
Nigeria	5
Indonesien	4
Jemen	4
Mauretanien	3
Pakistan	3
Senegal	3
Sierra Leone	3
Sudan	3
Komoren	2
Gambia	2
Guinea	2
Niger	2
Somalia	2
Afghanistan	1
Bangladesch	1
Tschad	1
Malediven	1
Mali	1
Irak *	

* Seit dem Krieg mit dem Iran und dem Krieg mit Kuwait hat die irakische Wirtschaft ernste Rückschläge erlitten, Statistiken sind nicht verfügbar.

Anmerkung: Seit der Aufteilung der Sowjetunion 1991 haben die sechs ehemaligen Bundesstaaten in Zentralasien die Unabhängigkeit erlangt. Zur Zeit der Erstellung dieses Buches waren über ihren Lebensstandard keine Statistiken verfügbar. Es handelt sich um folgende Länder: Aserbaidschan, Kasachstan, Kurdistan, Tadschikistan, Turkmenistan und Usbekistan.

FREMDWÖRTER-
UND NAMENSVERZEICHNIS

Abdullah
Diener Gottes.

Ahl-i-Kitab
Das Volk der Schrift; ein Ausdruck im Koran für Juden und
Christen, die ihre heiligen Bücher vor Mohammed besaßen.
Einigen Quellen zufolge schließt es auch die Parsisten ein.

Ahmad
„Der Gepriesene", weist im Koran auf die Prophezeiung Jesu
über den, der nach ihm kommen würde, hin.

Ahmadi
Ein Anhänger von Ghulam Ahmad Mirza.

Ahmadiyya
Der Name der Sekte von Moslems, die Ahmadis genannt werden.

Allah
Das arabische Wort für „Gott".

Allahu Akbar
Gott ist größer; ein gewöhnlicher moslemischer Ausspruch.

Al-Manar
„Der Leuchtturm", Titel einer arabischen Zeitschrift.

501

Amal

Bedeutet wörtlich „Hoffnung", der Name einer schiitischen Sekte.

Arafat

Der Name einer Ebene, einige Kilometer von Mekka entfernt.

Ashi

Die Bezeichnung der Nachmittagsgebete.

Ashura

Der Name des jüdischen Versöhnungstags. Fällt mit dem 10. Muharram zusammen, an dem die Schiiten den Tod von Husayn feiern.

Ayatollah

Bedeutet wörtlich: „Zeichen Gottes"; die Bezeichnung des höchsten religiösen Führers im schiitischen Islam.

Bairam

Eine Alternativbezeichnung für das Große Fest im Islam, also *Id al-Kabir,* oder *Id al-Adha,* oder *Id al-Qurban.*

Baraka

Segen, oft gesehen als „etwas", das von einer Person oder Sache auf eine andere übertragen werden kann.

Dajjal

Ein moslemisches Wort für den Antichristen.

Dar al-Harb

„Das Haus der Widersacher"; diejenigen, gegen die der Heilige Krieg geführt werden muß, bis sie sich unterwerfen oder getötet werden.

Dar al-Islam

„Das Haus des Islam"; diejenigen, die sich Mohammeds Lehren unterworfen haben.

Dhimmi
„Klienten", Juden und Christen, die sich der moslemischen
Herrschaft unterwerfen und besondere Steuern zahlen.

Din
Die Pflichten der Religion; Antwort auf das Gesetz Mohammeds.

Druse
Ein Zweig des schiitischen Islam im Libanon.

Dschihad
„Sich bemühen" (für Gott), bezeichnet alle Mittel, den Islam zu
verbreiten, einschließlich den Heiligen Krieg.

Dschinn
Eine Art geistige Wesen, keine Engel, die angeblich aus Feuer
erschaffen wurden. Werden gewöhnlich als böse angesehen.

Dschizya
Eine besondere Kopfsteuer, die Juden und Christen auferlegt
wird. (Auch „Jizya" geschrieben.)

Dua
Spontanes Gebet im Islam.

Euangelion
Das griechische Wort für „Gute Nachricht".

Hadith
Die niedergeschriebenen Traditionen des Islam, basierend auf
der Sunna.

Hadsch
Die jährliche Pilgerfahrt nach Mekka.

Hanif
Ein Monotheist in Mekka, der weder Jude noch Christ war.

Hidschra
„Auswanderung", die Flucht Mohammeds von Mekka nach Medina.

Hizbolla
„Gottes Partei", eine schiitische Sekte im Libanon.

Id al-Adha
„Opferfest", zur Erinnerung an Abrahams Versuch, seinen Sohn zu opfern.

Id al-Fitra
„Fest des Fastenbrechens" am Ende des Ramadan.

Id al-Kabir
„Das Große Fest", das gleiche wie das „Opferfest".

Ihram
Ritueller Reinheitszustand auf der Pilgerfahrt.

Ilm
Intellektuelles Wissen.

Imam
Gebetsleiter im sunnitischen Islam; ein sehr viel bedeutender Titel eines religiösen Führers im schiitischen Islam.

Imami
Ein Zweig des schiitischen Islam, der dem verschwundenen und verborgenen zwölften Imam folgt.

Iman
„Glauben", die sechs Schlüsselartikel des moslemischen Glaubensbekenntnisses.

Inschil
Mohammeds Bezeichnung des Evangeliums, oder „Buches", das Gott seiner Meinung nach Jesus gab.

504

Islam

„Unterwerfung", bedeutet Unterwerfung unter die Lehren Mohammeds.

Ismaili

Ein Zweig des schiitischen Islam, der dem verschwundenen siebten Imam folgt.

Isnad

Die „Bezugskette" der niedergeschriebenen Traditionen.

Jizya

Siehe: Dschizya.

Kaaba

Ein würfelförmiges Gebäude in der Moschee in Mekka, das als das „Haus Gottes" angesehen wird.

Kadi

Ein religiöser Richter im Islam.

Kadiani

Ein Anhänger von Ghulam Ahmad Mirza, dessen Heimatstadt Kadian in Indien war.

Kalif (Khalifa)

Mohammeds Nachfolger, ein Herrscher der Moslems.

Kenosis

Griechisches Wort mit der Bedeutung „ausleeren", „leer machen", „Lücke".

Khadidscha

Mohammeds erste Frau.

Kharidschiten

Eine fanatische moslemische Sekte, deren Anhänger meinen, daß sie sich gegen Herrscher auflehnen müssen, die gesündigt haben.

Khutbah
Die Predigt in der Moschee am Freitagnachmittag.

Koran
„Lesung", der Name der gesammelten „Lesungen" Moham-meds, das „Heilige Buch" der Moslems.

Mahdi
„Der richtig Geführte", der am Ende der Zeiten wiederkommen wird, um den Islam zu reinigen.

Marifah
Mystische Erkenntnis über Gott.

Marwa
Einer der beiden Hügel, zwischen denen die Pilger hin und her laufen, um Hagars Suche nach Wasser nachzuvollziehen.

Masa
Der Name für die Gebete bei Sonnenuntergang und am Abend.

Masjid
„Der Ort der Verneigung", eine Moschee.

Matn
Der Text einer niedergeschriebenen Tradition.

Maulvi
Der Titel eines religiösen Gelehrten.

Medina
Die Stadt, von der aus Mohammed von 622 bis 632 n. Chr. regierte.

Mekka
Die Geburtsstadt Mohammeds, Pilgerzentrum.

Mina
Der Ort, an dem den Moslems zufolge Abraham ein Tier opferte, das Gott ihm gab, um seinen Sohn zu verschonen.

Mirzai
Ein Anhänger von Ghulam Ahmad Mirza.

Mizan-ul-Haqq
Die Bilanz der Wahrheit, ein Buch, in dem Dr. Karl Pfanders apologetische Antworten auf die moslemischen Fragen über die christliche Lehre gibt.

Moschee
Die deutsche Version des französischen Wortes „mosque" für einen moslemischen Anbetungsort, einen Masjid.

Mufti
Ein moslemischer Rechtsgelehrter, hochgestellter Richter.

Mudschahedin
Ein moslemischer „Heiliger Krieger", der in einem „Dschihad" kämpft.

Mullah
Ein streng geschulter moslemischer Lehrer.

Muslim
(Moslem). Jemand, der sich Mohammed und seinen Lehren unterworfen hat.

Pir
Ein Wort, nicht arabischer Herkunft, für einen „heiligen Mann" auf dem indischen Subkontinent.

Razzia
Der Brauch, die Karawanen des Feindes zu überfallen.

Sadakat
„Gerechtigkeit", die Gaben an die Armen.

Safa
Einer der beiden Hügel, zwischen denen die Pilger hin und her laufen, um Hagars Suche nach Wasser nachzuvollziehen.

Salat
Die Bezeichnung der rituellen Gebete im Islam.

Sawm
Die Bezeichnung der moslemischen Fastenzeit.

Schahadah
Die Bezeichnung des moslemischen Glaubensbekenntnisses.

Scharia
„Der Pfad zum Wasser", die Bezeichnung des islamischen Gesetzes.

Scheik
Eine Variante von „Scheich", ein religiöser Führer oder „heiliger Mann".

Schia
Eine Richtung des Islam, die Ali als ihren Anführer nennt.

Shirk
Die unvergebbare Sünde im Islam, irgend jemand mit Gott in Verbindung zu bringen (Gott hat keine Partner).

Sijda
Der Akt des sich Verbeugens, oder Verneigens, im Gebet.

Subh
„Morgen", die Zeit des ersten Gebets am Tag.

Suf
Das arabische Wort für „Wolle".

Sufi
Ein moslemischer Mystiker; die ersten Sufis trugen Gewänder aus Wolle, oder „suf", deshalb der Spitzname „Sufi".

Sufismus
Die Bezeichnung der moslemischen Religionspraktik des Mystizismus.

Sultan
Der Titel eines moslemischen Herrschers, unterschiedlich von einem Kalifen.

Sunna
„Der getretene Pfad", die lebendigen Traditionen darüber, was Mohammed tat und sagte.

Sunnit
Jemand, der dem Beispiel Mohammeds in seinen Lehren und seinen Lebensgewohnheiten folgt.

Sure
Die Bezeichnung eines Kapitels im Koran.

Ta ethne
Der griechische Ausdruck für „die Nationen", besser übersetzt als „die ethno-linguistischen Volksgruppen".

Taurat
Das Buch, das Gott Mose gab (das mosaische Gesetz).

Tawaf
Die Umkreisung der Kaaba, dem großen, würfelförmigen Gebäude innerhalb der großen Moschee in Mekka.

Ulama
Religionsgelehrte, Plural von *alam*.

Umma
„Die Gemeinschaft der Gläubigen", die Moslems.

Yatrib
Der ursprüngliche Name der Stadt Medina.

Zakat
Die vorgeschriebenen Almosen, etwa 2,5 Prozent des Einkommens.

Zilli
Bezeichnung für einen reformierenden Propheten, im Unterschied zu einem inspirierten Propheten; wird auf Ghulam Ahmad Mirza angewendet.

BIBLIOGRAPHIE

Abdul-Haqq, A. Akbar: *Sharing Your Faith With a Muslim.* Minneapolis 1980.

Ajayi, J. F. A., und Crowder, Michael: *Historical Atlas of Africa.* New York 1985.

Ali, Maulana Muhammad: *The Holy Qur'an.* Lahore 1973.

Ali, A. Yusuf: *The Glorious Qur'an.* Boomington 1977.

Andrae, Tor: *Les Origines De L'Islam Et Le Christianisme.* Paris 1955.

Ders.: *Mohammed: The Man and His Faith.* New York 1960.

Arberry, Arthur J.: *The Koran Interpreted.* New York 1955.

Badawi, Jamal: *Muhammad in the Bible.* Halifax (Canada) 1982.

Barton, James L.: *The Christian Approach to Islam.* Boston 1918.

Battle, V. DuWayne: „The Influence of Al-Islam in America on the Black Community" in: *The Black Scholar* 1988, 19: 33-44.

Bell, Richard: *Introduction to the Qur'an.* Edinburgh 1958.

Bentley, David: *Rights of Muslims.* Pasadena 1992.

Berger, Morroe: „*The Black Muslim*" in: Horizon 1964, 6:49-64.

Blair, John C.: *The Sources of Islam.* Madras 1925.

Burton, John: *The Collection of the Qur'an.* Cambridge 1977.

Calverley, E. E.: *Islam: An Introduction.* Kairo 1958.

Chapman, Colin: „Second Thoughts About the Ishmael Theme" in: *Seedbed* 1989, 4:50-57.

Cole, R. I. und Keddie, Nikki R.: *Shi'ism and Social Protest.* New Haven 1986.

Cragg, Kenneth A.: *The Call of the Minaret.* New York 1956.

Ders.: *Islamic Surveys.* Edinburgh 1965.

Ders.: *The House of Islam.* Belmont (California) 1969.

Ders. und Speight, R. Marston: *Islam From Within: Anthology of a Religion.* Belmont 1980.

Ders.: *Muhammad and the Christian: A Question of Response.* London 1984.

Ders.: *The Pen and the Faith.* London 1985.

Da Costa, Isaac: „Hagar" in: *De Slag Bij Nieupoort.* Buitnedijk 1972, ins Englische übers. 1990.

Datenblatt der Weltbevölkerung. Washington , D.C., 1995.

Dawood, N.J.: *The Koran.* Baltimore 1956.

Deedat, Ahmad: *What the Bible Says About Muhammad.* Durban 1976.

Eims, Leroy: *The Lost Art of Disciple Making.* Grand Rapids 1978.

Esposito, John L.: *Voices of Resurgent Islam.* New York 1983.

Ders.: *Islam: The Staight Path.* New York 1991.

Farah, Ceasar E.: *Islam.* Woodbury (New York) 1968.

Gaudefroy-Demombynes, Maurice: *Muslim Institutions.* London 1968.

Geertz, Clifford: *Islam Observed.* Chicago 1968.

Gibb, Hamilton A. R.: *Islam: A Historical Survey.* (Vorheriger Titel: *Mohammedanism.*) Oxford 1949.

Ders.: „Pre-Islamic Nonotheism in Arabia" in: *The Harvard Theological Review*, Bd. LV, Nr. 4, 1962.

Ders. und Kramers, J. H. et al.: *Shorter Encyclopedia of Islam.* Leiden 1974.

Glasse, Cyril: *The Concise Encyclopedia of Islam.* San Francisco 1989.

Goitein, S. D.: *Studies In Islamic History and Institutions.* Leiden 1968.

Green, Denis: „Guidlines From Hebrews for Contextualization" in: *Muslims and Christians on the Emmaus Road.* J. Dudley Woodberry (Hrsg.), S. 233-250. Monrovia (California) 1989.

Green, Michael: *I Believe In Satan's Downfall.* Grand Rapids 1981.

Haley, Alex: *Roots.*

Hamada, Louis Bahjat: *Understanding the Arab World.* Nashville 1990.

Hamid, Abdul: *Evidence of the Bible About Muhammed.* Karachi 1973.

Hardy, P.: *The Muslims of British India.* Cambridge 1972.

Haykal, Muhammad H.: *The Life of Muhammad.* Bloomington 1976.

Hiebert, Paul: „Power Encounter and Folk Islam" in: *Muslims and Christians on the Emmaus Road.* J. Dudley Woodberry (Hrsg.), S. 45-61. Monrovia (California) 1989.

Hitti, Philip K.: *Islam: A Way of Life.* Chicago 1970.

Hunter, Edward: *Brainwashing in Red China.* New York 1953.

Husain, Muhammad Kamil: „Muhammad Kamil Husain of Cairo" in: *The Pen and the Faith.* Kenneth Cragg, S. 126-144, London 1985.

Ders.: *City of Wrong: A Friday in Jerusalem.* London 1959.

Iranian, Christian: In einem öffentlichen Vortrag der „Impetus '86", Columbo. Sri Lanka 1986.

Jeffrey, Arthur: *The Foreign Vocabulary of the Qur'an.* Baroda 1938.

Ders.: *Islam: Muhammad and His Religion.* New York 1958.

Johnstone, Patrick: *Operation World.* Grand Rapids 1993.

Kamell, Yousef: Eine unveröffentlichte Studie über „Apologetic Approach to Muslims" 1980.

Karandikar, M. A.: *Islam in India's Transition to Modernity.* Delhi 1968.

Keil, C. F. und Delitzsch, F.: *Biblical Commentary on the Old Testament.* Grand Rapids 1954.

Kelso, James L.: *Archeology and the Ancient Testament.* Grand Rapids 1968.

Kraft, Charles H.: *Christianity in Culture.* Maryknoll 1979.
Ders.: *Christianity With Power.* Ann Arbor 1989.

Lewis, Bernard: *Race and Color in Islam.* New York 1970.
Lewis, C. S.: *Mere Christianity.* New York 1943.
Lincoln, C. Eric: *The Black Muslims in America.* Boston 1961.

Mahfouz, Naguib: *The Children of Gebelawi.* London 1981.
Ders.: „Majib Mahfuz of Cairo" in: *The Pen and the Faith.* London 1985.
Margoliouth, D. S.: *Mohammedanism.* London 1928.
Massih, Bashir Abdol: „The Incarnational Witness to the Muslim Heart" in: *The Gospel and Islam: A 1978 Compendium.* Don McCurry (Hrsg.), S. 85-96. Monrovia (California) 1979.
Maududi, Abul Ala: *Towards Understanding Islam.* Indianapolis 1973.
McDowell, Josh und Gilchrist, John: *The Islam Debate.* San Bernadino 1983.
McGavran, Donald A.: *Ethnic Realities.* Pasadena 1979.
Mujeeb, M.: *The Indian Muslims.* London 1967.
Musk, Bill: *The Unseen Face of Islam.* Eastbourne (U.K.) 1989.

Nazir-Ali, Michael: *Islam: A Christian Perspective.* Exeter 1983.
Nicholls, Bruce J.: „New Theological Approaches in Muslim Evangelism" in: *The Gospel and Islam: A 1978 Compendium.* Don McCurry (Hrsg.), S. 155-162. Monrovia 1979.
Nicholson, R. A.: *Studies in Islamic Mysticism.* Cambridge 1914.

O'Shaugnessy, Thomas: *The Koranic Concept of the Word of God.* Rom 1948.
Ders.: *The Development of the Meaning of Spirit in the Koran.* Rom 1953.
Parrinder, Geoffrey: *Jesus in the Qur'an.* New York 1977.
Parshall, Phil: *New Paths in Muslim Evangelism.* Grand Rapids 1980.

Ders.: *Bridges to Islam.* Grand Rapids 1983.

Ders.: „Lessons Learned in Contextualization" in: *Muslims and Christians on the Emmaus Road.* J. Dudley Woodberry (Hrsg.), Monrovia 1989.

Pfander, Carl G.: *The Mizan-ul-Haqq.* London 1910.

Pipes, Daniel: *In the Path of God: Islam and Political Power.* New York 1983.

Pryce-Jones, David: *The Closed Circle: An Interpretation of the Arabs.* New York 1989.

Qaddafi, Muammer: Quoted in *New Network International.* 13. Dezember, S. 18, 1989.

Rahbar, M. Daud: *The God of Justice.* Leiden 1979.

Rahim, M. A.: *The Gospel of Barnabas.* Karachi 1973.

Rahman, Fazlur: *Islam.* Chicago 1979.

Reyburn, William D.: „The Current Status of Bible Translations in Muslim Languages" in: *The Gospel and Islam: A 1978 Compendium.* Don M. McCurry (Hrsg.), Monrovia 1979.

Roberts, D. S.: *Islam: A Concise Introduction.* San Francisco 1981.

Roberts, Robert: *The Social Law of the Qur'an.* London 1925.

Robson, James: *Mishkat Al-Masabih.* Lahore 1975.

Rodinson, Maxime: *Mohammed.* Bungay (Suffolk) 1971.

Rushdie, Salman: *The Satanic Verses.* New York 1989.

Ders.: In *The Los Angeles Times.* 14. Februar und 23. Juni 1989.

Ders.: In *Newsweek.* 12. Februar 1990.

Sale, George: *The Koran.* London 1850.

Sayres, Dorothy: *The Mind of the Maker.* New York 1964.

Schlorff, S. P.: *Discipleship in Islamic Society.* Marseille 1981.

Shah, Idries: *The Sufis.* New York 1965.

Smith, Margaret: *The Way of the Mystics: The Early Christian Mystics and the Rise of the Sufis.* London 1976.

Stacey, Vivienne: *Christ Supreme Over Satan: Spiritual Warfare, Folk Religion (Islamic), and the Occult.* Lahore 1986.

Subhan, John A.: *Sufism: Its Saints and Shrines.* Lucknow (India) 1938.

Suter, Heinz: Eine private Studie über Moslems in Spanien. Granada 1992.

Swartz, Merlin L.: *Studies on Islam.* New York 1981.

Tisdall, Wm. St. Clair: *The Sources of the Qur'an.* London 1910.

Torrey, Charles C.: *The Jewish Foundation of Islam.* New York 1933.

Trimingham, J. Spencer: *Christianity Among the Arabs in Pre-Islamic Times.* London 1979.

Tuchman, Barbara W.: *Bible and Sword.* New York 1956.

Vander Werff, Lyle: *Christian Mission to Muslims.* Pasadena 1977.

Vollmer, Philip: *The Modern Student's Life of Christ.* New York 1912.

Watt, W. Montgomery: *Muhammad: Prophet and Statesman.* Oxford 1961.

Weekes, Richard V.: Muslim Peoples: *A World Ethnographic Survey,* 2 Bde. Westport (Connecticut) 1984.

Weeks, John R.: *The Demography of Islamic Nations.* Washington, D.C. 1988.

Whitehouse, Aubrey: *Topical Concordance to the Qur'an.* Lilydale (Victoria, Australia) 1981.

Williams, Don: *Signs, Wonders and the Kingdom of God.* Ann Arbor 1989.

Wilson, Marvin R.: *Our Father Abraham.* Grand Rapids 1989.

Wimber, John und Springer, Kevin: *Power Healing.* San Francisco 1987.

Woodberry, J. Dudley: *Muslims and Christians on the Emmaus Road.* Monrovia 1989.

Wright, Robin: *In the Name of God: The Khomeini Decade.* New York 1989.

Yaghnazar, Samuel: Informationen aus einer Unterhaltung 1991.

Zeegers, Rolf: *The Soviet Union Republic Profiles.* Ermelo 1990.

Zwemer, Samuel M.: *The Law of Apostasy In Islam.* London 1924.

One Way Verlag
Wuppertal und Wittenberg

Fred Wright
Das Kreuz als Schwert
Vom Mißbrauch
des Christentums

Best.-Nr. 600038
JMEM Edition
Seiten: 344, Pb

Ostern 1996 startete in
Köln der Versöhnungs-
marsch, ein christlicher
Buß- und Vergebungs-
marsch auf den blutigen
Spuren der Kreuzzüge
vor 900 Jahren.
Der Autor untersucht
sorgfältig die Welt der
Kreuzzüge und die damit
zusammenhängenden
geistlichen Hintergründe
und Entwicklungen,
die bis in unsere Zeit
wirksam sind.

Roger Elwood
Die große Täuschung

Best.-Nr. 2803
Seiten: 284, Pb
Format: 13,5 x 20,5 cm

Elwood führt den Leser in
die streng abgeschottete
Welt ehemaliger Nazi-Wis-
senschaftler, die im Auftrag
der US-Regierung an
geheimen und ungeheuer-
lichen Projekten arbeiten.
Ein beklemmender und
bizarrer Roman, der
den Wahrheitsgehalt
der Geschichtsschreibung
in Frage stellt.
Die offizielle Version ist
nie die ganze Wahrheit!

One Way Verlag
Wuppertal und Wittenberg

Täuschung